Richard David Precht
Freiheit für alle

GOLDMANN
Lesen erleben

Richard David Precht

Freiheit für alle

Das Ende der Arbeit
wie wir sie kannten

GOLDMANN

Originalausgabe

Sollte diese Publikation Links auf Webseiten Dritter enthalten,
so übernehmen wir für deren Inhalte keine Haftung, da wir uns
diese nicht zu eigen machen, sondern lediglich auf deren Stand
zum Zeitpunkt der Erstveröffentlichung verweisen.

Penguin Random House Verlagsgruppe FSC® N001967

1. Auflage
Copyright © 2022
by Wilhelm Goldmann Verlag, München,
in der Penguin Random House Verlagsgruppe GmbH,
Neumarkter Str. 28, 81673 München
Umschlaggestaltung: UNO Werbeagentur, München
Redaktion: Regina Carstensen
Bildnachweis S. 270: Zip Lexing/Alamy Stock Photo,
Image ID: W2G16Y
Satz: Buch-Werkstatt GmbH, Bad Aibling
Druck und Bindung: GGP Media GmbH, Pößneck
Printed in Germany
JT · Herstellung: cf
ISBN 978-3-442-31551-2
www.goldmann-verlag.de

Besuchen Sie den Goldmann Verlag im Netz

Wenn jedes Werkzeug auf Geheiß oder auch vorausahnend das ihm zukommende Werk verrichten könnte, wie des Dädalus Kunstwerke sich von selbst bewegten, oder die Dreifüße des Hephaistos aus eigenem Antrieb an die heilige Arbeit gingen, wenn so die Webschiffe von selbst webten, so bedürfte es weder für den Werkmeister der Gehilfen noch für die Herren der Sklaven.

Aristoteles, Politik 1253b,
4. Jahrhundert v. Chr.

Wenn Maschinen all das produzieren, was wir brauchen, wird das Ergebnis davon abhängen, wie die Güter verteilt werden. Jeder Mensch könnte ein Leben im Luxus führen, wenn der von Maschinen produzierte Wohlstand aufgeteilt wird, oder aber die meisten Menschen werden furchtbar arm, wenn sich die Besitzer der Maschinen gegen eine weltweite Verteilung wehren. Bislang deutet der Trend auf die zweite Möglichkeit hin, da der technische Fortschritt die Ungleichheit weiter befeuert.

Stephen Hawking,
Reddit, 2015

Inhalt

WIE WIRD DIE SINNGESELLSCHAFT GEBILDET?

Einleitung

Das Versprechen war bombastisch. Aber der Autor, der es sich von einem Ghostwriter zu Papier bringen ließ, war es in gewisser Weise auch. 1957 erschien mit *Wohlstand für Alle* die wohl gewaltigste Zusicherung, die je ein bundesdeutscher Politiker den Bürgern gemacht hatte.[1] Vertraute man dem damaligen Wirtschaftsminister Ludwig Erhard, dann würde die in Deutschland neu eingeführte »soziale Marktwirtschaft« immer weiteren Bevölkerungsschichten zu Wohlstand verhelfen und jegliche Armut für immer ausrotten. Das »Wirtschaftswunder« verwunderte und verzauberte die Deutschen so maßlos, dass Erhard selbst später immer wieder zum »Maßhalten« aufrief.

Tatsächlich explodierte in den Fünfziger- und Sechzigerjahren der materielle Wohlstand in Deutschland in ungekannter Geschwindigkeit. Soziale Marktwirtschaft erschien geradezu als eine Zauberformel, etwas, das einen Perpetuum-mobile-Kapitalismus mit menschlichem Gesicht hervorbrachte, der durch Wettbewerb fast wie von Zauberhand zu immer neuen Segnungen führte. Die Weltkriegsgeneration, befangen zwischen schlechtem Gewissen und blütenweiß gestärkten Hemden, transzendental obdachlos zwischen Kriegsgräberfürsorge und Heinz-Erhardt-Witzen, unfähig zu trauern, mitgerissen im diffusen Aufbruch des »Wir sind wieder wer«

und der Wiederaufrüstung, dabei weiterhin eingezwängt in die Sechstagewoche mit langen Arbeitszeiten, sah sich völlig überraschend befördert: vom großen Kriegsverlierer zum noch größeren Nachkriegsgewinner. Die Deutschen mochten die Welt nicht mit ihren Wunderwaffen erobert haben, mit ihrer Wirtschaftswunderwaffe, der sozialen Marktwirtschaft, würde es ihnen gelingen. Der Mercedes-Stern mochte das Hakenkreuz ersetzt haben, der schwarze Mief des Katholizismus den braunen der Nazis, an der deutschen Tüchtigkeit jedenfalls bestand kein Zweifel. Und »Wohlstand für Alle« – das war nicht nur der Glaube an die unbegrenzte Arbeitskraft und Arbeitsleistung der Deutschen; es war nicht weniger als die programmatische Erfüllung eines bis dahin für völlig unrealisierbar gehaltenen Menschheitstraums. Es ist genug für alle da! Alles, was es braucht, ist die Tüchtigkeit, sich ein Stück vom großen Kuchen zu verdienen.

Tatsächlich endet in den Sechzigerjahren die Ökonomie der Knappheit in sämtlichen Industrieländern der westlichen Welt. Seit Menschen Zivilisationen gebildet hatten, war eigentlich nie genug für alle da gewesen. Nun aber ernteten die Industrieländer die Früchte des technischen Fortschritts und der immer weiter gesteigerten Produktivität. Alles Weitere würde von nun an nur noch eine Verteilungsfrage sein. Wie viel steht jedem einzelnen Bürger zu, wenn prinzipiell genug für alle da ist? Dabei bleibt eines im Dunkeln. Die Überflussgesellschaft erzeugt nicht nur genug Güter für jeden, sondern sie stellt zugleich mehr und mehr infrage, worauf ihr historischer Erfolg beruht: dass möglichst alle, die erwerbsfähig sind, auch lange und viel arbeiten. Doch wenn dies immer weniger erforderlich ist – wie sollen die Menschen sich dann dauerhaft als Teil einer Erwerbsarbeitsgesellschaft definieren? Wie sollen sie alle weiterhin jene Rolle ausfüllen, die über

Jahrhunderte für die meisten ein Gräuel war, lebenserhaltend durch den Lohn, aber zugleich lebenszerstörend durch das Schuften und Sich-Abrackern bis zum häufig frühen Ende? Erst die zweite Hälfte des 20. Jahrhunderts hatte dem massenhaften Sich-kaputt-Arbeiten in den meisten Industrieländern ein Ende bereitet und dafür ungezählte Routineberufe im Dienstleistungssektor geschaffen. Mit einem Wort: Sie ersetzte viel harte Arbeit durch viel langweilige Arbeit.

Doch auch dieser Sprung ist nicht von Dauer. Das zweite Maschinenzeitalter immer leistungsfähigerer Informationsmaschinen pflügt das Terrain heute ein weiteres Mal grundlegend um.[2] Und kein Faktor verändert unsere Vorstellung von dem, was Arbeit ist, so sehr, wie technisch-ökonomische Revolutionen. Sie sind die wahren Feldherren, die unbesiegbaren Weltveränderer, die zu neuer Weltgestaltung auffordern, ob sie dies nun ausdrücklich wollen oder nicht. Man kann nicht die Produktionsweise von Gütern und ihre Verteilung, die Arbeitsprozesse, Tätigkeitsfelder und die Kommunikation revolutionieren, ohne die ganze Gesellschaft zu revolutionieren.

So war es immer in der Geschichte, und so geht es weiter. Die erste industrielle Revolution war nicht nur der Beginn der Industrieproduktion mithilfe der Dampfmaschine; sie war zugleich der Anfang vom Ende einer fast zweitausend Jahre währenden Herrschaft von Adel und Kirche. Sie erforderte, dass sich die Ökonomie aus der Staatsgewalt löste und verselbstständigte. Dafür erzwang sie Nationalstaaten, weniger als Lenker der Wirtschaft, denn als große und einheitliche Binnenmärkte. Mit der ersten industriellen Revolution entstand, noch bedeutender, der Entwurf eines neuen Modells von Gesellschaft: die bürgerliche Leistungs- und Lohnarbeitsgesellschaft. Sie führte in wildem Schlingerkurs zum Siegeszug der parlamentarischen Demokratien und der Rechtsstaatlichkeit, der bürgerlichen Institutionen und Verwaltungen und später zur staatlichen Daseinsvorsorge und Gesundheitspolitik. Die zweite industrielle Revolution, die elektrifizierte Massenproduktion, beschleunigte diesen Prozess, provozierte zunächst zwei Weltkriege und ermöglichte langfristig eine nie zuvor gekannte Bildung der Bevölkerung, einen modernen Sozialstaat, eine Hyperkonsumgesellschaft und ein stets steigendes Anspruchsdenken.

Auch die Umwälzung, die hier und heute vor unser aller Augen geschieht, ist gewaltig, gewaltiger als manch einer denken will. Wir leben nicht in einem gesellschaftlich endgültigen Zustand nach dem Ende der Geschichte, in dem technisch-ökonomische Revolutionen nichts anderes bedeuten als schlichtweg Effizienzsteigerung und neues Wachstum, selbst wenn Politiker und Ökonomen in Deutschland dies allzu oft glauben oder glauben wollen. Ganz im Gegenteil: Dass der Entwurf neuer Ideengebäude stagniert und floskelhafte Beschwörungen den Ewigkeitswert des Status quo verkünden, gehört zum festen Inventar jeder Umbruchzeit! Kaum ein Monarch witterte in der Dampfmaschine das langfristige Ende seiner Herrschaft. Man denke ebenso an die ökonomischen Vordenker der auf die Landwirtschaft gestützten französischen Feudalgesellschaft.[3] Behaupteten sie nicht beim Anblick von Dampf- und Spinnmaschine umso trotziger, dass einzig das Agrarwesen dauerhaften Produktionsfortschritt verspreche, die Blase der industriellen Revolution bald verpufft sei und eigentlich alles beim Alten bliebe? Zwanzig Jahre später pflügte die Französische Revolution nicht nur ganz Frankreich um, sondern mit ihr eine überdauerte Welt.

Es gibt viel Grund zu vermuten, dass die digitale Revolution eine soziale Revolution enthält, größer als alles, was die

Menschen in der Bundesrepublik bislang erlebt haben. Dass alles weitgehend beim Alten bleibt, während Computer und Roboter die globale Arbeitswelt revolutionieren, ist äußerst unwahrscheinlich. Doch man muss wohl erst ein Stück zurücktreten, um den Wandel, die Veränderungen und die Geschwindigkeit, mit der er sich vollzieht, tatsächlich zu begreifen. Auf der einen Seite überschätzen Menschen allzu gerne die *kurzfristigen* Folgen neuer Technologien. Google Glass, der Minicomputer am Brillengestell, der 2014 die Welt verändern sollte – wo ist er geblieben? Die Nachfrage nach Sprachassistenten in der Wohnung, wie Amazons Alexa, stagniert. Dass in wenigen Jahren in allen Metropolen der Welt nur noch voll automatisierte RoboCars fahren, dürfte keiner mehr glauben. Auch der 3D-Drucker hat die enormen Erwartungen an seine Einsatzmöglichkeiten bislang nicht erfüllt. Und dass Elon Musk in den nächsten Jahren zum Mond oder Mars fliegen wird, nimmt er sich vermutlich selbst nicht mehr ab.

Auf der anderen Seite neigen wir dazu, die *langfristigen* Folgen neuer Technologien dramatisch zu unterschätzen. Es sind die feinen, aber entscheidenden Veränderungen unserer Lebenswelt und unseres Lebensrhythmus, der Austausch der Werte, der Wandel von Autoritäten und Institutionen, die Verschiebungen im Zusammenleben und in den Sozialstrukturen sowie der Wechsel in der politischen Kultur. Sie ereignen sich so schleichend, dass wir sie oft gar nicht als Folge technischer Revolutionen wahrnehmen. Erst im Nachhinein wird uns das Ausmaß klar. Von 1900 bis 1920, der Zeit der rasanten Elektrifizierung und wegweisender Ingenieursleistungen, wurden nicht nur die elektrische Beleuchtung, die Automobile, die Flugzeuge, die Hochhäuser und das Telefon zur Selbstverständlichkeit – das ganze Leben, zumindest in den großen Städten, wurde neu erfunden, das betraf die Mode, die Musik, die Rolle der Frauen, den Umgang mit Sexualität sowie psychische Krankheiten. Das Weltbild der Physik und der Philosophie änderte sich, die Malerei war kaum noch wiederzuerkennen, und der Film kam auf. Schriftsteller schrieben völlig andere Bücher und gingen neu mit Sprache um, der Lärm nahm zu und die Geschwindigkeit.

Wie gering dagegen sind die Veränderungen in Zeiten ohne große technische Neuerungen. Was änderte sich schon zwischen 1970 und 2000 in der Tiefenstruktur und im Lebensrhythmus der Menschen in den Industrieländern? Erst das Internet und das Smartphone entfachten eine völlig neue Dynamik. Während zwischen 1970 und 2000 die Dinge vor allem *mehr* wurden – mehr Geld, mehr Autos, mehr Mode, mehr Konsumgüter –, wurden viele Dinge nun plötzlich ganz *anders*. Das Internet und das Smartphone haben die Arbeitswelt revolutioniert, gänzlich neue Formen von Firmen hervorgebracht, unsere Aufmerksamkeit umgeleitet, unsere Allerreichbarkeit eingefordert, ja, unsere gesamte Orientierung in der Welt verändert. Ungekannte Bedürfnisse wurden freigesetzt, mal Lustbefriedigung und mal Zwangshandlung. Das Mitteilungsbedürfnis explodierte enorm. Der Aufmerksamkeitsdrang vieler Menschen entfesselte sich von allen Konventionen und manifestiert sich in öffentlich gezeigter Schönheit, politischen Statements und ebenso öffentlich gezeigtem Hass. Und die Alltagsrevolution ist noch lange nicht zu Ende. Was wir heute Straßenverkehr nennen, Routine-Berufe, Banking, Verwaltung, medizinische Versorgung, juristische Beratung und so weiter – vieles davon dürfte in zwanzig Jahren völlig anders sein als jetzt.

Die große Umwälzung ist in vollem Gange. Und sie betrifft mehr und mehr das Soziale. Veränderungen im Sozialsystem hinken der Veränderung der Technik und der Arbeitswelt immer mit einem gewissen Abstand hinterher. Von der Inventur der Dampfmaschine durch James Watt bis zur flächendeckenden Ausbreitung von Gewerkschaften vergingen mehr als hundert Jahre. Und noch länger dauerte es, bis man tatsächlich erste nennenswerte soziale Absicherungen schuf. Die zweite industrielle Revolution brauchte in Deutschland mehr als ein irrlichterndes halbes Jahrhundert, bis die soziale Marktwirtschaft ihre Früchte verteilte. Doch man muss kein Prophet sein, um zu sehen, dass es diesmal, in den rasant beschleunigten Gesellschaften des 21. Jahrhunderts, wesentlich schneller gehen wird.

Was aber wird dann aus unserem Begriff der Arbeit, jenem Erbe der christlichen Religion, das seit fast zwei Jahrtausenden, mit Bedeutungen aufgeladen und mit Sinnansprüchen befrachtet, die Anleitung unseres Daseins liefert und unsere Leistungsgesellschaften zusammenhält? Was ist, wenn die Sinnsuche weitgehend außerhalb der Religion stattfindet und Arbeit sich danach befragen lassen muss, ob sie den immer höheren Sinnansprüchen im 21. Jahrhundert genügt? Dass Arbeit heute kein existenzieller Auftrag mehr ist und auch nicht der Zweck des menschlichen Daseins, muss niemandem in der jüngeren Generation mehr erklärt werden. Das wichtigste Gut ist heute nicht die Arbeit, sondern die Freiheit, über seine Zeit zu verfügen, um sie nach eigenem Gutdünken zu gestalten.

Die Vorstellung, was Wohlstand ist, hat sich gewandelt. Sie ist beileibe nicht mehr die gleiche wie zu Erhards Zeiten. Wohlstand ist heute nicht einfach materielle Absicherung, Geld und Status wie in den Fünfzigerjahren. Kühlschrank und Kachelbad, Fernseher und Auto, blank geputzte Schuhe, Rasen, Chrom und Kies – die Insignien des guten alten Wohlstands haben das Zeitliche gesegnet. Die Gesundheit am Arbeitsplatz, Healthfood in der Veggie-Kantine, Rückzugsraum und Kuschelecke, bei Bedarf mehr und mehr Homeoffice sind neu dazugekommen. Ob Bergbau oder Stahlindustrie – Deutschlands Wohlstand gründete lange nicht auf dem Wohlbefinden derjenigen, die ihn erwirtschafteten. Doch wie anders ist es heute! Wohlstand und Wohlbefinden beginnen ineinander zu verschwimmen. Man steht sich so gut, wie man sich fühlt. Und die Korrekturen am Arbeitsbegriff, wie wir ihn kannten, sind keine Aufhübschungen des Alten, sondern sie sind der Anfang von etwas ganz Neuem.

Zum Wohlstand für alle gehört heute deutlich mehr Freiheit als je zuvor in der Geschichte der Industriegesellschaften. Schier endlose Arbeitstage, wie zu Erhards Zeiten, passen heute ebenso wenig zu einer zeitgemäßen Vorstellung von Wohlstand wie der unbegrenzte Raubbau an der Natur mit seinen freiheitseinschränkenden Folgen für künftige Generationen. Anders als in den Fünfzigerjahren ist Wohlstand heute kein rein ökonomischer Begriff mehr, sondern ebenso eine Frage gesunder Psychen und Körper, einer intakten Umwelt, eines gelingenden Miteinanders, der kulturellen Teilhabe und der Erfüllung von Sinnbedürfnissen.

Die Utopie der Industriegesellschaften – immer mehr ökonomischer Wohlstand um nahezu jeden Preis – bekommt dadurch tiefe Risse. Brauchen wir noch unbedingtes Wachstum? Optimieren wir dadurch nicht täglich das Falsche? Die Hoffnungen und Sorgen sind heute nicht mehr die gleichen wie in der Nachkriegsgeneration. Aus dem Ehrgeiz nach einem unbedingten Mehr werden zunehmend Verteilungsfragen. Warum profitieren manche enorm, andere dagegen kaum vom Überfluss? Aus der Frage nach der Versorgung mit elementarem Bedarf ist eine andere geworden: Welche materiellen Luxusbedürfnisse wollen wir überhaupt noch weiter wecken? Aus der Frage nach der Beherrschung der Natur zum menschlichen Nutzen entspringt die Frage: Ist der Nutzen nicht größer, wenn wir sie in Zukunft stärker verschonen? Zu der Frage, was ich arbeite, gesellt sich, untrennbar verbunden, jene Warum und wozu arbeite ich das, was ich arbeite?

Was vormals rational, ja, die Rationalität schlechthin war, erscheint auf einmal als irrational. Alles nur unter wirtschaftlichen Gesichtspunkten zu betrachten, ist heute keineswegs mehr selbstverständlich. Einerseits scheint uns die ökonomische Rationalität in den Abgrund zu führen, in die Zerstörung der Lebensgrundlagen auf unserem Planeten. Und andererseits kennen Menschen in den fortgeschrittenen Gesellschaften des 21. Jahrhunderts noch andere gleichrangige Motive neben dem wirtschaftlichen Erfolg. Die Dominanz jenes Wertesystems, das die klassische Erwerbsarbeitsgesellschaft mehr als zweihundert Jahre lang bestimmt hat, geht heute zu Ende. Fortschritt trägt seinen Wert nicht mehr in sich, weil er Fortschritt ist, sondern er hat vernünftiger und sinnvoller Fortschritt zu sein. Und dieser neue, ganz andere Fortschritt befragt den früheren Fortschritt: Ist sein Antrieb zu unbegrenztem Wachstum der Volkswirtschaft und zur unbegrenzten Wohlstandsversorgung mit materiellen Gütern tatsächlich vernünftig?

Für die Zukunft der Arbeit ist dieses Hinterfragen von größter Bedeutung. Viele ungeschriebene und geschriebene Imperative der klassischen Erwerbsarbeitsgesellschaft erscheinen heute nicht als vernünftig, sondern als weit verbreitete Mythen des Industriezeitalters. Müssen wir tatsächlich jeden Wochentag einer Erwerbsarbeit nachgehen, egal welcher? Erbringt nur derjenige eine Leistung, der für

Geld arbeitet? Ist Tüchtigkeit, die Tugend der Industriegesellschaft, ihrem Wesen nach nicht unabhängig von Entlohnung? Die Prinzipien der Erwerbsarbeitsgesellschaft, wie wir sie bisher kannten, verschwinden nicht über Nacht. Doch sie sind längst ausgehöhlt und unterspült und verlieren nach und nach ihre allgemeine Sinnfunktion.

Für viele Menschen – allen voran Ökonomen und Politiker – erwächst daraus ein großes Dilemma. Ihre Konstanten werden zu Variablen, egal ob angestrebte Vollbeschäftigung, alternativloses Wachstum oder die bedingungslose Kompensation von Arbeitslast durch Konsum. Doch wenn all diese Axiome wegfallen, wer liefert dann noch Prognosen über eine messbare, berechenbare und vorhersehbare Zukunft? Hielt sie sich bislang nicht an rein ökonomischen Kennzahlen fest wie an einem Geländer? Die monumentale und oft überfordernde Frage für die Ökonomie ist nicht mehr, wie es weitergeht, sondern wie es *sinnvoll* weitergeht und weitergehen *soll* – eine Frage, vor der die westlichen Gesellschaften in dieser Komplexität noch nie standen.

Der Sprung von der Arbeitsgesellschaft zu einer, wie ich vorschlagen möchte, Sinngesellschaft, zwingt dazu, die Wirklichkeit schärfer zu sehen und umfassender zu verstehen, als Ökonomen dies bisher taten. »Faktoren«, »Größen«, »Ressourcen« und »Wachstumsraten« sind Koordinaten des ersten Maschinenzeitalters; sie entstammen der Blütezeit einer ökonomischen Vernunft, die sich für die Vernunft schlechthin hielt. Theoretisch wie psychisch stehen sie für eine wohlgeordnete Welt, als hätte Gott sie in der Sprache der Mathematik verfasst und mit den Werten der klassischen Ökonomie möbliert. Die Sinngesellschaft dagegen kennt heute auch die Welt »Jenseits von Angebot und Nachfrage«; eine Welt, die Wilhelm Röpke, einer der Väter der sozialen Marktwirtschaft, seinen Kollegen schon 1958 – ein Jahr nach dem *Wohlstand für Alle* – entgegenhielt.[4]

Das zweite Maschinenzeitalter pflügt die Denkwelt des ersten um. Nicht nur seine Ökonomie ist disruptiv, sondern, wie bei jeder wirtschaftlichen Revolution, auch deren gesellschaftliche Folgen. Die hoch automatisierte Welt der Zukunft verlangt nicht mehr von jedem Bürger zwangsläufig sein ehernes Arbeitssoll. Und sie lädt die Arbeitswelt einerseits mit immer größeren Sinnansprüchen auf, wie sie andererseits zulässt, dass sehr viel Lebenssinn aus dem Korsett der Arbeit entweicht. Wie soll Lohnarbeit auch das halbe Leben sein müssen, wenn sie volkswirtschaftlich nicht mehr im alten Stil flächendeckend erforderlich ist? Das zweite Maschinenzeitalter voll automatisierter Fertigung und künstlicher Intelligenz macht damit sichtbar, was im ersten trotz immenser Produktions- und Wohlstandserfolge nie zugegeben werden konnte: dass tatsächlich genug für alle vorhanden ist. Die Überflussgesellschaft schlägt ihr Auge auf und erkennt, dass sie da ist.

Noch allerdings zeigen sich die Industriegesellschaften des 21. Jahrhunderts davon vor allem irritiert. Wie lassen sich die Potenziale der Befreiung wahrnehmen, ohne der Wirtschaft zu schaden? Was ist überhaupt sinnvolle Arbeit? Und wie sieht eine Gesellschaft aus, in der Sinnerfüllung und nicht Arbeit den Mittelpunkt bildet? Tatsächlich ist der Zug längst unterwegs. In Deutschland arbeiten selbst diejenigen, die einer beruflichen Tätigkeit nachgehen, heute nur noch ein Zehntel ihrer Lebenszeit oder ein Siebtel ihrer Wachzeit.[5] Und dass Arbeit sinnstiftend sein soll, dass sie einen *purpose* haben muss und im Einklang mit der Lebensbalance stehen soll, ist auf den ungezählten New-Work-Konferenzen als Tatsache gesetzt. Anders hingegen sieht es im

Bereich des Niedriglohnsektors aus. Diejenigen, die Pakete und Essen ausfahren oder andere Fahrdienstleistungen vollbringen, kommen auf Konferenzen über die Zukunft der Arbeit so wenig vor wie Kindermädchen, Wachpersonal und Kellner. Doch Millionen US-Amerikaner, die nach Corona nicht mehr an ihren angestammten Arbeitsplatz zurückkehrten, weisen hier ebenso in die Zukunft wie Hunderttausende Lkw-Fahrer und Kellner in ganz Westeuropa, die sich ebenfalls umorientierten.[6]

Umbruchzeiten kennen stets die wachsende Kluft zwischen dem wünschbar Gewordenen und der Bereitschaft, es auch tatsächlich umzusetzen. Während die traditionelle Erwerbsarbeitsgesellschaft bröckelt, empören sich die Sachwalter des Status quo über das Anspruchsdenken. Der Wegfall einer verpflichtenden Disziplinierung der Menschen durch Arbeit treibt – wie bei jeder sozialen Reform der letzten zweihundert Jahre – stets ein negatives Menschenbild und eine düstere Zukunft hervor. Wo kämen wir hin? Bislang allerdings führt der Weg der sozialen Humanisierung der Industriegesellschaften kontinuierlich nach oben. Und selbst viele Konservative wünschen sich nicht im Ernst ihre guten alten Zeiten zurück, als Frauen noch weitgehend rechtlos waren, Arbeiter in Baracken hausten und Kinder gnadenlos verheizt wurden. Wo also kämen wir, frei nach dem Schweizer Autor Kurt Marti, hin, wenn jeder nur klagte, wo kämen wir hin, und keiner uns zeigte, wo wir denn hinkommen? Wie kommen wir raus aus einer Gesellschaft, in der sich viele davor fürchten, dass die Arbeit für sie weniger wird und die freie Zeit anwächst, während sie doch genau diesen Zustand fast täglich ersehnen?

Tatsächlich handelt es sich bei alledem um eine Machtfrage. Den technischen Fortschritt voranzutreiben und gleichzeitig möglichst alle Arbeitsplätze bewahren zu wollen, ist ein Paradox, hervorgetrieben von einer Politik, die gleichzeitig Gas gibt und bremst. Den Fuß von der Bremse zu nehmen aber erfordert ein neues Wissen über die richtige Richtung, einen neuen gesellschaftlichen Deal, zu dem die Wirtschaft heute bereits eher bereit ist als die Mehrheit in allen politischen Fraktionen im Deutschen Bundestag; eine Lage, die sich in anderen westeuropäischen Ländern kaum anders darstellt.

Dieser neue Deal ist das Thema dieses Buchs. Man erinnere sich der Denker der Aufklärung in ihren Schreibstuben und Salons des 18. Jahrhunderts. In die verblassenden Adelsgesellschaften Westeuropas malten sie die Blaupausen für die künftige bürgerliche Gesellschaft des ersten Maschinenzeitalters. Im gleichen Sinne fällt heutigen Denkern die Aufgabe zu, die Blaupausen zu entwerfen für das zweite. Und wie einstmals in der vornehmen Stille von David Humes Edinburgher Bibliothek, im Schwalbengezwitscher der Pariser Salons oder in Immanuel Kants abgeschiedener Königsberger Gelehrtenstube eine neue Gesellschaft erwachte, gezeugt aus Geist und Tinte, so zeichnen sich auch heute im abnehmenden Licht der klassischen Erwerbsarbeitsgesellschaft die Umrisse einer neuen Gesellschaft ab. Zehn Jahre intensiven Studiums auf ungezählten Kongressen, in ebenso ungezählten Unternehmen, auf Podien und in Foren, dazu unvergessene Gespräche mit vielen interessanten Menschen sowie Jahre der Lektüre ökonomischer Studien und vieler weitsichtiger und weniger weitsichtiger Aufsätze und Bücher haben dieses Buch möglich gemacht. Nach dem allgemeinen Aufriss der gesellschaftlichen Veränderung in *Jäger, Hirten, Kritiker* und einer philosophischen Reflexion über *Künstliche Intelligenz und den Sinn des Lebens* folgt mit der Betrachtung zur Zukunft der Arbeit der dritte Teil meiner Trilogie des digitalen Wandels. Er möchte das Potenzial aufzeigen, das der große Umbruch besitzt, um unsere Gesellschaften weiter voranschreiten zu lassen und ihnen echten und nachhaltigen Fortschritt zu bringen.

Richard David Precht
Düsseldorf, im Dezember 2021

DIE REVOLUTION DER ARBEITSWELT

Warum technisch-ökonomische Revolutionen
die Masse der Lohnarbeit nicht verringert haben und
warum es diesmal sehr wahrscheinlich anders ist.

Der große Umbruch

Was kommt auf uns zu?

Der Beginn der COVID-19-Pandemie war eine Hochzeit der Phrasen. Und die berühmteste davon war ohne Zweifel: »Nach Corona wird die Welt eine andere sein.« Oder gar: »Nichts wird mehr sein, wie es vorher war.« Ob Angela Merkel, Frank-Walter Steinmeier, Emmanuel Macron, Friedrich Merz oder Armin Laschet – die raunende Phrase schien keinem von ihnen zu groß. Und während die einen das Ende nationaler Alleingänge, der Demokratie, der unbeschwerten Gesundheit, der Globalisierung, der Europäischen Union oder jenes des Kapitalismus dämmern sahen, prophezeite der Zukunftsforscher Matthias Horx ein kommendes Paradies: »In der neuen Welt spielt Vermögen plötzlich nicht mehr die entscheidende Rolle. Wichtiger sind gute Nachbarn und ein blühender Gemüsegarten.«[1] Ein anderer Zukunftsforscher stimmte ein. Von nun an besännen wir uns darauf, »was wirklich wichtig im Leben ist. Gesundheit. Sicherheit. Geborgenheit«.[2]

Weit entfernt vom Garten Eden, von der Welt guter Nachbarn, blühender Gemüsegärten und heimeliger Geborgenheit, in den von allen Anwohnern sorgsam abgeschiedenen Flachdachbungalows des World Economic Forums in Cologny hingegen weht ein ganz anderer Wind. Wie Militäranlagen ducken sich die Cubes am Boden, ein Garten fehlt ebenso wie die Nachbarn. Und anders als Horx scheint man hier am Genfer See sehr wohl zu wissen, dass Vermögen in der Welt immer die Hauptrolle spielt und Gemüse in der Regel nur dann gut und essbar ist, wenn man es gar nicht erst zur Blüte kommen lässt.

Im Mai 2020 verkündeten WEF-Direktor Klaus Schwab und Prinz Charles von hier aus eine neue Zeit: *The Great Reset* – der große Neustart, oder, wie Schwabs dazugehöriges Buch auf Deutsch titelt: COVID-19. *Der große Umbruch*. Die Welt befinde sich in rasantem Wandel. Die vierte industrielle Revolution, jene der Digitalisierung und der künstlichen Intelligenz, bringe Herausforderungen mit sich, die nur durch eine viel engere Zusammenarbeit globaler Konzerne und Regierungen zu meistern sei. Was gäbe es da Naheliegenderes, als die Atempause der COVID-19-Pandemie zu nutzen, um viel koordinierter und vernetzter durchzustarten? Die Ökonomie der Zukunft müsse nachhaltiger und grüner, der Welthandel fairer und die Digitalisierung sehr viel besser abgestimmt werden. Die Ungleichheiten auf der Welt sollten in ihrer bisherigen Form nicht weiter bestehen und die armen Länder stärker vom Fortschritt profitieren. Der Neoliberalismus, so verkündet Schwab in seinem mit dem französischen Ökonomen Thierry Malleret verfassten Buch, habe ausgedient. Die Regierungen, zurück auf der Weltbühne, gewännen wieder die Oberhand.

Dass mit Schwab ausgerechnet eine Symbolfigur des Neoliberalismus dessen Ende verkündet und für Umverteilung, Vermögenssteuern und echte Nachhaltigkeit wirbt, erstaunt enorm. Kein Wunder, dass der *Great Reset* sofort größte Ängste und Befürchtungen auslöste, mithin sogar eine Verschwörungstheorie, bei der zutiefst beunruhigte Linke und Rechte sich raunend die Hand reichen. Die Corona-Pande-

mie ist darin nicht der Anlass, über einen Neustart nachzudenken, sondern sie sei eigens zu diesem Zweck initiiert und
aufgebauscht worden: Das WEF und die globalen Konzerne
wollten eine neue Weltordnung. Und das Ziel sei nicht eine
stabilere und fairere Welt, sondern die geheime Herrschaft
der Wirtschaftselite – also genau das Gegenteil dessen, was
offiziell verkündet wird.

Tatsächlich mag vieles, was als *Great Reset* edle Motive
für sich in Anspruch nimmt, andere Wurzeln haben. Die
plötzlich neu entdeckte Menschenliebe der Wirtschaftseliten
erscheint verdächtig. Und auch der Begriff »Reset« mag kalt
gewählt sein – legt er doch nahe, Gesellschaften ließen sich
runterfahren, neustarten und hochladen wie ein Computer-
system. Das Hauptmotiv, einen globalen Neustart zu verkünden, ist gleichwohl nicht entfernt finstere Dämonie. Er entspringt echter Sorge und Angst. Die große Umwälzung und
keineswegs nur schöpferische Zerstörung durch die digitale
Revolution, gepaart mit den enormen sozialen Folgen unseres Raubbaus an der Natur, könnte die Welt in ein globales
Chaos stürzen. Treiben die Gesellschaften des Westens in bisher gekannter Manier neoliberal weiter vor sich hin, scheint
ihre Selbstzerstörung unaufhaltbar. So gesehen liest sich der
von zahlreichen westlichen Regierungschefs begrüßte *Great
Reset* als ein geradezu verzweifelter Versuch: die äußerste
Anstrengung, die fragile Stabilität der gegenwärtigen Weltordnung für die Zukunft zu retten und damit zugleich die
alten Macht- und Besitzverhältnisse.

Erschreckend an alledem ist nicht die aus der Perspektive der Beteiligten verständliche Absicht oder gar deren vermeintliche gut geheim gehaltenen diktatorischen Fantasien.
Es ist, ganz im Gegenteil, die offensichtliche Fantasielosig-
keit. Auf das große Wort vom Neustart oder Umbruch folgen

kaum große Ideen. Insofern erhält der *Great Reset* nichts wirklich Neues. Bessere Vernetzung, Kooperation bei der Bewältigung globaler Herausforderungen, gemeinsame Strategien, mehr technologische Innovation und mehr Nachhaltigkeit sind schöne Worte. Sie sind auch anderen Denkfabriken zuvor eingefallen. Doch ohne soziale und ökonomische Kreativität sowie den Mut zu echten Veränderungen dürften sich die befürchteten Szenarien von künftigen Verteilungskämpfen, aufflammendem Nationalismus, Massakern und Kriegen kaum verhindern lassen.

Kritikabel am *Great Reset* ist also vor allem dessen unterkomplexes Problembewusstsein: zu glauben, die Welt drehe sich rasant schneller und der Kapitalismus bleibe dabei völlig beim Alten, allenfalls ergänzt um das schöne Adjektiv »verantwortungsvoll«. Der Umbruch und die Neugestaltung der sozialen und ökonomischen Systeme, von der Schwab spricht, dürften weitaus fundamentaler sein als das, was sich durch Vorschläge wie höhere Spendenbereitschaft und Vermögenssteuern irgendwie befrieden lässt. Digitale Revolution, Datenexplosion und künstliche Intelligenz (KI) bilden einen epochalen Technologiesprung, der unsere Art zu leben und zu wirtschaften, allen voran in den Industrieländern, unumkehrbar verändert. Gefragt sind dabei nicht nur Techniker, die Neues erfinden, und Unternehmen, die es produzieren und vermarkten. Die größte Aufgabe besteht, wie bei jeder industriellen Revolution, in etwas ganz anderem: neu zu gestalten, was Menschen tun und wie sie zusammenleben.

Je gewaltiger die Rechenleistung moderner Computer wird, umso effektiver und kostengünstiger lassen sich viele Arbeiten ausführen, die heute noch Menschen erledigen, aber eben bald schon Maschinen. Bisher befreiten recht einfache Automaten Arbeiter und Angestellte von Routineaufgaben.

Doch zukünftig leben Arbeiter in der Fertigung, Bürokräfte und Buchhalter in einer Welt, in der die Automation selbst automatisiert ist. Maschinelles Lernen, *Deep Learning*, befähigt digitales Gerät dazu, seine Verhaltensmuster selbstständig zu variieren und immer weitreichendere Aufgaben zu übernehmen. Und je mehr Daten Computern zur Verfügung stehen – nicht zuletzt durch Milliarden Smartphones und die Aktivitäten der Nutzer im Internet –, umso größer wird ihr »Wissen« und umso präziser ihr Verhalten.

Der Weg scheint vorgezeichnet: Computer werden in der Zukunft mithilfe perfekterer Robotik und Sensorik, von KI und automatisierter Bildanalyse (*Machine Vision*) Arbeit ausführen, die bislang vielen Millionen Menschen vorbehalten war. Selbstständiges Computerlernen, bei dem physische und virtuelle Prozesse sich völlig neu miteinander verbinden, schafft eine ganz andere Sphäre der Arbeit, die mutmaßlich mit sehr viel weniger Beschäftigten auskommt als alles, was wir bisher kennen. Ob es um die Beschaffung von Rohstoffen geht, um die Produktion, das Marketing, den Vertrieb, die Logistik oder den Service, nichts bleibt davon unberührt. Für die Lohnarbeit nützliches Wissen und Können veraltet dabei in vielen Bereichen schneller als je zuvor, und ständig steilere Ansprüche treten hervor. Branchen sterben und entstehen neu, Jobprofile wandeln sich rasant und ebenso die alltägliche Zusammenarbeit, die bisherige Arbeitsteilung und die gewohnten Hierarchien. Und mit dem schnellen Wandel der Tätigkeiten und Berufsbilder ändern sich zugleich der Lebensrhythmus und die Lebensformen mit weitreichenden Folgen für die Gesellschaft.

Beginnen wir mit der Industrie. Mag Deutschland in manchen Bereichen der Digitalisierung hinterherhinken oder gar abgehängt sein – in der Vernetzung der Industriedaten gehört es zu den führenden Nationen der Welt. Die Arbeit, analoge Daten in digitale Daten zu übertragen, ist weitestgehend abgeschlossen. Sensoren in den Fabriken haben alle Arbeits- und Fertigungsschritte aufgezeichnet. Reale Produktionsstätten sind damit fast überall vollständig virtuell abgebildet und somit transparent. Der erste Schritt zu der von deutschen Physikern und Informatikern im Jahr 2011 so genannten Industrie 4.0 ist damit getan.[3] Die Vernetzung der Industriedaten von Sensoren, Geräten und Maschinen bringt diese mehr und mehr dazu, selbstständig untereinander oder mit Menschen zu kommunizieren. Technische Assistenzsysteme unterstützen die Arbeitenden sowohl bei der Entscheidungsfindung als auch bei körperlich riskanten Tätigkeiten. Der Siegeszug der KI verwandelt Werkhallen und andere Produktionsstätten in immer stärker automatisierte Räume mit dem Ziel einer voll automatisierten Fabrik, die sich größtenteils selbst steuert. Schon jetzt treffen cyber-physische Systeme mancherorts autonome Entscheidungen: Sie passen die Fertigung in Echtzeit präzise an bestimmte Anforderungen an, steuern Prozesse, übernehmen die Logistik und managen die Energieversorgung. Selbstlernende Algorithmen prognostizieren Absätze und helfen dabei, die benötigte Produktionskapazität besser zu planen. Sie warten Maschinen vorausschauend und steuern zielgenau autonome Fahrzeuge. Und wo bislang Werkzeugmacher, Ingenieure, Logistikmeisterinnen, Kommissionierer, Speditionskaufleute, Lagermanagerinnen, Fahrer, Disponentinnen oder Supply-Chain-Manager arbeiten, nehmen künftig mehr und mehr voll automatisierte Maschinen und Softwarespezialisten ihren Platz ein.

Bislang, so die für viele beruhigende Nachricht, sind solche voll automatisierten Fabriken eine große Seltenheit. Und dass der Siegeszug cyber-physischer Systeme bislang zu Massen-arbeitslosigkeit in deutschen Fabriken geführt hätte, ist auch nicht sichtbar. Allerdings steckt der hier geschilderte Prozess der Vollautomatisierung in Deutschland noch in den Kinderschuhen. Intelligente Softwaresysteme einzukaufen, was nicht wenige deutsche Unternehmen getan haben, und sie effizienzsteigernd einzusetzen, sind zwei verschiedene Dinge. Cyber-physische Systeme perfekt aufeinander abzustimmen und Prozesse dadurch tatsächlich zu optimieren, ist schwierig und langwierig. So lässt die von den Firmen erhoffte effizien-tere Produktion mit deutlich weniger Beschäftigten oft lange auf sich warten und ist, Stand 2021, selten erreicht. Und die weiteren Mittel der Effizienzsteigerung wie das 5G-Netz, Blockchain-Technologie sowie eine optimiertere Datenerfas-sung in der Fabrik statt im Rechenzentrum (*Edge Computing*) sind vielfach noch gar nicht in Anwendung.

Ein zweiter Schauplatz der digitalen Revolution der Ar-beitswelt ist deshalb viel schneller und umfassender betroffen: Banken, Versicherungen, Energieversorgung und Verwaltun-gen. Was heute Controller und Disponentinnen erledigen – Geschäftszahlen prüfen, die Unternehmensleistung planen und steuern, Einsparpotenziale und neue Chancen aufde-cken, den Warenverkehr organisieren und die Logistik ko-ordinieren –, kann bereits heute theoretisch weitgehend von Computern erledigt werden. Big-Data-Analysen überschauen die unübersichtlichen Variablen des Marktes wie Kunden-verhalten, Preise und Konkurrenzangebote und ersetzen, der Idee nach, menschliche Erfahrung und Routine. Je präziser die Analyse, so die Annahme, umso besser die Entscheidun-gen. Erhoffen lassen sich gewaltige Einsparungen. Und der erwartete Jobverlust reicht vom unteren bis zum mittleren Management.

Besonders weit auf diesem Weg sind die Banken und Versicherungen. Man denke an Bill Gates' berühmten Ausspruch: »Es muss Banking geben, aber keine Banken.« Im Zeitalter von PayPal, Bezahl-Apps, Blockchains und Kryptowährungen schwebt er wie ein Damoklesschwert über der Branche. Filialen verschwinden in rasantem Tempo aus dem Stadtbild, Geldautomaten werden abgebaut, und die Fähigkeiten von Bankangestellten als universale Problemlöser mit Empathie und Know-how klingen viel zu schön, um realistisch zu sein. Bieten menschliche Angestellte jedoch keinen entscheidenden Mehrwert gegenüber online zu erledigendem Banking, sterben sie aus – parallel zur älteren Generation, die nicht technisch versiert genug ist und deshalb noch immer Bankfilialen besucht. Das nahe Ende der verbliebenen Zweigstellen ist damit absehbar. Bedenkt man überdies die vermutlich noch länger anhaltende Niedrigzinspolitik, dann zwingt der Druck auch die letzte Bank, alle Möglichkeiten durchzurechnen, um Personal einzusparen. Und was vor den Kulissen gilt, gilt inzwischen mehr und mehr dahinter. *Robotic Process Automation*, *Data Analytics* und der verstärkte Einsatz von KI machen viele Stellen überflüssig, auf denen derzeit jene Mitarbeiter geparkt sind, die vorher ihren Dienst am Schalter verrichteten. Wie viele der bisher Beschäftigten sind tatsächlich willens und befähigt, sich zu smarten Experten des Private Bankings oder zu versierten Beratern bei Betriebsversicherungen umschulen zu lassen? Und noch sehr viel weniger der bisherigen Bankangestellten dürften in der Lage sein, die ständig wachsenden IT-Anforderungen zu erfüllen, um im Digitallabor ihres Geldinstituts Apps für Mobile Banking oder automatisierte Kreditvergaben zu entwickeln. Dass Banken in mittlerer Zukunft den Großteil ihrer bisherigen Angestellten weiterbeschäftigen, glauben deshalb nicht mal die kühnsten Optimisten.

Das Gleiche gilt für die Versicherungsbranche. Um Schadensfälle bei der Hausrats- oder Kfz-Versicherung zu bearbeiten, benötigt man in Zukunft vor allem KI, die vorhersagt, wie problematisch oder unproblematisch ein Schadensfall ist. Statt wie bisher Menschen sichten und analysieren Computer die Rechnungen und Belege und ersetzen so Gutachter und Belegprüfer. Wie die Zukunft der Kfz-Versicherer angesichts des sich stark wandelnden Verkehrs in den Groß- und Mittelstädten aussehen wird, ist ohnehin ungewiss. Die Zahl der privat zugelassenen Autos wird jedenfalls nicht weiter steigen können, sondern vermutlich sinken.

Die allgemeine Tendenz scheint damit vorgezeichnet zu sein. Arbeit wird nicht nur zeitlich und räumlich flexibler, das Homeoffice gewinnt immer mehr an Bedeutung und Vollzeitbeschäftigung im Büro wird seltener. Auch das, was in Zukunft von Menschen erledigt wird, ändert sich stark. An die Stelle vieler Beschäftigungen mit Routinetätigkeiten treten deutlich weniger Jobs, allerdings mit höherem Anspruch als Supervisor, Problemlöser und Entscheider. Und diese Entwicklung betrifft nicht nur einfache Arbeiten, sondern eben zunehmend anspruchsvollere Tätigkeiten.

Ein berühmtes Beispiel dafür sind Steuerberater. Der überwiegende Teil ihrer Arbeit ist in seinen Anforderungen sehr ähnlich und gut überschaubar. Dass Computer bei der Verarbeitung großer Datenmengen überlegen sind, bedarf nicht vieler Worte. Sie erkennen sehr viel schneller und präziser Auffälligkeiten und können Steuerprobleme damit nicht nur markieren und inhaltlich analysieren, sondern auch entsprechende Fragen in Dialogform beantworten. Für Routineaufgaben – und das ist der größte Teil des Aufgabenfelds von Steuerberatern – werden in Zukunft sehr viel weniger Menschen gebraucht. Nun könnte man optimistisch vermuten,

dass die damit frei werdende Zeit vollständig durch qualifizierte Beratung ersetzt wird. Aber werden die Klienten sie
wirklich entsprechend benötigen und honorieren?

Auf ähnliche Weise trifft es viele Juristen. Sicher wird
es auch in Jahrzehnten noch Anwälte und Scheidungsrich-
ter geben, und Mordprozesse werden nicht von Computern
geführt. Gleichwohl lassen sich viele Tätigkeiten in Großkanzleien, die gegenwärtig noch von Associates ausgeführt
werden, digitalisieren. Computerprogramme mit eDiscovery
Software durchforsten E-Mails, Memos und Verträge und
analysieren sie zielgenau. Watson, die semantische Such- und
Analysemaschine von IBM, hält schon jetzt eine ganze Palette
von KI-Anwendungen bereit, die ebenso für Juristen sinnvoll
sind. Selbstlernende Sprach-, Bild- und Textanalysen bereiten in Sekundenschnelle gewaltige Datenmengen auf und verknüpfen sie miteinander zu Zusammenhängen. Watson beantwortet auf diese Weise auch komplizierte, von Menschen
gestellte Rechtsfragen. Und Recherchearbeit, die gemeinhin
Monate verschlingt, erledigt sich so in kürzester Zeit. Dass
der künftige Großeinsatz semantischer Such- und Analyse-
maschinen Folgen für juristische Berufe hat, ist unbestritten.
Die Frage ist die gleiche wie bei den Steuerberatern: Wie viel
menschliche Tätigkeit wird dadurch erleichtert und wie viel
wird langfristig ersetzt?

All diese Beispiele der Digitalisierung betreffen die Effizienzsteigerung in Unternehmen, einschließlich Banken und
Großkanzleien. Ein ganz anderes Feld ist der sogenannte
Plattformkapitalismus. Neben dem beruflichen Leben ist
auch unser alltägliches Leben digital geworden. Hier allerdings wird nicht einfach nur etwas verbessert, zeitsparender
und effizienter gemacht, sondern die Digitalisierung von jedermann und jederfrau schafft zugleich ganze Branchen ab.

Um ein Paket bei der Post abzugeben, einen Urlaubsantrag einzureichen, einen Flug, eine Übernachtung oder eine Reise zu buchen, benötigt man keine Helfer und Vermittler mehr. Der Konsument wird zum »Prosumenten«, zum produzierenden Konsumenten. Doch wenn meine Bank mich den allergrößten Teil meiner Bankgeschäfte im Online-Banking selbst ausführen lässt, wozu braucht es dann noch das Kundengeschäft der Bank? Und was ist mit all den Dienstleistern, Mittelsmännern und Institutionen, die durch eBay, Uber oder Airbnb ersetzt werden? Prosument und Gelegenheitsunternehmer übernehmen überall Tätigkeiten, die ehemals Lohnarbeit waren. Was in den Sechzigerjahren damit begann, dass Supermärkte den Einzelhandel mit Lebensmitteln ersetzten und die Selbstbedienung einführten, ist heute in immer mehr Bereichen selbstverständlich. Vom Fahrkartenautomaten bis zum online gebuchten Ticket – der »arbeitende Kunde« ersetzt Berufsbilder und Lohnarbeiterinnen. Ob Gebraucht- oder Neuwaren, Übernachtungen, Kommunikation, Verkehr, Energie, Finanztransaktionen, Ernährung, Filme, Fotos, Lebensberatung, Partnersuche und Bespaßung – all das ist heute meist vollständig ohne entsprechendes Fachpersonal möglich.

Was sind die Auswirkungen auf den Arbeitsmarkt? Bislang haben die Vernetzung von Industriedaten in cyber-physischen Systemen, die immer selbstständigeren Analyseinstrumente bei Dienstleistern und der Plattformkapitalismus nicht zu einer Rekordarbeitslosigkeit geführt. Und selbst wenn man heftig darüber streiten kann, ob Arbeitslosigkeit in Deutschland tatsächlich treffend in den Arbeitslosenzahlen abgebildet wird – ein totales Desaster am Arbeitsmarkt gibt es bislang weder in Deutschland noch in anderen westlichen Industrieländern. Beunruhigend erscheint lediglich, dass eine enorm hohe Zahl an Beschäftigungsverhältnissen nicht sozialversicherungspflichtig ist. Und dass tatsächlich nur 51 Prozent aller statistisch erfassten erwerbsarbeitenden Menschen in Deutschland einer entsprechend abgesicherten Beschäftigung nachgehen. Statt Massenarbeitslosigkeit boomt der Niedriglohnsektor mit seinen vielen prekären »Jobs«, die niemand ernsthaft Berufsausübung nennen kann.

Wesentlich dramatischer ist die Lage in den USA. Hier lässt sich seit über einem Jahrzehnt beobachten, wie die Mittelschicht bröckelt. Wer mit der IT-Entwicklung nicht Schritt halten kann, ist gemeinhin gezwungen, deutlich schlechter bezahlte Arbeit anzunehmen, falls er überhaupt welche findet. Immer anspruchsvollere Berufsprofile produzieren somit auch immer mehr Verlierer, die den neuen technischen Anforderungen nicht standhalten. Statt eines massenhaften sozialen Aufstiegs wie bis in die Neunzigerjahre geschieht nun ein massenhafter sozialer Abstieg mit den bekannten Folgen der Frustration und Aggression, dem Trend zu populistischen Verallgemeinerungen, Misstrauen gegenüber dem Staat und radikalen Weltbildern. Der Fortschritt durch Technik, der im Silicon Valley gefeiert wird, strahlt nicht nur hell, er legt zugleich einen gewaltigen Schatten über das Land. Dass nicht alle vom Fortschritt profitieren, ist ohnehin klar. Aber sind es zumindest die meisten? Auch das scheint unsicher zu sein. Der Aufbruch in neue technische Dimensionen und zu den Sternen bekommt damit mehr als einen schalen Beigeschmack. Was nützen Tausende Lösungen für den Zukunftsverkehr oder die Zukunftsmedizin, wenn immer weniger sich die Teilhabe daran leisten können?

Kein Zweifel: Die digitale Revolution wird zu einer bislang stark unterschätzten Feuerprobe für die Mittelstandsgesellschaften. Ist Deutschland hier dauerhaft besser für den Umbruch gerüstet als die USA? Und bedeutet, zumindest bei uns, mehr Digitalisierung zugleich mehr Wohlstand für alle? Bereits jetzt erhitzt die Skepsis den Populismus links wie rechts. Das Unbehagen und die nachvollziehbaren Ängste vor wachsender ökonomischer und sozialer Ungleichheit finden professionelle Abnehmer, die einfache Antworten versprechen auf komplizierte Fragen. Tatsächlich ist das Bedürfnis nach schnellen Veränderungen und »Disruptionen« bei den meisten Menschen eher gering. Und die Zahl der Begeisterten in Deutschland ist offensichtlich geringer als die der Besorgten. Wird alles besser oder schlechter? Wohl verstanden ist die Frage, wie ich zeigen möchte, äußerst komplex. Und sie ist beileibe nicht identisch mit der ziemlich engen Frage, wie viele Menschen über kurz oder lang ohne Lohnarbeit sein werden. Sie geht weit darüber hinaus.

Gleichwohl dominieren derzeit vor allem diese Fragen die Debatte: Führt die Digitalisierung zur Massenarbeitslosigkeit, oder fangen die Firmen die nicht mehr ausreichend Qualifizierten mithilfe von Weiterbildungsprogrammen auf? Fallen mehr Beschäftigungen weg, als neue entstehen, oder gleicht sich beides aus? Liegt das größere Problem in Massenentlassungen oder im Fachkräftemangel? Zwei Lager stehen sich in diesen Fragen nahezu unversöhnlich gegenüber mit Thesen, die steiler kaum sein könnten. Einerseits: Die Digitalisierung bringt die größte Arbeitslosigkeit seit mehr als einem Jahrhundert. Und andererseits: Der Arbeitsmarkt kompensiert die durchaus überschaubare Zahl der Jobverluste nahezu vollständig durch Millionen neuer Beschäftigungsverhältnisse, von denen noch längst nicht alle geahnt sind. Beide Sichtweisen gilt es zunächst zu verstehen.

Die große Beunruhigung
Ökonomen recherchieren die Zukunft

Ein Gespenst geht um, nicht nur in Europa: Ersetzen Maschinen den Menschen? Es ist ein alter Menschheitstraum, den schon Aristoteles in seinem Werk über den Staat, die *Politik*, träumt: Voll automatisierte Maschinen befreien den Menschen von der Last der Arbeit. Doch für die Industriegesellschaft erscheint er vor allem als finstere Drohung. Unvergessen sind die hungernden Weber und verzweifelten Maschinenstürmer, aber auch die Millionen Arbeitslosen der Weltwirtschaftskrise, die Hitler den Nährboden gaben, um die Macht zu ergreifen. Weniger als Traum denn als Katastrophe spukt das Gespenst durch die jüngere Weltgeschichte. Was soll man bloß tun, wenn es nicht mehr genug Lohnarbeit für alle gibt?

Nun ist das Gespenst wieder da, eingekleidet in das Gewand unserer Zeit: ein Gespenst aus Zahlen. Exakt 47 Prozent aller US-amerikanischen Arbeitsplätze haben eine hohe bis sehr hohe Wahrscheinlichkeit, dass die digitale Revolution sie mehr oder weniger vollständig automatisiert. »Recherchiert«, wie sie sagen, haben dies der Brite Michael A. Osborne und der Schwede Carl Benedikt Frey, zwei Ökonomen an der University of Oxford.[1] Ihre Zahlen, dargelegt in der Oxford-Studie über die Zukunft der Arbeit, sorgten 2013 für Furore. In den nächsten zwanzig Jahren – also bis zum

Jahr 2033 –, so die damalige Prophetie, bliebe in der Arbeitswelt mutmaßlich kein Stein auf dem anderen. 2016 legten die Autoren noch einmal nach und stellten ihre nächste Studie vor. Sie nahm die Zukunft der Arbeit global unter die Lupe. Die Zahlen schossen noch weiter in die Höhe. In Argentinien könnten 65 Prozent aller Beschäftigungsverhältnisse durch die Technologie der Zukunft verschwinden, in Indien 69 Prozent, in China 77 Prozent und in Äthiopien 85 Prozent.[2]

Das Echo auf die Studien war enorm. Viele tausendmal erwähnt und diskutiert, sind sie die wohl bekanntesten Untersuchungen über die Zukunft der Arbeit aller Zeiten. Barack Obama zitierte sie und mit ihm das Council of Economic Advisers, das wirtschaftspolitische Beratungsgremium des Weißen Hauses.[3] Das World Economic Forum in Davos geriet fast völlig in ihren Bann und bestätigte die Ergebnisse mit Untersuchungen nach vergleichbarer Methode.[4] Auch die Bank of England und die Weltbank nahmen die Zahlen für bare Münze.[5] Und eine Studie der London School of Economics and Political Science rechnete nach demselben Verfahren die Beschäftigungslage im künftigen Europa aus. Hier könnten sogar 54 Prozent aller heute bestehenden Jobs mit hoher Wahrscheinlichkeit automatisiert werden.[6]

Keine Studie dürfte je so viel Staub aufgewirbelt und Alarm ausgelöst haben. Wie aber kommt man zu solchen Zahlen? Osborne und Frey nahmen sich die Liste von Berufen vor, die der Online-Service O*NET des US-Arbeitsministeriums für 2010 auflistete. Die Autoren untersuchten die 702 Tätigkeitsfelder, studierten deren Aufgaben und bündelten sie zu branchenspezifischen Anforderungsprofilen: *knowledge* (Wissen), *skills* (Fertigkeiten) und *abilities* (Können). Dabei kam ihnen zugute, dass die O*NET-Liste auch Aspekte wie die Ausbildung, den erweiterten Kontext der Arbeit, psychi-

41

sche und physische Belastungen und vor allem die Einkommenspannen aufführt. Osborne und Frey überprüften alle Tätigkeiten und befragten sie: Enthalten sie Elemente, die von Computern besser erledigt werden könnten? Zum Beispiel große Datenmengen zu speichern und zu verarbeiten, diese Daten möglichst schnell aufzufinden, Routineabläufe akkurat auszuführen und Routine-Entscheidungen schnell zu treffen. Und sie fragten, inwiefern neue Technologien bestehende Arbeit optimieren, unterstützen, ergänzen, zu Neueinstellungen führen, Tätigkeiten auslagern oder sie mehr oder weniger vollständig ersetzen.

Auf diese Weise ermittelten die Ökonomen, ob die aufgelisteten Berufe mutmaßlich sicher sind, ob sie ein höheres Einsparpotenzial enthalten oder ob der technologische Fortschritt sie mit hoher Wahrscheinlichkeit ganz wegrationalisiert. Unterstützt wurden sie dabei durch die Expertisen der Fachleute. Weltweit führende Robotik-Experten und -Expertinnen fanden sich dazu eigens für einen Workshop im Science Department der University of Oxford ein. Befragt danach, welche Tätigkeiten sie in absehbarer Zeit prinzipiell für automatisierbar halten, informierten sie über die gegenwärtigen und die zukünftigen Möglichkeiten und erstellten Prognosen. Mit dieser Expertise im Gepäck kalkulierten Frey und Osborne die weiteren für sie maßgeblichen Faktoren: Wie *schnell* werden sich bestimmte technische Entwicklungen in bestimmten Branchen durchsetzen? Wie *teuer* wird die Technik sein, sodass sich ihr massenhafter Einsatz auch tatsächlich lohnt? Und wie hoch sind im Vergleich zu den Kosten der Automatisierung die *Löhne* der Arbeiter und Angestellten?

Schnellt das Automatisierungspotenzial bei einem der 702 auf O*NET gelisteten Berufe auf über 70 Prozent, so gilt die Tätigkeit als »gefährdet«. Jetzt musste man nur noch die

Zahl der bedrohten Jobs auf die Zahl aller Jobs beziehen, so ergaben sich für Osborne und Frey die berühmten 47 Prozent »hochriskanter« Beschäftigungsverhältnisse in den Vereinigten Staaten.

Der Schlüsselbegriff der Oxford-Studie ist das Wort *engineering bottleneck*. Wo scheitern neue Technologien wie maschinelles Lernen, KI und *Mobile Robotics* an einem zu engen Flaschenhals, durch den sie in absehbarer Zeit nicht kommen, um auf dem Arbeitsmarkt größere Spuren zu hinterlassen? Nach Meinung von Osborne und Frey sind dies vor allem jene Tätigkeiten, bei denen die Automatisierungstechnologien sich in komplexen und unstrukturierten Umgebungen zurechtfinden müssen, also überall, wo Prozesse weder routiniert noch regelhaft ablaufen. Was hohe kreative Intelligenz benötigt, stellt Computer oft vor unlösbare Aufgaben. Das Gleiche gilt für komplexe soziale Anforderungen. Wo es auf umfassendes Orientierungsvermögen, große Kreativität und soziale Intelligenz ankommt, sehen die Autoren kaum eine Automatisierungswahrscheinlichkeit.

Im Umkehrschluss ist eine Tätigkeit, nach Osborne und Frey, umso gefährdeter, je weniger dieser Eigenschaften und Fähigkeiten sie voraussetzt. Während Erholungstherapeuten, leitende Ingenieure, Notfallmanagerinnen, Psychiater, Sozialarbeiterinnen, Audiologen, Ergotherapeutinnen, Orthopäden, Mund- und Kieferchirurginnen, Feuerwehrleute, Ernährungsberaterinnen und Choreografen ihrer Arbeit auch zukünftig sehr sicher sein können, listet die Studie gleich 170 Tätigkeiten auf, deren Automatisierungspotenzial bei mindestens 90 Prozent liegt. Besonders stark betroffen sind Banken und Versicherungen und damit Jobprofile wie Kassierer, Kreditberaterin und Bankanalyst, Sachbearbeiterin und Schadensaufnehmer bei Verkehrsunfällen. Buchhalterinnen müssen laut Studie bald ebenso daran glauben wie Makler, Fahrdienstleisterinnen, Models, Wirte, Rechtsanwaltsgehilfinnen, Graveure, Schiedsrichterinnen, Spediteure und Uhrmacherinnen. Die Tendenz ist eindeutig: Je mehr jemand über differenziertere Qualifikationen verfügt, desto stärker ist die Tendenz, dass sein Beruf in zwanzig Jahren noch existiert. Was hingegen weitgehend nach dem gleichen Muster abläuft, ist prinzipiell automatisierbar und wird über kurz oder lang von Maschinen geleistet; es ist nur eine Frage der Zeit. Die Botschaft ist laut und deutlich und für die meisten alarmierend: Die Berufswelt der Zukunft erlebt die größte Revolution seit den Anfängen von Ackerbau und Viehzucht. Weder die erste noch die zweite und auch nicht die dritte industrielle Revolution pflügten das Feld so gewaltig um wie heute das Zeitalter selbstlernender Computer und Roboter.

Kein Wunder, dass die Oxford-Studie in der Folge eine ganze Flut von Untersuchungen auslöste. Kann das wirklich stimmen? Doch die Prophezeiungen überboten sich sogar noch. Im Jahr 2015 präsentierte das Economic Research Department der ING-DiBa die Studie: »Die Roboter kommen. Folgen der Automatisierung für den deutschen Arbeitsmarkt.« Da Deutschland insgesamt höher industrialisiert ist als die USA, rechnet die Untersuchung damit, dass der mutmaßliche Jobverlust entsprechend größer sei. Nicht 47 Prozent wie in den Vereinigten Staaten, sondern gleich 59 Prozent aller bei uns bestehenden Arbeitsplätze seien durch Automatisierung gefährdet. Ende des gleichen Jahres legte auch die Unternehmensberatung A. T. Kearney nach.[7] Der Report »Deutschland 2064 – Die Welt unserer Kinder« richtet den Blick gleich ganz weit entfernt in die Welt in fast fünfzig Jahren. Kühn und unerschrocken wird eine völlig veränderte Landschaft vorgestellt: eine Topografie aus Megakonzernen und lockeren Verbänden, in denen sich die vielen Start-ups und Einzelfirmen organisieren. Der heutige Mittelstand ist hoch spezialisierten Hightechunternehmen gewichen. Was den Arbeitsmarkt der Zukunft anbelangt, segelt A. T. Kearney im Fahrwasser der Oxford-Studie. Aus Mangel an anderen Quellen reicht die Prognose auch hier genau zwanzig Jahre voraus. Insgesamt 45 Prozent der in Deutschland beschäftigten Menschen könnten demnach bis 2034 arbeitslos werden. Besonders hoch sei die Wahrscheinlichkeit bei den 2,7 Millionen Büroangestellten und Sekretariatskräften, den 1,1 Millionen Verkaufsberufen, den eine Million Menschen, die in der Gastronomie arbeiten, und bei den 0,9 Million Beschäftigten der kaufmännischen und technischen Betriebswirtschaft. Auch die 0,7 Million Menschen, die Post- und Zustelldienste leisten, die 0,7 Million Köche, die halbe Million Bankkaufleute sowie die vielen hunderttausend Lagerarbeiter, Metallbearbeiter und Buchhalter könnten sich ihrer Jobs nicht mehr sicher sein.

Gesichert dagegen seien die 0,8 Million Kinderbetreuer und Kindererzieher, die 0,7 Million Gesundheits- und Krankenpfleger und die halbe Million Aufsichts- und Führungskräfte. Erstaunlich optimistisch fällt der Blick auf die 0,4 Million Berufe in der Kraftfahrzeugtechnik aus; der Arbeitsplatzverlust durch den Umstieg von der beschäftigungsintensiven Produktion von Verbrennungsmotoren auf weit weniger beschäftigungsintensive Elektrofahrzeuge war 2015 in der Glaskugel noch überraschend dunkel.

Besonders inspiriert von der Oxford-Studie zeigten sich auch die anderen Beratungsunternehmen, allen voran McKinsey. Als Stratege mit kühner Voraussicht in die Zukunft malt man nicht frei von Eigennutz die neue Arbeitslandschaft in grellen Farben an die Wand.[8] 2017 stellte McKinsey dar, dass

18 Prozent der gesamten Arbeitszeit in den USA auf körperliche Tätigkeit, insbesondere das routinemäßige Führen von Maschinen, entfällt – Beschäftigungen mit einer mutmaßlichen Automatisierungswahrscheinlichkeit von 81 Prozent. Nicht viel besser sähe es für die 16 Prozent aller US-Beschäftigten aus, deren Beruf etwas mit Datenverarbeitung zu tun hat. Hier liege die Wahrscheinlichkeit, durch einen Computer ersetzt zu werden, bei 69 Prozent. Ähnlich steht es um die 17 Prozent, deren Beruf mit Datenerhebung zu tun hat. Sie träfe die Automation mit einer Wahrscheinlichkeit von 64 Prozent. In absoluten Zahlen bedeutet dies: 60,6 Millionen der in den USA beschäftigten Menschen führen berufliche Tätigkeiten mit hohem Automatisierungspotenzial aus. In Spanien seien dies 8,7 Millionen, in Frankreich 9,7 Millionen, in Großbritannien 11,9 Millionen und in Deutschland ganze 20,5 Millionen; bei rund fünfundvierzig Millionen Beschäftigten also fast jeder Zweite! Weit übertroffen werden die Deutschen allerdings noch von Indien mit 235,1 Millionen und China mit 395,3 Millionen hoch automatisierbaren Jobs.

Vier Jahre später hat sich an diesen Aussichten nicht viel geändert. Die Studie »The future of work after COVID-19« des McKinsey Global Institute aus dem Jahr 2021 sieht die Tendenz zur Automatisierung bestärkt. Nur komme sie, beflügelt durch die Pandemie, noch viel schneller.[9] Bis 2030 müssten sich 10,5 Millionen Arbeitnehmer in Deutschland – das wäre etwa jeder Vierte – auf massive Veränderungen gefasst machen. Vier Millionen Menschen würden an ihrer bisherigen Stelle nicht mehr gebraucht und müssten sich einen neuen Arbeitsplatz suchen, für 6,5 Millionen stehen umfangreiche Weiterbildungen an. Ausgeweitet auf die Länder USA, China, Indien, Japan, Frankreich, Spanien und Großbritan-

nien ist von über hundert Millionen betroffenen Arbeitnehmern die Rede. Gemäß der Studie liegt dies an drei Faktoren:
Da ist einmal die rasantere Ausbreitung des E-Commerce auf
Kosten des stationären Handels. Dazu kommt die nun immer
schneller voranschreitende Automatisierung der Produktion,
der Verfahren und der Logistik in der Industrie mit erhöhten
KI-Anwendungen; eine Verschiebung, die das hochindustria-
lisierte Deutschland stärker träfe als alle anderen untersuchten Länder. Direkte Kunden- und Kollegenkontakte werden
immer unwichtiger, sei es in der Fabrik, in Banken, Versicherungen und Verwaltungen. Der Trend, mobiler zu arbeiten,
ändere zudem den herkömmlichen Büroalltag. Dies führt,
nach Ansicht von McKinsey, zu großem Büroflächenleer-
stand und senkt dauerhaft die Anzahl der Geschäftsreisen mit
entsprechenden Auswirkungen auf die Immobilienbranche
und den Luftverkehr. Betroffen vom Jobverlust seien vor allem Frauen, verhältnismäßig viele jüngere Arbeitnehmer unter vierundzwanzig und überdurchschnittlich viele Beschäftigte ohne höheren Bildungsabschluss, insbesondere solche
mit Migrationshintergrund. Allerdings stehen sie nicht allein da. Nach einer Prognose des Unternehmensberaters und
Wirtschaftsprüfers Deloitte aus dem Jahr 2017 trifft die digitale Revolution im Bankwesen nicht nur die Geringverdiener.[10] Auf die Sachbearbeiter und Kassierer folgen die Steuerberater und Banker. Nach Ansicht von Deloitte droht zum
Beispiel der britischen Finanzindustrie auf absehbare Zeit ein
Verlust von einer halben Million Arbeitsplätzen.

Dass Unternehmensberater zu düsteren Prognosen neigen
und dramatische Umbrüche ankündigen, mag natürlich Teil
ihres Geschäfts sein. Je größer der prognostizierte Umbruch,
umso höher der Umstrukturierungs- und folglich der Bera-
tungsbedarf. Doch die Mahner der Beraterszene stehen nicht

allein da. Daron Acemoglu und Pascual Restrepo, zwei Ökonomen am Massachusetts Institute of Technology (MIT) in Boston, gehören ohne Zweifel zu den renommiertesten Vertretern ihrer Zunft. Vor allem Acemoglu ist ein Großkaliber, vielfach ausgezeichnet und Mitglied der American Academy of Arts and Sciences. 2015 ermittelten ihn die Research Papers in Economics als den meistzitierten Ökonomen der letzten Dekade im Alter unter sechzig.[11] Acemoglu und Restrepo legten in den vergangenen Jahren eine ganze Reihe von Studien vor, die sich allesamt um Fragen der Automatisierung und den Einsatz von KI in den USA drehen. 2017 dokumentierten sie ausführlich, dass jeder Mehrzweckroboter in den USA im Durchschnitt etwa 3,3 Arbeitsplätze ersetzt hat.[12] In der Folge war es hier tatsächlich zu den befürchteten Massenentlassungen gekommen. Andere Arbeiter mussten zusehen, wie ihre Löhne im Zuge neuer Beschäftigungen gesenkt wurden. Anders als in der Oxford-Studie und vielen weiteren Prognosen waren hier nicht Potenziale und Wahrscheinlichkeiten gemessen worden, sondern es wurden ganz reale Vorgänge der Arbeitswelt dokumentiert, mit gravierenden Folgen für die Beschäftigten.

Allein die US-amerikanische Öl- und Gasindustrie verlor im Zeitraum von 2014 bis 2019 zwischen 50 000 und 80 000 qualifizierte Jobs durch externe voll automatisierte Steuerung. Was für die USA gilt, könnte in ähnlicher Form auch für Deutschland gelten. Zu diesem Ergebnis kam 2018 eine Studie des Instituts für Arbeitsmarkt- und Berufsforschung (IAB), die Forschungseinrichtung der Bundesagentur für Arbeit.[13] Nach Ansicht der Autorinnen sei der Anteil jener Berufe, die künftig durch Maschinen ersetzt werden könnten, in der deutschen Wirtschaft stark gestiegen. Ausführlich untersucht wurden dabei einzelne Branchen wie auch die Bundesländer, in denen sie unterschiedlich stark vertreten sind. Ein Viertel aller sozialversicherungspflichtig Beschäftigten in Deutschland arbeitete demnach bereits 2018 in einem Beruf, der nach aktuellem Stand der Technik mit mehr als siebzigprozentiger Wahrscheinlichkeit von Computern oder computergesteuerten Maschinen ersetzt werden könnte.

Allerdings stellt sich die Lage von Bundesland zu Bundesland unterschiedlich dar. Wo, wie in Berlin, wenig verarbeitendes Gewerbe ist, ist sie mit 15 Prozent nur halb so hoch wie im Saarland mit 30 Prozent. Entgegen der klassischen Beschäftigungsstruktur seien nicht die strukturschwächeren Länder in Ostdeutschland die mutmaßlich Hauptleidtragenden, sondern die hochindustrialisierten Länder wie etwa Baden-Württemberg. Anders als manche andere Studie gehen die Autorinnen davon aus, dass nicht etwa Banken, Versicherungen und ähnliche Dienstleistungen am schwersten durch die Digitalisierung erschüttert werden, sondern das verarbeitende Gewerbe. Im Ranking der Untersuchung steht es mit einem Ersetzbarkeitspotenzial von 54 Prozent vor dem Bergbau (48 Prozent), den Finanzdienstleistungen (48 Prozent), der Energieversorgung (32 Prozent), der Wasserversorgung (28 Prozent), wissenschaftlich-technischen Dienstleistungen (24 Prozent), dem Handel (22 Prozent), Verkehr und Logistik und dem Bau (je 21 Prozent).

Wie die Oxford-Studie, so spricht auch die des IAB nicht von realer Arbeitslosigkeit, sondern von »Ersetzungspotenzialen«. Wie viele Arbeitsplätze gingen verloren, wenn alles das, was gegenwärtig technisch möglich ist, tatsächlich umgesetzt würde? Von der Oxford-Untersuchung unterscheidet sich die des Instituts für Arbeitsmarkt- und Berufsforschung auch dadurch, dass sie keine weiteren technischen Entwicklungen oder Sprünge einkalkuliert, die durch den massenhaften Einsatz von *Machine Learning* und anderer KI-Programme möglich sein könnten. Doch selbst ohne die zukünftig erwartbaren Sprünge der Technik ist das Ergebnis der Untersuchung dramatisch. Sie legt, nicht anders als die Oxford-Studie, nahe, dass allein in Deutschland alles in allem Millionen Arbeitende in der Fertigung und in der Energieversorgung, Buchhalter, Finanzbeamte, Verwaltungsfachleute, Juristen, Steuerberater, Lkw-, Bus- und Taxifahrer, Verkäufer, Bankangestellte, Finanzanalysten, Versicherungsagenten und so weiter schon bald nicht mehr gebraucht werden. Beschäftigungen, bei denen jemand auf der Rückseite eines Flachbildschirms etwas bearbeitet, das der Kunde nicht sieht, also »Flachbildschirmrückseitenberatung«, wie der Mathematiker und ehemalige IBM-Manager Gunter Dueck sie nennt, sterben aus. Und mit ihr ungezählte Tätigkeiten in den Industriehallen, auf den Straßen und hinter den Türen von Behörden, Ämtern und Versicherungen.

Was folgt daraus? Sollte auch nur die Hälfte dessen, was hier von Universitäten, Forschungseinrichtungen und Unternehmensberatungsfirmen prognostiziert wurde, eintreffen, wäre das Chaos in allen Industrieländern programmiert. An der Börse schäumt der Champagner, die Aktionäre reiben sich die Hände – und die Zahl der Unterbeschäftigten und Arbeitslosen explodiert. Massenarbeitslosigkeit ist gemeinhin eines der größten Bedrohungsszenarien in der Politik und oft genug der Vorbote oder Auslöser politisch unruhiger Zeiten. Versorgungs- und Verteilungsfragen treten dann dringlicher hervor und werden um ein Vielfaches schärfer diskutiert. Wenn die Zahl der Jobs sinkt, erhöht sich der Lohndruck nach unten, die Unzufriedenheit der Unbeschäftigten und ohne eigenes Verschulden schlechter Bezahlten wächst. Bröckelt der soziale Kitt, der in den Industrieländern untrennbar mit der Arbeitsgesellschaft zusammenhängt, nimmt die gesellschaftliche Stabilität ab.

Ein erschreckendes Szenario – aber trifft es tatsächlich ein? Gibt es nicht auch zahlreiche Ökonomen mit eigenen Studien, die die Prognosen der Oxford-Studie und manche andere Untersuchung mit gleicher Aussage und Tendenz stark anzweifeln? Sie gibt es – und dies fast nirgendwo in der Welt so häufig wie in Deutschland.

Die große Entwarnung
Ökonomen futurisieren die Vergangenheit

Kein Jahr nach der Veröffentlichung der Oxford-Studie, im August 2014, gab das Institut für Arbeitsmarkt- und Berufsforschung eine Presseinformation heraus. Das langfristige Ziel der deutschen Politik sei »Vollbeschäftigung«. Schaffe man die notwendigen Voraussetzungen, insbesondere im Bildungssystem, so IAB-Forschungsbereichsleiter Enzo Weber, dann könnte die Arbeitslosigkeit irgendwann nur noch zwei bis drei Prozent betragen, die Zahl der Arbeitslosen läge dann bei einer Million.[1]

Vier Jahre später, das IAB hatte inzwischen seinen Bericht über massenhafte Ersetzungspotenziale in der deutschen Wirtschaft veröffentlicht, sprach auch die damalige Bundeskanzlerin Angela Merkel in ihrer Regierungserklärung weiterhin seelenruhig von Vollbeschäftigung: »All das, was wir uns für die Verbesserung der Lebensbedingungen in unserem Land vorgenommen haben, wird letztlich nur gelingen, wenn noch mehr Menschen als heute Arbeit haben. Deshalb wollen wir bis zum Jahre 2025 Vollbeschäftigung erreichen.«[2]

Während auf der einen Seite eine Flut internationaler Studien die hohen Automatisierungspotenziale vieler Arbeitsplätze in den Industrieländern auflistet und den wohl größten Umbruch seit mehr als hundert Jahren beschreibt, einen Umbruch, dessen Turbulenzen schier unabsehbar sind, sprechen deutsche Arbeitsmarktforscher und die Bundeskanzlerin, von all dem völlig unberührt, vom Ziel der Vollbeschäftigung. Wie ist das möglich? Liegen all diese Untersuchungen dermaßen falsch? Übersahen sie etwas, was die Kanzlerin und mit ihr die Bundesregierung viel besser wusste?

Immerhin, die Aussicht vom Berggipfel der Konjunktur schien 2018 klar, heiter und beruhigend. Von einem Sturmtief nichts zu sehen. Die Wirtschaftslage war bestens und die Zahl der Erwerbstätigen in Deutschland mit rund fünfundvierzig Millionen Menschen auf einem Rekordhoch. »Fachkräftemangel« und nicht »Massenarbeitslosigkeit« war die Sorge der Stunde. Erst die COVID-19-Pandemie verdunkelte den Himmel, schwächte die Wirtschaft und kostete ungezählten Menschen den Job. Aber die Pandemie wird eines Tages enden – wird dann auf dem Arbeitsmarkt alles wieder mehr oder weniger sein wie früher? Und werden wir dann weiterhin Vollbeschäftigung als vermeintlich realistisches Ziel anstreben?

Zumindest bis das COVID-19-Virus kam, sahen viele deutsche Ökonomen die Prognose einer drohenden Massenarbeitslosigkeit als Schwarzmalerei an. Folgerichtig müssten sie es eigentlich auch für die Nach-Coronazeit so sehen. Denn nirgendwo wurden die Oxford-Studie und die auf sie folgende LSE-Studie so heftig angezweifelt wie im Land der Dichter, Denker, Tüftler und Ingenieure. Von wenigen Ausnahmen, wie der erwähnten IAB-Untersuchung, abgesehen, setzte an deutschen Universitäten und in staatlichen Forschungseinrichtungen überall schnell die gleiche Grundhaltung ein: die Studie abzuschwächen, nach Möglichkeit zu widerlegen und vor allem eines deutlich zu machen: dass sie für Deutschland keine Aussagekraft hat.

Woran liegt das? Warum fiel die Studie gerade in Deutschland auf besonders unfruchtbaren Boden? Die Frage ist sowohl kultur- als auch mentalitätsgeschichtlich interessant. Sie verrät nicht nur viel über verschiedene Forschungsmethoden, sondern ebenso über die Mentalität der Ökonomie in Deutschland. Die allermeisten führenden Ökonomen sind konservativ oder liberal eingestellt, ergänzt von konservativ-liberalen Sozialdemokraten. Alle anderen sind große Ausnahmen oder spielen nicht in der ersten Liga. Und ein Blick in die Geschichte verrät diesen Ökonomen schnell, dass überhaupt kein Grund dazu besteht, sich vor Massenentlassungen in Deutschland zu fürchten. Die Vergangenheit ist nämlich voll von Fehlprognosen, die eine Massenarbeitslosigkeit ankündigten, die nie eintrat. Das wohl bekannteste Beispiel ist ein *Spiegel*-Titel aus dem Jahr 1978, »Fortschritt macht arbeitslos«, bei dem ein Roboter einen erschlafften Arbeiter in der erhobenen Hand hält. Zwar war die Arbeitslosigkeit in Deutschland Ende der Siebziger- und Anfang der Achtzigerjahre tatsächlich ungewöhnlich hoch. Doch schon Mitte der Achtziger sank sie wieder deutlich. Gewiss hatte die Automation in der Automobilindustrie und anderswo manchen Arbeiter arbeitslos gemacht, aber erstens nur einen Bruchteil und zweitens nicht dauerhaft. Und fügt sich das nicht nahtlos ein in eine immer gleiche Erzählung? Ob Dampfmaschine und Spinnmaschine, Elektrifizierung und Elektronik – nie wurde die Arbeit langfristig weniger, sondern jedes Mal wurde sie mehr. Und stets hatten die Apokalyptiker Unrecht gegenüber den Gelassenen und Besonnenen.

Deutschland ist stolz darauf, technische Innovationen gut bewältigt zu haben, und zwar auf zwei Wegen: durch Verschiebungen auf dem Arbeitsmarkt sowie durch eine global vorbildliche berufliche Weiterbildung. Man denke nur an den Strukturwandel in der Druckindustrie in den Siebziger-, Achtziger- und Neunzigerjahren, als die Digitalisierung die

Produktion revolutionierte. Aus Druckereien wurden »Medienhäuser«, und statt Druckern und Schriftsetzern gab es bald »Mediengestalter für Druck- und Printmedien«. Auch der Geldautomat hat nicht zur Massenarbeitslosigkeit in den Banken geführt, sondern nur dazu, dass Kassierer ihr Tätigkeitsfeld veränderten. Von Massenentlassungen durch Automation also keine Spur.

Ist es im Angesicht solch positiver Erfahrung mit dem deutschen Weiterbildungssystem nicht nachvollziehbar, dass viele Ökonomen Arbeitslosigkeitsprognosen misstrauen? Was Unkenrufe anbelangt, wird der Wirtschaftsprofessor hierzulande schnell zum Kölner: »Et hätt noch immer jot jejange!« Der Arbeitnehmer in unserem Land ist im europäischen Vergleich deutlich besser gebildet und ausgebildet. Und wird die Zahl der Arbeitssuchenden auf dem Arbeitsmarkt aus demografischen Gründen nicht deutlich schrumpfen? Bereits im Jahr 2030 werden in Deutschland fünf Prozent weniger Menschen eine Erwerbsarbeit brauchen. Was also soll der Alarm? Viel wichtiger sei, die Menschen zu beruhigen. Mit Panik sei niemandem geholfen, und unsere Wirtschaft habe schon so vieles verkraftet und sich dabei stets flexibel gewandelt. »Horrorszenarien« seien völlig fehl am Platz. Prognosen, nach Karl Valentin, schwierig, vor allem, wenn sie die Zukunft betreffen. Und überhaupt gilt, was immer gilt: Niemand hat eine Glaskugel!

Betrachtet man die Vielzahl an Untersuchungen, die deutsche Arbeitsmarktforscher und Beschäftigungsexperten der Oxford-Studie entgegensetzen, so konzentrieren sie sich im Wesentlichen auf vier Kritikpunkte. Zunächst einmal lässt sich lächelnd anmerken, dass Experten bekanntlich gerne übertreiben. Was die IT-Koryphäen den Ökonomen Osborne und Frey im Science Department in Oxford über die Automatisierungspotenziale der Zukunft erzählt haben, mag zwar rein technisch betrachtet denkbar sein. Aber erst mal verläuft auch der Fortschritt bei KI-Systemen nicht reibungslos oder gar exponentiell, und zweitens liegen zwischen technischer Denkbarkeit und sinnvoller rentabler Anwendung in der Industrie und auf dem Dienstleistungssektor Welten. Die Experten des IT-Sektors kalkulierten die gesellschaftliche Dimension des technischen Fortschritts viel zu wenig ein. Ob eine bestimmte Technik funktioniert, ist eine ganz andere Frage als die, ob sie erwünscht und akzeptiert wird. Die Rückfallwahrscheinlichkeit eines Straftäters durch KI errechnen zu lassen, ist technisch möglich – dass solche Systeme bald flächendeckend von der deutschen Justiz eingesetzt werden, rechtlich kaum denkbar. Roboter in der Altenpflege sind ein heikles Thema, zumindest dann, wenn sie Tätigkeiten ausführen sollen, in denen sonst echte Empathie und menschliche Wärme zählen. Und voll automatisierte Autos, die heute schon in einfachen, regelbasierten Umgebungen fahren können, zu entwickeln, ist das eine. Sie im Stadtverkehr von Paris, Barcelona oder Neapel einzusetzen, etwas anderes. Nicht nur sind die technischen und sozialtechnischen Schwierigkeiten im chaotischen Großstadtverkehr viel höher als gedacht – auch die ethischen Fragen bilden enorm hohe Hürden. Durchaus denkbar also, dass voll automatisierte Fahrzeuge gar nicht die Lösung für den Verkehr der Zukunft sind, als die sie so oft propagiert werden. Und der Taxifahrer in Palermo kann sich seines Berufs selbst in zehn Jahren noch sicher sein.

Der zweite Kritikpunkt betrifft den Wert von Begriffen wie »Automatisierungspotenzial« oder »Ersetzungspotenzial«. Sagen solche Potenziale überhaupt allzu viel aus? Zwischen Potenzialen und realen Beschäftigungsverhältnissen klaffen mitunter Welten. Disruptive Technik und disruptive

Ökonomie gehen nicht eng umschlungen Hand in Hand, und »Automatisierungspotenzial« ist nicht gleich durchschlagender Effekt in der Industrie und auf dem Arbeitsmarkt. Besonders vernebelnd wirke sich aus, dass die Oxford-Studie die untersuchten Berufsfelder viel zu pauschal bewertet. Wer in einem Beruf arbeitet, in dem es viele Routinetätigkeiten gibt, muss deshalb erstens nicht *nur* Routinetätigkeiten ausführen. Tut er es nicht, ist er beileibe nicht so leicht durch Computer ersetzbar, wie Frey und Osborne nahelegen. Und zweitens ist nicht jedes Aufgabenfeld an jedem Arbeitsplatz in einer bestimmten Branche genau gleich. Solche Berufsfelder pauschal als »Routinetätigkeit« zu etikettieren, werde realen Beschäftigungsverhältnissen oft nicht gerecht.[3] Bezieht man dies mit ein, so halten alternative Studien das Automatisierungspotenzial für sehr viel geringer als die Oxford-Studie.[4]

Ein dritter Kritikpunkt moniert, dass Frey und Osborne, verführt durch die Expertise ihrer IT-Koryphäen, das Tempo der Entwicklung dramatisch überschätzen. Neue Technologie setzt sich nicht immer und überall flächendeckend durch, nur weil es sie gibt. Obgleich Deutschland im internationalen Vergleich die viertgrößte Dichte an Robotern in der Produktion hinter Südkorea, Singapur und Japan hat – auf 10 000 Arbeitnehmer entfallen 371 roboterisierte Einheiten –, tut sich die deutsche Wirtschaft bislang schwer mit dem massenhaften Einsatz von cyber-physischen Systemen.[5] Die Industrie 4.0 hinkt noch 2021 – acht Jahre nach Veröffentlichung der Oxford-Studie – den Erwartungen hinterher, selbst wenn sie zuletzt deutlich an Fahrt aufnahm. Doch der Weg, neue Technologie zu installieren und sie zum profitablen Einsatz zu bringen, ist oft lang und dornig. Oftmals fehlt es an Experten für die passgenaue Implementierung, den passenden Zuschnitt und die Wartung. Nicht jede neue Technologie erzeugt deshalb die gewünschten Effekte. Und vieles ist sehr teuer und damit am Ende nicht rentabel. Dass Spargelstechen nach vielen Fehlversuchen nun endlich voll automatisiert möglich ist, bedeutet für jeden Spargelbauern zunächst eine hohe sechsstellige Investition in den Ernte-Roboter. Preiswerter wird er erst, wenn die Nachfrage nach der Maschine deutlich steigt. Doch wer riskiert diesen Sprung, wenn osteuropäische Erntehelfer nach wie vor so günstig sind?

Dazu kommt, dass die Löhne in Deutschland in den letzten Jahren nur sehr gering gestiegen sind – zumindest für durchschnittlich verdienende Arbeitnehmer (nicht für Topmanager). Je geringer die Lohnkosten, umso weniger lohnt sich die Investition in neue Technologie. Beides steht in einem direkten Konkurrenzverhältnis. Firmen gehen größere technische Innovationen deshalb vor allem dann an, wenn diese definitiv versprechen, die Produktion zu verbessern und dabei wesentlich günstiger zu sein scheinen als Menschen – eine Kalkulation, die oft schwierig und unvorhersehbar ist. So wird der Automatisierungsprozess auch dort oft gebremst, wo das Potenzial nach Ansicht der Oxford-Studie hoch ist.

Der vierte Kritikpunkt führt ins Feld, dass Arbeitnehmer häufig sehr flexibel und anpassungsfähig sind. Deshalb muss man sie sogar dann nicht entlassen, wenn ein größerer Teil der bisher geleisteten Arbeiten künftig von einer Maschine erledigt wird. Man könnte es das »Menschen sind keine Pferde«-Argument nennen. Pate für den Namen wäre dann der russisch-US-amerikanische Wirtschaftsnobelpreisträger Wassily W. Leontief. Der prognostizierte 1983, dass Menschen auf dem Arbeitsmarkt eines Tages so überflüssig werden könnten, wie der Traktor die Pferde in der Landwirtschaft überflüssig gemacht hat: »Arbeit wird immer weniger bedeutsam werden … Mehr und mehr Arbeiter werden durch Maschinen ersetzt. Ich kann nicht ersehen, dass die neuen Industrien jeden beschäftigen können, der einen Job will.«[6] Der wichtigste Unterschied zwischen Menschen und Pferden auf dem Arbeitsmarkt dürfte allerdings sein, dass Menschen sich auch auf neue Anforderungen einstellen können, Pferde eher weniger. Größere Arbeitslosigkeit entsteht nur, wenn Menschen, denen ein größerer Teil ihrer bisherigen Tätigkeit durch eine Maschine abgenommen wird, innerhalb ihres Tätigkeitsbereichs keine neuen Aufgaben finden. Der Blick in die Geschichte signalisiert vielen deutschen Ökonomen Entwarnung. Bislang hat der Siegeszug von Computern und Robotern in der deutschen Wirtschaft, anders als in den USA, nicht zu größeren Arbeitsplatzverlusten geführt, sondern nur zu neuen Anforderungen für die Beschäftigten. Routineaufgaben wurden weniger, nicht automatisierbare Tätigkeiten mehr. Aber die Beschäftigungslage blieb dabei mindestens stabil.

So etwa zeigt Jens Südekum, Ökonom am Düsseldorfer Institut für Wettbewerbsökonomie (DICE), dass die neuen Automatisierungstechniken im verarbeitenden Gewerbe seit Anfang der Neunzigerjahre unter dem Strich in Deutschland nicht zu Arbeitslosigkeit geführt haben. Wenn seitdem Roboter Karosserien zusammenschrauben oder Lagerregale einsortieren, besteht die Folge seltener in Entlassungen als in massenhafter Umschulung. Aus Karosserieschraubern wurden, so Südekum, »die Qualitäts- und Verkaufsmanager von morgen. Solche Jobs waren plötzlich stark gefragt, und die Unternehmen hätten versuchen können, dafür neue und jüngere Spezialistinnen und Spezialisten anzuwerben. Aber sie gingen einen anderen Weg: Sie setzten auf die Umschulung und Weiterbildung ihrer Stammbelegschaft. Sie setzten auf Stabilität. Die Gewerkschaften unterstützten diese Strategie, indem sie Lohnzurückhaltung versprachen. Und am Ende ging der Plan auf, nicht zuletzt durch einen massiven Anstieg des Auslandsabsatzes.«[7]

Voranschreitende Digitalisierung kann also auch bedeuten, dass die Arbeit zwischen Mensch und Maschine schlichtweg anders aufgeteilt wird. Statt weiterhin direkt in der Produktion tätig zu sein, wichen die Beschäftigten in der Vergangenheit in andere Bereiche aus, etwa in die Instandhaltung oder Planung. Automatisieren meinte deshalb nicht zwangsläufig rationalisieren. Zwar wurden viele gefährliche, gesundheitsschädliche und monotone Arbeiten von Maschinen übernommen. Die Arbeitnehmer landeten deshalb aber nicht sämtlich auf der Straße, sondern übernahmen andere, schwer automatisierbare Aufgaben. Warum sollte dies in der Zukunft nicht genauso sein? In Deutschland, so berechneten Ökonomen des Leibniz-Zentrums für Europäische Wirtschaftsforschung (ZEW), sei die Zahl der Arbeitsplätze in den letzten Jahrzehnten durch den Einsatz automatisierter Technik sogar um ein Prozent gestiegen. Und sie gehen ziemlich beruhigt davon aus, dass dies auch in der Zukunft so sein wird. Zudem sehen sie das Automatisierungspotenzial in Deutschland ohnehin nicht bei etwa der Hälfte der Beschäftigungen, sondern nur bei 12 Prozent. Und die ließen sich, da die »Diffusion neuer Technologien in der Wirtschaft« ein »langsamer Prozess« sei, mit hoher Sicherheit durch neue Beschäftigungsverhältnisse ausgleichen.[8]

Mut aus der Vergangenheit holen sich auch die LSE-Ökonomen Guy Michaels und Georg Graetz von der London School of Economics and Political Science. In ihrer Studie »Robots at Work« untersuchten sie 2018, welche Auswirkungen Industrieroboter in den Jahren 1993 bis 2007 in siebzehn entwickelten Volkswirtschaften gehabt hatten. Das Ergebnis sei sehr positiv: »Durch den Einsatz von Industrierobotern hat sich die Produktivität der Arbeit um rund 15 Prozent verbessert. Gleichzeitig sank der Anteil gering qualifizierter Beschäftigung, und die Löhne stiegen leicht an. Der Einsatz von Industrierobotern zeigt keinen signifikanten Effekt auf die Zahl der Beschäftigten insgesamt.«[9]

Nicht weniger optimistisch sind inzwischen auch die einst so verunsicherten Auguren des World Economic Forums in Davos. Zwar vermutet ihr Report »The Future of Jobs 2018«, dass bereits im Jahr 2025 Maschinen mehr Arbeitsschritte erledigen würden als Menschen, ein Zuwachs um 30 Prozent in nur sieben Jahren. Zugleich aber versprechen sie, die »rasante Entwicklung von Maschinen und Algorithmen am Arbeitsplatz könnte 133 Millionen neue Aufgaben entstehen lassen«. Ihnen stehen nur »75 Millionen bis 2022 vermutlich verdrängte Funktionen« gegenüber.[10]

Die Reise in die Vergangenheit und der Blick in die Zukunft scheinen damit genau zu bestätigen, was die MIT-Gurus Andrew McAfee und Erik Brynjolfsson in ihrem modernen Klassiker *The Second Machine Age* vorhersagen.[11] Trotz zwischenzeitlicher Kollateralschäden, bei denen der Fortschritt ganze Berufsfelder vernichtet, werden die neuen KI-Systeme den Menschen nicht ersetzen, sondern ihn gleichsam höher befördern in eine Sphäre immer qualifizierterer Arbeit. Aus braven Arbeitspferden werden *Geeks*, Spitzensportler der IT-Economy.

In einem Punkt sind sich all jene Optimisten, die auch künftig eine hohe Beschäftigungsrate erwarten, einig: Damit die Umstrukturierung von Tätigkeiten im Zeitalter rasanter Automatisierung gelingt, müssen zwei Effekte eintreten: Die neue Technologie muss erstens die Produktivität erhöhen und damit zweitens einen Wiederherstellungseffekt bei der Beschäftigung auslösen. Wenn sinkende Kosten in der Produktion zu sinkenden Preisen von Produkten oder Dienstleistungen führen – was oft, aber nicht ganz zwangsläufig geschieht –, steigert sich zumeist die Nachfrage. Ist das tatsächlich der Fall, wächst die Wirtschaft. Sie schafft neue Tätigkeitsfelder und fängt die zuvor Verdrängten des Arbeitsmarkts in nicht von der Automatisierung betroffenen Beschäftigungen wieder auf. Idealerweise geht der Wiederherstellungseffekt sogar noch darüber hinaus. Dann vergrößert er das Arbeitsangebot um viele neue, durch die Technologie geschaffene Berufsbilder.[12]

Tatsächlich ist das, was hier gleichsam als Automatismus der Automation beschrieben wird, keine zwangsläufige, sondern eine sehr voraussetzungsreiche Verkettung, die uns im übernächsten Abschnitt beschäftigen wird. Doch für viele deutsche Ökonomen ist die »Kompensation« verlorener Jobs durch neue Jobs auch im zweiten Maschinenzeitalter Gesetz: »Schließlich verdrängt die Automatisierung zwar Arbeitsplätze, schafft aber durch Produktivitätswirkungen sowie die Nachfrage nach neuen, komplementären Tätigkeiten gleichzeitig neue Arbeitsplätze.«[13] Weder die Produktionswirkungen, also die Produktivitätssteigerung, noch die erhöhte Nachfrage werden als Variablen, sondern als Konstanten gesetzt.

Ökonomen des ZEW sowie jene des von der Deutschen Post-Stiftung finanzierten Forschungsinstituts zur Zukunft der Arbeit (IZA) vertrauen jedenfalls fest auf Kompensationsmechanismen, die in der Vergangenheit erfolgreich gewirkt haben. Mag sich die Zusammensetzung der Belegschaften auch ändern, in der Zukunft werde die bezahlte Arbeit nicht weniger, sondern im Hinblick auf die Erfahrungen in der Geschichte tendenziell eher mehr. Szenarien, in denen Roboter reale Arbeitslosigkeit auslösten, wie Acemoglu und Restrepo sie für die jüngere Geschichte der USA feststellten, könnten sich in Deutschland nicht ereignen. Entlassungen sind aufgrund der strengeren Arbeitsschutzgesetzgebung bei uns weniger rentabel als in den USA. Das betriebliche und staatliche Weiterbildungssystem hat eine völlig andere Tradition und ein anderes Niveau. Arbeitnehmer sind in Deutschland im Durchschnitt deutlich besser qualifiziert als in den Vereinigten Staaten. Und Fabriken verlieren ohnehin gegenüber Dienstleistungen immer mehr an Bedeutung. Nur jeder vierte Arbeitnehmer in Deutschland ist heute noch in der Industrie beschäftigt.

Vor diesem Hintergrund heißt die Losung: Bildung und Weiterbildung, was das Zeug hält! Auch Brynjolfsson und McAfee sehen die Industrieländer in einem mörderischen Wettlauf zwischen technischem Fortschritt auf der einen und dem Zwang zu massenhaften Umschulungen, Weiterbildungen und Ausbildungen auf der anderen Seite. Ausführlich beschrieben haben dies bereits zuvor die Harvard-Ökonomen Claudia Goldin und Lawrence F. Katz.[14] Die Bildungssysteme in den Industrieländern müssten sich radikal ändern und immer mehr Menschen fit machen für die kognitiven Anforderungen von Millionen neuen IT-Berufen. Ich möchte diese Sichtweise analog zum entsprechenden Theorem in der Evolutionstheorie als Red-Queen-Hypothese bezeichnen. Evolutionsbiologen beziehen sich dabei auf Lewis Carrolls *Alice hinter den Spiegeln*, wo die Rote Königin auf dem Schachbrett zu Alice sagt: »Hierzulande musst du so schnell rennen, wie du kannst, wenn du am gleichen Fleck bleiben willst.« Wie in der Biologie komplexe Organismen sich pausenlos wandeln, um vor ihren Parasiten davonzulaufen, so rennt auch die Wirtschaft um die Wette. Um auf dem gleichen niedrigen Stand der Arbeitslosigkeit zu bleiben, muss die (Weiter-)

Qualifikation mit der Technik Schritt halten, und das immer und immer wieder.

Damit liegt der Ball bei der Politik. Sorgt bitte dafür, dass immense Summen für Umschulung und Weiterbildung bereitgestellt werden und helft dabei, Millionen Menschen, die der technische Fortschritt sonst um ihre Arbeit bringt, im Spiel zu halten. Ach ja, und vergesst nicht, wie die Forscher des Leibniz-Instituts schreiben, »die negativen Auswirkungen auf diejenigen zu begrenzen, die auch durch gezielte Ausbildungs- und Qualifizierungsmaßnahmen nicht in der Lage sind, sich den steigenden Anforderungen anzupassen«.[15]

Was damit genau gemeint sein soll, bleibt dunkel. Steuererleichterungen nutzen Hartz-IV-Empfängern bekanntlich wenig, und »Maßnahmen« führen kaum zur Anpassung an immer anspruchsvollere Arbeitsplätze. Dass viele, die aus ihrem alten Beruf fallen, keinen adäquaten neuen finden, wie in den USA bereits häufig der Fall, wird auch von deutschen Ökonomen gesehen. »Das wirkliche Problem«, meint Südekum, sei nicht eine zu erwartende Massenarbeitslosigkeit, sondern »ein anderes: Die neu entstehenden Arbeitsplätze sind zumeist völlig andere als diejenigen, die wegfallen. Doch was hilft es einem Autoschrauber aus der Pfalz, dessen Fähigkeiten im Zusammenbau von Dieselturboladern bald nicht mehr gefragt sein könnten, wenn irgendwo in Berlin händeringend nach Webdesignern und Programmierern gesucht wird?«[16] Und Südekum ist ebenfalls klar, dass sich die Lohn- und Einkommensverteilung durch die Automatisierung verändert. In der Mitte des Lohnspektrums sind durchaus sinkende Löhne zu erwarten, profitieren werden vor allem jene, die aufgrund ihrer Qualifikation ohnehin schon gut bezahlt sind.

In solcher Lage nehmen auch mehrere deutsche Wirtschaftswissenschaftler Zuflucht zu einer Idee, die der Harvard-Ökonom Richard B. Freeman mit zwei Kollegen entwickelt hat.[17] Um die Arbeitnehmer der Zukunft nicht zu »Leibeigenen der Maschinenbesitzer zu machen«, sollten sie an den Gewinnen der Maschinenarbeit beteiligt werden. Je mehr Menschen von der Produktionsleistung von Maschinen profitieren, umso besser sei ihr Verhältnis zu ihnen und umso besser sei dies wiederum für die Unternehmen. Wer Frieden und Akzeptanz am Arbeitsplatz wünsche, der könne Freemans Vorschlag nur zustimmen. Wie ein solcher Profit der Beschäftigten aus der Maschinenarbeit aussehen könnte, dazu präsentiert Freeman unterschiedliche Vorschläge. Denn verschiedene Nationen, verschiedene wirtschaftliche Traditionen. Wo es bereits Mitarbeiterbeteiligungen gebe, könne man diese ausweiten, seien es nun vergünstigte Unternehmensanteile oder Aktien. Eine andere Möglichkeit wäre es, entsprechende Stiftungen für die Arbeitnehmer zu gründen. Und wo das Unternehmen nicht recht mitziehen will oder kann, könne der Staat es finanziell unterstützen, damit die Mitarbeiter beteiligt werden. All dies, so Freeman, wäre auf jeden Fall besser als eine gesellschaftliche Umverteilung durch höhere Steuern.

In eine ähnliche Richtung scheint auch Terry Gregory vom IZA zu denken.[18] Solange die immer höher automatisierten Unternehmen inländischen Kapitalgebern gehören und nicht etwa Chinesen, Indern oder Arabern, flösse das Geld auf mannigfaltige Weise ins Inland zurück. Die Idee, möglichst viele Deutsche zu Aktionären der heimischen Firmen zu machen, um sie an den Erträgen der Maschinen zu beteiligen, soll ein günstiges Klima für die Roboterisierung schaffen. Und sie soll das Kapital der Konsumenten erhöhen, damit sie die neuen, stärker automatisiert hergestellten Produkte auch kaufen können. Dies wiederum heize die Nachfrage an, die Produktion würde ausgeweitet und neue Jobs geschaffen.

Wäre das Konzept überzeugend, bräuchte es eigentlich nur zwei Maßnahmen: Der Staat investiert massiv in Bildung und Weiterbildung und fördert die Mitarbeiterbeteiligung finanziell. Der Perpetuum-mobile-Kapitalismus wehrt dann alle Gefahren ab und bescherte eine strahlende Zukunft nach den genau gleichen Erfolgsrezepten, die in der Vergangenheit halfen. Dass damit denjenigen nicht geholfen ist, die es nicht schaffen, sich anzupassen oder in Zukunft so optimal wie möglich zu qualifizieren, ist allerdings nur das eine Problem. Das andere, wesentlich größere ist, dass es vielleicht viel weniger nützt als gedacht, sich statt der Beunruhigung aus der Zukunft, die die Oxford-Studie mit sich bringt, die Beruhigung aus der Vergangenheit zu holen. Denn es gibt sehr gute Gründe dafür, anzunehmen, dass es diesmal ganz anders laufen könnte als früher.

Zur Kritik der empirischen Vernunft

Lässt sich der Umbruch berechnen?

Wenn man eines über die Zukunft weiß, dann, dass man sie nicht messen kann. Zumindest sollte man es wissen, denn es wäre äußerst hilfreich. Weder lässt sich sinnvoll daran glauben, dass Prozesse, die sich in der Gegenwart abspielen, sich unendlich fortsetzen, wie es die Autoren der Oxford-Studie tun. Noch besteht, wie der polnische Philosoph, Essayist und Science-Fiction-Autor Stanisław Lem klug erkannte, echte Futurologie und Prognostik darin, eine vom Spiegel zurückgeworfene Gegenwart oder gar Vergangenheit zu zeichnen. Dies gilt für all jene Autoren, die meinen, die Frage der Arbeit ließe sich in der Zukunft genauso behandeln wie bei früheren Umbrüchen. Die Umrisse ferner Möglichkeiten, von denen Lem sprach, bleiben in beiden Fällen im Dunkel.

Vorsicht vor Extrapolationen! In der Welt wirklicher Menschen ist nichts linear oder gar exponentiell. Und mit mehreren Stellen hinter dem Komma berechnete Automatisierungswahrscheinlichkeiten von Jobprofilen haben ihren Wert als Passion von Mathematikern – im wirklichen Leben dagegen finden sie keinen Halt. Umgekehrt tröstet uns auch die vermeintlich ewige Wiederkehr des Gleichen nicht, wonach altbewährte Rezepte stets den identischen Erfolg bringen. Der *Great Reset*, der große Umbruch des zweiten Maschinenzeitalters, ist nicht klein und harmlos, nichts, das sich mit den ökonomischen Mitteln aus der Hausapotheke der alten Bundesrepublik mit mehr oder weniger Anstrengung gut verarzten lässt.

Dass Studien am Ende immer das bestätigen, was ihre Urheber schon vorher vermuteten und ihnen bestens ins weltanschauliche Konzept passt, ist kein großes Geheimnis. Daran ändert auch der Selbstanspruch gleichsam naturwissenschaftlicher Objektivität nichts, den die Wirtschaftswissenschaften seit mehr als einem halben Jahrhundert an sich stellen. Ihrem Wesen nach ist die Ökonomie eine Wissenschaft vom Menschen – und zwar weniger des einzelnen Individuums als des gesellschaftlichen Zusammenspiels. Und ohne Sozialpsychologie, ohne Theorien von Interessen und Macht, ohne die Kenntnis von Ideologien und Gegenideologien, von anthropologischen Annahmen, und ohne tiefe Kenntnisse der Mentalitäts- und Kulturgeschichte lässt sich Wirtschaft nicht verstehen.

Bezeichnenderweise handeln die Wirtschaftswissenschaften, so wie man sie an deutschen Universitäten studiert, von all dem so gut wie überhaupt nicht. Vorherrschend ist eine ganz bestimmte Auffassung von Ökonomie. Man bemüht sich um die größtmögliche Neutralität durch den massenhaften Einsatz empirischer Studien und mathematischer Berechnungen. Doch diese Neutralität ist immer eine Neutralität *innerhalb* des bestehenden kapitalistischen Systems. Und die vermeintliche Neutralitätsverpflichtung ist alles andere als neutral. Wirtschaftswachstum zum Beispiel ist kein neutrales Ziel, ebenso wenig wie die Steigerung der Produktivität oder Vollbeschäftigung. Sie sind Mittel für ein erfülltes Leben für möglichst viele, eingefasst in eine bestimmte historisch gewachsene Perspektive. Diese Mittel mögen nützlich und nachvollziehbar sein, aber sie bleiben Mittel. Und die Steigerung des Bruttoinlandsprodukts (BIP) ist ein politisches, aber per se kein ethisches noch ein wissenschaftlich neutrales Ziel.

Was dabei weithin fehlt (und nur in wenigen Ausnahmefällen praktiziert wird), ist das, was man seit der ersten Hälfte des 19. Jahrhunderts politische Ökonomie nannte: der Blick über den Tellerrand der Empirie, Statistik und Mathematik. Eine Perspektive, die das eigene Wissen reflektiert und es historisch, gesellschaftlich und politisch einordnet. In Deutschland dagegen werden Ökonomen gesellschaftlich vor allem als Auguren aus der Zahlenwelt auffällig: Man denke an die Wachstumsprognosen der »Wirtschaftsweisen« – wobei Weisheit hier tatsächlich nichts Großes meint, sondern nur eine mathematisch-prophetische Vorausschau, an deren Ende nichts anderes stehen soll als eine kleine Zahl mit einer Kommastelle. Oder man denke an die ungezählten Bücher, die vor Fallen und monumentalen Crashs warnen; einzig zu dem Ziel, sich am Ende als Anlageberater in turbulenten Zeiten zu empfehlen.

Ein gleichsam naturwissenschaftlicher Anspruch hat manche Vorteile, zahlt aber zugleich einen hohen Preis. Man sollte der Fairness halber erwähnen, dass es anderen Disziplinen wie der Psychologie, den Medien- und Kommunikationswissenschaften, der Soziologie oder der Pädagogik nicht viel besser geht. Je strenger empirisch sie arbeiten, umso bedeutungsloser werden sie im Hinblick auf ihren gesellschaftlichen Einfluss, umso weniger bestimmen sie die Debatten und umso schneller altern ihre Ergebnisse. Jede empirische Studie gleicht einer erloschenen Sonne, die noch ein wenig funkelt, während neben ihr gerade eine hellere neue erscheint, die ebenso schnell verglüht wie die alte. Viel Bleibendes und Wegweisendes kann so nicht entstehen.

Ökonomen, die sich mit der Zukunft der Arbeit beschäftigen, sind demnach gezwungen zu messen, entweder die nicht messbare Zukunft oder eben die Entwicklungen der Vergangenheit. Ein wenig blutleer ist dies naturgemäß schon. Denn ohne die vielen nicht quantifizierten und nicht quantifizierbaren gesellschaftlichen Faktoren und Prozesse lässt sich vieles über die Zukunft nicht sagen. Welche makroökonomischen Einflüsse, wie zum Beispiel Konjunkturentwicklungen oder der Konkurrenzdruck auf dem globalisierten Weltmarkt, hemmen oder begünstigen technische und ökonomische Entwicklungen? Wie viel davon ist ebenso schlecht vorhersehbar wie das Phänomen Donald Trump oder die COVID-19-Pandemie? Sollte sich die Tendenz, von der die Oxford-Studie spricht, auch nur zur Hälfte auf dem Arbeitsmarkt niederschlagen, nötigt sie der Politik Entscheidungen ab, von denen niemand weiß, wie sie ausfallen. Wenn viele Menschen ihre Arbeit verlieren, kann die Produktivität stark steigen, aber auch umgekehrt. Was ist dann wichtiger? Höhere Produktivität mit höherem Steueraufkommen oder geringere Produktivität bei mehr Beschäftigung? Bekanntlich geben fast alle Staaten stets beides als Ziel aus: Wirtschaftswachstum *und* Beschäftigung. Beides kann zusammenfallen, geht aber eben nicht logisch Hand in Hand. So etwa gelang es in den 2000er-Jahren in den Industrieländern, viele Millionen Menschen zurück in den Arbeitsmarkt einzugliedern – bezahlt allerdings mit teilweise abnehmender Produktivität.

All diese Entscheidungen haben einen enormen Einfluss auf den künftigen Arbeitsmarkt. Empirische Prophetik ist deshalb eine ausgesprochen fragwürdige Kunst, und ihre Aussagekraft ist gemeinhin ziemlich dürr. Die vermeintlich objektiven empirischen Studien zur Zukunft enthalten notgedrungen weit mehr an Kaffeesatzleserei, als sie sich angesichts all der Zahlen, Grafiken und Diagramme anmerken lassen. Dazu gehört auch die äußerst beliebte Zeitspanne bei Prognosen, die Dinge für »in zwanzig Jahren« zu benennen. Wer dramatische Veränderungen in den nächsten fünf Jahren ankündigt, ist fünf Jahre später noch in Erinnerung und steht oft genug schlecht da. Wer etwas für in fünfzig Jahren ausmalt, interessiert wenig. In fünfzig Jahren kann alles möglich sein, allerdings leben dann ohnehin nur noch die wenigsten, die sich heute damit beschäftigen. Deshalb empfiehlt sich, wie im Fall der Oxford-Studie, die Zwanzig-Jahres-Prophetie. Nah genug dran, um noch relevant zu sein, aber dunkel genug, um die Fantasie offen und vieles für möglich zu halten. Und auch der Zwanzig-Jahres-Prophet darf darauf spekulieren, dass er, zu seinem Glück, nach Verstreichen des Zeitraums weitgehend vergessen ist.

Die gleiche Kritik wie an der Aussagekraft der Oxford-Studie gilt allerdings ebenso für ihre vermeintlichen Widerleger. Wenn die Ökonomen des ZEW ein Automatisierungspotenzial von sechs Prozent für die Arbeitswelt in Südkorea, neun Prozent für die USA und für Deutschland eines von zwölf Prozent ausrechnen, produzieren auch sie kaum aussagekräftige Zahlen. Zu viele Unwägbarkeiten und nicht sicher bestimmbare oder bezifferbare Faktoren mischen sich in das künftige reale Geschehen, als dass sich hier irgendjemand auf solche Zahlen verlassen könnte. Sie können also niemals entfernt die Präzision und Wahrscheinlichkeit haben, die sie nahelegen.

Sicheren Boden unter den Füßen hat man eigentlich nur, wenn man die Vergangenheit untersucht. Allerdings kann man sie eben gerade nicht futurisieren. Dafür ist viel zu ungewiss, ob auch in der Zukunft wirksam wird, was früher einmal heilsam war. Der Zukunft, so das Fazit, kann man nicht mit den Mitteln der Empirie nahekommen, sondern man kann sie nur ausdeuten. Die Hermeneutik – ein Wort, das im wirtschaftswissenschaftlichen Studium nicht vorkommt – ist eine alte Kunst, die aus der Analyse vieler Details auf das Ganze schließt und das Ganze wiederum an der Fülle der Details abgleicht. Hermeneutiker wissen, mit dem Philosophen Martin Seel gesagt, dass die messbare Seite der Welt nicht die Welt ist, sondern nur die messbare Seite der Welt.[1] Und in der hermeneutischen Herangehensweise handelt Ökonomie auch von Menschen und nicht nur von Graphen, Zahlen und Formeln. Begriffe wie »soziale Kosten«, die Carl Benedikt Frey verwendet, wenn er an die Zukunft denkt, lassen sich gewiss besser fassen, wenn man Lebensumstände, Milieus, Anspruchshaltungen und kulturelle Prägungen realer Menschen mitdenkt. Zudem scheint, wer von sozialen Kosten spricht, höhere Ziele oder Werte zu kennen, für die diese Kosten wohl oder übel in Kauf genommen und als Preis bezahlt werden müssen. Doch was könnte das sein? Der Markt, der Wohlstand, das Wirtschaftssystem, die Nation, der Fortschritt, die Zukunft? Wer hingegen in der Ökonomie das sieht, was sie eigentlich ist – die »Haushaltslehre«, die sich um die materiellen Grundlagen für ein erfülltes Leben möglichst vieler Menschen sorgt –, dem liegen Begriffe wie »soziale Kosten« verständlicherweise fern.

Was heute und zukünftig in der Arbeitsgesellschaft auf dem Spiel steht, ist keine Kosten-Nutzen-Kalkulation. Vielmehr ist es die Frage nach dem richtigen Weg zu einer ethischen und sozialen Höherentwicklung, ausgelöst durch die neue Welle der Automatisierung. Neben die Logik des Marktes, der Dynamik der Technik und dem Streben nach Rendite treten Faktoren wie das reale Handeln von Menschen mit ihren irrationalen Wünschen, Bedürfnissen, Eigenheiten, Unzulänglichkeiten und Vorzügen. Wenn davon gegenwärtig viel zu wenig die Rede ist und weitreichende politische Handlungsideen ausbleiben, so liegt das einerseits am empirisch verengten Blick. Andererseits, und das ist wahrscheinlich noch wesentlicher, schlummert tief unter der Haut manches Ökonomen noch ein anderes Problem: Man kennt keine Alternativen! Und man wüsste tatsächlich ganz und gar nicht, was man tun sollte, wenn Prognosen wie jene der Oxford-Studie auch nur ansatzweise zuträfen …

In solcher Lage verwundert es nicht, dass der große Technologiesprung der Gegenwart zwar anerkannt wird. Aber in seinen Folgen wird er zumeist nicht als disruptiv und gesellschaftsverändernd, sondern als mit bewährten Mitteln beherrschbar und berechenbar vorgestellt. Und man spielt implizit herunter, dass die Automatisierung damit begonnen hat, mehr und mehr kognitive Aufgaben zu übernehmen und nicht wie früher überwiegend manuelle. Wo früher aus Arbeitern mit der Hand Arbeiter überschaubarer geistiger Herausforderungen wurden, so müssen nun in vielen Bereichen Arbeiter mit überschaubaren geistigen Herausforderungen zu Menschen werden, die komplexe Probleme bewältigen und lösen können. Vor dieser Herausforderung aber stand in der Arbeitswelt, wie wir sie bisher kannten, nur eine Minderheit.

Ist diese große Aufgabe tatsächlich analog zur Transformation von Druckern und Schriftsetzern in Medienfachkräfte? Ist sie vergleichbar mit der Veränderung der Arbeitswelt durch Industrieroboter in den Achtziger- und Neunzigerjahren? Wie anspruchsvoll war damals die neue Arbeit im Vergleich zur alten? Und wie wird das diesmal sein? Und was ist mit all den Tätigkeiten jenseits des verarbeitenden Gewerbes, wo es kaum etwas umzuschulen gibt, weil voll automatisierte Systeme nicht nur Tätigkeiten, sondern tatsächlich komplette Berufswelten ersetzen? Was macht der Versicherungsangestellte aus der Schadensaufnahme in Zukunft? IT-Systeme

warten und bedarfsgerecht umprogrammieren? Zu Hunderttausenden in andere Bereiche des Unternehmens wechseln? In
welche? Ins Marketing, das ebenfalls immer automatisierter
agiert? In den Vertrieb, der sich längst aus einer Menschenwelt in eine Zahlenwelt transformiert hat, in der nicht mehr
der menschliche Charme, sondern einzig der Preis zählt?

Die Leiter der Weiterbildung geht nicht unendlich nach
oben – die Anwendungsmöglichkeiten der Universaltechno-
logie KI dagegen schon. Die hohen Sprossen aber sind für
durchschnittlich intelligente Menschen nicht ohne Weiteres
erreichbar. Und diese Menschen sind (sonst wären sie nicht
der Durchschnitt) in unserer Welt in der Mehrheit. Eigentlich
wissen dies auch die kühnsten Optimisten. Doch statt alternativer Ideen, wie sich die Arbeitswelt neu erfinden oder zumindest völlig neu organisieren lässt, fällt ihnen oft nur eines ein: die Frage zu vertagen! Beschwichtigend weisen selbst
die IT-Enthusiasten Brynjolfsson und McAfee daraufhin hin,
dass die Revolution der Arbeitswelt ja nicht ganz so schnell
kommt wie angepriesen oder befürchtet. Voll automatisierte
Fahrzeuge würden ja »über kurz oder lang« *noch* nicht auf
allen Straßen fahren. Und immerhin, es gibt ja »*noch* jede
Menge menschlicher Kassierer, Kundenbetreuer, Anwälte,
Fahrer, Polizisten, mobile Pflegekräfte, Manager und andere
Arbeitnehmer«. »Und sie laufen keinesfalls *alle* Gefahr«, hin-
weggeschwemmt zu werden.[2]

Was wollen uns die MIT-Professoren damit sagen? Dass
es »nicht *alle* Beteiligten treffen« wird?[3] Aber warum nicht,
wenn das zweite Maschinenzeitalter angebrochen ist und die
Arbeitswelt, wie wortreich angekündigt, völlig umpflügt?
Hat es nicht auch fast alle Kutscher, Wagner, Riemermeis-
ter und Hufschmiede getroffen, als das Automobil in kürzester Zeit die Kutschen ersetzte? Nur ein winziges Häufchen

blieb zurück, so klein, dass keine der Tätigkeiten mehr unter den 702 heute aktuellen Berufen der Oxford-Studie gelistet ist. Wer soll denn wo in zwanzig Jahren noch als Kassierer arbeiten oder überhaupt noch als Schalterbeamter in einer Bank? Dass Brynjolfsson und McAfee ziemlich unmotiviert auch Polizisten, mobile Pflegekräfte und Manager aufzählen, sollte hier nicht beruhigen. Ein kurzer Blick in die Oxford-Studie genügt, um eine lange Liste von Jobs aufzulisten, die wohl tatsächlich für immer verschwinden werden.

Gespenstisch ist zudem das vielfach benutzte Adverb *noch*. Es suggeriert, dass irgendwie genügend Zeit bleibt. Genügend Zeit für was? Um aus Fahrern und Kassierern Virtual-Reality-Designer zu machen oder Big-Data-Analysten? Um sie sämtlich zu den dringend benötigten Pflegekräften auszubilden? Um aus ihnen Scouts zu machen, Lebensberater, Paartherapeuten, Influencer, Beauty-and-Health-Coaches? Man muss sich nur einmal vorstellen, in Deutschland verlöre nur ein Zehntel (!) aller für Geld Beschäftigten seine Erwerbsarbeit. In Politik und Gesellschaft wäre kaum etwas, wie es vorher war. Dass Brynjolfsson und McAfee als Allheilmittel anpreisen, so viel Wirtschaftswachstum wie irgend möglich zu erzeugen, verrät gänzlich, dass die Künder der Zukunft gedanklich tief in der Vergangenheit leben. Die immer dringlichere Frage der Nachhaltigkeit, die Notwendigkeit, natürliche Ressourcen zu schonen, der Druck, unsere extensive Lebensweise zu verändern – nichts davon bevölkert ihre Fantasie oder beeinflusst ihre Gedankenwelt. Dass heute die digitale Revolution und die Nachhaltigkeitsrevolution zusammenfallen und zusammengedacht werden müssen, kommt ihnen gar nicht erst in den Sinn.

Die neue Ökonomie, die *second economy*, wie der britische Ökonom und frühere Stanford-Professor W. Brian Arthur sie nennt, besteht aus Prozessen, die sich riesig, still, vernetzt, unsichtbar und autonom neben die physisch sichtbare Ökonomie schieben. Genau das dürfte die neue Welle der Automation deutlich von allen vorangegangenen unterscheiden. »Diese zweite Ökonomie wird sicherlich eine Maschine des Wachstums sein und uns mit Wohlstand versorgen ... aber sie dürfte nicht für Jobs sorgen, so dass ein Wohlstand entsteht, an dem viele nicht teilhaben werden.«[4] Man mag über die Prophezeiung aus dem Jahr 2011 lächeln. Aber Arthur hatte keinen konkreten Zeitrahmen gesetzt. Die zweite Ökonomie perfektioniert sich nicht über Nacht, und die Automatisierung von Tätigkeiten erfolgt in vielen kleinen Schritten. Zumindest für diese Übergangsphase könnten die UPS-Fahrer von heute in der Zukunft Drohnen bestücken, statt Pakete auszufahren. Der Service von Uber mit menschlichen Fahrern wird auch vom Unternehmen selbst nur als Übergang angesehen. Alles so lange, bis solche Tätigkeiten roboterisiert sind. Die Niedriglohnjobs der digitalen Revolution dürften vielleicht noch ein bis zwei Jahrzehnte bestehen – doch auch ihre Zeit läuft ab. Der Sog, all das zu digitalisieren, was rentabel ist, bei dem es auf Menschlichkeit nicht ankommt und was zugleich nachgefragt und moralisch nicht anstößig ist, wird nicht bei den Beschäftigungen der Gig-Ökonomie, den schlecht bezahlten neuen Dienstleistungen der Plattform-Ökonomie stehen bleiben. Und er wird als eiserner Besen Verwaltungen, Fertigungshallen, Versicherungen und Banken immer gründlicher ausfegen.

Je mehr neue Arbeit für Maschinen entsteht und nicht für Menschen, umso schwieriger wird es, durchschnittlich qualifizierte Arbeitnehmer so zu beschäftigen, dass sie sich wirtschaftlich nicht deutlich verschlechtern. Man mag sich kaum vorstellen, dass Arbeitgeber und Arbeitnehmervertreter hier dauerhafte Kompromisse aushandeln, während der globale Druck zu digitaler Effizienzsteigerung und zu Preissenkungen fast jeden gefährdet, der nicht rechtzeitig im Schnellzug sitzt. Schon jetzt hinkt Deutschland bei manchen Entwicklungen anderen Industrieländern hinterher, ganz im Gegensatz zur Roboterisierung in den Achtziger- und Neunzigerjahren, als man noch Vorreiter war. Doch diese Kluft wird sich bald schließen und die gewaltigen Investitionen in Anlagen und digitale Transformationsprozesse sich auszahlen.

Dass jedes Mal dann automatisch Jobs entstehen, wenn Maschinen Produkte verbilligen, ist keine empirisch gesicherte Tatsache, sondern hängt von vielen Voraussetzungen ab. Verbilligte Produktion und größere Auslastung führen zwar zu mehr Arbeit, aber ob Menschen oder Maschinen diese Arbeit ausführen, bestimmt kein Automatismus. »Leider«, so diagnostizieren Acemoglu und Restrepo, gehe »der aktuelle Trend in der kommerziellen KI-Entwicklung immer mehr in Richtung Automatisierung, mit potenziell verheerenden Folgen für die Gesellschaft. Sicherlich ist die Automatisierung seit Beginn der Industriellen Revolution ein Motor der Produktivitätssteigerung, als ab dem späten 18. Jahrhundert das Weben und Spinnen mechanisiert wurde. Aber die Flut der Automatisierung bringt nicht automatisch alle Boote zum Schwimmen. Durch den Ersatz von Arbeitskräften durch Maschinen in der Produktion reduziert die Automatisierung den Anteil der Arbeitskräfte an der Wertschöpfung (und dem Volkseinkommen), trägt zur Ungleichheit bei und kann Beschäftigung und Löhne reduzieren.«[5]

Ob es nun ausdrücklich gesagt oder rhetorisch sorgsam kaschiert wird: Der Fokus der gegenwärtigen ökonomischen Entwicklung zielt darauf, alle dafür geeigneten Tätigkeiten soweit es geht zu automatisieren. Und kaum etwas deutet darauf hin, dass dadurch besonders viele neue arbeitsintensive Aufgaben auf anderen Feldern geschaffen werden. Die Entwicklung muss nicht die gleiche sein wie in der Zeit, als das Fuhrwerk durch das Automobil ersetzt oder später die schwindende Industriearbeit durch den stark ausgebauten Dienstleistungssektor ausgeglichen wurde. Nach Acemoglu und Restrepo gibt es deshalb heute »Grund genug, nicht auf den Markt zu vertrauen«. Erschwerend kommt hinzu, dass das Feld der digitalen Revolution »von einer Handvoll großer Technologieunternehmen dominiert« wird, »deren Geschäftsmodelle eng mit der Automatisierung verknüpft sind. Diese Unternehmen stemmen den größten Teil der Investitionen in die KI-Forschung und haben ein Geschäftsumfeld geschaffen, in dem die Entfernung von fehlbaren Menschen aus den Produktionsprozessen als technologischer und wirtschaftlicher Imperativ angesehen wird.«[6]

In dieser Lage wirkt der Optimismus, den vornehmlich deutsche Ökonomen aus dem Strukturwandel vergangener industrieller Umbrüche ziehen, nicht sehr überzeugend. Erstens richten sie ihren Blick dabei viel zu sehr auf die Industrie und viel zu wenig auf den inzwischen viel größeren Dienstleistungssektor und den Plattform-Kapitalismus. Zweitens liegt nahe, dass sie die Umschulungs- und Weiterbildungsmöglichkeit durchschnittlich talentierter Arbeitnehmer im Hinblick auf künftige IT-Herausforderungen stark überschätzen. Und drittens scheinen sie eines oft nicht sehen zu wollen: Roboter haben, selbst wenn sie bislang unter dem Strich keine Arbeitsplätze vernichtet haben, gleichwohl schon jetzt negative Auswirkungen auf das Beschäftigungswachstum.

Man muss den Blick dafür nicht in die USA richten, wo, wie erwähnt, Millionen von Fertigungsjobs der Roboterisierung zum Opfer fielen. Auch in Deutschland weist einiges auf eine ähnliche zukünftige Entwicklung hin. Berufe, die von der Oxford-Studie und anderen als leicht automatisierbar betrachtet werden, verzeichneten in den letzten Jahren tatsächlich kaum einen Stellenzuwachs. Ob es sich um Bürokräfte handelt, um die Papier- und Holzverarbeitung, die Druckweiterverarbeitung oder um Assistenzkräfte in Anwaltskanzleien: Der Strukturwandel ist bereits ablesbar.[7] Auch bei uns gibt es einen negativen »Zusammenhang zwischen dem Beschäftigungswachstum und der Automatisierungswahrscheinlichkeit. Je höher die Automatisierungsmöglichkeit eines Arbeitsplatzes ausfällt, desto schwächer hat sich das Beschäftigungswachstum innerhalb der letzten fünf Jahre entwickelt.«[8] Da wohl niemand daran zweifelt, dass die Tendenz anhält und die Automatisierung weiter fortschreitet, bedeutet dies: Ein unterdurchschnittlicher Zuwachs in Zeiten der Konjunktur wird schnell zu einem flächendeckenden Stellenabbau in schwierigeren Zeiten. Der Arbeitsmarkt polarisiert sich, und die Mitte dünnt sich aus. Neue Beschäftigungen entstehen hauptsächlich für gut ausgebildete Spitzenkräfte, die Mitte schwindet, und der Niedriglohnsektor bleibt in etwa, was er ist.

Denjenigen, die keine Anzeichen zu größerer Beunruhigung erkennen wollen, lässt sich entgegenhalten: Man unterschätzt leicht das *Ausmaß und die Wucht des Strukturwandels*. Und es lässt sich auch weiter untermauern. Bisherige Transformationen auf dem Arbeitsmarkt betrafen vor allem die Produktionsmaschinen. Und genau auf diesen Prozess beziehen sich all die historischen Erfahrungswerte. Dieses Mal jedoch besteht ein grundlegender Unterschied. Es geht weniger um neue Produktionsmaschinen als um gänzlich neue *Informationsmaschinen*. Dieser Unterschied ist enorm. Er könnte der Grund dafür sein, dass ökonomische Theorien und Schlussfolgerungen, die im ersten Maschinenzeitalter plausibel waren, es im zweiten nicht sind. Und es könnte ebenfalls sein, dass die digitale Revolution zwar zu fantastischen Gewinnen für manche Unternehmen führt, nicht aber zu einer Steigerung der volkswirtschaftlichen *Produktivität*. Wäre dies der Fall, so ist kaum daran zu denken, dass der verstärkte Einsatz immer intelligenterer digitaler Technologie unter dem Strich zu Wirtschaftswachstum und folglich zu mehr Beschäftigung führt. Genau das Gegenteil wäre dann der Fall. Die *Kompensationstheorie*, wonach der technische Fortschritt stets mehr neue Arbeit schafft, als er alte vernichtet, würde unter diesen Voraussetzungen schlichtweg nicht greifen.

Betrachtet man die »Grammatik« der digitalen Revolution, so wie wir sie in den letzten zwanzig Jahren erlebt haben, so kann man sagen: Ihr erster Akt ist untrennbar verbunden mit einer großen Verschiebung, nämlich jener von der produzierenden Ökonomie zur Finanzwirtschaft. Die Deregulierung der Finanzmärkte in den Industriestaaten des Westens hat die Finanzökonomie zur größten Ökonomie des Planeten gemacht und alles andere – mit einem passend dazu erfundenen Begriff – zur Realwirtschaft. Kapital fließt heute volatil, das heißt flüchtig, unstet und kurzlebig in Millisekunden über den Globus, stets auf der Suche nach maximalen kurzfristigen Renditen. Genau dieser Struktur verdankt sich der Plattform-Kapitalismus. Firmen wie Amazon, Alibaba, Google, Tencent, Facebook, Apple, Twitter, Uber oder PayPal verfügen nicht über Werkhallen, klassische Maschinen oder eine klassische Inhaberstruktur. Stattdessen bilden sie gewaltige Sammelpools für das Kapital der Welt von privaten und institutionellen Spekulanten, von Pensionskassen und arabischen Öl-Milliarden bis hin zum norwegischen Staatsfonds. Genau dadurch erklären sich auch ihre rasanten

Aufstiege und schwindelerregenden Skalierungseffekte. Das ruhelose Kapital bewirtschaftet Informationen und errichtet daraus die Datenökonomie als neue Quelle der Wertschöpfung. Die Geschwindigkeit, in der jetzt und in Zukunft Informationen ausgetauscht und vernetzt werden, ist beispiellos in der Geschichte der Menschheit. Die Speicherkapazität von Computerchips hat sich in den letzten fünfzehn Jahren mehr als vertausendfacht und wird in den nächsten Jahrzehnten weiter explodieren. Doch dadurch entstehen kaum neue Märkte, sondern Firmen, die selbst der Markt sind. Amazon und Alibaba sind keine Teilnehmer am globalen Onlinehandel, sondern sie bilden gemeinsam den Weltmarkt. Google ist kein Mitspieler auf dem Markt der globalen Wissensökonomie, sondern es ist diese selbst. Und entstehen dabei neue Konkurrenten, so werden sie in der Regel rasch einverleibt.

Die neuen Mächtigen funktionieren damit nicht nach den Regeln der freien Marktwirtschaft. Kein Wunder, dass bestimmte Segnungen, die man unter anderen Umständen aus dem Entstehen hochprofitabler Weltkonzerne erwarten würde, ausbleiben. Privater Profit und volkswirtschaftliche Produktivität gehen in der digitalen Revolution bislang nicht ansatzweise Hand in Hand. Das »Lohn- und Beschäftigungswachstum« ist, wie Acemoglu und Restrepo schreiben, »stagnierend und das Produktivitätswachstum anämisch geblieben. Bedrohlicherweise scheint die KI dieses Muster zu verschärfen, was zu noch größerer Ungleichheit und vielen weiteren Jahrzehnten langsamen Lohnwachstums und sinkender Arbeitsmarktbeteiligung führen kann.«[9] Dass eine solche ökonomische Entwicklung, vor allem in den USA, auch noch durch beschleunigte Amortisation, Zinsabzüge und Steuererleichterungen begünstigt wird, ist volkswirtschaftlich betrachtet äußerst fragwürdig.

Produktivität ist jener Wert, der dabei herauskommt, wenn man das Bruttoinlandsprodukt auf den einzelnen Erwerbstätigen umrechnet. Und siehe da, selbst in Deutschland kam es zwischen 2012 und 2019 nicht zu einem nennenswerten Zuwachs der Produktivität. Die Statistik verzeichnet allenfalls Schwankungen zwischen 1,3 und minus 0,7 Prozent pro Jahr.[10] Schon richtig, dass die Arbeitsleistung der Beschäftigten durch die Digitalisierung profitabler wird. Es entsteht aber in der Summe kaum Wachstum. Für Acemoglu und Restrepo ist das völlig logisch, denn ein »zielstrebiger Fokus auf die Automatisierung von immer mehr Aufgaben« führe »zu geringer Produktivität und Lohnwachstum und einem sinkenden Anteil der Arbeitskräfte an der Wertschöpfung«.[11]

Doch ganz so logisch, wie die beiden MIT-Professoren es sehen, ist das nicht. Frühere Automatisierungswellen haben die Produktivität stets erheblich erhöht. Der US-amerikanische Ökonom Robert Solow gewann 1987 den Wirtschaftsnobelpreis für seine Theorie, dass weder Arbeit noch Kapital, sondern in erster Linie der technische Fortschritt die Produktivität in die Höhe katapultiere.[12] Was ein durchschnittlicher US-Arbeiter 1950 in vierzig Stunden erwirtschaftete, dafür bräuchte er Ende des 20. Jahrhunderts nur noch elf Stunden. Je höher der technische Standard, umso höher die wirtschaftliche Gesamtleistung. Erstaunlich nur, wunderte sich Solow im Jahr seiner Nobelpreisverleihung, dass sich seine preisgekrönte Theorie angesichts des neuen digitalen Fortschritts nicht bestätigte: »Wir können das Computerzeitalter überall feststellen, nur nicht in der Produktivitätsstatistik.«[13]

Nun weisen Kritiker gerne darauf hin, dass die Elektrifizierung der Industrie Ende des 19. Jahrhunderts auch zwanzig Jahre gebraucht habe, um sich in der Produktivitätsstatistik niederzuschlagen. Aber selbst fünfunddreißig Jahre nach Solows Ausspruch bleibt ein Missverhältnis bestehen, das eklatanter kaum sein könnte: Während die Gewinne der großen Digitalkonzerne in den Himmel wachsen und sie zu den umsatzstärksten und mächtigsten Unternehmen machen, die die Welt je sah, lösten sie bislang in keinem Industrieland der Welt eine große gesamtwirtschaftliche Blüte aus. Nicht einmal der Aufstieg Chinas vom Schwellenland zur größten Volkswirtschaft der Welt verdankt sich dessen Digitalkonzernen, sondern er beruht fast ausschließlich auf der Old Economy, in der nach wie vor die allermeisten Chinesen beschäftigt sind.

Produktivitätszuwächse durch Digitaltechnik verzeichnen allenfalls bestimmte Branchen, die gesamtwirtschaftlich nicht stark ins Gewicht fallen.[14] Und es gibt einige bedenkenswerte Argumente dafür, dass sich daran in Zukunft nicht viel ändern wird. Für den US-Ökonomen Robert Gordon, ein Schüler Solows und heute einer der weltweit renommiertesten Forscher zur Frage der Produktivität, müssen sich die Industriestaaten im Digitalzeitalter auf eine sehr lange Phase einstellen, in der ihre Wirtschaft kaum wächst.[15] Denn was auch immer das Silicon Valley und andere Digitalkonzerne erfinden – es führt nicht zu flächendeckendem Wirtschaftswachstum, sondern ersetzt schlichtweg andere Geschäftsfelder. Uber kannibalisiert das globale Taxigewerbe, Airbnb die Hotellerie, Twitter und andere soziale Medien verringern die Beschäftigung im Fernsehen, bei Zeitungen und Zeitschriften, Amazon und Alibaba zerstören den stationären Handel. All diese Geschäftsmodelle des Plattform-Kapitalismus erwirtschaften zwar mehr oder weniger große Gewinne, aber sie beflügeln kein Wachstum. Für Gordon sind der Welt schlichtweg die Ideen ausgegangen, um Wachstum zu erzeugen. Unterhaltungselektronik, Virtual Reality, Apps,

3D-Drucker und voll automatisierte Autos – nichts davon schaffe unter dem Strich Jobs und steigere die Produktivität. Und große Erfindungen, die tatsächlich völlig neue Märkte erschließen oder zu enormen Produktivitätsfortschritten führen, seien nirgendwo in Sicht.

Es spricht manches dafür, dass Gordon recht behalten könnte. Die Digitalisierung – und das unterscheidet sie von früheren industriellen Revolutionen – erobert wenig neues Terrain, sondern sie macht bestehendes effektiver. Sich in solcher Lage auf das Solow-Modell zu verlassen, dass der technische Fortschritt sich über kurz oder lang zwingend positiv auf die Produktivität auswirkt, ist ziemlich fahrlässig. Denn wie alle ökonomischen Theorien und Theoreme ist Solows Beobachtung kein Naturgesetz, selbst wenn sie sich in mathematisierter Form ausdrücken lässt.

Sollte richtig sein, dass die neue große Welle der Digitalisierung im Zeitalter der KI die Produktivität nicht wesentlich erhöht, ist das keine Kleinigkeit. Denn damit bricht der entscheidende Stützpfeiler weg, der sichern soll, dass die zunehmende Automatisierung zu Wirtschaftswachstum und folglich auch zu ausreichend Beschäftigung führt. Werden Märkte nur verlagert und nicht neu geschaffen, bleibt der Effekt der Kompensation aus; ein Effekt, der völlig unverzichtbar für all diejenigen ist, die der Zukunft der Arbeit gelassen entgegensehen und alle Probleme durch Bildung und Weiterbildung für behebbar halten.

Naturgesetz und Menschenwelt

Kompensation oder Freisetzung?

Was genau besagt eigentlich die *Kompensationstheorie*? Woher kommt sie? Und welche Bedingungen müssen erfüllt sein, damit sie aufgeht? Sie ist ein Kind der ersten industriellen Revolution, und ihren Ursprung hat sie im Werk des französischen Ökonomen Jean-Baptiste Say. In seinem *Traité d'économie politique* formulierte er 1803 das, was man später das saysche Theorem nennen sollte: »Wenn der Produzent die Arbeit an seinem Produkt beendet hat, ist er höchst bestrebt, es sofort zu verkaufen, damit der Produktwert nicht sinkt. Nicht weniger bestrebt ist er, das daraus eingesetzte Geld zu verwenden, denn dessen Wert sinkt möglicherweise ebenfalls. Da die einzige Einsatzmöglichkeit für das Geld der Kauf anderer Produkte ist, öffnen die Umstände der Erschaffung eines Produktes einen Weg für andere Produkte.«[1] Mochte Says Formulierung noch ein wenig undeutlich sein, in seiner Popularisierung durch den schottischen Journalisten James Mill, dem Vater des Philosophen John Stuart Mill, wird die Sache unmissverständlich klar: »Welches immer die zusätzliche Gütermenge sei, die zu einem Zeitpunkt in einem Lande erzeugt wird, entsteht gleichzeitig eine zusätzliche Kaufkraft, die jener genau entspricht; sodass eine Nation auf natürliche Weise mit Kapital oder Waren niemals zu hoch eingedeckt sein kann.«[2] Mit einem

Wort: Je größer das Angebot, umso größer wird gleichzeitig die Nachfrage.

Mills einprägsame Formulierung aus dem Jahr 1808 fand das Gefallen und die Zustimmung eines Mannes, der die englische Nationalökonomie des 19. Jahrhunderts prägen sollte wie kein Zweiter. David Ricardo gehörte der gleichen Generation an wie Say und Mill. Als Makler schon in jungen Jahren enorm erfolgreich, widmete er sich im Alter von zweiundvierzig ausschließlich seinen Studien der Ökonomie. Anders als sein berühmter Vorgänger Adam Smith interessierte er sich nicht entfernt für Philosophie und verzichtete auf jegliche metaphysischen Annahmen. Die Ökonomie war für ihn gleichsam eine Naturwissenschaft. Wie die newtonsche Physik jedes Phänomen der Natur mechanisch erklärte, so wollte Ricardo sämtliche Wirtschaftsprozesse rein mechanisch erklären. Streben die physikalischen Kräfte in der Natur nach einem Gleichgewicht, so auch die Wettbewerbskräfte des Marktes. Was hier vor sich geht, ist weder vernünftig noch irgendwie moralisch beschreibbar; es ist ein Wirken von Gleichgewichtskräften, objektiv, überindividuell und völlig unabhängig von jeglicher menschlichen Psychologie. Ricardo rationalisiert die Ökonomie wie ein Fabrikherr die Produktion: Kapitalismus als Naturwissenschaft. Gesucht wird eine möglichst effiziente, gleichsam mechanisch funktionierende Theorie, die sich in unabänderliche »Gesetze« fassen lässt wie Isaac Newtons Physik.

Allein zwei äußere Einflüsse bleiben für Ricardo dabei ein Problem. Zum einen schwanken die Bevölkerungszahlen. Anfang des 19. Jahrhunderts steigen sie gerade stark an. Die Zahl der Arbeiter, die beschäftigt werden muss, wächst – für ein stabiles Gleichgewichtssystem keine leicht zu bewältigende Herausforderung. Zum anderen schlagen die technischen Neuerungen zu Buche, sie verändern die Produktion und ersetzen menschliche Arbeitskraft durch Maschinen. Angesichts dieser Bedrohung des kapitalistischen Gleichgewichts kommt Ricardo das saysche/millsche Theorem bestens zupass. In seinem enorm einflussreichen Hauptwerk *On the Principles of Political Economy and Taxation* (*Über die Grundsätze der Politischen Ökonomie und der Besteuerung*) formuliert er 1817 das, was später als Kompensationstheorie in die Geschichte eingeht. Je effizienter die Produktion, umso höher die produzierten Stückzahlen. Mit der günstigen Massenproduktion verbilligen sich die Produkte und werden erschwinglicher für mehr und mehr Abnehmer, die darüber hinaus noch ausreichend Geld in der Tasche haben, um weitere Produkte zu kaufen. Technik – Verbilligung – Massennachfrage – neue Produktionen: Der technische Fortschritt schafft damit dauerhaft immer mehr neue Arbeit, als er alte vernichtet. Und je stärker die Produktivität wächst, umso mehr Lohnarbeit entsteht.

Die Kompensationstheorie war ein durchschlagender Erfolg. Bis heute findet sie ihren Platz in den ökonomischen Lehrbüchern und dient tausendfach als Gegenbeweis zu allen denkbaren Szenarien einer Massenarbeitslosigkeit durch technischen Fortschritt. Weithin unbekannt dagegen ist, dass der Meister selbst sie bereits vier Jahre später, in der dritten Auflage seiner *Principles*, widerrief und sie sogar durch das krasse Gegenteil, die »Freisetzungstheorie« ersetzte.

Was war geschehen? Kaum waren die *Principles* 1817 erschienen, setzte in der Schlüsselindustrie der damaligen Zeit eine gewaltige Absatzkrise ein. Die durch die Spinnmaschine technisch revolutionierte Textilindustrie schwächelte enorm. Die 1815 vorangegangene erste Absatzkrise hatte sich noch gut durch das Ende von Napoleons Kontinentalsperre erklären lassen, als plötzlich massenhaft englische Ware auf den Kontinent strömte und die Franzosen dagegenhielten. Doch für die Absatzkrise von 1818/19 fehlte jede Erklärung durch äußere Umstände. Die Massenproduktion an Tuchwaren wurde schlichtweg nicht durch eine erhöhte Kaufkraft aufgefangen, wie Mill prophezeit und Ricardo in ein Gesetz gegossen hatte. Wie sollte sie auch, wenn die Ware nach wie vor ziemlich teuer war und die Fabrikherren des frühen 19. Jahrhunderts, unterstützt durch Theoretiker wie Ricardo und nahezu sämtliche seiner Kollegen, ihre Arbeiter so schlecht wie möglich bezahlten, um die ausländische Konkurrenz zu unterbieten?

Völlig verunsichert wurde Ricardo, als er 1819 die gerade erschienenen *Nouveaux principes d'économie politique* des Schweizer Ökonomen Jean-Charles-Léonard Simonde de Sismondi las. Sismondis Herangehensweise war in vielem das genaue Gegenteil von Ricardos. Anders als sein englischer Kontrahent sah Sismondi in der Ökonomie keine exakte Wissenschaft nach dem Vorbild der Naturwissenschaften. Wenn sie überhaupt eine Wissenschaft war, dann war sie eine vom Menschen. Wer Wirtschaft verstehen will, dürfe nicht nach ewigen Gesetzen suchen, denn die gäbe es nirgends in der Menschenwelt. Vielmehr müsse er die Geschichte studieren, um aus ihr seine Weisheiten zu ziehen. Anders als Ricardo setzte Sismondi auch nicht den Kapitalismus des frühen 19. Jahrhunderts mit *der* Ökonomie gleich. Es hatte schon ganz andere Wirtschaftssysteme gegeben, und es würde in der Zukunft gewiss wieder größere Veränderungen geben. Zumindest wünschte sich Sismondi das: eine Wirtschaft, in deren Mittelpunkt tatsächlich der Mensch stünde, und zwar alle Menschen und nicht wenige Privilegierte wie zu seiner Zeit.

Was die Kompensationstheorie anbelangt, las Sismondi ihrem Urheber kräftig die Leviten. Angebot und Nachfrage stünden keineswegs in einem naturgesetzlichen Verhältnis. Im sechsten Kapitel des vierten Buchs der *Nouveaux principes* zeigt der Schweizer dem Engländer auf, dass Maschinen sehr wohl »eine überflüssige Bevölkerung« schaffen können, nämlich dann, wenn die Bezahlung der Arbeiter nicht ausreicht, um die hergestellten Erzeugnisse massenhaft zu erwerben. Bezahlt der Fabrikherr seine Arbeiter dagegen besser, werden seine Produkte teurer und die Konkurrenz unterbietet ihn. Modern gesprochen: Das betriebswirtschaftliche Interesse an möglichst günstiger Produktion beißt sich mit dem volkswirtschaftlichen Interesse an möglichst hoher Konsumtion, das am Ende auch auf die Betriebe abstrahlt.

Der Markt mit seinem ominösen Streben nach einem Gleichgewicht kann dieses Problem nicht von alleine regeln. Dazu bedarf es der klugen Sozialpolitik eines vorausschauenden Staates – doch genau das hatte Ricardo in seiner Theorie des natürlichen Gleichgewichts nahezu kategorisch ausgeschlossen. In seiner Bedrängnis übernahm er in der dritten Auflage der *Principles* zunächst nur die Erkenntnis, dass der technische Fortschritt nicht automatisch für Kompensation sorge. Stattdessen könne er sehr viel wahrscheinlicher zahlreiche Arbeitskräfte mittelfristig oder auch für immer »freisetzen«, die nicht mehr gebraucht würden. Damit allerdings schoss er nun weit über Sismondis Zweifel hinaus. Denn dieser hielt die Freisetzung ebenso wenig für ein Gesetz wie die Kompensation, sondern beides für eine Frage umsichtiger Wirtschafts- und Sozialpolitik mit entsprechendem Lohnschutz. Geschickte Regulation statt Ricardos *Laisser-faire* des Marktes war Sismondis Rezept. Doch sein quasi-physikalisches Systemdenken infrage zu stellen – so weit wollte

Ricardo nicht gehen. Und Interventionen des Staates in Arbeitsbedingungen und Löhne widersprachen zutiefst seinem Marktvertrauen. Gleichwohl blieb er weiterhin an allem, was Sismondi schrieb, hoch interessiert und besuchte den Schweizer (kurz vor seinem überraschenden Tod) 1823 in Genf, um die große Frage gründlich zu klären.

Anders als Ricardo, dessen scheinbar naturwissenschaftlicher Blick auf die Gesetze des Marktes die Ökonomie nachhaltig prägten und sie ihrem Selbstverständnis nach bis heute zur quasi exakten Wissenschaft machen, geriet Sismondi bald in Vergessenheit. Obwohl die Regierungen der Industriestaaten seinen Forderungen nach Regulierung und nach Absicherung der Arbeiter später oft zähneknirschend gefolgt sind und den Kapitalismus damit dauerhaft überlebensfähig machten, bleibt der Schweizer der Mann, der nirgendwo zwischen den Stühlen einen Platz fand. Die Marktgläubigen der kommenden Generationen ignorierten ihn. Und die Sozialisten, allen voran Karl Marx, der Sismondi im *Kommunistischen Manifest* als »kleinbürgerlich« verlacht, bekämpften den großen Kritiker Ricardos dafür, dass er annahm, der Zusammenbruch der kapitalistischen Wirtschaft sei durch eine kluge Sozialpolitik verhinderbar und keine unweigerlich eintretende Naturgesetzlichkeit. Immerhin hatte Sismondi ganz generell bezweifelt, dass Ökonomen zeitlose Gesetze von der Art der Naturwissenschaften formulierten, wie Say, James Mill und Ricardo, aber später eben auch Marx glaubten. Was gegen die Verteidiger der kapitalistischen Wirtschaftsordnung sprach, sprach ebenso gegen deren radikale Kritiker: Reale ökonomische Vorgänge sind viel zu komplex und dynamisch, um durch statische Modelle erklärt zu werden. Und ökonomische Theorien bewahrheiten sich nicht zeitlos in mathematischer Stringenz oder physikalischer Kausalität, sondern vor dem zeitlichen Richterstuhl einer andauernden Geschichte. Ihre Rationalität besteht, mit einem treffenden Begriff des Schweizer Wirtschaftshistorikers Hansjörg Siegenthaler, aus »Rationalitätsunterstellungen« auf einem Terrain, auf dem es keinerlei Naturgesetzlichkeit gibt.

Dass Sismondi historisch den Sieg über Ricardo davontrug, wie die Erfolgsgeschichte der »Socialpolitik« von der zweiten Hälfte des 19. Jahrhunderts bis ins 21. Jahrhundert beweist, macht jede reflexartige Berufung auf die Kompensationstheorie fragwürdig. Der technische Fortschritt schafft nicht immer mehr neue Beschäftigung, als er alte vernichtet, sondern er tut dies nur unter ganz bestimmten Bedingungen. Zunächst einmal sind heute nicht mehr Menschen auf dem Arbeitsmarkt als vor hundert Jahren, sondern weniger. Kinder, Jugendliche und Menschen im Rentenalter arbeiten gar nicht oder wenig. Deutlich mehr Ehepartner arbeiten zeitweilig oder grundsätzlich nicht für Lohn, während das überwältigende Heer der Bauern und Fabrikarbeiter früher zu gleichen Teilen aus Männern bestand wie aus Frauen.

Um all jene Beschäftigung zu kompensieren, die durch Automatisierung wegfällt, muss tatsächlich die Produktivität wachsen und mit ihr der Absatzmarkt und die Kaufkraft. Doch die Bedingungen dafür sind anspruchsvoll. Bislang gingen die industriellen Revolutionen der technisch fortgeschrittensten Staaten immer mit einer zunehmenden Globalisierung einher. Als der englische Weber James Hargreaves 1764 die Spinnmaschine erfand, fuhren die britischen und niederländischen Ost- und Westindiensegler bereits seit hundertfünfzig Jahren über die Weltmeere und handelten mit Gewürzen, Sklaven und – Baumwolle. Was die neue Technologie effektiv machte – das Spinnen von Baumwolle –, versorgte der globale Handel mit gewaltigem Nachschub. Noch waren die weit entfernten Länder nur Rohstofflieferanten. Doch der Imperialismus eroberte sich davon immer mehr. Was wäre der Kraftfahrzeugbau der zweiten industriellen Revolution ohne Kautschuk, den Rohstoff für Gummi, den die Belgier unter barbarischen Umständen aus dem Kongo heranschafften? Die dritte industrielle Revolution machte Südostasien zur verlängerten Werkbank der Textilindustrie und Brasilien und Argentinien zu Tierfutterproduzenten. Billige Fertigung und neue Absatzmärkte für Autos, Maschinen und Unterhaltungselektronik gingen Hand in Hand.

In gleichem Maße wie die Wirtschaft effektiver produzierte, vergrößerte sich das verfügbare Volumen an Rohstoffen und Absatzmärkten. Doch genau dieser Prozess gerät heute ins Stocken. Der Kampf um die letzten natürlichen Ressourcen wird aktuell vom sogenannten Westen und von China gleichzeitig geführt. Wo früher wenige Länder unter sich waren, konkurrieren heute die Volkswirtschaften von mehr als zwei Milliarden Menschen. Und dass völlig unterentwickelte Länder wie der Kongo, die Zentralafrikanische Republik, der Südsudan, Somalia oder Afghanistan künftig zu Tigerstaaten werden, denen die westlichen und fernöstlichen Hochleistungsländer ihre Produkte in Massen verkaufen werden, dürfte kaum einer glauben. Anders als bei den früheren technischen Revolutionen ist der globale Kuchen heute weitestgehend verteilt – es kommt wenig unerschlossenes Neuland hinzu, das bei effektiverer Produktion automatisch zu mehr Beschäftigung führen soll.

Wer eine Erklärung für Solows Produktivitätsparadoxon sucht, findet sie hier. Die immer stärker automatisierte Produktion führte nur deshalb zu sinkenden Preisen für Produkte und befeuerte die Nachfrage nach neuen Gütern, weil parallel dazu die Märkte sich globaler ausdehnten. Man muss sich nur vorstellen, wie es wohl um die deutsche Automobilindustrie bestellt wäre, lieferte sie ihre Fahrzeuge nicht in die ganze Welt. Ganze 28 Prozent aller von VW hergestellten Autos verkaufen sich gegenwärtig (noch) auf dem chinesischen Markt.[3] Kompensation für Automatisierung bedeutete immer zugleich internationale und zunehmend globale Ausdehnung. Genau dieser Prozess findet zwar derzeit noch auf dem Gebiet der Kommunikationstechnik statt – nahezu die ganze Welt benutzt Smartphones. Auf dem Gebiet des verarbeitenden Gewerbes dagegen ist die globale Konkurrenz enorm gewachsen, und die Felder werden eher kleiner als größer. Die neue Stufe der Digitalisierung von Produktion und Dienstleistungen durch KI wird also nicht durch allgemein wachsende Märkte kompensiert. Tatsächlich wird sie in vielen Bereichen eher durch das Gegenteil gefährdet.

Dass die Produktivität im Digitalzeitalter nicht mehr nennenswert steigen könnte und eher durch Schrumpfung bedroht ist, dass digitale Technik eher bestehendes Terrain effizienter beackert als neues erschließt und dass die digitale Revolution gigantische Monopolisten mit vergleichsweise geringer Beschäftigungszahl geschaffen hat – alle drei Faktoren legen nahe, dass das alte Spiel der Kompensation in Zukunft ausgespielt sein könnte. Doch was bedeutet das konkret für die Beschäftigungssituation in den Industriestaaten?

Um das Verhältnis von technischen Revolutionen und ihren Kompensationen zu verstehen, lohnt sich ein Blick darauf, *auf welche Weise* sich die Anforderung an die Beschäftigten jeweils veränderte. Die erste industrielle Revolution machte Arbeit in erster Linie schlichter. Fabrikarbeit an frühen Industriemaschinen verlangte kaum noch Können – ganz im Gegensatz zu all den Handwerksberufen, die sie verdrängte. Was zuvor ein einzelner Handwerker als Ganzes bewerkstelligte, wurde nun in einzelne Arbeitsschritte zerlegt und hoch spezialisiert. Die Arbeitsteilung, vom Ökonomen Adam Smith als *die* Errungenschaft des Industriezeitalters gefeiert, senkte die Ansprüche an die Fähigkeiten von Arbeitern enorm. Man erledigte nur noch wenige Handgriffe, dafür aber genau kontrolliert, erbärmlich bezahlt und mit einem Pensum von bis zu sechzehn Stunden am Tag. Für die Arbeit an einer Spinnmaschine oder einem Puddelofen benötigte kaum jemand größere handwerkliche Fähigkeiten oder Erfahrung. Je technisch perfekter die Maschine, umso ungelernter konnten die sein, die sie bedienten. Und von einigen heftigen Absatzkrisen abgesehen, verlangte die Industrie nach mehr und mehr Beschäftigten.

Der gleichen Tendenz folgte zunächst auch die zweite industrielle Revolution. Als das Fließband im Zuge der Elektrifizierung zum neuen Zaubermittel der Produktion wurde, ließ sich die Arbeit eines Fabrikarbeiters nun weiter zerlegen – und zwar in bis zu dreißig Arbeitsschritte. Der Siegeszug des Model T von Ford, des ersten am Fließband hergestellten Autos, senkte von 1914 an den Preis für einen Kraftwagen so erheblich, dass das Automobil zur Massenware werden konnte. Bezahlt wurde der Produktionserfolg mit einer völlig monotonen Arbeitswelt aus völlig ungelernten Beschäftigten, die allereinfachste Tätigkeiten ausführten. Doch die Tendenz änderte sich. Je stärker die Elektrifizierung voranschritt, umso mehr Berufe entstanden nun auch auf dem Dienstleistungssektor. Zu den Arbeitern gesellte sich seit den frühen Zwanzigerjahren das Heer der sogenannten Angestellten. Die meisten dieser Beschäftigungen waren ebenfalls monoton und äußerst schlecht bezahlt. Und doch markierte das Aufkommen der Angestellten eine Trendwende. Je weiter das 20. Jahrhundert voranschritt, umso anspruchsvoller wurde die Arbeit nicht nur in den Spitzenberufen des Managements, der Medizin und der Ingenieurskunst, sondern auch im Durchschnitt. Die Lohnschere öffnete sich dabei weit von der schlecht bezahlten unqualifizierten Arbeit zu den qualifizierten Tätigkeiten, die immer besser honoriert wurden.

Da die gut bezahlte qualifizierte Arbeit stark anstieg, wurden die Löhne zum entscheidenden Kostenfaktor. Im Vergleich dazu wurden die Maschinen nun billiger. Und sehr viel günstiger wurde auch der Transport. Eisenbahn und Dampfschiffe ermöglichten es, die Güter weit schneller und sicherer zu transportieren. Die Verkehrsrevolution, weiter angeheizt durch Flugzeuge, Autos und den zügigen Ausbau der Infrastruktur, vergrößerte die Märkte rasant. Handelskontore beschäftigten nun deutlich mehr Mitarbeiter, Eisenbahnangestellte wurden in Mengen benötigt, das Transportwesen wurde zum großen Jobgenerator.

Die zweite industrielle Revolution schuf somit einen gewaltigen Bedarf an besser ausgebildeten Arbeitern und Angestellten. Aber woher nehmen? Ohne ein entsprechendes Bildungssystem, das mehr vermittelte als nur einige elementare Grundkenntnisse, fehlten dem Arbeitsmarkt die Fachkräfte. Millionen Menschen in den Industrieländern lernten nun Buchführung, erlangten Grundkenntnisse im Rechnungswesen und schrieben auf der Schreibmaschine. Der nächste Wandel ließ dadurch nicht lange auf sich warten. Denn je technisierter die Büros wurden, umso weniger anspruchsvoll wurde im Laufe des 20. Jahrhunderts die Büroarbeit. Mimeografie, Hektografie und der Fotokopierer minimierten die Schreibarbeit, Taschenrechner senkten die Ansprüche an die Rechenkünste. Der Vorsprung in der Bezahlung von Bürokräften gegenüber den besser bezahlten Arbeitern in der

Industrie schmolz dahin. Nie zuvor und bislang nie wieder danach wurden Arbeiter und Angestellte in den Industrieländern so vergleichbar bezahlt wie zu Beginn der Achtzigerjahre. Die Zwiebel der Mittelschichtsgesellschaften erreichte ihren größten Bauchumfang.

Doch all das änderte sich durch die Einführung des Computers. Wie Goldin und Katz eindrucksvoll zeigen, ereignete sich dadurch eine entscheidende Zäsur: Der Beginn des Computerzeitalters fällt untrennbar zusammen mit einer sich stetig weiter öffnenden Gehaltsschere in vielen westlichen Industrieländern.[4] Vor allem in den USA verschlechterte sich das Einkommen für wenig qualifizierte Arbeiter und Angestellte gegenüber gut ausgebildeten Fachkräften und Managern enorm.[5] Ähnliche Entwicklungen zeigten sich auch in anderen Industrieländern.[6] Statt einer Angleichung der Gehälter, wie in der Phase von 1930 bis 1980, begann das Gegenteil, ein bis heute ungebrochenes Auseinanderdriften mit einer wichtigen Folge: Die Kaufkraft in vielen Industrieländern steigt seit Langem nicht mehr nennenswert an. Da Spitzenverdiener ihr Geld selten in vollem Umfang ausgeben, sondern gern in finanzwirtschaftliche Produkte investieren, Normalverdiener dagegen nicht mehr Geld in der Tasche haben als vor dreißig Jahren, stagnieren die Wachstumszahlen. Erschwerend kommt hinzu, dass mehr und mehr Routinearbeit nicht nur digitalisiert, sondern auch in Länder wie Indien ausgelagert wird. Wie der »Kapitalisierungs-Effekt« auf diese Weise den »Destruktions-Effekt« der technologischen Revolution auf althergebrachte Weise auffangen soll, ist kaum erklärlich.

Effizientere Produktion durch Digitalisierung bedeutet, soweit absehbar, nicht, dass mehr und mehr Firmen sich in den neuen Geschäftsfeldern der digitalen Industrie ansiedln und mehr und mehr Menschen zu gutem Lohn beschäftigen; sondern sie bedeutet eine enorme Kapitalkonzentration in wenigen Händen und einen Arbeitsmarkt, der vornehmlich Stellen für bestausgebildete Spitzenkräfte schafft, bei einem befürchteten Absinken der durchschnittlichen Kaufkraft und hoher Arbeitslosigkeit. Die Weiterbildungsmöglichkeit von Arbeitern und Angestellten, ist, wie gezeigt, endlich und der Wettlauf zwischen technischer Innovation und fachspezifischer Bildung für viele nicht unendlich fortsetzbar; jedenfalls nicht ohne Menschen »transhumanistisch« mit Gehirn-Doping, Intelligenzselektion bei der Präimplantationsdiagnostik oder mit Mensch-Maschine-Verlinkungen und ähnlichem Hexenwerk zu »optimieren«.

In einer endlichen Welt gibt es keine unendliche Optimierung – auch nicht für Homo sapiens. Irgendwann dürfte Schluss sein mit diesem mittlerweile zweihundert Jahre alten Rennen zwischen Technologie und flächendeckender Anpassung an immer höhere Arbeitsanforderungen. Die Arbeitswelt hat viele Revolutionen erlebt, von der Einführung von Ackerbau und Viehzucht über das gediegene Handwerk zu Manufakturen, zur entfesselten Industrieproduktion und zu einem riesigen Dienstleistungssektor. Aber es spricht manches dafür, dass sie sich nicht unbegrenzt mit den gleichen Mitteln der Anpassung an zunehmend anspruchsvollere Arbeit weiterentwickeln wird. Die schlechte Nachricht ist, dass der menschliche Geist in der Breite der Höhe der Technik beruflich nicht mehr gewachsen sein wird. Die gute Nachricht ist: Er muss es auch gar nicht sein …

Vier Sieger und ein Todesfall

Der Arbeitsmarkt der Zukunft

Bislang war vorwiegend von jenen Feldern der Erwerbsarbeit die Rede, in denen die Automatisierungswahrscheinlichkeit hoch oder sehr hoch ist. Ohne Frage gibt es auf der anderen Seite Bereiche, in denen das nicht der Fall ist. Und gerade auf ihnen liegt die Hoffnung vieler Ökonomen und Politiker, dass sie den Wegfall von Arbeitsplätzen mittel- oder langfristig ausgleichen können. Deshalb lohnt es sich, diese Bereiche genauer zu betrachten. Vor allem auf vier großen Feldern ist die Zahl der Beschäftigten nicht nur stabil, sondern sie kann und muss zukünftig deutlich steigen: im Bereich der Spitzeninformatik, auf dem quartären Sektor der hoch anspruchsvollen Dienstleistungsberufe, im Handwerk und vor allem im mit Abstand größten Bereich: den sogenannten Empathie-Berufen.

Wo immer man hinkommt, in Firmen, zu Verbänden und zu Parteien, stets wird das Loblied der *technischen Kreativität* angestimmt. Je technisch kreativer eine Nation, umso besser sei es um ihre wirtschaftliche Zukunft bestellt. Das Silicon Valley ist dafür das berühmteste Beispiel, aber auch Länder wie China, Südkorea, Singapur und Indien gelten als Vorbild. Dass mehr als die Hälfte dieser Staaten unter dem Strich größere wirtschaftliche und viel größere gesellschaftliche Probleme hat als Deutschland, braucht hier nicht diskutiert zu werden. Wichtig ist nur, dass technologische Spitzenleistungen allein noch kein Indikator für wirtschaftlichen oder politischen Erfolg sind und dass sie erstaunlich wenig darüber aussagen, wie gut es um eine Gesellschaft bestellt ist. Und auch für den Arbeitsmarkt sind sie nur eine Größe unter anderen.

Unbestritten ist zugleich, dass hoch entwickelte Industrieländer sehr stark vom technischen Fortschritt geprägt und abhängig sind. Und tatsächlich entstehen gerade durch innovative Technik zahlreiche neue Geschäftsmodelle und Berufe. Doch ihre Bedeutung für den Arbeitsmarkt wird gleichwohl leicht überschätzt. So sinnvoll es ist, Risikokapital in Start-ups zu investieren und Unternehmensgründungen zu erleichtern – Entrepreneurship ist eine feine Sache und einige Start-ups imponieren in der Tat sehr. Nichtsdestotrotz gehen die allermeisten Start-ups wirtschaftlich baden oder werden, im seltenen Falle des Erfolgs, aufgekauft, bevorzugt von den Giganten im Silicon Valley. Ihre realistische Bedeutung für den deutschen Arbeitsmarkt kann kaum gering genug veranschlagt werden. Ein einzelner Unternehmensverbund wie die deutschen Sparkassen beschäftigt mehr Mitarbeiter als alle deutschen Start-ups zusammen. Und sollte sich das in Zukunft ändern, dann vermutlich dadurch, dass die Sparkassen zusammenschrumpfen.

Die Hauptnachfrage nach IT-Spezialisten geht nach wie vor von den großen Unternehmen aus. Deren IT-Abteilungen wachsen unentwegt und gewinnen auch innerbetrieblich rasant an Bedeutung. Wer weiß, wie viele Arbeitsplätze künftig allein im Bereich der IT-Sicherheit entstehen? Präzise und umfassende Datenanalyse ist die Grundlage ungezählter Geschäftsmodelle der Gegenwart und der Zukunft. Entsprechende Präzisionsinstrumente von der Diagnose bis zur

Fertigung verlangen extrem gut ausgebildete Programmierer und Techniker. Und all dies Gerät muss nicht nur von Robotikern ersonnen, gebaut und konfiguriert werden, sondern auch unausgesetzt überwacht und gewartet. Komplexe cyber-physische Systeme sind enorm störanfällig mit denkbar großen Folgen für die Unternehmen, die sie einsetzen. Das Gleiche gilt ebenso für die immer anspruchsvolleren KI-Programme auf dem Dienstleistungssektor, bei Banken und Versicherungen, in Anwaltskanzleien, in Wissenschaft und Forschung, in Verwaltungen, bei der Polizei, beim Militär und bei den Geheimdiensten.

Kein Wunder, dass Informatiker und Techniker heiß begehrt sind und händeringend gesucht werden. Wer der deutschen Wirtschaft Mut machen will, der sieht Heerscharen von IT-Experten heraufziehen und Deutschland in die Vollbeschäftigung führen. Ärgerlich nur, dass sich das Kreativpotenzial an künftigen Programmierern und IT-Fachleuten nicht unbegrenzt vermehren lässt. Ein Informatikstudium setzt ein ziemlich hohes Maß an Begabung voraus, nicht anders als ein Mathematikstudium oder eine Ausbildung an einer Musik- oder Kunsthochschule. Spitzeninformatiker gleichen in dieser Hinsicht meisterhaften Pianisten, Genies mit dem Pinsel oder Fußballspielern bei europäischen Top-Vereinen. Fleiß und durchschnittliches Talent reichen dafür immer weniger aus, und betriebliche Weiterbildung kommt hier, wie bereits erwähnt, schnell an ihre Grenzen. Je höher die technische Entwicklung geht, umso kleiner wird die Gruppe der dafür Geeigneten. Der »normale« Informatiker hingegen ist irgendwann vermutlich ebenso ersetzbar wie der »normale« Bankangestellte oder Verwaltungsfachmann.

Die langfristigen Auswirkungen des IT-Booms auf den Arbeitsmarkt sind damit schwerer abzusehen, als es auf den ersten Blick scheint. Gut möglich jedenfalls, dass die deutsche Industrie hier dauerhaft auf ausländische Fachkräfte zurückgreifen muss und dass sie kaum einen Arbeitslosen aus seiner Wohnstube holt. Positiv gesprochen wird sie auf lange Sicht allen begabten Nachwuchs-Informatikern eine gut bezahlte Erwerbsarbeit bieten und auch weiterhin hervorragend ausgebildeten Technikern den Broterwerb sichern. Negativ betrachtet nützt dies in Zukunft dem überwältigenden Teil heutiger und künftiger Erwerbsarbeiter nichts, weil sie hier schlichtweg nicht (mehr) mithalten können.

Mindestens ebenso begehrt wie die technische Kreativität ist der zweite Zukunftssektor, die *Kreativität, komplexe, aber nicht vorrangig technische Probleme zu lösen.* Ökonomen sprechen hier vom quartären Sektor der hochrangigen und höchstrangigen Dienstleistungsberufe. Einen Flughafen zu planen und pünktlich fertigzustellen, ist auch im 21. Jahrhundert keine Aufgabe, die in die Verantwortungshoheit von Maschinen fällt – und seien sie noch so intelligent. Das Gleiche gilt für jedes anspruchsvolle Projektmanagement, bei dem man es eben nicht nur mit Prozessen, sondern mit ganz realen Menschen zu tun hat, deren Fähigkeiten und Bedürfnisse abgestimmt werden müssen, deren Schwächen und Fehler erkannt, deren Unaufrichtigkeiten durchschaut, deren Motivation gefördert werden muss. Ob Führungsqualität oder Teamfähigkeit – ohne hohe soziale Intelligenz funktioniert weder das eine noch das andere. Und so viele Aufgaben KI-Programme in Vorstandsetagen, im Projektmanagement oder bei komplizierten Logistikaufgaben übernehmen werden, am Ende werden sie auf dem quartären Sektor den Bedarf an Führungspersonal nicht ersetzen; viel wahrscheinlicher ist, dass der IT-Einsatz den Sektor nur stark vergrößert. Von allen Kreativaufgaben des Menschen ist die soziale Kreativität bekanntlich die anspruchsvollste. Anders als bei der technischen Kreativität in der Informatik entfaltet sie sich nicht in regelbasierten Umgebungen. Ihre Herausforderungen sind hochkomplex, handeln von menschlicher Unberechenbarkeit und der schwierigen Suche nicht nach »Lösungen«, sondern nach angemessenen Entscheidungen. In der realen Menschenwelt werden große Probleme nur sehr selten in dem Sinne gelöst wie in der Mathematik; sie verschwinden nicht schlichtweg durch die Lösung und sind fortan einfach weg. Stattdessen handelt Politik, nicht anders als anderes menschliches Zusammenleben, davon, Probleme zu verringern, zu verlagern, zu verschieben oder zu entübeln – allesamt Verfahren, die dem Problemlösungsschema der Informatiker widersprechen (weswegen gerade Mathematiker, Techniker und Ingenieure so oft an der Welt und an ihren Mitmenschen verzweifeln).

Für den Arbeitsmarkt hat das große Folgen. Denn komplexe Probleme und Herausforderungen müssen auch in Zukunft von Menschen gemeistert werden. Je weniger Routine ein Job erfordert, umso sicherer ist er, lautete ebenso das Credo der Oxford-Studie. Einen auf gut berechenbare Weise spannenden Krimi zu schreiben, kann eine künstliche Intelligenz bewerkstelligen; ein Buch wie dieses zu schreiben, nicht. Diese Unersetzbarkeit gilt selbstverständlich ebenso für Künstler und Lebenskünstler aller Art, was Arbeitsmarktforscher allerdings kaum beruhigen dürfte. Die Zahl der erfolgreichen Schauspieler und Regisseure, der Berufsmusiker und Maler und auch jene der Bonvivants lässt sich – zumindest unter den gegenwärtigen Bedingungen der Lohnarbeits- und Leistungsgesellschaft – nicht beliebig vermehren.

Der dritte Sektor, auf dem der Bedarf an menschlicher Erwerbsarbeit nicht geringer werden wird, ist das Handwerk.

Roboter haben unendliches Wissen in Form von Informationen, und sie hören, sehen und rechnen um ein Vielfaches besser als Menschen. Aber sie haben im Vergleich dazu ziemlich schlechte Hände. *Handwerkliche Kreativität* bleibt dadurch auf sehr lange Sicht unersetzbar. Mechatroniker, Energietechniker, Klempner, Fachkräfte für Heizung und Sanitär, Fliesenleger oder Schweißer werden schon jetzt und erst recht in der Zukunft händeringend gesucht. Gewiss, manche Produkte von der Stange liefert in Zukunft der 3D-Drucker und bedroht damit Geschäftsmodelle wie das von IKEA. Doch gutes Handwerk, ein von einem Menschen gewerkelter Tisch oder ein perfekt verlegter Steinfußboden, wird in Zukunft noch wertvoller und teurer denn je. Kaum vorstellbar, dass bei einem Schaden der Heizungsanlage in zehn Jahren ein Roboter vor der Tür steht, der die Anlage untersucht, das Problem diagnostiziert, verschiedene Vorschläge unterbreitet, was die beste Lösung sei, und einen Kostenvoranschlag aus der Tasche zieht. Richtig ist, dass digitale Diagnostik längst ins Handwerk eingezogen ist, und möglich ist, dass in manchen Handwerksberufen Roboter Assistenzdienste übernehmen – aber dass dadurch im qualifizierten Handwerk viele Stellen verloren gehen, ist eigentlich kaum denkbar.

Tatsächlich profitiert das Handwerk im zweiten Maschinenzeitalter nicht nur durch sichere Stellen und unersetzbare Tätigkeiten. Es gewinnt sehr wahrscheinlich auch an Image. Als mit der zweiten industriellen Revolution die Angestelltenkaste entstand, blickte sie gern verächtlich auf die Blue-Collar-Arbeiter herab. Der White-Collar-Arbeiter, in seiner Bezahlung oft nur ein »Stehkragenproletarier«, fühlte sich gern als etwas Besseres, weil er sich nicht die Hände schmutzig machen musste. Je mehr Realschulabschlüsse und Abiturienten es im 20. Jahrhundert gab, umso größer wurde die Geringschätzung von Handwerksberufen, für die es lange nur einen Volks- oder Hauptschulabschluss brauchte. Dieser Dünkel der Angestellten gegenüber dem Handwerk dürfte in der Gegenwart seinen Zenit erreicht haben. Die Mehrheit aller deutschen Eltern verzeichnet es vermutlich kaum als beruflichen Erfolg, wenn ihre Tochter oder ihr Sohn Bäcker, Fliesenlegerin oder Installateur werden, völlig unabhängig davon, dass eine Menge Handwerker wirtschaftlich besser dastehen als viele Sachbearbeiter, Versicherungsangestellte, Beschäftigte in der Stadtverwaltung, Geisteswissenschaftler, Schauspieler, Dichter oder Künstler. Doch das dürfte sich im zweiten Maschinenzeitalter ändern. Je mehr Routinearbeiten von Flachbildschirm-Arbeitern verschwinden, umso erstrebenswerter erscheint ein Handwerksberuf. Selbst wenn dies vor allem die Schreiner- und Gärtnerlehre sein wird oder die Ausbildung zum Koch (dem Heizungs- und Sanitärfach kommt diese Entwicklung weniger zugute) – die Aufwertung des Handwerks im Allgemeinen erscheint äußerst naheliegend.

Apropos Koch. Der Beruf gilt unter Automatisierungsexperten gerne als Beispiel für einen Job ohne Zukunft. Schon jetzt macht der Thermomix auch aus dem ungelenkesten Küchenarbeiter einen Erzeuger achtbarer Kreationen mit Geschmack. Ein Thermomix mit künstlicher Intelligenz, der seinen Benutzer algorithmisiert und profiled, weiß ziemlich bald, worauf der Bediener am nächsten Tag Hunger hat. Technisch betrachtet ist ein solch prognostischer Koch kein Hexenwerk, und ohne Zweifel wird es ihn bald geben. Doch ersetzt er flächendeckend den menschlichen Koch? Die Quote der Restaurantbesucher scheint völlig unabhängig davon zu sein, dass es immer perfektere Zubereitungsgeräte im Haushalt gibt. Vielleicht ersetzen Maschinen ein paar ungelernte Kräfte in der Großküche – aber gewiss nicht den Koch. Und vielleicht sollte man den Propheten der Automatisierung auch einmal erzählen, dass das Essen selbst nur einer von mehreren Gründen ist, ein Restaurant zu besuchen. Kerzenlicht oder schummrige Beleuchtung, charmante Kellner, das genüssliche Auswählen aus einer Karte und die Atmosphäre des Lokals gehören ebenfalls dazu. Selbst wenn das Smart Home in den Modus »Erstes Date« geschaltet wird und beim Eintritt der Herzdame in der Wohnung das Licht im Romantik-Modus glimmt, Ed Sheeran oder Ludovico Einaudi aus den Boxen klimpern und der Thermomix das Schmuse-Menü zaubert – die fokussierte Inszenierung wirkt leicht fad, kitschig oder angestrengt gegenüber dem Besuch in einem wunderbaren Restaurant. Menschen essen im Allgemeinen sehr gerne in größerer Gesellschaft, selbst wenn sie zu zweit am Tisch sitzen. Der Grund dafür ist leicht benannt. Angloamerikanische Evolutionspsychologen betonen oft, dass die Geselligkeit des Menschen dadurch entstand, dass niemand ein Mammut allein jagen kann – mit der typisch angelsächsischen Betonung des Kampfes ums Dasein.[1] Die ganze Wahrheit dagegen dürfte sein, dass die Geselligkeit sich auch deshalb entwickelte, weil niemand ein Mammut alleine aufessen kann. Und genau das ist der Grund, warum Menschen bis heute meistens ungern alleine speisen, sondern viel lieber in Gesellschaft.

Von hier aus erschließt sich auch der vierte Bereich, die *soziale Kreativität*. Der mit Abstand größte aller Zukunfts-Sektoren ist die Welt der sogenannten Empathie-Berufe, jener Arbeitsbereiche, in denen Menschen in Zukunft weiterhin Wert darauf legen, mit Menschen zu tun zu haben. Hier kommen jene Aspekte zum Tragen, von denen die Oxford-Studie aus methodischen Gründen nichts weiß. Denn die entscheidende Frage ist nicht, was künftig technisch möglich ist, sondern wo Technik tatsächlich akzeptiert wird und sich durchsetzt.

Ich erinnere mich gerne schmunzelnd an einen Vortrag des japanischen Robotikers Hiroshi Ishiguro vor einigen Jahren in Innsbruck. Der Direktor des Intelligent Robotics Laboratory am Department of Adaptive Machine Systems an der Universität Osaka zeichnete dort ein steiles Bild von einer Zukunft nahezu ohne menschliche Arbeit. Unter anderem sollten sämtliche pädagogische Berufe von Robotern ausgeübt werden. Dazu zeigte Ishiguro – einer der weltweit führenden Köpfe bei der Entwicklung androider Roboter mit verblüffend menschlichem Erscheinungsbild – dem Publikum Bilder des künftigen pädagogischen Personals. Überraschenderweise war es wenig menschlich, sondern es sah aus, als hätte jemand Mangas mit Kuscheltieren gekreuzt. Gegen ihr weiches Fell, ihre riesigen Kulleraugen, ihre einschmeichelnden Stimmen und die unendliche Datenmenge auf ihren Festplatten käme kein menschlicher Lehrer und keine Kindergärtnerin an. Die Fähigkeit der Erziehungs- und Bildungsroboter, jede Äußerung der Kinder zu speichern, auszuwerten und damit perfekt zu *profilen*, mache sie zu ultimativen Potenzial-Entfaltern. Innerhalb kürzester Zeit seien die Algorithmen der Kinder erfasst. Und qualifizierte Anregungen oder Fragen zum richtigen Zeitpunkt brächten sie in ihrem Denken weiter, als jeder Erzieher und jede Lehrerin es in einer realen Gemeinschaft von Kindern oder Jugendlichen je vermöchte.

Woran liegt es, dass man dem Szenario kaum glauben möchte? Warum halten wir die Wahrscheinlichkeit, dass die meisten Kinder in Europa oder in den USA zukünftig in einen Ishiguro-Kindergarten voller Potenzialentfaltungsroboter gehen werden, für äußerst gering? Vielleicht deshalb, weil ihre Eltern zumindest intuitiv ahnen werden, dass Roboter – egal mit welcher Mimik und welchen *fake emotions* auf Grundlage von *affective computing* sie ausgestattet sind – Kinder nicht auf das Leben als Mensch, sondern auf eines als Roboter vorbereiten. Das Wichtigste, was Kinder in der Kita lernen, ist nämlich nicht die Erweiterung ihres Wissens und Wortschatzes, nicht die Fähigkeit, Türme aus Bauklötzen zu stapeln oder Purzelbäume zu schlagen – das Wichtigste ist das Erlernen des sozialen Schachs durch den Umgang mit anderen Kindern. Und es ist auch der Umgang mit einer sanften Autorität namens Erzieherin, die nicht von den Eltern kommt. Zuhören, Sich-selbst-Einschätzen, Taktgefühl, Höflichkeit, Humor, List, Rhetorik, Überzeugungskraft, Willensaufschub, Stressbewältigung, den Umgang mit Niederlagen und Ungerechtigkeiten und so weiter lernt man nur im Umgang mit nicht perfekten Menschen und nicht mit perfekten Robotern. Vom körperlichen Krisenmanagement – man stelle sich Roboter vor, die eine Massenkeilerei aufheben – ganz zu schweigen.

Pädagogische Berufe durch Automaten zu ersetzen, ist sehr wahrscheinlich eine Schnapsidee ohne Zukunft, zumindest in der westlichen Welt. Und die Berufe des Erziehers und der Lehrerin sind ziemlich krisensicher. Desgleichen gilt für Sozialarbeiter, Bewährungshelferinnen oder Therapeuten. Berufe, bei denen es auf den menschlichen Faktor ankommt, sind durch die Knopfaugen von Robotern nicht bedroht. Das gilt selbst für vergleichbar einförmige Tätigkeiten wie jene an einer Hotelrezeption. Für die Standardfragen »Waren Sie schon einmal bei uns?« und »Hatten Sie eine gute Anreise?« braucht ein Roboter noch nicht mal künstliche Intelligenz. Nicht, dass das Einchecken mit einem QR-Code nicht manchem hippen Youngster als Hotelgast entgegenkommt und manches einschlägige Hotel sich die Rezeption spart. Gleichwohl ist es kaum vorstellbar, dass Hotelgäste in einer alpinen Ferienpension bald gerne mit Robotern an der Rezeption vorliebnehmen werden, statt mit adrettem Personal und strahlendem menschlichem Lächeln. Authentische Ansprache, Teilnahme und Fürsorge bleiben deshalb nicht nur ein wertvolles Gut, sondern sie werden vermutlich sogar immer wertvoller. Ein echter Mensch als Animateurin im Urlaub, als charmanter und kompetenter Verkäufer, als Landschaftsarchitektin, Innenausstatter oder Friseurin dürfte kaum den Wunsch wecken, ihn durch einen Roboter zu ersetzen.

Das zweite Maschinenzeitalter wird Menschen nicht zu Robotern machen. Vielmehr zeigt es uns, dass Menschen »das andere der künstlichen Intelligenz« sind, gemeinsam mit anderen natürlichen Kreaturen wie Tieren und Pflanzen.[2] Und wie andere komplexe biologische Wesen haben sie das Bedürfnis nach Anerkennung und Zuspruch, Liebe und Fürsorge, die nicht dadurch aussterben, dass Roboter im Hintergrund Routinetätigkeiten ausführen. Annähernd ein Fünftel aller sozialversicherungspflichtigen Erwerbsarbeit in Deutschland wird heute von Menschen verrichtet, die sich in irgendeiner Weise um andere kümmern. Fast zwei Millionen arbeiten in Kitas, Tagesstätten, Schulen, Universitäten und beruflichen Weiterbildungseinrichtungen als Pädagogen und Andragogen. Dazu kommt die wachsende Zahl an Coaches und Scouts, die Menschen dabei helfen, sich in einer immer komplexeren Lebenswelt bei immer weiter steigenden Glücksansprüchen zurechtzufinden. Die Rede ist von Health- und Fitness-Coaches, Yoga-Lehrerinnen, Lifestyle-Beratern, Psychologinnen, Psychotherapeuten, Beauty-Beraterinnen, philosophischen Praktikern usw.

Am meisten gebraucht werden Kümmerer im Gesundheitswesen und in der Altenpflege. Hier arbeiten in Deutschland weit über fünf Millionen Menschen, Tendenz sehr stark steigend. Lag die Zahl der Pflegebedürftigen in Deutschland im

Jahr 1999 noch bei zwei Millionen, so sind es heute über drei Millionen, und die geschätzte Zahl an Menschen, die 2060 gepflegt werden müssen, liegt bei fast fünf Millionen.[3] Die Lebenserwartung im Zeitalter großer medizinischer Durchbrüche und eines sensibleren Gesundheitsbewusstseins steigt und steigt. Hier existiert der vermutlich größte Jobgenerator der Zukunft, mit dem kein anderer Sektor konkurrieren kann.

Der englische Physiker und Nobelpreisträger George Paget Thomson könnte heute jubilieren. Denn den berühmten Autor des 1955 erschienenen Buchs *The Foreseeable Future* (*Ein Physiker blickt in die Zukunft*) plagten im Alter heftige Sorgen. Was soll in der technisch immer anspruchsvolleren Gesellschaft der Zukunft denn bloß aus all den Dummen (*the really definitely stupid man*) werden? Ja, selbst für die Durchschnittlichen (*man of barely average intelligence*) sei doch irgendwann gar kein Platz mehr auf dem Arbeitsmarkt. Die einzige Lösung, die dem 1975 verstorbenen Thomson einfiel, war der absehbar stark steigende Bedarf an Pflegern und Kümmerern: »Es gibt viele Jobs – Altenpfleger ist einer davon –, bei denen Freundlichkeit und Geduld wertvoller sind als ein schlaues Gehirn. Ein reicher Staat kann solche Arbeit entsprechend subventionieren.«[4] Niemand würde dies aus sehr guten Gründen heute noch so formulieren wie Thomson. Intelligenz und Freundlichkeit sind keine Gegensätze und waren es auch früher nicht. Gleichwohl stimmt die Pointe: Nur eine Minderheit muss in den immer anspruchsvolleren Wettlauf mit der Technik eintreten, um im 21. Jahrhundert eine gesicherte Arbeit zu finden.

Die Bilanz ergibt demnach vier Sieger der digitalen Revolution. Dabei haben die ersten beiden das Problem, dass es auf lange Sicht mutmaßlich nicht genügend hoch qualifiziertes Personal für sie gibt. Und die beiden anderen, zumindest in wesentlichen Bereichen, finden nicht genügend williges Personal. Oder um in Thomsons Begriffen zu sprechen: Es fehlt sowohl an hyperschlauen Gehirnen für die Spitzen-IT und den quartären Sektor als auch an hinreichend Menschen mit Freundlichkeit, Geduld und Empathie, die bereit dazu sind, vergleichsweise schlecht bezahlte Arbeit zu verrichten. Dazu kommt mittelfristig der Todesfall für Millionen Arbeitsplätze, für die es weder ein besonders schlaues Gehirn noch besonderer Empathiefähigkeiten bedarf – für die breit aufgelisteten ungezählten Routineberufe in der Fertigung und auf dem Dienstleistungssektor. Wer dort noch länger beschäftigt ist, dem droht genau das Schicksal, das in den USA bereits millionenfach Realität ist. Aus ehemaligen Dienstleistungsarbeitern der unteren Mittelschicht könnten Arbeitslose werden oder Angehörige einer neuen Service Class: Pizzaboten und Essensausfahrer, Putzkräfte, Babysitter, Hundeausführer und Sicherheitspersonal für jene Besserverdienenden, die für ihr Gehalt oder ihr eigenes Unternehmen so viel arbeiten, dass sie dafür auf rund um die Uhr verfügbare Dienstboten angewiesen sind.

Die Lage ist also ziemlich ernst. »Der Wohlstand in Deutschland ist hoch wie nie, allerdings verteilt er sich immer ungleichmäßiger«, bilanziert die Arbeitssoziologin Sabine Pfeiffer. »Nie gab es mehr Beschäftigung, aber auch nie mehr schlecht bezahlte Jobs.«[5] Im Vergleich zur Industriearbeit entstanden in den letzten Jahrzehnten vor allem immer mehr unsichere, befristete und schlecht bezahlte Beschäftigungen. Bezeichnenderweise ließ sich vieles davon schon früh vorhersehen. Bereits in den Achtzigerjahren prognostizierte der österreichisch-französische Sozialphilosoph André Gorz genau diese Tendenz.[6] Und die Diskussion über die wachsende Kluft zwischen Gewinnern und Verlierern ist seitdem nicht abgerissen. So spricht der Ökonom und Soziologe Oliver Nachtwey heute von der »Abstiegsgesellschaft« und sein Kollege Andreas Reckwitz vom »Ende der Illusionen« in einer »neuen Klassengesellschaft«.[7] Stets geht es um die gleiche gravierende Feststellung: Die große (liberale) Erzählung vom permanenten Fortschritt der Gesellschaft zu mehr Wohlstand für alle setzt sich nicht gleichsam naturgesetzlich fort. Lässt man den Dingen ihren Lauf, so drohen massenhafter Abstieg aus der Mittelschicht in die Unterschicht, gesellschaftliche Zerklüftung, Unfrieden und wachsender politischer Populismus.

Zur Wahrheit gehört allerdings auch, dass die Wohlstandsentwicklung in die Breite noch nie ein Naturgesetz der kapitalistischen Ökonomie war. Reckwitz' Diagnose, dass der industrielle Umbruch die Fortschrittserzählung nicht ungebrochen weiterschreibt, ist eigentlich eine Selbstverständlichkeit. Sie ist keine Ausnahme oder gar ein Bruch in der Kontinuität. In der Geschichte produzierte jede technisch-ökonomische Revolution zunächst viele Verlierer. Und segensreich wurden die Dinge nur dadurch, dass kühne politische Maßnahmen und große Umbauten die negativen Folgen abschwächten und den Wohlstand aus den Händen weniger in den Alltag der vielen verteilten. Zu Anfang der ersten industriellen Revolution zahlte kaum ein Unternehmer nennenswerte Steuern, nicht anders als heute noch in vielen Entwicklungsländern. Vorsorge und Fürsorge durch ein staatliches Bildungs-, Renten- und Gesundheitssystem waren unbekannt und wurden erst nach und nach erkämpft. Je größer die ökonomischen Umwälzungen, desto notwendiger wurde stets die staatliche Ordnungspolitik. Sie – und nicht etwa der Markt – regulierte die Dinge neu und glich sie sozial zum Wohl der vielen aus. Dafür, dass der Laissez-faire-Kapitalismus jemals in der Geschichte irgendwo zu einem Wohlstand in der Breite geführt hätte, fehlt jeglicher Beleg. So steht, wer heute verhindern will, dass das zweite Maschinenzeitalter zu viele Verlierer zeitigt, vor einer immensen Gestaltungsaufgabe. Doch warum wird sie bislang nicht ernsthaft angegangen?

In der ökonomischen Sackgasse

Der Zwang zum Umdenken

Auf Konferenzen über die Technologie der Zukunft hat das Wort »Gamechanger« einen guten Klang. Gamechanger sind Personen oder Ideen, die das Herkömmliche infrage stellen und einen produktiven Umbruch, eine Revolution auslösen. Ist die Idee einmal in der Welt und lässt sich etwas aus ihr machen, ist das Spiel plötzlich nicht mehr das alte – und alles ändert sich. Steve Jobs, Elon Musk, das Smartphone, Facebook, Uber und Tesla gelten als Gamechanger. Aber was neue Ideen zur Arbeit oder zur Gesellschaft anbelangt, die ebenfalls sehr vieles verändern könnten, so ist das Wort nirgendwo in Gebrauch. Das ist umso verwunderlicher, als dass technische und ökonomische Gamechanger in der Geschichte unserer Zivilisation stets auch gesellschaftliche, politische und kulturelle Gamechanger waren, die mitunter kaum einen Stein auf dem anderen ließen. Der Siegeszug technischer und ökonomischer Ideen brachte Monarchien, Aristokratien und andere Herrschaftsformen zu Fall. Er änderte den Lebensrhythmus, die Werte, die täglichen Nöte und Notwendigkeiten, die Raster, in denen Menschen denken, ihre Haltungen und Lebens- und Weltanschauungen. All das brauchte neue Formen, Haltungen, Konzepte und Gestaltungsideen, entwickelt von großen Gamechangern wie Charles de Secondat Montesquieu, Jean-Jacques Rousseau und Immanuel Kant.

Nicht anders die Situation heute. Auch wir stehen gegenwärtig vor einer zerbröselnden Welt und einem Siegeszug des Neuen. Man braucht schon ein erhebliches Kapital an Illusionsfähigkeit, um zu glauben, die traditionelle Arbeitsgesellschaft des 19. und 20. Jahrhunderts bliebe durch das zweite Maschinenzeitalter weitgehend unberührt und ihre DNA bliebe die gleiche. Sehr viel naheliegender ist, dass alles seine (berechtigte) Zeit hatte. Und damit auch die Arbeits- und Leistungsgesellschaft, wie wir sie bisher kannten. Aber warum thematisieren wir das nicht?

Die liberal-demokratischen Industriegesellschaften sind sehr ängstliche Gesellschaften. Keine andere Gesellschaft in der Geschichte hatte je so viel zu verlieren. Entsprechend haben ihre Regierenden eine berechtigte große Angst: die Angst vor der Angst ihrer Bevölkerung. Menschen reagieren sehr oft ablehnend bis aggressiv auf größere Umbrüche und Veränderungen und unterschätzen zugleich ganz gewaltig, wie anpassungsfähig sie eigentlich sind. Man denke stellvertretend an das EU-weit eingeführte Rauchverbot in Gaststätten und in öffentlichen Räumen. Wie heftig wurde es einst bekämpft, und wie harmlos und selbstverständlich ist es heute für die allermeisten. So aggressiv etwas bekämpft wird, so wenig macht es den meisten später noch aus. Und wo zunächst nur Nachteile gesehen werden, sickern im Laufe der Zeit die Vorteile in die Psyche ein.

Natürlich ist das Rauchverbot bei aller damit verbundenen Aufregung nur ein kleines Beispiel. Handelt es sich um Umbrüche in einer solchen Größenordnung wie die der Revolution der Arbeitswelt, obsiegt bei Politikern und, wie gezeigt, auch bei vielen deutschen Ökonomen die Vorsicht. Auf Bühnen, Podien und in Fernsehstudios erklingen zur Routine gewordene Abschwächungsformeln; ein beruhigendes Sich-

Zurücklehnen, eine gespielte, mitunter sogar wirklich empfundene Überlegenheit durch Abwiegelung. Die Ruhe des Experten, die Souveränität vorgibt, selbst wenn sie tiefe Unsicherheit kaschiert, legt sich wie ein schützender Nebel auf die Unruhe. Und das, obgleich auch die Klügeren unter den Experten ahnen, dass sie im Hinblick auf die Zukunft keine sind. Was liegt da näher, als alle anderen vermeintlichen Zukunftsexperten zu entzaubern und die eigene Expertise zumindest ex negativo zu retten: Wenn es um die Zukunft geht, weiß es ja doch niemand so genau. So bleibt am Ende immer eine ziemlich schräge Quintessenz zurück: Wenn alle kühnen Prognostiker irren, weil niemand die Zukunft kennt, bleibt wahrscheinlich alles irgendwie beim Alten.

Tatsächlich aber ist genau diese Quintessenz unter allen denkbaren Szenarien die unwahrscheinlichste. Und die vermeintliche Ruhe und Souveränität verraten eigentlich nichts anderes, als dass man keinen Plan B hat. Würden die harten Prognosen vom künftigen weitreichenden Arbeitsplatzverlust auch nur zur Hälfte oder zu einem Drittel zutreffen, welcher Ökonom in Deutschland wüsste dann, was man tun oder raten sollte? Vorbereitungen auf ein solches Szenario sprengen sehr schnell die Grenzen der ökonomischen Vernunft. Hier braucht es mehr als Messen, Empirie und das feste Arsenal volkswirtschaftlicher Weisheiten über Wachstum und Markt, Angebot und Nachfrage. Benötigt wird ein hohes Maß an sozialer und gesellschaftlicher Fantasie. Und die erblüht, falls vorhanden, ja nur, wenn der Wunsch, alles sollte im zweiten Maschinenzeitalter gesellschaftlich tunlichst beim Alten bleiben, von einem selbst gründlich hinterfragt ist. Aus vergleichbarer Überforderung und Starrsinn heraus wurden einst alle großen Veränderungen in der Wirtschaft und Gesellschaft bekämpft: der Freihandel, die erste industrielle Revolution (insbesondere in Frankreich), das Wahlrecht für alle Erwachsenen unabhängig von ihrem Einkommen, die Abschaffung von Sklaverei und Leibeigenschaft, das Aufkommen der Gewerkschaften, die Notwendigkeit von Lohnerhöhungen für die Kaufkraft und den Binnenmarkt und zuletzt die Transformation zu einem ökologisch vertretbaren Wirtschaften. Stets konnten sich die Mächtigen und Etablierten eine andere Gesellschaft schlichtweg nicht vorstellen. Und stets wurden entsprechende Vorstellungen und Forderungen als völlig abwegig bekämpft: Unrealistisch! Absurd! Das geht doch alles sowieso nicht! Die Angst um die eigenen Pfründe und vor großen Umverteilungen ist ein treuer Begleiter. Sie verschloss den Mächtigen und ihrer geistigen Gefolgschaft zuverlässig die Augen und verhinderte oft und lange, dass man der Zukunft offen ins Gesicht sah.

Zoomt man näher heran, so stellt man fest: Von den zwei großen ökonomischen Herausforderungen der zukünftigen Arbeitsgesellschaft – die sich immer ungleicher entwickelnde Vermögensverteilung und die denkbare Freisetzung von Millionen Lohnarbeitern – ist eigentlich nur die zweite ernsthaft umstritten. Denn dass die Automatisierung von Arbeit im zweiten Maschinenzeitalter die Vermögen noch ungleicher verteilt als bisher, wird auch von vielen konservativen Ökonomen eingeräumt. Was fehlt, ist ein realistischer Lösungsvorschlag, um diese zunehmende Spaltung zu verringern. Umverteilungen über Steuern und Abgaben sind weder bei konservativen noch bei liberalen Ökonomen beliebt, und ein wesentlich anderes Mittel fällt kaum jemandem ein. Damit reduziert sich das enorme gesellschaftliche Problem mit seiner sozialen Sprengkraft entweder auf ein finanztechnisches Problem. Oder man zaubert es weg durch das Versprechen von permanentem Wachstum und unübersehbar vielen neuen Arbeitsplätzen.

Weise ist das nicht. Denn wachsende Diskrepanzen in der Vermögensverteilung werden auch dann zu einer Bombe, wenn die durch Automatisierung entlassenen Arbeiter und Angestellten durch schlechter bezahlte Tätigkeiten aufgefangen werden, was sich, wie gezeigt, bereits jetzt am Beispiel der USA schmerzhaft ablesen lässt. Der Mechanismus, der die Gesellschaft finanziell und damit zugleich sozial spaltet, ist dabei kein Geheimnis und allen Ökonomen gut bekannt: Die wichtigste Quelle der Wohlstandsmehrung im 21. Jahrhundert ist schon lange nicht mehr die Arbeit. Gewiss kann man darüber streiten, ob harte Arbeit je die wichtigste Quelle von Wohlstand oder gar Reichtum war. Sicher ist jedenfalls, dass sie es im Zeitalter der umfassenden und intelligenten Automatisierung noch viel weniger sein wird als je zuvor. Die größte Quelle des Reichtums sind Einkünfte aus Kapitalanlagen jeder Art, ob Immobilien, Großinvestitionen oder Börsenwerte. Die globalisierte Welt und ihre globalisierte Finanzindustrie vermehren Kapital heute nahezu unbehelligt durch Ländergrenzen und Beschränkungen. Und je stärker die Automatisierung voranschreitet, umso belangloser wird zudem, wo das Geld erwirtschaftet wird. Datenverarbeitungsprozesse und KI-Programme arbeiten rund um den Globus auf die genau gleiche Weise, völlig unabhängig davon, wie ein Land wirtschaftlich dasteht. Diese Entwicklung bedroht nicht nur arme Länder und Schwellenländer, die in der ersten Phase der Globalisierung von günstigen Löhnen profitierten. Die zweite Globalisierung frisst diesen Vorteil rasant auf und holt Routineprozesse von der Tuchfabrikation bis zur Buchhaltung wieder in die Industrieländer zurück – allerdings ohne dadurch viele Arbeitsplätze zu schaffen. Überall in der Welt profitieren dabei jene, die große Summen an Kapital, oft äußerst kurzfristig, an den Finanzmärkten oder in Digitalkonzerne investieren. Menschen und Firmen, die ihr Geld millisekundenschnell hin- und herschieben, je nachdem, wo es sich gerade lohnt. Die Schere geht damit enorm auseinander: Schon jetzt gehören den oberen zehn Prozent etwa 85 Prozent der global vorhandenen Vermögenswerte. Und das oberste Prozent besitzt mit über 45 Prozent fast die Hälfte des Weltvermögens.[1] Die Verlierer von Bangkok über Bangalore bis Bukarest und Berlin sind all diejenigen, die weiterhin dadurch leben und überleben müssen, dass sie ihre Arbeitskraft verkaufen.

In einem einzigen Satz: Das zweite Maschinenzeitalter marginalisiert den Wert der Arbeit! Was ehedem Arbeitskosten waren, wird mehr und mehr zur Frage nach dem Preis global einsetzbarer Softwareprogramme. Die Frage, welches Land die beste wirtschaftliche Entwicklung nimmt, beantwortet sich damit ganz anders als zuvor. Über viele Jahrzehnte konnte sich ein Land wie Deutschland auf die nicht nur hohe, sondern flächendeckende Qualität seiner Ingenieure und Mechaniker berufen, auf seine Universitäten und seine gute betriebliche Weiterbildung. Doch dieser Vorsprung schwindet im zweiten Maschinenzeitalter dahin. Die viel zu oft übersehene Pointe ist: In der digitalen Zukunft muss Deutschland kein Volk von Hunderttausenden Spitzeninformatikern werden, so wie es heute eines von Hunderttausenden Spitzeningenieuren ist. Der Arbeitsmarkt wächst langfristig nicht mit der Technik in die Breite. Was wächst, sind die Anforderungen an die auf ihm Beschäftigten. Und deren Zahl ist, ob des hohen Anspruchs, weder beliebig vermehrbar, noch ist es notwendig, sie unendlich zu vermehren.

Das erste Problem – die wachsende Diskrepanz des Vermögens – und das zweite Problem – das Ausmustern oder Runterstufen von nicht allzu hoch qualifizierten Arbeitskräften – hängen also untrennbar zusammen. Daran gekoppelt ist auch die Notlage der Staaten. Ihre Sozialsysteme müssen finanziell auffangen, was die Veränderung der Arbeitswelt mit sich bringt. Doch wie sollen sie das bewältigen? Von geringen Schwankungen (etwa durch die Nullzinspolitik) abgesehen, ist die öffentliche Hand in den meisten Industrieländern, insbesondere in den USA, in den vergangenen Jahrzehnten immer ärmer geworden, während das Vermögen der Reichen erheblich wuchs. Sollte sich diese Tendenz weiter fortsetzen – und es ist kaum denkbar, warum sie es in der Art und Weise, wie wir Arbeit und Wirtschaft bisher organisieren, nicht tun sollte –, ist der Kollaps der Sozialsysteme in den meisten Industrieländern, einschließlich Deutschlands, vorprogrammiert.

Der »utopische Kapitalismus« – die Annahme der Mainstream-Ökonomen, alles ginge künftig mehr oder weniger so weiter wie bisher und nähere sich sogar der Vollbeschäftigung – ist damit leicht zu entzaubern. Gewiss ist die Trostformel richtig: »Die Maschine wird den Menschen nie ersetzen!« Nein, sicher nicht. Aber vielleicht ersetzt sie die Notwendigkeit für viele, für ihren Lebensunterhalt arbeiten zu müssen? Und ganz sicher stimmt die Plattitüde: »Die Arbeit geht uns nicht aus!« Natürlich nicht, Arbeit ist keine begrenzte Ressource. Aber vielleicht wird die angestellte Lohnarbeit trotzdem deutlich weniger? Mit simplen Slogans ist die Lage leider nicht zu entschärfen. Doch die (frei nach Frey und Osborne) Bottlenecks des Denkens zu überwinden, scheint manchmal schwieriger als die Bottlenecks der Technik.

Strukturwandel, Automatisierung, Fachkräftemangel und hohe Arbeitslosigkeit gehen nicht organisch in einer der Gegenwart ähnlichen Zukunft auf. Stattdessen dürften wir es auf dem herkömmlichen Weg mit einer Talfahrt zu tun haben: mit dem Fall in eine zerklüftete Gesellschaft. Diese Schluchtenlandschaft kennt nicht nur die Kluft zwischen alten Fertigkeiten und neuen technischen Ansprüchen, jene zwischen Fachkräftemangel und Massenarbeitslosigkeit, sondern auch noch eine dritte, völlig unterschätzte Kluft: jene zwischen dem, was die junge Generation arbeiten *will,* und dem, was die Lohnarbeitsgesellschaft an Angeboten für sie bereithält.

Die große Kluft zwischen dem, was Arbeitssuchende können, und dem, was Arbeitgeber suchen, ist ein fester Bestandteil aller ökonomischen Zukunftsanalysen. Als *Mismatch* beherrscht sie die Debatten der Experten, stets verbunden mit der immer gleichen Forderung: ganz schnell deutlich mehr Spitzen-ITler auszubilden und dem Arbeitsmarkt zur Verfügung zu stellen. Deutschland brauche weniger Bürokräfte, Verwaltungsangestellte, Steuerberater und Bankkaufleute und mehr Big-Data-Analysten, KI-Programmierer, Drohnen-Piloten und Virtual-Reality-Designer. Das Gleiche gilt für Techniker und das von einem historischen Fachkräftemangel bedrohte Handwerk. Laut der Studie »Arbeitslandschaft 2040« des Forschungsinstituts Prognos im Auftrag der Vereinigung der Bayerischen Wirtschaft fehlen schon jetzt mehr als eine Million Facharbeiter, Tendenz stark steigend.[2] Ähnlich wie viele Wirtschaftsverbände klagt die Studie über die »Bildungsexpansion« und die zu hohe Zahl an Akademikern. Erwartet wird offensichtlich, die einzige Aufgabe der Schulen und Universitäten sei es, dem Arbeitsmarkt passgenau die Arbeitskräfte zur Verfügung zu stellen, die gerade gesucht werden. Unstrittig dagegen ist die Klage über die erschreckende Zahl an Schülern und Schülerinnen pro Jahr, die die Schule ohne Abschluss verlassen und/oder keine Ausbildung beginnen und gar nicht erst auf den Arbeitsmarkt kommen. Und unstrittig ist auch, dass selbst Ingenieure es schwer haben, wenn sie mit über fünfzig arbeitslos werden, eine neue Beschäftigung zu finden. Weder das Überangebot an Ungelernten noch ältere und zu teure Arbeitnehmer reduzieren den Fachkräftemangel.

Die digitale Revolution beseitigt nicht das Mismatch zwischen offenen Stellen und einem Überangebot an Arbeitssuchenden ohne (ausreichende) Qualifikation. Viel wahrscheinlicher wird sie es weiter verstärken. Und es ist auch weder das Ziel noch die Aufgabe gegenwärtiger und zukünftiger Automatisierungen, den Arbeitsmarkt auszugleichen oder gar Vollbeschäftigung zu schaffen. Belegt man das zweite Maschinenzeitalter mit einem volkswirtschaftlichen Ziel, dann wäre es allenfalls die Steigerung der Produktivität. Gewiss aber ist es nicht die Vorstellung einer »Erwerbsarbeit für alle«. Dafür ist der erforderliche Kompensationseffekt aus den vielen genannten Gründen einfach zu unwahrscheinlich.

Doch es gibt auch gute Nachrichten. Niemand muss die prognostizierte Entwicklung von einem immer größeren Mismatch und einer stark wachsenden Kluft zwischen Hochqualifizierten und abgehängten Servicekräften im Niedriglohnsektor tatenlos abwarten. Man kann eine Menge dafür tun, die Dinge zum Guten zu wenden. Technisch-ökonomische Revolutionen sind, wie erwähnt, große gesellschaftspolitische Gestaltungsaufgaben. Die Massenverelendung der ersten industriellen Revolution verschwand nicht von alleine, und auch die zweite industrielle Revolution brauchte einen *New Deal*, um die schlimmen gesellschaftlichen Folgen zu stoppen und den Arbeitsmarkt zu beleben. Angesichts all der Prognosen, die den sozialen Absturz vieler durch die vierte industrielle Revolution vorhersagen, stellt sich deshalb auch diesmal die Frage: Wie organisieren wir den Arbeitsmarkt und die Sozialsysteme neu? Wie bereiten wir die Gesellschaft vor und strukturieren unsere Ökonomie um? Was können wir für die Unternehmen und die Beschäftigten tun? Und vor allem: Wie wird Arbeit zukünftig organisiert?

In den angelsächsischen Ländern sind diese Fragen inzwischen bei den Ökonomen angekommen. Doch viele Antworten sind noch immer erschreckend unterkomplex. »Die Herausforderung«, schreibt Carl Benedikt Frey, »liegt hier im Bereich der Politik, nicht der Technologie.«[3] Ein vergleichsweise lapidarer Nachsatz zu seiner dramatischen Prognose des Arbeitsmarkts. Sollte Freys Prophezeiung über die Zukunft der Arbeit vollumfänglich zutreffen, so brächen, dafür braucht man nicht viel Fantasie, unsere Gesellschaften in den Industrieländern schlichtweg zusammen.

Auch Frey macht sich Sorgen um die Zukunft, aber vor allem die, dass starke Gegenbewegungen den technischen Fortschritt bekämpfen, bremsen und womöglich aufhalten könnten. In seinem Buch *The Technology Trap: Capital, Labor, and Power in the Age of Automation* listet er alle historischen Widerstandsbewegungen auf, die sich je gegen den technischen Fortschritt richteten. Die »Technologiefalle« schnappt für ihn dann zu, wenn technische Neuerungen aufgrund ihrer kurzfristigen sozialen Folgen ausgebremst werden. Der Begriff, eine Prägung von Stanisław Lem, hat eigentlich eine ganz andere Bedeutung.[4] Lem meinte damit die Ambivalenz des technischen Fortschritts, der eben nicht nur Gutes schaffe, sondern auch immer bewahrenswertes Altes zertrümmert. Doch dass technischer Fortschritt stets zwei Gesichter hat, ist nicht Freys Thema. Für ihn hat er nur ein einziges Gesicht, ein stets gutes: »Vorwärts immer, rückwärts nimmer!« Deshalb warnt er vor jeglichem Widerstand gegen den technischen Fortschritt, selbst dann, wenn dieser Fortschritt kurz- und mittelfristig für einige oder viele große Umbrüche und wirtschaftliche Nachteile bringt. Denn langfristig, diese Lehre sieht Frey durch die Geschichte bestätigt, hat der technische Fortschritt gesamtwirtschaftlich immer zu höherer Produktivität und damit zu mehr Wohlstand und eben auch zu sozialem Fortschritt geführt.

Mag man dem letzten Satz nicht widersprechen, so fragt sich doch, ob Freys Befürchtung tatsächlich das Hauptproblem unserer Zeit ist. Die Sorge vor Maschinenstürmerei gegen die KI scheint kaum hinlänglich begründet, und entsprechende gesellschaftliche Strömungen sind nicht in Sicht. Massenarbeitslosigkeit durch technischen Fortschritt mag in sehr seltenen Fällen brennende Fabrikhallen nach sich ziehen, in den meisten Fällen nötigt sie der Gesellschaft ganz andere Sorgen ab als den massenhaften Einsatz der Feuerwehr. Auch Parteien, die den technischen Fortschritt als Teufelswerk bekämpfen, sind aus keinem Industrieland der Welt bekannt. Gestritten wird stattdessen über Rechtsfragen, Datenschutz, ethisch mehr oder weniger bedenkliche Einsatzbereiche und so weiter – Diskussionen, die nicht gegen automatisierte Technik gerichtet sind, sondern gegen unerwünschte, unliebsame und illegale Folgen in bestimmten Einsatzbereichen.

Frey empfiehlt dringend, beim Tempo der Automatisierung nicht zu bremsen und bloß nirgendwo Zeit zu verlieren. Regierungen müssten alles dafür tun, um das Produktionswachstum anzukurbeln und sich durch Gewerkschaften und andere Bremser nicht aufhalten zu lassen. Um die »sozialen Kosten« auf ein verträgliches Maß zu reduzieren, seien nicht nur Reformen im Bildungswesen notwendig, sondern auch »die Bereitstellung von Umsiedlungsgutscheinen, der Abbau von Hindernissen, die einen Jobwechsel erschweren, die Beseitigung von Baubeschränkungen, die eine soziale und wirtschaftliche Spaltung fördern, Einkommenssteigerungen für einkommensschwache Haushalte durch Steuervorteile, die

Bereitstellung einer Lohnversicherung für Menschen, die ihren Arbeitsplatz an Maschinen verlieren, und mehr Investitionen in die frühkindliche Bildung, um die negativen Folgen für die nächste Generation zu mildern«.[5]

Alle Kosten der digitalen Revolution, so versteht man Frey wohl richtig, bleiben am Staat hängen. Doch wie soll der Staat Millionen Menschen Steuervorteile gewähren, wenn durch die vorausgesehenen Massenentlassungen das Steueraufkommen massiv schwindet? Und was sollen Steuervorteile für einkommensschwache Haushalte nützen, wenn das Problem gerade darin besteht, dass diese ihre Arbeit gänzlich zu verlieren drohen? Ob es die Gewerkschaften in den Industrieländern wohl überzeugen wird, Rechte und Regeln, für die sie viele Jahrzehnte lang gekämpft haben, aufzugeben, damit am Ende ein Staat steht, der die vielen Abgehängten durch immer neue Schulden alimentiert? Und hilft flächendeckende Informatik in Kitas wirklich gut, um später Spitzeninformatiker in Serie zu produzieren?

All dies bleibt Freys Geheimnis. Die meisten Probleme entstehen bekanntlich dadurch, dass Dinge nicht zu Ende gedacht werden. Und seine Vorschläge sind, vorsichtig formuliert, ein schöner Beleg dafür. Haben wir wirklich Anlass dazu, die Folgen der digitalen Revolution zu erwarten wie den Regen? Und muss man sich Freys Fatalismus anschließen, der sich hinter der Maske seines Gestaltungswillens versteckt? »Wir sollten versuchen, die Herausforderungen zu verstehen und offen anzugehen, politisch wie wirtschaftlich, statt die neue Arbeitswelt in dem Glauben schönzureden, dass auf lange Sicht alle profitieren werden. Das stimmt nämlich nicht.«[6]

Da Frey sich eine andere Ökonomie, eine andere Organisation von Arbeit, eine andere Arbeitskultur und ein anderes

Sozialsystem nicht vorstellen kann oder mag, ist für ihn unhinterfragt gesetzt, dass es viele Verlierer geben wird – nämlich jene, von denen auch bisher umfassend die Rede war. Und die einzige echte Sorge, die er im Hinblick auf diese Verlierer hat, ist eben, dass sie sich gegen die technische Entwicklung stellen könnten. Realistisch betrachtet ist Technikfeindlichkeit allerdings das wohl unrealistischste Szenario. Viel wahrscheinlicher ist, dass der soziale Abstieg von der Mittelschicht ins Prekariat Menschen politisch radikalisiert. Wo in den Industrieländern viele davon bedroht oder betroffen sind, ihre Arbeit zu verlieren, grassiert der Rechtspopulismus. Und nicht Roboter und KI-Systeme stehen am Pranger, sondern Migranten und Minderheiten, alles, was als »links« gilt, das »Establishment« der Regierenden und der Massenmedien und mit wachsendem Hass auch die Klimapolitik. Gesellschaftliche Verlierer waren und sind sehr begabt darin, sich Feinde zu suchen, die ein anderes Erscheinungsbild und ein anderes Milieu haben als sie selbst. Und Menschen ausländischer Herkunft geraten ebenso ins Visier wie vorausschauende Intellektuelle. Dafür, dass Rechtspopulisten Plakate mit bösen Robotern vor sich hertragen werden, fehlt bislang jedes Indiz. Die große Gefahr der vierten industriellen Revolution ist nicht die große Maschinenstürmerei, sondern die gesellschaftliche Polarisierung, die Radikalisierung und ein Kulturkampf, der sich nicht an der Freund-Feind-Linie »technischer Fortschritt oder nicht« zuträgt, sondern sich weit entfernte Schlachtfelder sucht: Gesundheitsmaßnahmen, Migrationspolitik, Gender-Diskussion, Diversity-Debatten und die Rechtschreibung.

Um die digitale Revolution tatsächlich segensreich für die allermeisten zu gestalten, darf man sie – anders als Frey meint – nicht ihren scheinbar vorgezeichneten Gang gehen lassen. Denn genau der wird die Gesellschaft immer tiefer spalten. Doch welchen Weg soll man an der Gabelung einschlagen? Müssen wir unsere Arbeitsplätze sozial und juristisch besser absichern, damit es gar nicht erst zu einer hohen Zahl an Arbeitsplatzverlusten kommt? Sollen wir, um große Arbeitslosigkeit zu verhindern, alle in Zukunft einfach weniger arbeiten? Oder sehen wir ein, dass es, weil diese Mittel zu klein gedacht sind und nicht viel nutzen, einen Totalumbau unserer Arbeitsgesellschaft braucht?

Diese Fragen sollen uns im dritten und vierten Teil des Buchs beschäftigen. Zuvor jedoch sollten wir klären, welch merkwürdiger Begriff »Arbeit« eigentlich ist und welche zum Teil völlig widersprüchlichen Vorstellungen sich darin verbergen. Denn um abzuschätzen, was an unserer bisherigen Arbeitsgesellschaft erhaltenswert ist und was nicht, müssen wir viel genauer verstehen, wovon wir überhaupt reden, wenn wir von Arbeit reden.

WAS IST ARBEIT?

Wovon wir reden, wenn wir von Arbeit reden,
wovon wir nicht reden,
und wovon wir viel mehr reden sollten.

Arbeit

Ein Bündel von Widersprüchen

Zur Selbstverständlichkeit wird, dass nichts, was die Arbeit anbelangt, heute mehr selbstverständlich ist. Die Gesellschaften des 21. Jahrhunderts sind dabei, ihre Vorstellung von Arbeit neu zu definieren, nicht anders, als es jene des 19. und des 20. Jahrhunderts getan haben. Arbeit ist alt, sofern man sie als Tätigkeit zum Leben und Überleben versteht. Jung und flüchtig dagegen ist die Vorstellung, die sich Menschen und Kulturen jeweils davon gemacht haben und machen, was Arbeit ihnen bedeutet. In Wildbeutergesellschaften, jenen der Vorzeit und den letzten versprengten in den Regenwäldern, ging und geht es ums nackte Überleben, ohne dass dort gearbeitet wird. Im modernen Bürostuhl wird gearbeitet, aber beileibe nicht die Existenz, sondern nur der Wohlstand gesichert.

Ob Arbeit das halbe oder das ganze Leben ist, ob sie schändet oder adelt, ob nur Lohnarbeit Arbeit ist oder gerade im Gegenteil, das, was ich aus freien Stücken und gerne tue, ob Arbeit Beruf oder Berufung, Job oder Selbstverwirklichung, Mühsal oder Flow ist – all die Vorstellungen von Arbeit sind so voraussetzungsreich wie vergänglich. Manches davon verschwand wie die Sklaverei, die Fronarbeit, die Zwangsarbeit und die Leibeigenschaft in Europa, anderes ist an dessen Stelle getreten und wiederum anderes ist dabei, unsere heutigen Vorstellungen zu ersetzen.

Doch was hält den Begriff der Arbeit im Innersten zusammen, wenn er sich permanent wandelt? Woran erkennt man sie? Ist Betteln Arbeit? Immerhin ist das Dasein auf der Straße kein Zuckerschlecken, sondern sauer verdienter Lebensunterhalt. Arbeitet die Mafia? Ein höchst erfolgreiches milliardenschweres Unternehmen, das seinen Mitarbeitern bedingungslosen Einsatz abverlangt? Müssen tüchtige Einbrecher nicht viel Know-how, Erfahrung und logistische Fähigkeiten mitbringen, die sie für den Juwelenraub qualifizieren? Hat Angela Merkel sechzehn Jahre lang als Bundeskanzlerin gearbeitet und Picasso als Maler? Als was genau arbeitet eigentlich Bill Gates? Mäzen und Bundeskanzler tauchen in der Liste denkbarer Berufe selten auf, genauso wenig wie Bettler, Pate, Einbrecher, Dealer, Influencer, Hacker, Philosoph, Spekulant, Rock- oder Realitystar. Aber arbeiten sie nicht irgendwie alle? Und kann es nicht sogar sein, dass eine Tätigkeit häufig umso attraktiver zu sein scheint, je weniger das Label »Arbeit« an ihr klebt?

Mit dem Begriff der Arbeit ist das so eine Sache. Laut *Brockhaus* ist Arbeit ein »bewusstes, zielgerichtetes Handeln des Menschen zum Zweck der Existenzsicherung wie der Befriedigung von Einzelbedürfnissen«. Und darüber hinaus auch ein »wesentliches Moment der Daseinserfüllung«.[1] So pauschal definiert, stimmen an diesen Sätzen nur die Grammatik und die Orthografie. Zumindest in Ländern wie Deutschland ist die Existenz der Bürger auch ohne Arbeit gesichert. Und um »Einzelbedürfnisse« zu befriedigen, kann ich auch »bewusst und zielgerichtet« joggen, verreisen oder flirten – Tätigkeiten, die nur in seltenen Fällen als Arbeit gelten. Dass Arbeit ein »wesentliches Moment der Daseinserfüllung« sein soll, ist, wie wir noch sehen werden, ein fragwürdiges Erbe christlicher Ideologie und für Menschen im

Callcenter, in einer Mine in Peru oder in einer Textilfabrik in Bangladesch nicht selbsterklärend.

Der Begriff der Arbeit, der Menschen in den westlichen Industrieländern so selbstverständlich ist, dass der *Brockhaus* ihn in geistigen Zement gießt, ist ein Ensemble von Widersprüchen: Keine Definition ist hinreichend, erschöpfend und exklusiv. Entweder finden sich die Kriterien auch bei Tätigkeiten, die wir nicht als Arbeit bezeichnen, oder sie gelten beileibe nicht für alles, was gemeinhin als Arbeit gilt. Tatsächlich lässt sich das, was Arbeit sein soll, nur aus dem sozialen Kontext heraus erklären. Arbeit ist das, was von mir selbst und von anderen als Arbeit empfunden und gedeutet wird. Arbeiten ist somit immer bewusstes Arbeiten. Und wir unterscheiden die Anstrengungen und die Mühsal, die wir aufs Aufstehen am Morgen, aufs Waschen, aufs Anziehen und zur Zubereitung von Mahlzeiten verwenden, sorgfältig von all den Tätigkeiten, die wir »Arbeit« nennen. Der Grund dafür ist ziemlich simpel. Zur Arbeit werden Anstrengungen und Mühsal eigentlich nur dann, wenn sie mit Geld entlohnt werden. Sich selbst die Haare zu kämmen, ist keine Arbeit, anderen die Haare zu kämmen und dafür Geld zu bekommen, schon. Zwar sagen wir gerne, dass ein Haus zu unterhalten viel Arbeit ist, aber wir nennen die Tätigkeit, unser eigenes Haus zu pflegen, nicht »arbeiten«. Der gesellschaftlich akzeptierte Begriff der Arbeit schließt all das aus, was wir allein aus eigenem Antrieb tun und dessen Bedeutung sich vor allem uns selber erschließt. Genau deshalb arbeitet man auch nicht als Schriftsteller, Philosoph oder Rockstar – selbst dann nicht, wenn zu der starken intrinsischen Motivation noch eine Entlohnung in Form von Geld dazukommt. Auch ein Buch wie dieses zu schreiben, ist keine Arbeit, sondern (bezahlte) Selbstverwirklichung.

131

Aus all dem könnte man annehmen, dass das Wort »Arbeit« ziemlich negativ besetzt sein müsste; verwendet man es doch für all die Tätigkeiten, die ich im Umkehrschluss gerade nicht aus eigenem Antrieb tue und deren Bedeutung sich nicht aus der Bedeutung für mich selbst erschließt. Doch erstaunlicherweise ist dies, anders als etwa im Wertekosmos der Antike, heute selten der Fall. Grund dafür ist eine höchst eigentümliche Entwicklung, die, wie wir sehen werden, keineswegs selbstverständlich und selbsterklärend ist. Vor allem der Einfluss des Protestantismus in der westlichen Welt veränderte die Einstellung zur Arbeit sehr nachhaltig. Arbeit wird gesamtgesellschaftlich immer weniger nur als Mittel der Existenzsicherung definiert, sondern zugleich als Daseinszweck – und damit enorm aufgewertet. Arbeit ist nicht nur notwendiges Übel, sondern Menschen sollen dazu geboren sein zu arbeiten. Und je erfolgreicher man seinem Tagwerk nachgeht, umso höher der soziale Status. Die Arbeit macht uns – anders als in der Antike oder im Feudalismus – zu sozialen Wesen, deren Status über die Arbeit und den Arbeitsertrag definiert ist. Auf diese Weise werden entlohnte Tätigkeiten zu Identitäten: Ich *bin* Notarin, Schlosser, Lehrerin oder Kfz-Mechatroniker, und zwar – anders als bei Künstlern, Sportlerinnen und anderen Selbstverwirklichern – völlig ungeachtet meiner intrinsischen Motivation. Der »Beruf« verschafft mir, ob ich will oder nicht, meine soziale Identität und ordnet mich ein in ein engmaschiges Gespinst gesellschaftlicher Tätigkeiten samt ihrem vordefinierten Status.

Die Vorstellung von Arbeit als anthropologischer Notwendigkeit wandelt und erweitert sich damit entscheidend. Sie wird zur zentralen Kategorie der Sozialisation. Die gesamte westliche Gesellschaft der Neuzeit gruppiert sich um die Arbeit – eine menschheitsgeschichtlich einmalige Verschiebung gegenüber der Antike und der Feudalgesellschaft. Für die im 18. Jahrhundert langsam entstehende bürgerliche Gesellschaft ist Arbeit das zentrale Betriebssystem im wahrsten Sinne des Wortes. Und ihre unverwechselbare DNA ist die Idee der Lohnarbeits- und Leistungsgesellschaft, in der nicht Gott oder die Natur dem Menschen seinen Platz zuweist, sondern die Arbeit. Der Arbeitsplatz ist (anders als ein flüchtiger Job) nicht nur eine bezahlte Beschäftigung. Er ist zugleich der Ort, an dem mein sozialer Status vertäut und verankert ist.

Stärker als alles andere ist es meine Arbeit, die gemeinhin als »Lebensleistung« betrachtet und anerkannt wird. Meine Anspruchshaltung an das, was mir zusteht, leitet sich vom in der Arbeit Geleisteten ab. Oder, im Fall von Erben, von der Arbeitsleistung meiner Eltern und Vorfahren, die auf magische Weise auch dann als Leistung vererbt wird, wenn keine erkennbare Eigenleistung vorliegt. Der kryptische Begriff »Leistung«, der erfolgreiche Spekulanten stärker goutiert als Krankenpflegerinnen, ist das mythische Zentrum der modernen Arbeitsgesellschaft und wird stets dunkel mit dem Begriff »Anstrengung« verbunden. Wer sich gehörig anstrengt, leistet etwas und kann sich entsprechend etwas leisten – erstaunlicherweise, ohne dass es im Umkehrschluss diejenigen, die sich viel leisten können, ohne sich stark anstrengen zu müssen, diskreditiert. Die Leistungsgesellschaft beschwört stets die »hart arbeitende Mitte«, obgleich die Mittelschicht in den westlichen Industrieländern des 21. Jahrhunderts sehr viel weniger hart arbeitet als in den Jahrhunderten zuvor. Der Arbeitsbürger bezahlt seine Steuern stets von »sauer verdientem Geld«, auch wenn er dafür nicht sechzehn Stunden unter Tage oder im Stahlwerk schuftet, sondern acht Stunden in einem Büro sitzt. Auf diese Weise nährt die Leistungsgesellschaft den Mythos ihrer selbst, befeuert von Politikern, die mit solchen schrägen Floskeln ihren Wählern schmeicheln – nicht zuletzt deshalb, weil sie zu Recht befürchten, dass ihre eigene Tätigkeit von den Wählern zumeist nicht als Arbeit anerkannt wird.

Der Grund dafür dürfte sein, dass Arbeit nicht nur »hart«, also Mühsal und Plackerei sein soll, sondern auch »nützlich«. Was unnütz ist, hat es nach allgemeinem Verständnis schwer, als Arbeit anerkannt zu werden. Und das Klischee von Politikern ist und bleibt, dass sie allgemein noch weniger am Gemeinwohl interessiert sein sollen als ihre Wähler. Allerdings ist die »Nützlichkeit« in der Arbeitswelt oft genauso ein Mythos wie die Leistung oder die Mühsal. Der größte Gewinnmarkt der Welt ist bekanntermaßen die Finanzspekulation, die mit dem Begriff »Finanz*industrie*« kaschiert, was eigentlich Sache ist. Nach klassisch bürgerlicher Vorstellung ist das Zocken der Finanzjongleure an und neben den Börsen eigentlich keine Arbeit, sondern eher das Gegenteil. Wetten, Spielen und Übervorteilen sind die Passionen des Müßiggängers. Dass die Zockerei im Hochfrequenzhandel, etwa Lebensmittelspekulation und Warentermingeschäfte, gesellschaftlich nützlich sein sollen, glauben nicht einmal die, die dergleichen betreiben. Und wer den Martin-Scorsese-Film *The Wolf of Wallstreet* gesehen hat, wird das in jeder Hinsicht schamlose Treiben dort tatsächlich kaum »Arbeit« nennen wollen.

Gleichwohl wird nahezu jede Form von spekulativen Geschäften gesellschaftlich zumindest indirekt als Arbeit anerkannt, wogegen freiwilliges Müllaufsammeln im Park ohne Entlohnung eher nicht als Arbeit gilt. Offensichtlich ist es vor allem eine Frage der Höhe des Gewinns, dass auch das illusterste und verborgenste Treiben als Arbeit betrachtet wird, manche offensichtliche Mühsal dagegen nicht. Der Arbeitsbegriff der bürgerlichen Gesellschaft, wie wir ihn kennen, ist inkonsistent, unscharf, unsauber und von widersprüchlichen Deutungen und Interessen durchzogen. Umso merkwürdiger, dass die Fähigkeit und die Willigkeit im oben genannten Sinne zu arbeiten, so sehr im Zentrum unserer Gesellschaft steht und uns sozial stärker definiert als alles andere. Und es ist auch nicht vollkommen logisch, dass der Staat sich in der westlichen Welt in der Verantwortung sieht, Menschen mit Arbeit zu versorgen oder bei der Suche danach zu unterstützen. Arbeitsämter oder heute Arbeitsagenturen, also staatliche Institutionen, die Arbeit vermitteln, zementieren die Arbeitsgesellschaft, stehen sie doch für den Anspruch, dass Erwerbsarbeit fraglose Grundlage unserer Gesellschaft und direkt oder indirekt Staatsaufgabe ist. Aus gleichem Geist heraus kontrolliert und überwacht der Staat auch, dass der, der statt Arbeit Transferleistungen als Ersatz bezieht, seine Arbeitswilligkeit unter Beweis stellt. Er behält sich vor, die Arbeitsunwilligen zu sanktionieren. Und dass Arbeiten der soziale Imperativ der bürgerlichen Gesellschaft ist, macht die Nichtarbeitenden in bestimmter Hinsicht identitätslos. Sie bilden nicht einmal eine eigene Schicht, sondern eine Nicht-Klasse. Allein das finanzielle Vermögen entscheidet darüber, ob sie als nutzlos und überflüssig, mit Erziehung beschäftigt, als Erbe oder Gatte/Gattin geächtet oder geachtet werden.

Dass die bürgerliche Arbeitsgesellschaft die Erwerbsarbeit hoch achtet, ändert allerdings nichts an ihrer existenziellen Paradoxie. Auf der einen Seite verlangt sie von jedem Erwachsenen vor Erreichen des Rentenalters, dass er von sich aus als Erwerbsarbeiter tätig wird, dass er Eigeninitiative an den Tag legt und Autonomie beweist. Und auf der anderen Seite stellt sie ihm durch Lohn- und Erwerbsarbeit eine staatlich geschützte gesellschaftliche Behausung zur Verfügung, die ihn sozial einordnet und absichert, und damit gerade nicht mehr erwartet, dass er sein Leben autonom gestaltet. Die Frage »Was soll ich mit meinem Leben anfangen?« ist durch den Imperativ zur Lohn- und Erwerbsarbeit von vornherein in eine bestimmte Bahn kanalisiert. Und das Ausscheren daraus ist gesellschaftlich ziemlich riskant. Autonomie in der Arbeitsgesellschaft bedeutet also genau das: dass man innerhalb der heteronomen Spielregeln der Arbeitsgesellschaft autonom entscheidet. Ansonsten drohen soziale Ächtung und Altersarmut, von der auch betroffen ist, wer sich lebenslang ehrenamtlich sozial engagiert, nicht aber der, der einer Bank geholfen hat, ihren Umsatz zu halten.

Die bürgerliche Arbeitsgesellschaft sieht ebenfalls nicht vor, dass jemand die Sinnfrage von der Erwerbsarbeit trennt. Es sei denn, man ist reich geboren oder hat reich geheiratet. Sinndimensionen des Lebens jenseits der Arbeit sind Zusatz und Luxus. Selbst das Ziel, gute Eltern sein zu wollen oder die eigenen Eltern zu pflegen, ist dem Imperativ zur Erwerbsarbeit untergeordnet. Nach klassisch bürgerlichem Verständnis sind dies Tätigkeiten, die man *zudem*, *nebenbei* oder *überdies* ausübt, insbesondere wenn man männlichen Geschlechts ist.

All dies sind normative Gewissheiten, von den meisten Menschen in den westlichen Gesellschaften internalisiert. Dazu gehört auch, dass, wer viel arbeitet, meist wenig Fragen stellt, schon gar nicht solche, auf die er keine Antwort hat. Verwunderlich ist das nicht. Immerhin sind Arbeiten und Philosophieren, wie wir gleich sehen werden, seit der Antike ein strenger Widerspruch. Sinn- und Zweckfragen sind der bürgerlichen Arbeitsgesellschaft traditionell weitgehend fremd, da beides im Vorhinein festgelegt ist. Man arbeitet, um zu leben, und lebt bis zum Renteneintritt, um zu arbeiten.

So jedenfalls war es bisher. Inzwischen allerdings durchziehen tiefe Risse unsere Vorstellung von Arbeit; Risse, die kaum noch zu kitten sind. Denn die Floskel »Arbeit ist das halbe Leben« zeitigt mehr und mehr die Frage: Und was ist das andere? Ist dies »Freizeit« oder echte Freiheit? Ist es Zeit für Entspannung von der Arbeit und massenhaften Konsum – oder ist es Zeit für mich selbst und andere? Tatsächlich war dieser Faden, der hier aufgegriffen und zu einem Seil geflochten wird, in der bürgerlichen Arbeitsgesellschaft immer latent da als ein stilles, heimliches Erbe der Feudalzeit. Kaum an der Macht, kopierte das Bürgertum die Schlösser und Prunkfassaden des Adels, baute Theater, Opernhäuser, Rathäuser und Gerichte wie Fürstenpalais und legte Botanische und Zoologische Gärten nach dem Vorbild von Orangerien und Menagieren an. Aber es ächtete zugleich den Müßiggang, der vorher untrennbar mit dem feudalen Leben verbunden war. Die unbedingte Freiheit des Adels war die nur sehr bedingte Freizeit des Bürgertums, denn eigentlich hat der arbeitende Bürger immer etwas zu tun. So ließ die bürgerliche Gesellschaft das »andere der Arbeit« allein in der Literatur zu, als Freizeitgestaltung überwiegend für Frauen. Der müßiggängerische Ritter in Cervantes' *Don Quijote* passt zwar nicht mehr in die neue Zeit, aber man darf sich an ihm ergötzen. In Laurence Sternes *Tristram Shandy*, Ludwig Tiecks *William Lowell*, Gustave Flauberts *Bouvard und Pécuchet* bis hin zu den Meisterwerken des 20. Jahrhunderts, den Romanen Marcel Prousts, Thomas Manns, Robert Musils, Guillaume Apollinaires, Robert Walsers und Samuel Becketts, begegnen uns Helden, die nicht arbeiten. Auch Goethe hat im bürgerlichen Sinne nicht gearbeitet, ansonsten er kein Goethe hätte sein können.

Mochte das Arbeitsethos der bürgerlichen Welt den Müßiggang verdammen, insgeheim bewunderte es doch die bevorzugten Lebensformen ohne Erwerbsarbeit. Aus dieser Sehnsucht entstammen die Begriffe des *Bonvivants*, des *Playboys* und des *Dandys* – als Menschen (zumeist Männer), die, ohne sich von einer Arbeit aufzehren zu lassen, das Leben zu leben verstehen. Denn dass Zu-leben-Verstehen und das Sich-Abrackern und Kaputt-Schuften Gegensätze sind, war auch dem die Arbeit heroisierenden Bürgertum stets bewusst. Nur so konnte der vielseitig begabte Playboy und Lebemann Gunter Sachs zum vielfach beneideten Rollenmodell einer bürgerlichen Welt werden, ohne als arbeitsscheu, parasitär oder nutzlos gebrandmarkt zu werden. Und eine Existenzform als »Spielerfrau«, also Gattin eines erfolgreichen Fußballprofis, zieht weitaus mehr Sehnsucht auf sich als die einer tüchtigen Supermarktkassiererin. Daran ändert auch nichts, dass sich die Spielerfrau heute als Influencerin, Model, Schmuckdesignerin oder Realitystar tarnt. Die Pointe ist nämlich nicht, dass man arbeiten muss, sondern dass man Geschäftsfrau ist, obwohl man Arbeiten eigentlich gar nicht nötig hat.

Das Tüchtigkeitsethos der Arbeitsgesellschaft galt und gilt also nicht unbedingt. Und das Misstrauen gegenüber der eigenen Ideologie war und ist stets im Untergrund vorhanden. So setzte die Literatur zur Zeit der zweiten industriellen Revolution dem betriebsamen Geschäftsleben der Großstädter die Figur des *Flaneurs* entgegen, des Müßiggängers unter den Geschäftigen. Umherstreifen und ziellos herumschlendern ist für die protestantisch geprägte Arbeitsgesellschaft eigentlich eine Todsünde und schräge Passion des Gesindels, der Dirnen, der Taugenichtse und Tagediebe. Der Tagedieb stiehlt sich durch Nichtarbeiten die Zeit. Und doch ist der Flaneur ebenso eine Sehnsuchtsfigur für den gebildeten Teil der Arbeitsgesellschaft wie der Bonvivant: Wer nicht arbeitet, schult sich darin, die Augen offen zu halten, erweitert seinen Radius und bildet sich am Leben: ohne Müßiggang keine Reflexion! Dagegen war der intelligente, vielseitig gebildete Fabrikarbeiter, der richtig und gut zu leben versteht, stets ein Widerspruch in sich und kaum mehr als realsozialistischer Kitsch.

Der Unterschied des biederen Wanderers zum anrüchigen Flaneur (und seines weiblichen Äquivalents, der Passante), der nicht die Natur, sondern die Großstädte durchstreift, liegt auf der Hand. In die Natur geht der Bürger in der Freizeit, wenn es nichts zu tun gibt, und an einen Ort, an dem es für ihn nichts zu tun gibt. In der Großstadt dagegen gibt es immer was zu tun. Und das demonstrative Ausscheren daraus ist nicht nur die Lust des Flaneurs, sondern in den Augen der Werktätigen zugleich eine Provokation. Hirsche beim Äsen zu beobachten, ist nicht das Gleiche, wie Arbeiter beim Stahlträgerschleppen auf einer Baustelle. Und die Freizeit des Arbeitenden beim Spaziergang in Wald und Flur nicht das Gleiche wie das demonstrative Nichtarbeiten des Großstädters.

Nicht zufällig ist der Flaneur eine Lieblingsfigur der Vorhut der Moderne. Die künstlerische Avantgarde setzt ihn zielstrebig und ganz bewusst gegen den Arbeitsbürger. Für den französischen Schriftsteller Charles Baudelaire kann nur »Maler des modernen Lebens« sein, wer nicht bürgerlich werktätig ist.[2] Und er ist Maler des modernen Lebens, in dem er es einerseits malt, wie es ist, und andererseits vorzeichnet, was eine angemessene Existenzform im modernen Leben sein soll: kreative Selbstverwirklichung statt fremdbestimmte Plackerei. Wer die kreative Lebenskunst über die Erwerbsarbeit stellt, bricht damit aus der Schablone der bürgerlichen Berufe aus. Er ist sozial schlichtweg nicht einzuordnen. Der Beruf des Künstlers ist weitgehend ein Nicht-Beruf, ein Beruf jenseits der bürgerlichen Gesellschaftsordnung. In diesem Sinne definiert die Avantgarde sich selbst nicht nur als autonom, sondern stärker noch als »souverän«.[3] Sie bricht ihrem Selbstverständnis nach aus der Gesellschaft aus, um ihr von einem Jenseits der (bürgerlichen) Gesellschaft den Spiegel oder Zerrspiegel vorzuhalten. Und selbst wenn das heroische Konzept der Avantgarde im vollständig durchkapitalisierten Kunstbetrieb der Gegenwart nur noch Folklore ist – so nimmt das Rollenbild des modernen Künstlers gleichwohl viel von dem vorweg, was im 21. Jahrhundert immer bedeutsamer werden wird: den Wunsch nach Selbstverwirklichung, nach einem hoch individualisierten Leben und die soziale Unidentifizierbarkeit durch einen »Beruf«.

Wenn der Wunsch nach Selbstverwirklichung heute häufig mit dem Wunsch nach »Entschleunigung« einhergeht, so ist auch dies ein Erbe der Avantgarde. Die durch den Verkehr enorm beschleunigten Städte sind der Tod des Flaneurs, hatte Theodor W. Adorno Mitte des 20. Jahrhunderts in den *Minima Moralia* beklagt. Man schlendert nicht durch den Großstadtverkehr, sondern man rennt und hetzt, nicht frei im Kopf, um zu schauen, sondern vom Schrecken bedroht. Betrachtet man die vielen Stadtvisionen des 21. Jahrhunderts, so sieht man, dass der gehetzte Großstädter hier endlich wieder zur Ruhe kommen soll. Allgegenwärtiges Grün beruhigt das Gemüt, Privatfahrzeuge verschwinden aus den Innenstädten, Fahrräder ersetzen Autos, und der Fußgänger erhält wieder mehr und mehr Raum. Menschen auf Architekturzeichnungen gleichen seit jeher eher Flaneuren als Werktätigen. Die Revolution der Arbeitsgesellschaft ist also ästhetisch längst formuliert, lange bevor der mühsame und komplizierte Umbau begonnen hat.

Allerdings gerät eines dabei leicht aus dem Blick. Der traditionelle Flaneur des späten 19. und des 20. Jahrhunderts kann in seiner privilegierten Rolle nur deshalb aufgehen, weil alle anderen um ihn herum arbeiten. Was soll er beobachten, wenn das werktätige Leben erlischt, die Geschäfte und die Geschäftigkeit aus den Städten verschwindet und Flaneure niemanden mehr beobachten können als andere Flaneure? In der Fantasie der Avantgarde profitiert das Unbeschäftigt-Sein maßgeblich von den Beschäftigten. Und das Rollenbild des Flaneurs ist somit nicht uneingeschränkt zukunftstauglich.

Wer die Arbeitsgesellschaft so umbauen will, dass sie der technisch-ökonomischen Revolution der Gegenwart adäquat wird und künftig mehr statt weniger Menschen gute Lebenschancen ermöglicht, darf sie nicht, wie es oft geschieht, allzu sehr ästhetisch betrachten. Dass unsere Städte grüner und die Autos weniger werden, dass das Homeoffice das Stadt und stärker noch das Landleben beherrscht, sind nur äußere Fassade. Unsere heutige Arbeitswelt changiert wild zwischen Existenzsicherung, psychischer Belastung und Selbstverwirklichung. So lädt sie immer mehr Ansprüche in das enge Gehäuse einer Arbeitsgesellschaft, deren Architektur aus den vergangenen drei Jahrhunderten stammt und für die Zukunft so nicht mehr tauglich ist. Wie wir unsere Zeit strukturieren, unseren Lebensrhythmus gestalten, ob wir in dem, was wir tun, vorkommen oder nicht, ob unsere Tätigkeit unser Leben mit persönlichem und sozialem Sinn füllt – all diese Fragen werden im 21. Jahrhundert anders gestellt als in den Jahrhunderten zuvor. Doch bevor wir uns mit ihnen befassen, sollten wir die Arbeitsgesellschaft, wie wir sie bislang kennen, von der Wiege bis zur Bahre näher kennenlernen. Wie sonst könnten wir sie mit alternativen Gesellschaftsideen vergleichen, ihren Stärken und Schwächen, um daraus die richtigen Schlüsse für die Zukunft zu ziehen?

Labour und Work

Die Geburt der Arbeitsgesellschaft

Der ursprüngliche Zustand des Menschen ist die Arbeitslosigkeit. Hatten Anthropologen des 19. und des beginnenden 20. Jahrhunderts das frühe Menschsein als einen unerbittlichen tage- und kräftezehrenden Kampf ums Überleben beschrieben, so hat die Wissenschaft vom Menschen solche Vorstellungen heute ins Reich der Märchen und Mythen verbannt.[1] Ob man diese Zeit, die sich über 99 Prozent der Menschheitsgeschichte erstreckt, mit dem berühmten US-amerikanischen Anthropologen Marshall Sahlins als »ursprüngliche Wohlstandsgesellschaft« beschreiben kann, mögen die Experten entscheiden.[2] Definitiv falsch dagegen ist der Satz des Volkswirtschaftlers Hans-Werner Wohltmann aus dem *Gabler Wirtschaftslexikon*: »Ursprünglich war Arbeit der Prozess der Auseinandersetzung des Menschen mit der Natur zur unmittelbaren Existenzsicherung.«[3] Denn dass die frühen Jäger- und Sammlerverbände ihre Existenzsicherung auch nur entfernt als etwas verstanden, was Industriegesellschaften später »Arbeit« nennen werden, ist eine rückwirkende Bedeutungsverfärbung ohne Grundlage. Offensichtlich bestand das frühe Menschsein in der Savanne zum überwiegenden Teil aus freier Zeit, Müßiggang, Spiel und Kommunikation, nicht anders als bei anderen geselligen Säugetieren auch. Und wahrscheinlich lag gerade hier, in der nicht zweckgebundenen Zeit, der Ursprung der menschlichen Kulturentwicklung und nicht etwa in einem endlosen, Hunderttausende von Jahren währenden Herumgetüftel an Schlagstöcken und Faustkeilen.[4]

Intelligenz ist das, was man einsetzt, wenn man nicht weiß, was man tun soll. Und es braucht dazu nicht den Spezialfall, ein Stück Holz und einen Stein zu bearbeiten oder ein Feuer zu entzünden. Das Zusammenleben in der Horde ist voll von tagtäglichen Herausforderungen der Kindererziehung, des Liebesspiels, der Rivalitäten, des Austricksens, des Überdrusses oder des gemeinsamen Jagens und Essens, bei denen es überaus hilfreich ist, intelligent zu sein. Und je weniger entbehrungsreich das Leben ist, umso größer die Fülle, aus der die Gesellschaft schöpfen und Neues entstehen kann.

Dass entbehrungsreiches Schuften arm im Geiste macht, beherrscht noch durchgängig die Welt der antiken Hochkulturen. So gibt es auch erstaunlich wenige Quellen, die uns vom Arbeitsleben in der Antike berichten. Ja, der ganze Bereich des Wirtschaftslebens erscheint als auffällig nebensächlich und anderen Themen untergeordnet. Und was wir heute allgemein und vergröbernd »Arbeit« nennen, ist bei den Griechen und Römern noch sorgfältig auf verschiedene Bedeutungsfelder verteilt. Die Mühsal, sich abzuplagen, begegnet bei den Griechen als *pónos* und bei den Römern als *labor*. *Laborare*, sich abmühen und zu schuften, ist das Schicksal der Sklaven. Etwas völlig anderes ist es, wenn ein Handwerker etwas schafft, das über den Tag hinaus Bestand hat. Sein Werk ist für die Griechen *érgon* und für die Römer *opus*. Ein drittes Wortfeld bilden die dazu nötigen und erlernbaren Tätigkeiten, bei den Griechen *techné* und bei den Römern *faber*. *Facere* ist keine Sklavenarbeit, sondern die Tätigkeit der Fachkundigen. Und *laborare* mit *facere* unter einen einzigen Begriff zu zwingen, wäre keinem Römer eingefallen; zu unterschiedlich sind beide Tätigkeiten, zu unvereinbar ihr gesellschaftlicher Stellenwert.

Kaum ein freier griechischer oder römischer Mann arbeitet, weder im Sinne von *labor* noch in dem, dass er etwas anfertigt, das zum Verkauf steht. Seine Freiheit, sein Stolz und seine Ehre beruhen ja gerade darauf, dass er dergleichen nicht nötig hat. Und sein Ideal, so wie die Philosophen es über fast ein ganzes Jahrtausend hinweg definieren, ist, sich anspruchsvollen geistigen und sozialen Tätigkeiten zu widmen und sich dabei zu vervollkommnen. Nur ein nicht arbeitender Mann hat den Kopf frei, um sich um die Angelegenheiten der Polis, der städtischen Gemeinschaft, zu kümmern. Seiner Natur nach ist er unabhängig und unbestechlich und auch frei von sonstigen Verpflichtungen.

Dass die tagtägliche Praxis in der Antike so aussah, darf heftig bezweifelt werden. Philosophische Quellen sind keine neutralen Zeitzeugnisse, und die Geschichte weiß viel darüber, dass materielle Gier, Bestechung, Übervorteilung, Machthunger und Laster zum antiken Alltag gehörten – Verhaltensweisen, die von Philosophen fast durchgängig als minderwertig und unwürdig befunden wurden. All das ändert jedoch nichts daran, dass der Ehrenkodex des antiken Mannes die Schufterei in seinem privaten Haushalt und der dazugehörigen Landwirtschaft als unwürdig betrachtete. Der *oíkos* war die Domäne der Unfreien – der Sklaven, der Frauen und mitunter auch der Ausländer. Schwieriger hingegen war die Abgrenzung zur Welt der Bauern, der Handwerker und mehr noch zu jener der Kaufleute. Xenophon, Platon und Aristoteles werden nicht müde, die »banausischen« Tätigkeiten der Handwerker und Kaufleute zu schelten, vermutlich deshalb, weil viele attische Bürger der Kunst des Handels und des Geldverdienens durchaus zugetan waren. Doch wer an seine privaten Gewinne denkt, so schimpft Aristoteles, kann und darf nicht über die Geschicke der Polis entscheiden – ein Appell, der nur daraus verständlich ist, dass er offensichtlich notwendig war.[5] Seien die Motive Standesdünkel (Platon) oder echte Sorge um die Gemeinschaft (Aristoteles) – die Tugenderzieher der Antike von Platon bis Cicero mahnen eindringlich davor, Bürger- und Geschäftssinn allzu sehr miteinander zu verbinden. Aufs Engste vermischt, gefährden sie die innere und die politische Freiheit des Bürgers und ruinieren die Polis.

Mit einem Wort: Der Bürgerstatus der Freien lebt vom Sklaven- und Unterdrücktenstatus der Unfreien. Und Bürgertum und Sklaverei sind damit zwei Seiten einer Medaille. Wo es Freie gibt, braucht es Unfreie – jedenfalls so lange, wie die technische Entwicklung die Sklavenarbeit nicht ersetzen kann. In diesem Sinne formuliert Aristoteles jene weit vorausweisenden Sätze, die diesem Buch vorangestellt sind: »Wenn jedes Werkzeug auf Geheiß oder auch vorausahnend das ihm zukommende Werk verrichten könnte, wie des Dädalus Kunstwerke sich von selbst bewegten, oder die Dreifüße des Hephaistos aus eigenem Antrieb an die heilige Arbeit gingen, wenn so die Webschiffe von selbst webten, so bedürfte es weder für den Werkmeister der Gehilfen noch für die Herren der Sklaven.«[6]

Athen und Rom stehen heute stellvertretend für die antike Welt. Dabei wird oft übersehen, dass andere Städte auch andere Regeln kannten. Während der Spartaner niemals einer Erwerbsarbeit nachgehen durfte, um allzeit Krieger zu sein, standen verschiedene Stadtstaaten mit der Erwerbsarbeit ihrer Bürger offensichtlich nicht völlig auf Kriegsfuß. Wichtiger als die Tatsache, ob man für Geld arbeitete, war, dass man über ein ausreichendes Vermögen verfügte – ein kleiner Wegweiser in die Neuzeit. Und auch Rom blieb in seiner Geschichte nicht standhaft gegen handwerklichen und kaufmännischen Neureichtum.

Die klassische Antike kannte Millionen von Arbeitern in Form von Frauenarbeit, Sklavenarbeit und schlecht bezahlten freien Arbeitskräften. Gleichwohl prägte sie keine »Arbeitsgesellschaft« aus. Bezahlte Akademiker wie Lehrer, Ärzte, Anwälte oder Architekten standen über Jahrhunderte im Ruch, ehrenhafte Tätigkeiten durch unehrenhafte Entlohnungen zu besudeln. Stellvertretend stehen hier Platons Tiraden gegen die »Sophisten«, die bezahlten Lehrkräfte und Anwälte des attischen Großbürgertums. Allerdings waren auch in Athen die Inhaber öffentlicher Ämter besoldet oder erhielten ein Tagegeld. Doch selbst wenn es sie gab, wurde Erwerbsarbeit nie zum Maßstab des sozialen Status. Und sie integrierte den Arbeitenden nicht entsprechend in die Gesellschaft. Je stärker man aufs Arbeiten angewiesen war, umso geringer die soziale Stellung – eine Regel, die bis heute in vielen Teilen der Welt nichts von ihrer Gültigkeit verloren hat. Man denke nur an die arabische Welt und ihre rechtlosen Arbeitssklaven, an die Latinos als Dienstpersonal in den USA oder an die chinesischen Wanderarbeiter in der Landwirtschaft, auf dem Bau und in Altenheimen.

Entsprechend geringschätzig betrachtete die antike Gesellschaft, soweit sie im Urteil der Philosophen sichtbar wird, Menschen, deren Leben aus *pónos* oder *labor* bestand, als »Natur«.[7] Sie waren den Tieren ähnlicher als dem selbstbestimmten freien Bürger. Ihr Leben bestand ausschließlich aus notwendigen praktischen Tätigkeiten (*praxis*) und nicht aus Nachdenken und Reflexion (*theoria*). Die Menschenwürde, die *dignitas*, von der Cicero spricht, kommt dem Menschen erst dann zu, wenn er ein würdiges Leben führt; ein Leben, das sich über die Notwendigkeiten erhebt, ihn souverän macht und dazu befähigt, sich selbst frei zu gestalten. Nur ein von *labor* befreiter Mensch ist fähig, die stoische *oikeiosis* zu vollziehen, die unausgesetzte Arbeit an sich selbst, um sich schrittweise zu bilden und zu vervollkommnen. Die »Handwerker« (*opifices*) dagegen »befassen sich mit einer schmutzigen Tätigkeit; denn eine Werkstatt kann nichts Edles an sich haben«.[8]

Vor diesem Hintergrund wird auch verständlich, warum die Philosophen der Antike der *oikonomia*, der wirtschaftlichen »Haushaltslehre«, so einen geringen Stellenwert beimaßen. Was sich im Haushalt abspielte, war ein notwendiges Treiben. Und sein Zweck bestand einzig darin, den freien Herren persönlich von all dem Lästigen und Nützlichen zu befreien, das ihn gedanklich unfrei macht. Ökonomie fristete damit ein Schattendasein; sie ereignete sich in den privaten Häusern und fernab der Öffentlichkeit. Und während der Polis-Bürger stolz darauf war, Gleicher unter Gleichen zu sein, beruhte seine Teilhabe an der Polis-Gesellschaft auf der Unfreiheit der Frauen, der Sklaven und der Kleinbauern. Entsprechend sorgten sich die Philosophen darum, dass sich die Welten des *oíkos* und der *polis* nicht vermischten. Platons Idealstaat Kallipolis in der *Politeia* ist ein durch und durch öffentlicher Staat. Dem *oíkos* wird nicht mal die Kindererziehung zugetraut, da die materielle Gier der Frauen den Nachwuchs egoistisch mache und damit als Polis-Bürger korrumpiere. Die Macht des Geldes ist bei Platon ebenso eingeschränkt wie bei Aristoteles, der die Chrematistik, die Finanzspekulation und Kreditwirtschaft, als widernatürlich abstempelt und bekämpft. Gegen die Maßlosigkeit des Geldes setzen sie das Maßhalten als Tugend, ein Wert, der von nahezu allen griechischen Philosophen hochgeschätzt wird. Folglich achten sowohl Platon als auch Aristoteles in ihren Vorstellungen und Abhandlungen penibel darauf, dass die Wirtschaft nicht zügellos wächst und die Polis ihre vorgezeichneten Idealmaße an Bevölkerungszahl und Bevölkerungsstruktur nur ja nicht verändert.

Dass Arbeit in der Antike keine soziale Identität stiftete, sondern ganz im Gegenteil die meisten Menschen von der Gesellschaft ausschloss, gilt allerdings nicht uneingeschränkt. Vor allem eine kleine, aber bemerkenswerte Minderheit bildete von Anfang an eine Ausnahme: die Christen. Als das Christentum sich in der antiken Welt ausbreitete, trug es eine Einstellung zur Arbeit mit sich in die Welt, die jener der Oberschichten fundamental widersprach. Der Grund dafür liegt auf der Hand. In den ersten nachchristlichen Jahrhunderten war das Christentum eine Religion der kleinen Leute. Sie adelte ganz demonstrativ nicht nur ehrenwerte Fischer, Hirten, Zimmerleute und Bauern, sondern schloss selbst verhasste Brotberufe wie jenen des Zöllners nicht aus. Und die Evangelisten beschreiben die Missionstätigkeit der Jünger genauso als Arbeit wie jene in den Handwerksberufen, aus denen sie stammten. Als »Arbeiter am Weinberg« oder »für die Ernte«, sind sie »ihres Lohnes wert«.[9]

Der Boden für die neue Einstellung zur Arbeit war allerdings schon zuvor gedüngt. Bereits im Judentum ist Arbeit nichts Schändliches, und Jahve lässt Adam und Eva bereits vor der Vertreibung aus dem Paradies arbeiten, denn der Garten Eden ist kein Freizeitpark, sondern muss schaffend bestellt werden. Die in babylonischer Gefangenschaft und ägyptischer Knechtschaft zum Arbeiten verdammten Israeliten konnten sich ein Leben ohne Arbeit im Sinne von *labor* weder leisten noch vorstellen. Da auch die Christen fast nie Sklaven hatten, sondern der unteren Gesellschaftsschicht der Antike angehörten, machten sie aus ihrer Not eine noch viel größere Tugend: Sie werteten die Arbeit stärker auf als jede andere größere Religion vorher oder nachher![10] Der rasante Siegeszug des Christentums in der antiken Welt wäre kaum denkbar gewesen, hätten die Mitglieder der urchristlichen Gemeinde diese nicht mit bis dato ungekannt hohen Beiträgen aus ihrer Erwerbsarbeit finanziert. Auf diese Weise konnten die Gemeinden aufblühen, ihr Personal bezahlen, Missionare in die Welt schicken und die Armen speisen. Mag sein, dass der persönliche Gott und die »Religion der Liebe« einen Mehrwert gegenüber allen anderen Gottesvorstellungen bildeten – ohne die enorme Bedeutung der Arbeit und der dadurch angesprochenen riesigen Klientel hätte das Christentum vermutlich niemals so schnell werden können, was es wurde.

Akzeptanz durch Arbeit statt, wie üblich, gesellschaftliche Missachtung: Der beispiellose Erfolg dieser Formel dürfte in ihren Anfängen kaum absehbar gewesen sein. Die freien Bürger der antiken Welt waren ihren lustwandelnden Göttern dadurch nah, dass sie wie diese nicht zu arbeiten brauchten. Der Christ hingegen näherte sich seinem Gott durch die von diesem in Auftrag gegebene Arbeit an. Der große Baumeister, der die Welt in sechs Tagen geschaffen und am siebten geruht hatte wie ein erschöpfter Handwerker, wollte keinen Müßiggang. Mochte sich der öffentliche Status der antiken Oberschicht in der *äußeren* Freiheit ausdrücken, nicht arbeiten zu müssen – die Christen erfanden für sich die *innere* Freiheit und einen ganz persönlichen Status, der allein von der Nähe oder Ferne zu Gott abhing. So arbeitete man letztlich auch nicht für irgendeinen, sondern für *den* Herrn. Und der wahre Lohn, jenseits der schlechten materiellen Entlohnung, war der Gotteslohn. Für ihn nimmt der Christ allen Aufwand und alle Mühsal in Kauf. In Aussicht auf die Gottgefälligkeit und auf die himmlische Belohnung lässt sich jede Arbeit leichter ertragen.

Das Christentum wertet jede Arbeit auf, selbst die der schlecht bezahlten Tagelöhner sowie die prekäre Existenz der Armen, die sich am Existenzminimum verdingen und oft nicht wissen, wie sie überleben sollen. Was auch immer jemand arbeitet, die Not der Arbeit wandelt sich zu einer Tugend vor Gott. Umgekehrt jedoch geht das frühe Christentum mit den Arbeitsunwilligen knallhart ins Gericht. Der berüchtigte Satz des Paulus: »Wer nicht arbeiten will, der soll auch nicht essen« aus dem zweiten Brief an die Thessalonicher, gibt davon beredtes Zeugnis.[11] Der Kirchenvater Augustinus, nach Paulus der zweite große Architekt der christlichen Lehre, ihrer Organisation und Weltanschauung, sah den Arbeitsauftrag des Menschen als Fortführung der göttlichen Schöpfung. Was Gott zur Verfügung gestellt hat, soll der Mensch gebrauchen und durch Arbeit vervollkommnen. Insbesondere die Mönche sollten ihr Leben der Arbeit widmen und nicht etwa ausschließlich der Meditation; eine Regel, die der Ordensgründer Benedikt von Nursia im 6. Jahrhundert in die berühmte Formel fasst: »*Ora et labora* – bete und arbeite.« Gemäß den *Regula Benedicti* arbeiten die Mönche unermüdlich in der »Werkstatt« des Herrn.[12] Und Müßiggang ist ein natürlicher Feind des Menschen, eine Gefahr für die Seele[13]; Maximen, die nicht nur bei den Benediktinern dem Geist der Mönche gebetsmühlenhaft eingebläut werden.

Beschränkte sich die strenge Arbeitsmoral zunächst auf die Welt hinter den Klostermauern, so weitet das christlich geprägte Mittelalter sie auf die ganze Gesellschaft aus. Zwar bleiben die Stände der nicht in Klöstern organisierten Kleriker und der Ritter von der körperlichen Arbeit befreit, dafür aber verlangt die christliche Kultur dem mit Abstand größten Teil der Bevölkerung, den Bauern, ab, sich ein Leben lang abzurackern. Der Dritte Stand, zu dem auch die Handwerker zählen, ist einzig und allein dadurch definiert, dass Gott ihm die Pflicht zur *arebeit* – zur Mühe und Plackerei – abverlangt. Die Großphilosophen des Mittelalters, der Dominikaner Thomas von Aquin und der Franziskaner Bonaventura, werden nicht müde, das Hohelied der *arebeit* anzustimmen. Immer wieder mahnen sie den Dritten Stand zu körperlicher Schufterei. Denn alle »Berufe« sind nichts als Gottes Berufungen. Er weist jedem von höherer Warte seine Tätigkeit zu wie ein Feudalherr. Und nicht die Neigung entscheidet über die »Berufung«, sondern ein übergeordneter Wille.

Umgekehrt gilt der Müßiggang als großer Frevel. Wer arbeitsfähig ist, hat auch arbeitswillig zu sein. Der christlichen Armenfürsorge fällt nur anheim, wer tatsächlich nicht arbeiten kann. Das Spätmittelalter verwendet viel Zeit und Aufwand damit, die nicht Arbeitsfähigen gesondert zu kennzeichnen, denn ausschließlich sie sollen in den Genuss von Speisungen kommen.[14] Die Städte verteilen sogar Lizenzen fürs Betteln, ein spezielles Bettlerzeichen. Und die Fürsorger und Pädagogen der Kirche impfen ihren Schützlingen und Zöglingen eine strenge Arbeitsmoral ein. Der Grund dafür liegt nahe: Die spätmittelalterlichen Städte verzeichnen einen rasanten Bevölkerungsanstieg, Menschen von überall her drängen hinter die Stadtmauern. Den Kontrolleuren der öffentlichen Ordnung droht der Kontrollverlust. Und Kirche und Obrigkeit ringen darum, möglichst alle Menschen in die Arbeitsdisziplin zu nehmen, um ihr Treiben zu überwachen. War in der Antike arm, wer arbeiten musste, so predigt die Kirche des Spätmittelalters Arbeit als das beste Mittel, um nicht in Armut zu leben. Das gleiche Christentum, das in drei Evangelien verkündet, dass eher ein Kamel durch ein Nadelöhr geht, als dass ein Reicher in das Reich Gottes gelangt, fordert die Menschen des Spätmittelalters auf, sich nach allen Kräften darum zu mühen, von der Armut in den Reichtum zu kommen.[15] Und je reicher und mächtiger die Religion der Armut und Demut wird, umso mehr beginnt sie diese zu verabscheuen.

Die Kirche mochte sich allerdings noch so sehr mühen, den Menschen über die *arebeit* zu definieren – dass Arbeit nicht gleich Arbeit ist, war den Bewohnern der mittelalterlichen Städte gleichwohl bewusst. Wie die Griechen und Römer zwischen zwei völlig unterschiedlichen Tätigkeiten unterschieden, für die sie niemals ein verbindendes Wort fanden, so auch das Mittelalter. *Laborare* und *facere* blieben sorgfältig geschieden. Der Handwerker des Mittelalters, der in Gilden und Zünften organisiert war, ein Standesbewusstsein und eine Berufsehre hatte, unterschied sich fundamental vom Handlanger, Gelegenheitsarbeiter und Tagelöhner, der ihm bestenfalls zur Hand ging. Handlanger fabrizieren keine Werke, sie *werken* nicht, sondern rackern auf dem Feld oder bereiten dem Handwerker vor und liefern zu. Sie machen die Drecksarbeit, für die es keinerlei Kunstfertigkeit bedarf. Und während der Handwerker für sein Werk einen festen Satz erhält, den seine Berufsorganisation festlegt, wird der Tagelöhner schlecht bezahlt.

Die Werteordnung dahinter ist starr. Hatte nicht Thomas von Aquin festgelegt, dass sich der Wert einer Sache nach der von Gott festgelegten Seltenheit und Nützlichkeit bemisst? Diese Definition macht das Handwerk wertvoll und die Tagelöhner-Arbeit wertlos. Selbst wenn der ungelernte Gelegenheitsarbeiter nützlich ist, um dem Handwerker lästige Arbeit abzunehmen, so stellt er selbst gleichwohl keine nützlichen Dinge her, die sich über Generationen vererben lassen. Und selten ist seine Arbeitskraft auch nicht, sondern fast überall massenhaft vorhanden. Fachkräftemangel ist dem Mittelalter durchaus bekannt, ein Mangel an Tagelöhnern nicht.

Was auch immer mit Plackerei und Sich-Abrackern verbunden ist, ist trotz des göttlichen Arbeitsauftrags schlecht angesehen. Was im Mittelalter *labor* ist und im Englischen zu *labour* wird, ist minderwertig. Das Gleiche gilt für das französische *travail* und das spanische *trabajo*. Ihr Ursprung ist das *tripalium*, ein römischer Holzpfahl, an den Menschen mit schräg zur Seite ausgestreckten Armen gebunden und gefoltert wurden. Als Joch für Pferde und Ochsen ist das *tripalium* im Mittelalter überall bekannt. Und die Bedeutung von *travail* oder *trabajo* ist die einer Arbeit »unter dem Joch«. Eine Gleichsetzung mit den Werken der Handwerker, den *operae* und späteren *œuvres* der Franzosen, ist dagegen völlig ausgeschlossen. Ebenso wie das spätere jiddische *Maloche* ist es mit qualifizierter oder geistig anspruchsvoller Arbeit nicht entfernt zu verwechseln.

Dass Arbeit zum Maßstab eines gottgefälligen Lebens wird, bedeutet allerdings nicht, dass alle arbeiten müssen – Adel und hohe Kleriker sind von körperlicher Arbeit befreit wie einst die Oberschicht in der Antike. Ihr gesellschaftlicher Status bemisst sich nicht an der Arbeitsleistung, sondern an ihrem Stand oder dem Einfluss und den Privilegien ihrer Familie. Das bedingungslose Arbeitsideal gilt also nicht für jeden. Es verbindet sich lediglich mit dem Dritten Stand. Und nur ihm impft man ein, dass Müßiggang aller Laster Anfang ist und – *labor vincit omnia* – die Arbeit alles besiegt, nur eben nicht die Pflicht, ein Leben lang schuften zu müssen. Dass sich diese Ideologie im Protestantismus dann noch einmal verschärft, ist allgemein bekannt. So legt die Lehre von der Prädestination fest, ein gottgewolltes Leben und die spätere himmlische Belohnung ließen sich an nichts besser ablesen als an den Früchten der Arbeit. Das ideale Leben ist damit durch und durch durchs Arbeiten bestimmt.

Wie fortschrittlich dagegen nimmt sich Thomas Morus' *Utopia* aus. Zwar wird auch hier gearbeitet, allerdings nicht den ganzen Tag und bezeichnenderweise von allen Utopiern und nicht nur von einer dafür vorgesehenen und dazu berufenen Arbeiterschicht. Arbeit ist kein Selbstzweck oder Gottesauftrag, sondern eine vernünftige Form, um den gerecht verteilten Wohlstand aller zu mehren. Man arbeitet, um gut zu leben, aber man lebt nicht, um zu arbeiten wie im Protestantismus.

Doch dass tatsächlich ein jeder zu arbeiten hat und nicht nur der Dritte Stand, kann erst zur Forderung werden, als das Bürgertum mehr und mehr an die Macht kommt. Der Manufakturkapitalismus des 17. und 18. Jahrhunderts verschiebt nicht nur die wirtschaftlichen Machtverhältnisse vom Adel zum Bürgertum. Er wertet auch den Begriff der Arbeit flächendeckend auf, erkennt in der Arbeit die einzige Grundlage des allgemeinen Wohlstands, drängt auf die Erhöhung individueller Arbeitsleistung und zwingt die völlig verschiedenen Bedeutungen von *laborare* und *facere* unter das eine Wort *labour* oder *travail*. Qualifizierte und unqualifizierte Arbeit werden nun untrennbar vermischt. Immerhin stellt auch der Manufakturarbeiter in seiner oft völlig monotonen Tätigkeit etwas her. Und die alte Trennung von übler Plackerei und sinnerfüllter Arbeit lässt sich mit einiger Anstrengung verbal einebnen.

De facto war es vor allem ein einziger wirkungsmächtiger Denker, der den neuen Begriff von *labour* allgemein gesellschaftsfähig machte. Und er verwischte dabei den Unterschied zwischen der Arbeit an sich selbst als Selbsterhaltung und Selbstentfaltung mit der Abrackerei zum Nutzen anderer bis zur Unkenntlichkeit. Die Rede ist von John Locke. Aus kleinen Verhältnissen stammend, avancierte der hoch talentierte und von seinen Gönnern vielfach geförderte Mister Locke zum wichtigsten Philosophen des gerade heraufdämmernden bürgerlichen Zeitalters. Keinem anderen Philosophen verdankt das Bürgertum eine so umfangreiche und nachhaltige Legitimation und Verteidigung des Eigentums und – viel weniger beachtet – eine solch folgenschwere Neudefinition des Arbeitsbegriffs.

Lockes Ansinnen in den *Two Treatises of Government* (1689, *Zwei Abhandlungen über die Regierung*) ist ein doppeltes: Zum einen will er rechtfertigen, dass die englische Kolonialisierung in Nordamerika auf Kosten der Indianer völlig legitim ist und sogar von Gott gewollt. Als hoher Beamter im Kolonialministerium besitzt der Philosoph selbst viel Indianerland in Carolina und profitiert somit persönlich in erheblichem Maß von der Vertreibung der indigenen Bevölkerung. Zum anderen aber will Locke für England genau das Gegenteil. Hier gilt es die wirtschaftlichen Besitzverhältnisse, von denen der Landadel und das Besitzbürgertum profitieren und wo mangels Neuland für die Armen und Abgehängten nichts mehr zu gewinnen ist, auf immer festzuschreiben.

Was das Eigentum anbelangt, so verknüpft Locke es aufs Engste mit der Selbsterhaltung. Wie der eigene Körper, so ist auch mein Besitz etwas, was ich pflege und um meiner Selbstentfaltung willen brauche. Idealerweise sollte die Erde demnach so aufgeteilt werden, dass jeder genug Boden als Grundbesitz abbekommt. Aber dann wurde, so Locke, der Naturzustand aufgehoben, das Geld erfunden und ein imaginärer Vertrag geschlossen, der es erlaubt, seinen Besitz uneingeschränkt zu mehren, auch auf Kosten der anderen: »Das aber wage ich kühn zu behaupten: dieselbe *Regel für das Eigentum*, nämlich daß jeder Mensch so viel haben sollte, wie er nutzen kann, würde auch noch heute, ohne jemanden in Verlegenheit zu bringen, auf der Welt gültig sein, denn es gibt genug Land, das auch für die doppelte Anzahl von Bewohnern noch ausreicht, wenn nicht die *Erfindung des Geldes* und die stillschweigende Übereinkunft der Menschen, ihm einen Wert beizumessen (durch Zustimmung), die Bildung größerer Besitztümer und das Recht darauf mit sich gebracht hätte.«[16]

Die Erfindung des Geldes setzt die Spielregeln im Naturzustand außer Kraft – und es ist nicht so, als ob Locke dies bemängelt. Stattdessen lobt er den positiven Effekt der Geldgier. Wenn Menschen nach mehr streben, als ihnen von Natur aus zusteht, treibt dies die Gesellschaft voran. Allerdings wächst auch die Ungleichheit zwischen den von Natur aus gleichen Menschen. Es gibt keine natürliche Grenze mehr, die der Einzelne in seinem Besitzstreben im Hinblick auf das Gemeinwohl aller zu berücksichtigen hat. Diese Grenze ist ein für alle Mal weg, und dass viele Menschen dadurch ein Leben am Rande des Existenzminimums fristen, legitim. Denn nützt die Ungleichheit nicht der wirtschaftlichen Entwicklung? Und je stärker diese voranschreitet, umso besser sei sie ja letztlich auch für die Ärmsten.

Das Argumentationsschema ist nicht ganz neu. Ebenso hatten schon ein halbes Jahrhundert zuvor die Lobbyisten der Britischen Ostindien-Kompanie argumentiert und den in der Antike und im Mittelalter so oft verfemten Kaufmann zum neuen Helden des 17. Jahrhunderts erklärt. »What else makes Common-wealth, but the private-wealth?«, fragt der Kaufmann Edward Misselden in seiner Schrift über den Kreislauf des Handels im Jahr 1623.[17] Die Sprache macht es ihm leicht, im Wort »*wealth*« die Bedeutungen »Wohl« und »Reichtum« einander gleichzusetzen. Dass der Erfolg großer Unternehmen am Ende allen nützt, ist seitdem eine millionenfach wiederholte Behauptung. Jeder Kaufmann oder Unternehmer ist moralisch, gerecht und tugendhaft, schlichtweg, weil er Kaufmann oder Unternehmer ist. Aus antiken Bürgertugenden werden neuzeitliche Kaufmannstugenden. Der Händler muss sich noch nicht einmal anstrengen, ein guter Mensch zu sein. Sein Gewinnstreben ist von Natur aus gut, weil es allen anderen Engländern gleichsam *automatisch* Wohlstand bringt.

Der kulturelle Wandel und der Umsturz der Werteordnung könnten fundamentaler kaum sein. Der neue Maßstab der Tugend ist nun nicht mehr wie die zweitausend Jahre zuvor die Gesinnung, sondern die Nützlichkeit. Und nützliche und unnütze Menschen lassen sich, nach Locke, durch nichts so gut voneinander unterscheiden wie durch die Arbeit. *Eigentum* und *Arbeit* sind die fest verketteten Stützpfeiler seiner Anthropologie und damit der Grundlegung einer guten und gerechten Gesellschaft. Eng umschlingen kann Locke Arbeit und Eigentum dadurch, dass er das Zweite als den verdienten Lohn von Mühe und Fleiß sieht. Wie die Stoiker – und mehr noch der von Locke intensiv studierte Cicero – erkennt Locke den gottgegebenen Auftrag des Menschen darin, an sich zu arbeiten. Trickreicherweise benutzt er dafür das Wort *labour*. Die *oikeiosis*-Lehre der Stoiker dagegen sagt eigentlich genau das Gegenteil. Nur wer nicht für den Broterwerb arbeiten muss, findet die Muße, an sich zu arbeiten, sich umsichtig selbst zu erhalten, zu kultivieren und zu bilden. Doch Locke dampft den so gravierenden Unterschied zwischen *labour* und *work* leichterhand ein. Für ihn ist der Mensch dazu geschaffen, sich selbst zu erhalten, sich zu plagen und auf diese Weise zu Eigentum zu kommen – quasi als verlängertem Raum der Selbsterhaltung.

Was Locke einprägsam formuliert, liegt im späten 17. Jahrhundert im Geist der Zeit. Wer mehr und tüchtiger arbeitet, erwirbt mehr Besitz und mehr Geld und kann anschließend Handel treiben. Leistung, so würden wir heute formulieren, lohnt sich und belohnt sich. Doch auch Locke weiß, dass es einen solchen fairen Wettbewerb um den Erwerb von Land in England schon lange nicht mehr gibt – falls es ihn jemals gegeben haben sollte. Grund und Boden sind nicht mehr zu erschließen, sondern längst äußerst ungleich verteilt. Was also sollen die Millionen Menschen tun, die als mittellose Tagelöhner auf den Feldern oder in den Manufakturen arbeiten? Sie haben nicht die Spur einer Chance, ihre Tüchtigkeit in einem fairen Wettkampf zu beweisen.

Lockes Antwort ist äußerst fadenscheinig. Wie viele seiner gut betuchten Zeitgenossen bezweifelt er die Leistungsbereitschaft und das Arbeitsethos der englischen Landarbeiter – nicht anders als es heute viele weiße Farmer in ganz Afrika tun. Dass das Sein das Bewusstsein bestimmt, ist für ihn keine Aufforderung dazu, das Sein zu ändern. Sind die Landarbeiter und Tagelöhner nicht zur *oikeiosis* und zum Erwerb von Eigentum fähig, dann liegt das ausschließlich an ihnen selbst. Der Kardinalfehler des Liberalismus – der später den britischen Sozialreformer Robert Owen und die Liberalen Jeremy Bentham und John Stuart Mill zum Einspruch reizt – ist damit benannt. Es ist die sachlich völlig falsche Vorstellung, dass Menschen sich unabhängig von ihrem Milieu, ihrem Umfeld, ihrer Kultur und ihrer Gesellschaft sozialisieren. Jeder sei seines Glückes freier Schmied, wo auch immer er herkommt und in welchen Umständen auch immer er lebt. Doch der englische Tagelöhner befindet sich nicht entfernt in einem fairen Wettbewerb mit seinem Gutsherrn oder einem Kaufmann der Ostindien-Kompanie. Die Startvoraussetzungen trennen sie meilenweit. Um einen echten Wettbewerb zu ermöglichen, braucht man eine allgemeine Schulbildung und ein flächendeckendes Bildungssystem – im England des 17. Jahrhunderts eine fromme Utopie. Und falsch ist auch, dass Eigentum grundsätzlich und allgemein der Lohn sei, den man durch Arbeit erwirtschaftet. Im England des 17. Jahrhunderts werden bereits beträchtliche Summen schlichtweg vererbt. Und dass der Reichtum und die Armut in einem Land stets verlässlicher Gradmesser individueller Tüchtigkeit sind, ist eine Legende, die selbst von Hardcore-Liberalen nicht ernsthaft vertreten werden kann.

Lockes Philosophie hat also ein doppeltes Gesicht. Auf der einen Seite verteidigt er die natürliche Gleichheit und Freiheit aller Menschen. Und auf der anderen Seite rechtfertigt er die Ungleichheit (und Unfreiheit) der Menschen in einer durch Geld beherrschten Gesellschaft. Die ungleiche Geld- und Verwertungsgesellschaft ist für den Philosophen allemal besser als der gleichberechtigte Naturzustand. Man vergleiche England nur mit den Kolonien in Nordamerika, wo man dem Naturzustand noch nahe sei und es noch ausreichend Boden für alle zu erobern gibt. Doch von englischem Wohlstand könne keine Rede sein. Im unzivilisierten Amerika lebe selbst ein König schlechter als ein Tagelöhner in England. Deshalb spricht der Philosoph der Gleichheit und Freiheit und leidenschaftliche Anwalt des Eigentums den Indianern keinerlei Recht auf ihr Land zu. Stattdessen argumentiert er wie ein Puritaner: Wer seinen Boden nicht landwirtschaftlich nutzt und ausbeutet, dem gehört er auch nicht! Denn erst durch die Arbeit wird aus Fläche tatsächlich Besitz.

In Amerika dagegen sieht Locke überall ungenutzte Bodenflächen, die größer sind, »als die darauf wohnenden Menschen wirklich gebrauchen oder nutzen können«. So seien sie »aus diesem Grunde jetzt noch Gemeingut«.[18] Man will sich nicht ausmalen, wie Locke argumentierte, wären die Indianer nach England gekommen und hätten dort ungenutztes Land in Besitz genommen. Wie viele seiner Zeitgenossen meint Locke, dass nur Europäer etwas von Landwirtschaft verstehen und hier insbesondere die Engländer. »Denn ich frage, ob in den wildwachsenden Wäldern oder unbebauten Einöden Amerikas ... tausend Acres den bedürftigen, armseligen Bewohnern ebenso viele Lebensmittel einbringen wie zehn Acres ebenso fruchtbaren Bodens in Devonshire, wo sie richtig bebaut sind?«[19]

Wer nicht arbeitet, hat keine Rechte an irgendetwas. Und wer die Natur nicht ausbeutet, verfehlt Gottes Auftrag. Lockes Arbeitsbegriff, der so folgenschwer das bürgerliche Zeitalter formt, ist exklusiv – nicht jeder wird ihm gerecht und erwirbt folglich Rechte. Trotzdem soll jedem Engländer erklärt werden, dass er von Natur aus ein *animal laborans* ist. Dieser pädagogische Auftrag ist dem Philosophen wichtig. Denn bekanntermaßen gibt es bei materieller Not traditionell ja noch ganz andere Mittel, um zu Seinem zu kommen, als einer Lohnarbeit nachzugehen. »Die Besitzlosen«, schreibt Karl Marx im *Kapital*, »müssen erst *gezwungen* werden, zu den vom Kapital gesetzten Bedingungen zu arbeiten. Der Eigentumslose ist mehr geneigt, Vagabund und Räuber und Bettler als Arbeiter zu werden. Dies versteht sich erst von selbst in der entwickelten Produktionsweise des Kapitals.«[20]

Lohnarbeiter ist man nicht von Natur aus, man wird dazu gemacht. Locke verfasst gleich zwei pädagogische Schriften, die die Heranwachsenden, den Gentleman wie den Armen, zur Arbeit mahnen und ihnen beibringen, sich so nützlich wie möglich in die Arbeitsgesellschaft einzugliedern.[21] Ein größerer Kontrast zu den von Locke als Autoritäten zitierten Platon, Aristoteles und Cicero ist kaum denkbar. Pädagogik nach ihrem Gusto war die Erziehung zur Tugend und nicht zur Arbeit – und beides schloss sich aus. Für Locke hingegen ist Arbeit – wie kontraintuitiv auch immer – unter allen Umständen Tugend.

»*Arbeit*« statt »*Mensch*«
Der ökonomische Arbeitsbegriff

Warum war Lockes Arbeitstheorie so erfolgreich? Die Antwort ist leicht: Sie füllt die Lücke für ein Erklärungsdefizit. Die Dinge der Welt gehören nicht jemandem, weil Gott sie ihm geschenkt hat, wie Robert Filmer, Lockes Sparringspartner im ersten *Treatise*, meint, um dadurch die Monarchie zu rechtfertigen. Denn Gott hat zum Beispiel Amerika den Indianern gegeben. Aber man muss es ihnen, nach Lockes Ansicht, berechtigterweise wegnehmen, um es zu beackern. Was nicht angeeignet und kultiviert wird im Sinne einer kapitalistisch gedeuteten *oikeiosis*, steht einem nicht zu.

Was die beiden *Treatises of Government* anbelangt, so sieht man jetzt klarer. Locke möchte den optimalen Staat erfinden, der, anders als der damals bestehende, exakt zur zeitgenössischen Wirtschaft passt. Seine Staatsidee verspricht keine Friedenssicherung oder Gerechtigkeit für alle, wie die seiner philosophischen Vorgänger Thomas Hobbes und James Harrington. Er entwirft einen Staat für die von ihm so ausführlich gerechtfertigte liberal-kapitalistische englische Ökonomie. Die Vorzeichen haben sich verkehrt. Die Ökonomie hat nicht dem Staat und seinen Bürgern zu dienen, wie bei allen einschlägigen Theorien der Antike und des Mittelalters. Stattdessen soll der Staat so entworfen werden, dass er der Ökonomie dient. Der Gedanke, den Locke hier einlei-

tet, ist Folgender: Eine blühende Wirtschaft nütze unweigerlich allen; ein gerechter Staat nicht unbedingt.

Die Ökonomie, zu diesem Zeitpunkt noch ein Teilgebiet
der Philosophie, orientiert sich damit fortan weniger an
theologischen und philosophischen Rechtfertigungen von
Gottes Willen oder der eigentlichen Natur des Menschen als
am Ideal rationaler Nüchternheit. Ihren vierschrötigen Anwalt findet sie in Lockes Zeitgenossen William Petty. In seiner *Political Anatomy of Ireland* diagnostiziert er die sozialen und ökonomischen Probleme des Landes mit der
Nüchternheit eines Arztes. Am Ende schlägt er vor, alle Be-
wohner und Wertgegenstände nach England zu verschiffen.
Das sei billiger und effektiver als jede andere Maßnahme.
Pettys kaltes Denken motiviert später den irischen Schriftsteller Jonathan Swift zu seiner bekannten Satire *A Modest
Proposal* (*Ein bescheidener Vorschlag*). Angesichts der ungeheuren Armut und Überbevölkerung Irlands regt Swift dazu
an, dass man das ökonomisch Sinnvollste aus der Lage machen sollte – nämlich die Babys der Iren als Nahrungsmittel
an die Engländer zu verkaufen.

Wo andere Menschen und Schicksale sehen, sieht Petty Ressourcen. Auch in seiner *Political Arithmetic* besticht er durch
mathematische Kühle. Er begründet die Verwaltungsstatistik
und lässt sich allein durch Zahlen beeindrucken. Petty meint,
dass Regieren nur auf der Grundlage verlässlicher Zahlen
und Statistiken möglich sei, ja, dass es im Grunde die Vernunft der Statistik ist, die der Regierung die Entscheidungen
diktiert – ein Gedanke, der heute unter Ökonomen und Politikern mehr Anhänger hat denn je, auch wenn er die politische Kreativität dramatisch verengt.

Vermutlich ist Petty der Erste, der einen rein ökonomischen Wertbegriff formuliert. Danach errechnet sich der Wert

einer Sache sowohl aus dem Wert von Grund und Boden als auch aus der menschlichen Arbeit. Locke ist davon schnell zu überzeugen. Wie viele Nationalökonomen der Zeit betont er den Anteil der Arbeit an der Wertschöpfung. Je mehr Aufwand an Zeit und Menschen ich darein investiere, eine Ware herzustellen, umso teurer ist sie. Folglich stimmt Locke mit Petty darin überein, den Lohn der Land- und Manufakturarbeiter möglichst gering zu halten. Denn nur dies schafft Wettbewerbsvorteile gegenüber Konkurrenten wie Frankreich und den Niederlanden.

Dass dem Lohndumping damit jede Tür geöffnet ist, ist klar. Doch niemand dürfte den Zynismus dieses Unterbietungswettbewerbes so klar beschrieben haben wie der niederländische Arzt Bernard Mandeville. Seit 1693 in London lebend, schreibt er in aller Deutlichkeit, »daß in einem freien Volke, wo die Sklaverei verboten ist, der sicherste Reichtum in einer großen Menge schwer arbeitender Armer besteht«.[1] Wenn »die arbeitende Bevölkerung in einem Land zwölf Stunden am Tag und sechs Tage in der Woche arbeitet, während sie in einem anderen Lande nur acht Stunden am Tage und nicht mehr als vier Tage in der Woche beschäftigt wird«, produziert sie deutlich teurer. Einen Wettbewerbsvorteil verschafft sich eine Nation nur, wenn »ihre Nahrungsmittel und alle Lebensbedürfnisse ... billiger sind, oder aber ihre Arbeiter sind fleißiger oder arbeiten länger oder begnügen sich mit einer einfacheren Lebensführung als ihre Nachbarn«.[2]

Arbeit, wie Petty und später Adam Smith und Jean-Baptiste Say sie definieren, hat nichts mit der konkreten Arbeitsrealität zu tun. Der Begriff interessiert sich nicht für die Art der Tätigkeit, das Sendungs- oder Standesbewusstsein der Arbeitenden, deren Motivation, die Lebensumstände oder die Arbeitsbedingungen. All das, was Arbeit wirklich ausmacht –

und was darüber entscheidet, ob eine bestimmte Arbeit erhaltenswert oder schädlich, unmenschlich oder sinnerfüllend ist –, ist systematisch getilgt. Für Say besteht die Ökonomie schlichtweg aus Naturgesetzen. Und ob nun Planeten in ihren Bahnen laufen oder Kapital zirkuliert, ob Energie erzeugt und verbraucht oder Arbeitskraft eingesetzt und verbraucht wird – all dies ist strukturell das Gleiche. Aus der Distanz lässt es sich teilnahmslos betrachten, und was als Regelmäßigkeit beobachtet wird, wird als Gesetzmäßigkeit beschrieben. Auf diese Weise, so die Idee, erhält auch der Ökonom Naturgesetze, die allgemein und unbestreitbar sein sollen wie in den Naturwissenschaften. Und was einmal als ein solches »Naturgesetz« erkannt ist, kann eben nicht verändert werden. Naturgesetze hängen nicht vom menschlichen Willen ab. Konnte sich der Adel darauf berufen, dass Gott die Welt ungleich eingerichtet und verteilt hat, so auch die Verteidiger der kapitalistischen Wirtschaft. Das Besitzbürgertum und die Herren der Manufakturen besitzen deshalb die Macht, weil sie die Naturgesetze der Ökonomie durchschaut und ihre Produktion und Verteilung entsprechend optimiert haben. Insofern ist ihre Herrschaft auf einer weit wissenschaftlicheren und objektiveren Stufe »naturgegeben« als jene der Könige und des Adels.

Grund und Boden, Kapital und Arbeitsleistung, ausgenutzt durch unternehmerische Tätigkeit – dies Dreigestirn soll seit Says Definition von 1817 völlig rational erklären, wie Produktivität entsteht. Denn je rationeller ich mit den Faktoren umgehe, umso höher der Ertrag und umso größer wird der Wohlstand. Tatsächlich aber stimmt die Gleichung schon im späten 18. und frühen 19. Jahrhundert nicht. Sie gilt weitgehend für die Arbeit der Bauern und ziemlich genau für die Arbeit in den Manufakturen und den frühen Fabriken. Aber sie gilt schon damals nicht für die Arbeit eines Bischofs, eines Arztes, eines Politikers oder eines Schriftstellers. Und kein Lehrer, Justizbeamter oder Totengräber kann sich daran messen lassen. Folglich muss man diese Berufe entweder aus der Arbeitswelt ausschließen, damit die Definition stimmt. Oder man muss zugeben, dass Begriffe wie *travail* oder *labour* keine kosmischen Konstanten im irdischen Leben sind. Das späte 18. Jahrhundert geht noch den ersten Weg. Das 19. Jahrhundert dagegen fasst nach und nach fast alle Dienstleistungen unter den ökonomischen Arbeitsbegriff und erkennt sie auch gesellschaftlich als Arbeit an, ohne daraus den Schluss zu ziehen, den Dreiklang der sayschen Axiome infrage zu stellen.

Bis heute gilt Arbeit in der Volkswirtschaft als »originärer Produktionsfaktor«, gleichrangig mit Boden und Kapital. Dass diese Gleichsetzung allerdings nicht ohne Tücke ist, wird auch im *Gabler Wirtschaftslexikon* angemerkt: »Problematisch ist, dass die Untrennbarkeit von Mensch und Arbeitskraft unberücksichtigt bleibt; deshalb wird Arbeit als eigentlicher Produktionsfaktor, Boden und Realkapital als Produktionsmittel bezeichnet.«[3] Dass die Unterscheidung von »Faktor« und »Mittel« ausreicht, den komplexen und widersprüchlichen Bedeutungen von »Arbeit« Rechnung zu tragen, darf bezweifelt werden. Könnte es nicht sein, dass »Arbeit« *auch* als ökonomische Größe betrachtet werden kann – allerdings nur insofern, als hier (anders als bei Boden und Realkapital) eine enorme, viele Bedeutungen einebnende Abstraktion vorliegt? Wer Arbeit nur ökonomisch betrachtet, hat sie eigentlich gar nicht verstanden. Denn ohne Zweifel würden Menschen auch dann arbeiten, wenn es keinen Arbeitsmarkt gäbe und keinen Kapitalismus. Denn um die materiellen Grundbedürfnisse zu sichern, benötigte man über Hunderttausende Jahre keinen Markt. Und das Bedürfnis, tätig zu werden, existierte ebenso lange ganz ohne finanzielle Entlohnung.

Seine völlige Überspitzung erreicht der Arbeitsbegriff in der mathematischen Formel ökonomischer Lehrbücher: *Arbeit = Arbeitskraft x Arbeitszeit*. Hier gibt es nun definitiv kein Widerlager in der Realität. Schon schwierig genug zu sagen, was beim Schreiben dieses Buchs eigentlich meine »Arbeitskraft« sein soll: meine Konzentrationsleistung, mein Fleiß, meine Motivation, meine Vorbildung, meine Intelligenz? All dies mit dem physikalischen Begriff »Kraft« auszudrücken, ist abständig. Und wird meine Arbeit tatsächlich größer, wenn ich für den Schreibprozess doppelt so lange brauche, also mehr »Arbeitszeit« verwende? Für das Ergebnis, das Produkt, spielt dies jedenfalls keine Rolle. Ebenso darf man fragen, worin eigentlich die »Arbeitskraft« eines Börsenspekulanten besteht. Und wenn Spitzensportler nicht den ganzen Tag trainieren, also keine achtstündige »Arbeitszeit« in Anspruch nehmen, kann ihre Arbeitsleistung ja nicht allzu groß sein.

Mathematische Definitionen von »Arbeit« sind so apodiktisch wie ahistorisch. Und sie werden nur dann verständlich, wenn man weiß, in welchem geschichtlichen Kontext und zu welchem Zweck sie ursprünglich entstanden. Der Handelskapitalismus und das Manufakturwesen setzten sich in England, den Niederlanden, in Frankreich und in den deutschen Ländern im 18. Jahrhundert nicht schlagartig, sondern in einigen Zentren und auch dort nach und nach durch. Überall wo sie auftraten, bedrohten sie die konventionellen Formen des Wirtschaftens und des Lebens. In England war dies vor allem die Heimarbeit und das Verlagssystem, von dem auch Lockes Großvater gelebt hatte. Der Verleger streckte das

Geld vor, damit in Heimarbeit gefertigt werden konnte. Und der Verleger übernahm es auch, die Waren auf den Markt zu bringen. Wie viel gearbeitet wurde, wie hoch der Lohn für die Heimarbeit war und wie viel der Verleger bekam, war meist verbindlich festgelegt und charakterisierte eine generationenübergreifende Arbeits- und Lebenswelt, die weder auf unbedingtes Wachstum noch auf stets steigende Renditen angelegt war.

Das kapitalistische Denken hingegen brachte einen ganz neuen Wind mit sich. Wer stets bemüht ist, sein Kapital so einzusetzen, dass er den größtmöglichen Gewinn daraus zieht und diesen Gewinn stets reinvestiert, um ihn zu steigern, schert sich weder um Traditionen noch um die Lebensstile der Menschen. Man denkt dabei streng rationell. Aber ist rationell auch rational im Sinne von vernünftig? Der konservative Soziologe Max Weber, der diesen Umbruch genau beschreibt, spricht hier sogar von einem »irrationalen Element«, das die Ökonomie seit Ende des 18. Jahrhunderts enorm befeuert und verändert. Irrational ist es, weil unbedingte Gewinnvermehrung nicht selbsterklärend ist. Wenn es das Ziel der Arbeit in der christlichen Kultur ist, die eigene Existenz zu sichern und Gott zu gefallen, dann steht nicht geschrieben, dass man weit über die Existenzsicherung hinaus unbegrenzt Kapital anhäufen und einsetzen soll mit dem Ziel, immer noch mehr und noch mehr Kapital anzuhäufen. Zwar hatte der Protestantismus hier entsprechende Vorarbeit geleistet und dazu angeleitet, nicht zu rasten und zu ruhen. Doch auch im Protestantismus ist Geld zu vermehren kein reiner Selbstzweck, es ist nicht rationell, sondern ein Element in einem höheren Heilsplan.

Das von allen Bindungen losgelöste kapitalistische Denken jedoch macht die Vermehrung von Geld zu einem Selbstzweck ohne letztes Ziel und ohne Grenzen. Und Arbeit wird dabei zu einem Treibstoff unendlicher Expansion. Von keiner höheren Rationalität, keinem Glauben, keiner Vernunft und keiner Lebensweisheit daran gehindert, treibt der bindungsfreie Kapitalismus das Geldverdienen auf die äußerste Spitze. Und das, obwohl, wie Max Weber anmerkt, es den Kapitalisten nicht in gleichem Maße glücklicher macht. Denn »vom persönlichen Glücksstandpunkt aus gesehen« lässt sich keine Lebensführung erklären, »bei welcher der Mensch für sein Geschäft da ist, nicht umgekehrt«.[4]

Rational wird das kapitalistische Denken zwar nicht in der Realität der eigenen Lebenspraxis – wohl aber in der Theorie! Die enorm einflussreichen ökonomischen Theorien von Say und, wie wir gesehen haben, auch von Ricardo sind genau so gearbeitet, dass in ihnen rational und logisch wird, was im wirklichen Leben ein »irrationales Element« ist. Wer mit den Variablen Grund und Boden, Kapital und Arbeit hantiert und die Rationalität der Gewinnvermehrung, jene der Preise, jene von Angebot und Nachfrage und jene des Wettbewerbs, naturgesetzlich beschreibt, der muss sich nicht mehr um all das scheren, was seine Theorie methodisch ausschließt: die Dimensionen der Anthropologie, der Individual- und Sozialpsychologie, der Soziologie und der Philosophie. Übrig bleibt eine kalte ökonomische Rationalität, sorgsam entkleidet von allem Menschlichen.

Das 19. Jahrhundert wird immer wieder den Versuch wagen, die Einseitigkeit des ökonomischen Denkens zu überwinden. Aber weniger dadurch, dass man es vermenschlicht, als dass man die einseitige Dimension der Ökonomie zur wahren Natur des Menschen verklärt. So etwa übertrug man Charles Darwins Evolutionstheorie – die wesentlich daraus besteht, die Ökonomie von Adam Smith auf die Biologie zu projizieren[5] – in umgekehrter Richtung von der Biologie auf die Ökonomie. Den gleichen Weg gingen auch einige Biologen seit dem Ende des 19. Jahrhunderts. Sie interpretierten Konkurrenz, Auslese, Wettbewerb (*struggle for life*) und das Überleben der stärksten (Markt-)Konkurrenten (*survival of the fittest*) als anthropologische Konstanten und sahen die Natur des Menschen nun fast ausschließlich dadurch bestimmt. Die evolutionäre Psychologie, eine Disziplin, die sich seit den Siebzigerjahren vor allem im angloamerikanischen Raum wachsender Beliebtheit erfreut, versucht dies unverdrossen; allerdings befreit von all dem, was heute nicht mehr tragbar ist, dem Rassismus oder der Rechtfertigung von Kriegen als Selbstbehauptung der Völker im Auslesewettbewerb.

Kein Wunder, dass auf diese Weise ein Homunkulus entstand. Ob mit oder ohne biologische Herleitung besetzte ein ganzes Jahrhundert der Homo oeconomicus die Stelle des realen Menschen. Der Wirtschaftsmensch, wer auch immer er ganz genau sein mag, wähle stets rational das, was ihm am meisten nutzt, nicht anders als der politisch denkende Mensch, der nach ebendieser Voreingenommenheit seinen Stimmzettel ausfüllt. So jedenfalls sah das der Vater des Rational-Choice-Modells, der US-Ökonom und Politologe Anthony Downs 1957 in seiner überaus wirkungsmächtigen *Economic Theory of Democracy* (*Ökonomische Theorie der Demokratie*).[6] Mit der Realität hat dies ziemlich wenig zu tun, dafür aber viel mit Ideologie. Denn dass eine solche Nutzenmaximierung um jeden Preis weder in der Wirtschaft noch in der Politik uneingeschränkt gilt, ist heute von Wirtschaftspsychologen reichhaltig belegt. Menschen mögen ein hohes Interesse an Dingen haben, die ihnen nützen. Doch immer auf den eigenen unmittelbaren Vorteil zu schauen, ist im Hinblick auf das Eigeninteresse eher kontraproduktiv. Wir tun viel, was uns nicht unmittelbar etwas Praktisches oder Finanzielles nützt, dafür aber unser Streben bedient, uns für gut zu halten. Wir kritisieren Menschen für ein Fehlverhalten, das uns gar nicht persönlich schadet, und stimmen Positionen zu, von denen wir keinen unmittelbaren Vorteil haben.[7]

Wer die ökonomische Rationalität für *die* Rationalität des Menschen hält, hat nicht viel vom Menschen verstanden. Die Väter der ökonomischen Vernunft, Say und Ricardo, hatten das auch gar nicht gesagt. Was sie wollten, war, Ökonomie messbar zu machen und dafür sinnvolle Größen festzulegen. Arbeit sollte ökonomisch quantifizierbar gemacht werden. Und sie nahmen billigend in Kauf, dass der reale Arbeiter mit all seiner Lebenswirklichkeit in der Theorie nicht vorkam. Das Messen wiederum war unumgänglich, denn ohne Arbeitsleistungen genau abschätzen zu können kein Produktionsfortschritt. Allein deshalb wurde Arbeit eine quantifizierbare Größe neben den anderen. Und folgerichtig wurde aus realer Arbeit die »Kostengütermenge« Arbeit, deren ökonomische Wirkung kalkulierbar war. Um der Prognose entsprechen zu können, wurden die Arbeit und die erwartete Arbeitsleistung mathematisiert und die Arbeitsabläufe und der Ausstoß streng normiert.

Der mechanisierten Theorie wiederum entsprach schnell die mechanisierte Praxis in der Fabrik. Und dieser entsprach der mechanisierte Arbeiter. Mit dem englischen Pfarrer und Ökonomen Thomas Robert Malthus gingen die Fabrikherren des frühen 19. Jahrhunderts davon aus, dass der Mensch von Natur aus »träge, faul und jeder Arbeit abhold« sei, »es sei denn, die Not zwingt ihn dazu«.[8] Lockes *oikeiosis* war weit weg. Stattdessen presste man die Arbeiter in ein enges Zeitkorsett und beschränkte ihre Tätigkeiten auf wenige einfache Handgriffe. Adam Smiths Einsicht in die Vorteile der

Arbeitsteilung schuf einen Arbeiter, der nicht anders zu funktionieren hatte als eine spezialisierte Maschine. Arbeit wurde in kleinste Einheiten zerstückelt. Von Vorteil war auch, dass sich die Arbeitenden auf diese Weise perfekt kontrollieren ließen.[9] Arbeitern einen größeren Freiraum zu geben und gemäß ihrer individuellen Leistung zu bezahlen, kam lange nicht infrage. Ein Denkanstoß fuhr erst durch Robert Owen, den Leiter der schottischen Textilfabrik von New Lanark, in die Arbeitspraxis. Der Sozialreformer wies eindrücklich nach, dass mehr Freiheiten, eine kürzere Arbeitszeit und ein motivierendes Belohnungssystem die Arbeitsleistung der Fabrik stark erhöhten. Allerdings passte Owens Erfolg in keine mathematische Formel, denn bezeichnenderweise brachte er den einzelnen Arbeiter wieder als Mensch ins Spiel. So dauerte es eine halbe Ewigkeit, bis sich der Leistungslohn flächendeckend durchsetzte und auch die Verkürzung der Arbeitszeit.

Als Karl Marx und Friedrich Engels im *Kommunistischen Manifest* die Arbeitswirklichkeit in der Mitte des 19. Jahrhunderts beschreiben, ist von Owens wegweisenden Ideen fast nirgendwo etwas angekommen: »Die Arbeit der Proletarier hat durch die Ausdehnung der Maschinerie und die Teilung der Arbeit allen selbstständigen Charakter und damit allen Reiz für den Arbeiter verloren. Er wird ein bloßes Zubehör der Maschine, von dem nur der einfachste, eintönigste, am leichtesten erlernbare Handgriff verlangt wird. Die Kosten, die der Arbeiter verursacht, beschränken sich daher fast nur auf die Lebensmittel, die er zu seinem Unterhalt und zur Fortpflanzung seiner Race bedarf. Der Preis einer Ware, also auch der Arbeit, ist aber gleich ihren Produktionskosten. In demselben Maße, in dem die Widerwärtigkeit der Arbeit wächst, nimmt daher der Lohn ab.«[10]

Man kann sich die Fabrikarbeit in der ersten Hälfte des 19. Jahrhunderts kaum brutaler vorstellen. Armen- und Waisenhäuser wurden auf menschenverachtende Art und Weise ausgebeutet, Kinderarbeit war rationell und gängige Praxis in der Textilindustrie und in den engen Kohleschächten unter Tage. Fabrikarbeiter schufteten bis zu sechzehn Stunden am Tag, und ihre durchschnittliche Lebenserwartung lag kaum über dreißig Jahren. Definiert als Kostenfaktor in der Produktion, wurden sie genau als solcher behandelt. Und der ökonomische Arbeits- und Leistungsbegriff, der sie in der Theorie dem Boden und dem Kapital gleichgesetzt hatte, spiegelte sich in einer entmenschlichten Realität, in der Arbeiter Produktionsmittel waren und sonst nichts.

Der Siegeszug der ökonomischen Vernunft war somit teuer erkauft mit einem zutiefst antihumanistischen Begriff von Arbeit. Was nützte den Fabrikarbeitern in der ersten Hälfte des 19. Jahrhunderts die Erklärung der Menschenrechte, wenn sie in ihrem Alltag gar nicht als Menschen betrachtet wurden? Wenn sie, mit Kant gesprochen, nicht als Menschen »Zweck an sich selbst« waren, sondern verzwecktes »Mittel« der Produktion und der Vermehrung von Kapital? Die ökonomische Vernunft der Wirtschaftsdenker und Fabrikherren hatte ihre Lebenswelten als Bauern und kleine Handwerker zerstört und auch ihre traditionelle Lebensweise und ihre sozialen Beziehungen. Wer zu *labour*, *travail* oder *Arbeit* in der Fabrik verdammt war, der war wie die Sklaven der Antike oder auf den Baumwollfeldern in den USA fernab jeder Selbstbestimmung und Eigenproduktion, die das Handwerk zu einem »Werk« gemacht hatte. Stattdessen war derjenige nicht mehr als ein austauschbares Rädchen im Getriebe. Und Arbeit war nicht Teil des Lebens, sondern man lebte, um für jemand anderen zu arbeiten und an Erschöpfung zu sterben. Das »entfremdete« Leben, ein Begriff, der bis zu Aristoteles zurückgeht und von Karl Marx berühmt gemacht wird, kennt weder Mitte noch Maß noch eine Selbstverwirklichung. Und es betrifft, entzündet durch die ökonomische Vernunft, sowohl den Kapitalisten als auch den Arbeiter. In beider Leben gibt es weder Mitte noch Maß noch einen Zustand der Zufriedenheit und Gelassenheit. Der Erste, weil er mit jedem Gewinn nur eine Zwischenstufe zu neuen Gewinnen erklimmt, der Zweite, weil die totale Ausbeutung seines Körpers und Geistes keinerlei Selbstverwirklichung zulässt und sein Leben zerhackt in mörderische Produktion und lebenserhaltenden Konsum.

Dass sich die Lebensbedingungen der Arbeiter seit dem letzten Drittel des 19. Jahrhunderts dann doch nach und nach verbesserten, entsprang keiner humanistischen Einsicht. Die ökonomische Vernunft ließ dafür keinen Platz. Der Fortschritt konnte deshalb nur aus einem bis heute immer wieder unterschätzten Widerspruch in der ökonomischen Vernunft selbst kommen. Betriebswirtschaftlich fordert sie, die Lohnkosten so niedrig wie möglich zu halten, um im nationalen wie internationalen Konkurrenzkampf besser zu bestehen. Volkswirtschaftlich hingegen fordert sie ein höheres Einkommen der Massen, um die Kaufkraft entsprechend zu erhöhen und dauerhaftes Wachstum sicherzustellen. Moderator in dieser Kluft wurde in allen europäischen Ländern die staatliche »Socialpolitik«. Herausgefordert durch erstarkende Gewerkschaften und eine immer schwerer zu bekämpfende Arbeiterbewegung traten die Staaten auf den Plan. Sie sicherten die Arbeiter zumindest notdürftig für das Alter, gegen Gesundheitsrisiken und die Risiken am Arbeitsplatz ab. Der Vorsorge- und Fürsorgestaat entstand mit staatlichen Versicherungen und öffentlichen Gesundheitseinrichtungen. Im Laufe

des 20. Jahrhunderts moderierte er sogar die flächendeckenden Lohn- und Tarifverträge, ohne die der »Wohlstand für
alle« niemals möglich gewesen wäre. Die Lektion war begriffen: Politische Vernunft ist nicht mit der betriebswirtschaft-
lichen Vernunft der einzelnen Unternehmen in einem Land
identisch – so sehr die Liberalen dies bis in die Gegenwart
hinein immer wieder behaupten –, sondern sie berücksichtigt
vor allem die volkswirtschaftliche Vernunft. Und diese fällt
nicht mit den Interessen einzelner Unternehmen zusammen;
mitunter steht sie ihnen sogar entgegen.

Und noch ein Gedanke bricht sich seit der Mitte des
19. Jahrhunderts Bahn: die zwischenzeitlich fast verloren
gegangene Einsicht, dass der ökonomische Mehrwert nicht
der einzige Mehrwert ist, den Menschen hervorbringen. Seit
Adam Smiths Plädoyer für die ökonomische Vernunft unterschieden seine Nachfolger von Say bis John Stuart Mill zwischen »produktiver« und »unproduktiver« Arbeit. Dienstboten, Bürokraten, Musiker, Lehrer, Schauspieler, Soldaten,
Geistliche, Rechtsanwälte, Ärzte und Denker schaffen demnach keinen ökonomischen Mehrwert. Und auch wenn Mill
1848 einräumt, dass zumindest einige dieser Berufe, wie etwa
Lehrer oder Staatsbeamte, dazu beitragen können, mit ihrem
unproduktiven Beruf die Produktivität anderer Berufe zu fördern, so haftete aus ökonomischer Sicht der lange Schatten
eines Makels auf ihnen.[11] Ihr letztes Aufbäumen erlebt diese
Theorie noch heute, nicht zuletzt in der Kritik an Philosophen, die sich in öffentliche Debatten einmischen: Sie hätten
ja nie richtig gearbeitet …

Dass der Dienstleistungssektor einen enorm positiven Einfluss auf die Produktivität einer Volkswirtschaft haben kann,
muss im 21. Jahrhundert keinem Ökonomen mehr erklärt
werden. Ansonsten wären Staaten wie die Bundesrepublik

in der zweiten Hälfte des 20. Jahrhunderts völlig verarmt. Gleichwohl zieht sich seit dem Siegeszug der ökonomischen Vernunft im frühen 19. Jahrhundert eine Denkweise durch die proletarische wie die bürgerliche Lohnarbeitsgesellschaft, die alles andere als normal oder selbsterklärend ist: die strikte Trennung von Arbeitszeit und Freizeit! Für den Arbeiter in der Fabrik war diese Trennung unaufhebbarer Teil seiner geschundenen Existenz. Wer entfremdet arbeitet, der ersehnt sich einen kleinen Rest freier Zeit, dem ihn sein Fabrikherr gewährt, damit er wieder zu Kräften kommt. Auch Verwaltungs- und sonstige Büroarbeit sind nur für die wenigsten, die sie ausüben, Selbstverwirklichungsprojekte, und die Freizeit ist ein entsprechend hoher Wert. Ein Geistlicher, ein Musiker oder gar ein Denker haben hingegen nie »Freizeit«, sondern allenfalls Ablenkungen und Erholungsphasen. Die Arbeitsgesellschaft organisiert allerdings auch diese Tätigkeiten in Arbeits- und Freizeit und macht Geistliche, Musiker und Denker zu staatlichen Angestellten oder Beamten mit festgelegten Dienststunden. Und diese Dienststunden bilden nun das Regime, die neue, nicht mehr selbst gegebene Ordnung ihres Daseins und Verhaltens. »Die Arbeit«, beklagt Friedrich Nietzsche im Jahr 1882, »bekommt immer mehr alles gute Gewissen auf ihre Seite: der Hang zur Freude nennt sich bereits ›Bedürfnis der Erholung‹ und fängt an, sich vor sich selber zu schämen. ›Man ist es seiner Gesundheit schuldig‹ – so redet man, wenn man auf einer Landpartie ertappt wird. Ja es könnte bald so weit kommen, dass man einem Hange zur Vita contemplativa (das heißt zum Spazierengehen mit Gedanken und Freunden) nicht ohne Selbstverachtung und schlechtes Gewissen nachgäbe.«[12]

Egal welcher Arbeit man nachgeht – der Anspruch auf »Tüchtigkeit« liegt über der Arbeitsgesellschaft wie der Anspruch auf Selbstvervollkommnung auf der Gesellschaft der Freien in der Antike. Und er durchzieht eine Arbeitsgesellschaft voller Widersprüche: den ökonomischen Widerspruch zwischen Arbeit als lästigem Kostenfaktor, den es immer weiter zu minimieren gilt, und dem volkswirtschaftlichen Wohl einer möglichst umfassenden Vollbeschäftigung. Den Widerspruch zwischen dem Ideal der Tüchtigkeit und Betriebsamkeit und der Lebensweisheit, dass Arbeit schändet, viel Leid, Schmerzen und graue Haare bringt. Und den Widerspruch im Herzen all der konservativen Gemüter von Max Weber bis zum Mitbegründer der Freiburger Schule, Wilhelm Röpke, die den Kapitalismus zwar für wirtschaftlich gut, unersetzbar und alternativlos, aber zugleich für ethisch bedenklich und verwerflich halten. Die ökonomische Vernunft baut unendlich viel Materielles und damit Wohlstand auf, aber sie zerstört unendlich viel Ideelles: allen voran die konservativ-christliche Ethik des Maßhaltens, die in der systemischen Maßlosigkeit des Kapitalismus vor die Hunde geht. Die Massenkonsumgesellschaft im Zeichen der Elektrifizierung und industriellen Serienproduktion führt im Laufe des 20. Jahrhunderts zu einer beispiellosen Wohlstandsexplosion. Aber sie passt überhaupt nicht mehr in das alte Zuchtkorsett der Genügsamkeit, der tugendhaften Zurückhaltung und Bescheidenheit. Webers Weltschmerz macht ihn bis heute zur Ikone des Konservativismus. Es ist sein Leiden an der »Entseelung« der Kultur durch die »mechanisch-maschinelle Produktion«, am »Triebwerk«, das jedermanns »Lebensstil« bestimmt »bis der letzte Zentner fossilen Brennstoffs verglüht ist«.[13]

Webers Klage ist vehement und von Kulturpessimismus gegerbt. Das »Verhängnis« hat aus dem »dünnen Mantel« der »Sorge um die äußeren Güter« ein »stahlhartes Gehäuse« gemacht. »Indem die Askese die Welt umzubauen und in

der Welt sich auszuwirken unternahm, gewannen die äußeren Güter dieser Welt zunehmende und schließlich unent-
rinnbare Macht über den Menschen wie niemals zuvor in
der Geschichte. Heute ist ihr Geist – ob endgültig, wer weiß
es? – aus diesem Gehäuse entwichen. Der siegreiche Kapitalismus jedenfalls bedarf, seit er auf mechanischer Grundlage ruht, dieser Stütze nicht mehr.«[14] Was bleibt unter einem
solchen Leitstern von der Kultur übrig? Eine »mechanisierte
Versteinerung, mit einer Art von krampfhaftem Sich-wichtig-
Nehmen verbrämt«? Dann »allerdings könnte für die ›letzten Menschen‹ dieser Kulturentwicklung das Wort Wahrheit
werden: ›Fachmenschen ohne Geist, Genußmenschen ohne
Herz‹: dies Nichts bildet sich ein, eine nie vorher erreichte
Stufe des Menschentums erstiegen zu haben«.[15]

Die »freie Lebensführung« für möglichst alle am Kapitalismus bejubeln, die Massen- und Konsumgesellschaft ver-
achten – die Ambivalenz in Webers Denken könnte größer
kaum sein. Intellektuell hält der Großbürger Weber die Befreiung der Arbeiter aus der entseelten Maschinerie der Fabriken für einen Fortschritt; emotional dagegen betrauert er
eine Welt, in der nicht nur die Kultivierten, Gebildeten und
ererbt Reichen Ansprüche stellen, sondern zunehmend alle
Gesellschaftsschichten. Migranten mit Protzkarossen auf den
großbürgerlichen Boulevards unserer Innenstädte; sekundenschnelle Milliardengewinne von Finanzspekulanten, die sich
jeder konservativen Vorstellung von Leistung und Arbeit entziehen; Proletarier, die nicht mehr so heißen, im Wartestand
vor den Louis-Vuitton-Läden der Shoppingmalls; echte oder
falsche Nobeluhren an jedermanns Handgelenk; erfolgreiche
Jungunternehmer in Hoodies und Turnschuhen – kaum aus-
zudenken, welcher Ekel Weber überkäme, flanierte er durchs
21. Jahrhundert.

Nüchtern betrachtet aber spricht ziemlich wenig für diesen Kulturpessimismus ohne Grenzen. Wie der konservative Groß- und Bildungsbürger heute naserümpfend auf die zu relativem Wohlstand gelangten unteren Schichten blickt, schaute vor zweihundert Jahren der Adel auf den Großbürger. Und auch der umgab sich laut, lärmend, grob und unbeholfen mit den Statussymbolen des Adels, der damals arrivierten Schicht. »Wir waren die Leoparden, die Löwen; diejenigen, die unseren Platz einnehmen werden, werden kleine Schakale, Hyänen sein; aber alle, Leoparden, Schakale und Schafe, werden wir uns alle weiterhin für das Salz der Erde halten«, sagt der Fürst von Salina in Giuseppe Tomasi di Lampedusas großem Roman *Il Gattopardo* (*Der Leopard*) mit Blick auf den Siegeszug des Bürgertums.[16]

Kein Kulturpessimismus und keine Sentimentalität ändern etwas daran: Die weitgehende, aber noch immer nicht umfassende Befreiung des Menschen von monotoner, kräfteverzehrender und menschenverachtender Arbeit in den Industrieländern des Westens ist ein menschheitsgeschichtlicher Segen. Und das Bedürfnis aller Schichten als unverwechselbare Menschen, als Individuen wahrgenommen zu werden, ist ihr folgerichtiger Ausdruck – auch wenn sich Individualität heute vor allem in der Formensprache der Massenkonsumgesellschaft artikuliert: den Statussymbolen. Aber selbst dies »krampfhafte Sich-wichtig-Nehmen« unterscheidet die unteren Schichten gewiss nicht von den oberen.

Die ökonomische Theorie, die Menschen nur als Faktoren kennt, und die ökonomische Praxis, die sie als solche behandelt, haben bei uns heute keine Zukunft mehr. Ein Grund zum Jammern ist das gewiss nicht. Wenn traditionelle Vorstellungen der Arbeitsgesellschaft mit der Realität des 21. Jahrhunderts in den westlichen Industrieländern nicht mehr zusammenpassen – dann muss dies nicht die Schuld der Realität sein. Doch warum ist der letzte Schritt, die Befreiung aller von schlecht bezahlter Arbeit, nicht längst überall bei uns realisiert? Um dies zu verstehen, muss man die äußerst ambivalente Rolle der Sozialdemokratie verstehen und ihren ebenfalls hoch widersprüchlichen Arbeitsbegriff.

Arbeitsfrust und Arbeitsidentität

Der paradoxe Arbeitsbegriff
der Sozialdemokratie

Seit es Arbeit gibt, ist das eigentliche Ziel ihre Abschaffung. Mit Einführung der Dampfmaschine träumten Fabrikanten und Firmen davon, immer mehr und immer bessere Maschinen einzusetzen, um die Lohnkosten für ihre Arbeiter so weit wie irgend möglich zu sparen. Und umgekehrt träumten auch die Arbeiter davon, für ihre Existenz und ihr gutes Leben nicht mehr arbeiten zu müssen. Freizeit gilt den allermeisten in Lohnarbeit beschäftigten Menschen als die weit schönere Zeit als ihre Arbeitszeit. Und die Aussicht darauf, immer weniger arbeiten zu müssen, ist kein Fluch, sondern ein Segen. Gleichwohl treffen sie damit nicht voll das Herz der Gewerkschaften, die ihre Interessen vertreten. Zwar haben Gewerkschaftsvertreter zu allen Zeiten und in vielen Ländern dafür gekämpft, die Arbeitszeit zu verkürzen – nichtsdestotrotz hielten sie im gleichen Atemzug eine Fahne hoch mit der Aufschrift »Recht auf Arbeit«. Hat eine immer weiter verkürzte Arbeitszeit ihren Fluchtpunkt nicht gerade im Gegenteil? Die Pflicht zur Arbeit endlich loswerden zu können? Was also soll ein Recht auf eine Pflicht, die man eigentlich gar nicht will?

Woher kommt das »Recht auf Arbeit«? Seinen Ursprung hat es im Kopf eines französischen Sozialutopisten. Charles Fourier, ein Mann aus betuchtem Hause, der sich zu Anfang des 19. Jahrhunderts als Handlungsreisender und Kassierer durchschlagen muss, formuliert es als Erster. Fouriers großes Ziel ist eine umfassende Neugestaltung der französischen Ökonomie und Gesellschaft. Wie kann es sein, dass die industrielle Revolution nicht zu allgemeinem Wohlstand führt, sondern nur wenige auf Kosten vieler reich werden lässt? Die feudale Ungerechtigkeitsgesellschaft aus der Zeit vor der Französischen Revolution hat sich nur ein neues bürgerliches Gewand angelegt. Fourier dagegen überlegt, wie man Arbeit und *industrie* – gemeint ist der gesamte ökonomische Komplex – für das 19. Jahrhundert so organisieren kann, dass wirklich alle davon profitieren. Er skizziert eine Zukunftsgesellschaft aus Wohn- und Arbeitsgemeinschaften, die genossenschaftlich teilt. Jeder soll hier seine Leidenschaften sozial gesittet ausleben können. Und er soll eine Arbeit ausüben, zu der er willens und befähigt ist. Das Recht auf Arbeit ist damit gleichbedeutend mit dem *Recht auf selbst gewählte und selbstbestimmte Arbeit*; ein Los, das Fourier persönlich, wie sehr vielen seiner Zeitgenossen, nicht vergönnt war. Die meisten Menschen in den Industrieländern schlugen sich zu seiner Zeit mit harten und wenig sinnerfüllenden Tätigkeiten durch, um ihre Existenz zu sichern. Und eine große Zahl noch Unglücklicherer fand überhaupt keine Arbeit, sondern bettelte auf der Straße oder bildete die von Marx später sogenannte industrielle Reservearmee.

Ist das Recht auf Arbeit ein von der Französischen Revolution übersehenes Menschenrecht? Die Forderung, es zum Bürger- und Menschenrecht zu erklären, bleibt nicht aus. Doch von Fouriers dazugehörigen Vorstellungen ist kaum noch die Rede. Als der französische Journalist Louis Blanc 1839 sein Werk *L'organisation du travail* veröffentlicht, träumt er nicht mehr von idealen Wohn- und Arbeitsgenossenschaften. Er will auch nicht die gesamte Gesellschaft umbauen, sondern er möchte viel weniger: die brutale Konkurrenz der Arbeiter im Kampf um einen Arbeitsplatz aufheben. Da es mehr Arbeitsuchende als Arbeitsplätze gibt, können die Fabrikherren den Lohn auf ein Minimum senken. Am Ende findet sich immer einer, der für Niedrigstlohn arbeitet. Und die Verlierer im Kampf um Arbeit rutschen ab in die Kriminalität. Blanc untermauert seine These durch Tabellen und Statistiken. Sie belegen die wachsende Kriminalität, die Massenverelendung und die Landflucht. Würde die französische Verfassung dagegen jedem ein »Recht auf Arbeit« zusichern, wären der elende Unterbietungswettbewerb und seine dramatischen sozialen Folgen gestoppt. Die »Tyrannei der Dinge« darf nicht bleiben, was sie ist, und die strengen Klassenschranken zwischen Arbeiterschaft und Bürgertum müssen weg.

Einen Moment lang hat Blanc die Chance, seinen Traum zu erfüllen, gehört er doch zu den wenigen ehrgeizigen Gesellschaftstheoretikern und Sozialreformern, denen es vergönnt ist, ein entsprechendes politisches Amt zu bekleiden. Seine Stunde schlägt nach der Februarrevolution 1848. Das Kleinbürgertum hat gegen das Großbürgertum aufbegehrt, und Blanc wird Vorsitzender des Arbeiterparlaments und Arbeitsminister. Doch seine Zeit ist knapp. In den wenigen Monaten von März bis Juni 1848 kann er die Bergwerke und Eisenbahnen nicht verstaatlichen. Er kann die Preise auf Grundnahrungsmittel nicht dauerhaft festschreiben. Er setzt auch kein staatliches Versicherungssystem durch. Und er kann nicht alle Arbeitssuchenden in staatlichen Unternehmen, sogenannten Nationalwerkstätten, unterbringen. Seit dem Juniaufstand 1848 muss er nach England ins Exil. Unermüdlich befeuert der »Vater der Sozialdemokratie« weiter die Debatten. Doch als er 1871 erneut ins französische Parlament einziehen kann, ist er zwar noch immer ein Angehöriger der Linken, aber völlig desillusioniert im Hinblick auf alle radikalen politischen Utopien.

Gleichwohl zeichnet Blancs Weg die Idealspur vor, auf der sich die sozialdemokratischen Parteien in Europa fortan bewegen werden: nicht die Gesellschaft, sondern nur die Arbeit neu zu organisieren. Die Arbeit von ihrer Härte zu befreien und die Arbeitszeit zu verkürzen, sprich: die Arbeit zu »humanisieren«, wird das gemeinsame Ziel aller Sozialdemokraten. Ein zweites Ziel ist, nach Blancs Vorbild, den Staat in die Pflicht zu nehmen. Er soll möglichst viel Arbeit für alle schaffen oder doch zumindest dabei helfen, dass jeder eine Arbeit bekommt, wobei auch die Nichtarbeitenden zumindest vorübergehend sozial abgesichert sein müssen. Die Idee der Vollbeschäftigung beginnt ihre Karriere als sozialdemokratisches Ideal des 19. Jahrhunderts. Bis heute wird sie nicht nur in den Köpfen von Sozialdemokraten herumspuken; tatsächlich beherrscht sie die Vorstellungswelt nahezu aller Politiker sämtlicher Parteien.

Wer die Arbeit auf sozialdemokratische Weise humanisieren will, hat sich mit zahlreichen Spielregeln arrangiert, die die Sozialutopisten radikal infrage stellen. Schon Ende des 18. Jahrhunderts träumt der Engländer William Godwin davon, Arbeit genossenschaftlich zu organisieren. Das Gleiche gilt für Robert Owen und, wie erzählt, für Charles Fourier. Der französische Philosoph Henri de Saint-Simon und seine zahlreichen Anhänger schlagen einen anderen Denkweg ein. Sie sehen den Staat als großen Wirtschafslenker, der jeden Arbeitsfähigen nach seinen Talenten an den richtigen Platz stellen soll und so den Fortschritt optimal vorantreibt. Die erste Hälfte des 19. Jahrhunderts ist bunt gefüllt mit Utopisten und Visionären, die den kapitalistischen Herrschaftsverhältnissen Alternativen entgegensetzen. Und sie versprechen sich davon sowohl eine höhere Produktivität als auch mehr soziale Gerechtigkeit.

Der sozialdemokratische Weg ist anders. Er hat wohl oder übel seinen Frieden gemacht mit den Besitzverhältnissen der kapitalistischen Wirtschaft und Gesellschaft. Der Kapitalismus wird pragmatisch bejaht. Und seine Überwindung hin zu einer gerechten Gesellschaft vertagt sich in eine sehr ferne Zukunft, der man sich fortan auf leisen Sohlen und in tausend kleinen Schritten annähern will. Irgendwann gerät die Systemfrage dann völlig aus dem Fokus der Sozialdemokratie. Grund dafür ist das, was man mit etwas Ironie die »sozialdemokratische Kompensationstheorie« nennen kann. Und ausschlaggebend ist auch das abschreckende Beispiel des »irrealen Sozialismus« in den Staaten des Ostblocks, in Albanien, auf Kuba, in China und in Südostasien.

Dem Menschen *in der Arbeit* Rechnung zu tragen, ihn nicht nur als Faktor zu sehen, sondern ihn in seinen Bedürfnissen wahrzunehmen – dies macht die Sozialdemokratie aus. Immer weniger werden es ihre gesellschaftstheoretischen Vorstellungen sein, die im Laufe der Zeit mehr und mehr in den Hintergrund treten, bis zur Verwechselbarkeit mit anderen sogenannten bürgerlichen Parteien. Dazu gehört auch das Programm, die Arbeitskraft des Arbeiters in der »Freizeit« zu stärken – denn die später Arbeitgeber genannten Herren der Betriebe und Fabriken lernen es unter staatlichem Druck langsam und mühselig zu akzeptieren. Doch je mehr die Sozialdemokratie auf die arbeitsfreie Zeit pocht – »Brüder, zur Sonne, zur Freizeit« –, umso klarer bestätigt sie damit zugleich die strikte Trennung von Arbeit und Leben. Ziel ist nicht deren Überwindung, sondern der Ausgleich; mit einem Begriff, der so nie formuliert wurde: die *Labour-Life-Balance*.

Für die Sozialdemokratie, die Arbeiterorganisationen und die Gewerkschaften ergibt sich daraus allerdings ein Paradox. So sehr sie darauf drängen, die schwere Arbeit möglichst zu reduzieren, sie definieren sich zugleich über sie. Arbeit ist ihr gemeinsames Hauptthema, nicht anders als für die Unternehmerverbände. Für die einen ist Arbeit die Pathosformel ihrer Existenz, für die anderen die Erfolgsformel ihres Wohlstands.[1] Arbeit, mag sie noch so kräftezehrend und verhasst sein, wird von den Vertretern der Arbeiterschaft als identitätsstiftend akzeptiert: Man *ist* Bergmann, Metaller, Drucker oder Dreher. Die Arbeiterparteien und ihre Verbände geben den schwer schuftenden Menschen damit eine ständische Identität, nicht anders als ehedem die Zünfte und Gilden des Mittelalters den Handwerkern. Aber der Hauer unter Tage verrichtet nicht *work*, sondern er übt *labour* aus. Anders als der in den Zünften organisierte Handwerker ist der Arbeiter in der Fabrik des 19. Jahrhunderts und noch des 20. Jahrhunderts nicht frei. Er bestimmt nicht selbst den Rhythmus, das Pensum und den Preis seiner Arbeit. Und Flächentarifverträge, die erst im 20. Jahrhundert erkämpft werden, sind nicht das Gleiche wie ein von Zünften und Gilden festgesetzter Preis.

Tatsächlich steht auf der Prioritätenliste der Sozialdemokratie und der Gewerkschaften die Selbstbestimmtheit des Arbeiters im Arbeitsprozess eher hinten. Das ist der Preis, den sie dem Kapitalismus zahlen. Dass die Arbeiter sich der »Produktionsmittel« bemächtigen sollten, um selbst das Heft des Wirtschaftens in der Hand zu halten und ihre Arbeit frei zu organisieren, bleibt der Fantasie der Kommunisten überlassen. In den Worten August Bebels im Jahr 1905 formuliert: »Wir glauben nicht, dass wir die bürgerliche Gesellschaft mit dem Generalstreik aus den Angeln heben können, sondern wir kämpfen um ganz reale Rechte, die Lebensnotwendigkeiten für die Arbeiterklasse sind, wenn sie leben und atmen will.«[2]

Für die Sozialdemokratie spätestens seit Anfang des 20. Jahrhunderts bedeutet die Verbesserung der »Lebensnotwendigkeiten« der »Arbeiterklasse« an allererster Stelle: mehr Lohn. Und so erbittert die Gewerkschaften mehr Lohn und mehr Freizeit von den Unternehmern ertrotzen, so segensreich erweist sich diese Entwicklung aus volkswirtschaftlicher Perspektive. Wer mehr Lohn zur Verfügung hat, konsumiert auch mehr und befeuert somit den Absatz. Das Gleiche gilt für die Freizeit, denn anders als Arbeitszeit ist Freizeit Konsumzeit. So gilt unter der Bedingung permanenten technischen Fortschritts für die Industrieländer des 20. Jahrhunderts fast durchgängig die Formel: Je weniger Stunden ein Arbeiter oder Angestellter im Durchschnitt arbeitet und je höher sein Lohn ist, umso besser steht eine Volkswirtschaft da. Diese Erkenntnis ist das Gegenteil dessen, was nahezu sämtliche Ökonomen in der ersten Hälfte des 19. Jahrhunderts formuliert hatten: dass Wohlstand dadurch entstehe, die Arbeiter länger arbeiten zu lassen und schlechter zu entlohnen als die ausländische Konkurrenz. Die Halbwertzeit ökonomischer Faustregeln ist offensichtlich begrenzt. Doch das gilt bedauerlicherweise auch für Letztere. Was ist, wenn die größten Unternehmen – wie beim langjährigen Exportweltmeister Deutschland – immer weniger auf den heimischen Binnenmarkt angewiesen sind und ihre Hauptumsätze im Ausland machen?

Zumindest für lange Zeit war der sozialdemokratische Weg eine enorme Erfolgsgeschichte. Je wohlhabender die Industrieländer in Westeuropa wurden, umso weniger mussten die Erwerbsarbeiter schuften, um ihre Existenz zu sichern.

Ein staatliches Fürsorge- und Vorsorgesystem, bezahlt aus Steuern und Abgaben auf die Arbeit, federte sie immer besser ab. Doch um die Wirtschaft weiter wachsen zu lassen, bedurfte es nun einer Ökonomie, die nicht wie im Jahrhundert zuvor versuchte, ausreichend zu produzieren. Eine neue Ökonomie trat auf den Plan, eine, die nicht die Knappheit an Gütern bekämpfte, sondern eine, die mehr und mehr Überfluss produzierte. Aus einer Bedarfsdeckungsgesellschaft wurde eine Bedarfsweckungsgesellschaft, angewiesen darauf, Bedürfnisse zu erzeugen, die es zuvor gar nicht gab. So arbeiten die Arbeiter und Angestellten in den westlichen Industrieländern seit Mitte des 20. Jahrhunderts immer weniger, um zu überleben. Vielmehr arbeiten sie dafür, sich »etwas leisten« zu können. Und dieser »Übergang von einem Regime des Arbeitszwangs zu einem Regime materieller Anreize, ist keine Kleinigkeit«, schreibt André Gorz in den Achtzigerjahren. Man »musste die Individuen davon ... überzeugen, dass die ihnen angebotenen Konsumgüter die während der Arbeitszeit erforderlichen Opfer bei weitem kompensieren und dass sie eine Nische privaten Glücks darstellen, die dem allgemeinen Schicksal zu entfliehen erlaubt«.[3]

Tatsächlich gelang den Industrieländern der Sprung in die Bedarfsweckungsgesellschaft der materiellen Anreize hervorragend. Eine mit einem Milliardenaufwand entfesselte Werbewirtschaft rief millionenfach neue Bedürfnisse hervor, die den Erwerbsarbeitern jede Mühe wert waren. Die sozialdemokratische Kompensation – stetig steigender Lohn für stetig steigende Bedürfnisse – erweist sich über ein ganzes Jahrhundert hinweg als überzeugend. Die Arbeitenden sahen sich zum »Verkauf« ihrer Arbeitskraft bestens motiviert. Und die Konsumgesellschaft florierte zur Hyperkonsumgesellschaft der Gegenwart. Ob Kühlschrank, Kachelbad und VW Käfer zu Ludwig Erhards Zeiten, Reihenhaus, VW Golf, Fernreisen und Mitgliedschaft im Tennisclub in den Siebziger- und Achtzigerjahren oder Stadthaus, SUV, Robinson Club und Cargobike heute – der Deal funktionierte äußerst erfolgreich.

Die Welt des Konsums, ein Universum von ehemals unvorstellbarer Größe, kennt heute ungezählte Anreize und ungezählte Möglichkeiten der Bedürfnisbefriedigung. Und die meisten Menschen in den Industriestaaten des 21. Jahrhunderts sind von der Werbung wohlerzogene Konsumenten, die auf Onlineplattformen fürs Flirten bezahlen, sich in sozialen Netzwerken zu Produktträgerinnen oder Produkten machen und noch ihr Innerstes und Intimstes vermarkten. Eine Welt entstand, in der fast alle das Gleiche wollen: mithilfe von exklusiven Massenprodukten anders zu sein als die anderen, um sich darin zur Austauschbarkeit zu gleichen. Konsumreligion ist der alles einende Glaube der heutigen Welt und der vorläufige Endpunkt einer Entwicklung, der es gelang, sämtliche Bedürfnisse zu monetarisieren. Man kann diesen Siegeszug in bunten wie in dunklen Farben malen: als Freiheitsentfaltung und Individualisierung, die keine Kultur der Welt zuvor gekannt hat – oder als »kulturelle Mutation« (Gorz) auf das Monetäre. Aber man kann auch, was die Sache am besten trifft, beide Perspektiven so stehen lassen.

Zur neomarxistischen Kritik im Stil von André Gorz gehört, in der durch Konsum individualisierten Gesellschaft eine »Zersetzung des Zusammengehörigkeitsgefühls« zu sehen. Und dieses wird der sozialdemokratischen Kompensation angelastet.[4] Wer sich im materiellen Überbietungs- und Unterscheidungswettbewerb von anderen abgrenze, sein Eigenheim zum *Castle* mache und der Welt der Mietwohnungen entfliehe, der lebe nicht mehr in einer Solidargemeinschaft. Und er verweigere sich, die »gemeinsame Situation« seiner Arbeit

»in gemeinsamem Handeln zu bewältigen«.[5] Wo früher wechselseitige Hilfe und familiäre Verantwortung ein soziales Netz gesponnen hätten, wäre notgedrungen der Staat eingesprungen, der den Wegfall des sozialen Miteinanders durch staatliche Sozialleistungen kompensiert. Auf diese Weise habe der Wohlfahrtsstaat das System von wachsendem Konsum bei wachsender Entsolidarisierung erfolgreich gestützt und am Leben erhalten; eine Interpretation des Sozialstaats, die allerdings nur unter einer Voraussetzung plausibel wird: dass es vor der Kompensation durch den Sozialstaat in den Industrieländern eine Gesellschaft gegeben hätte, die weitaus solidarischer gewesen wäre als die heutige. Und die wohlfeile Nachfrage, die jeder Neomarxist nüchtern und unromantisch beantworten muss, lautet: Wann soll das gewesen sein?

Treffsicherer ist eine andere Kritik am sozialdemokratischen Weg: Gorz wirft den Gewerkschaften und den Parteien vor, dass sie die Arbeitgeber zwar nötigten, die Löhne ständig zu erhöhen, sie aber nicht dazu brachten, die Arbeitszeit allzu stark zu verkürzen. Tatsächlich widerspricht die Entscheidung, mehr Lohn oder weniger Arbeit, weitgehend dem marktwirtschaftlichen Betriebssystem. Und dass sich die durchschnittliche Wochenarbeitszeit in der über siebzigjährigen Geschichte der wirtschaftlich enorm erfolgreichen Bundesrepublik nur von achtundvierzig Stunden auf achtunddreißig reduzierte, ist in der Tat nicht sehr imponierend. Nicht nur die Arbeitgeber, auch die Gewerkschaften nahmen stets in Kauf, dass Millionen Menschen arbeitslos blieben, als dass Arbeitszeiten deutlich verkürzt wurden.

Erklärungsbedürftig ist dabei, dass ausgerechnet die Sozialdemokratie und die Gewerkschaften Vollbeschäftigung bis heute als wichtigstes Ziel der Überflussgesellschaft sehen. Louis Blanc hatte es bei seiner Forderung nach einem »Recht auf Arbeit« noch mit einer Ökonomie der Knappheit zu tun. Und in einer Ökonomie der Knappheit ist Vollbeschäftigung eine ganz andere Sache als in einer Überflussgesellschaft. Im ersten Fall sichert sie Millionen Menschen die Existenz, die sonst vor die Hunde gingen. Im zweiten Fall dagegen nicht. Vor diesem Hintergrund erscheint Willy Brandts berühmter Ausspruch von 1972, er werde sich dafür einsetzen, »dass nicht jeder seinen, aber jeder einen Arbeitsplatz behält« in einem anderen Licht. Hauptsache, Arbeit, und Hauptsache, möglichst hohe Beschäftigung. Aber warum? Weil für eine Partei, deren Identität sich der Interessenvertretung der Arbeitenden verdankt, es weder denkbar noch wünschenswert ist, wenn die Erwerbsarbeit im Leben vieler an Bedeutung verliert? Und das, obwohl die hochproduktive deutsche Überflussgesellschaft bereits zu Brandts Zeit genug erwirtschaftet, dass sehr viele Menschen nicht zwingend arbeiten mussten, um ihre Grundbedürfnisse zu befriedigen.

Überlegungen wie diese sind der klassischen Sozialdemokratie und den Arbeitnehmerorganisationen eher fremd. Stattdessen marschierten und marschieren die Gewerkschaften bisher Schritt für Schritt einträchtig mit der kapitalistischen Logik des Immer-Mehr mit; eine Logik, die kein Zuviel, keine Grenze und keine Alternativen kennt. Entsprechend borniert gingen die meisten Sozialdemokraten und Gewerkschaftler seit den frühen Achtzigerjahren mit der Umweltbewegung um, vor allem mit der Forderung nach Nachhaltigkeit und Ressourcenschonung. Der Spott der Gewerkschaftsbosse für die Grünen stand jenem des Arbeitgeberflügels der CDU und jenem der FDP in nichts nach. Wirtschaftliches Wachstum schien den Arbeitervertretern stets jeden denkbaren Preis wert, hatte man in der Vergangenheit doch so sehr davon profitiert.

Dass Arbeit nicht nur nützt, sondern auch Schaden anrichten kann, insbesondere in gewerkschaftlichen Stammdomänen wie dem Tagebau und der Schwerindustrie, trifft all jene, die sich über den Begriff der Arbeit uneingeschränkt definieren, ins Mark. Wie kann heute schlecht sein, was zwei Jahrhunderte lang gut und nützlich war? Die pathetisch aufgeblasene Arbeit verliert gleich an zwei Nähten Luft. Extrem traditionelle und zentrale Arbeitswelten erscheinen im 21. Jahrhundert ökologisch (und damit auch volkswirtschaftlich) stärker schädlich als ökonomisch nützlich. Und in anderen wichtigen Arbeitswelten werden immer weniger Arbeiter und Angestellte benötigt, ohne dass woanders in gleichem Maße *labour* erzeugt wird, sondern eher gewerkschaftlich wenig bedeutsames *work*.

Ob Sozialdemokratie oder Gewerkschaft, beide hatten sie die Menschen vorwiegend als Arbeiter oder Arbeiterin im Blick. Und sie hatten sie ebenso weitreichend über ihre Arbeit definiert, wie das Unternehmerlager es tat. Kein Wunder, dass eine Gesellschaft, in deren Zentrum nicht mehr die Arbeit steht, für die Sozialdemokratie bis heute undenkbar erscheint. Und genau hier, und nicht etwa in Personalfragen oder Wahlkampftaktiken, liegt die Wurzel für den historischen Niedergang der Sozialdemokratie im 21. Jahrhundert. Wenn Sozialdemokraten von Bildung sprechen, denken sie an die Qualifikation für den Arbeitsmarkt. Wenn sie an Lebensqualität denken, denken sie an höhere Löhne, um sich mehr leisten zu können. Wenn sie an Digitalisierung denken, dann fürchten sie in erster Linie um Arbeitsplätze. Wenn sie an Freizeit denken, dann sehen sie sie als logisches Pendant zur Arbeitszeit. Und wenn sie an die Zukunft denken, dann denken sie nach wie vor an Vollbeschäftigung.

Der sozialdemokratische Arbeitsbegriff, der sich in den genannten Dimensionen heute kaum vom Arbeitsbegriff des sogenannten bürgerlichen Lagers unterscheidet, ist ein Überbleibsel aus einer anderen Zeit; ein lebendes Fossil, das sich ins 21. Jahrhundert gerettet hat, um feststellen zu müssen, dass es hier keine geeigneten Lebensbedingungen mehr hat. Eine Arbeiterklasse, die sich fast ausschließlich durch die Arbeit definiert, gibt es nicht mehr. Definitionen über die Arbeit existieren allenfalls da, wo wir gerade nicht von *labour* reden, sondern von *work*: bei manchen Ärzten, Schriftstellern, Musikern usw. – Berufen, die nie zur Arbeiterklasse zählten. Der Heizungsmonteur, Dachdecker oder Bankangestellte des 21. Jahrhunderts ist nicht mehr entfernt so sehr Heizungsmonteur, Dachdecker oder Bankangestellter, dass er voll und ganz in seiner Berufsbezeichnung aufgeht. Auch das Selbstwertgefühl des Bäckers speist sich heute gemeinhin nicht durch die ehemals gesellschaftlich uniformierten Vorgaben seines Berufsprofils. Sein Kleidungsstil ist privat, nicht Dienstkluft oder Dienstuniform, seine Lieder sind keine Arbeiterlieder, und die Partei, die er wählt, ist keine Arbeiterpartei. Er kennt kein »Klasseninteresse«, und was er ist, definiert sich weitgehend aus Werten und Tätigkeiten jenseits seines Berufslebens.

Die Hauptbedürfnisse des 21. Jahrhunderts sind andere. Sie drehen sich für viele um den Wert der arbeitsfreien Zeit. Nur einer Minderheit dürfte es vergönnt sein, in ihren eher kleinen und privilegierten Berufswelten ein Maximum an Sinn in der Arbeit zu finden. Die Befriedigung der meisten Bedürfnisse geschieht zu einem größeren Teil außerhalb dieser. Und was ist mit der von Gewerkschaften und Sozialdemokraten unausgesetzt beschworenen Sozialgemeinschaft am Arbeitsplatz? Sie existiert erstens nicht überall und bildet sich zweitens zumeist nicht während der Arbeit, sondern in den

Pausen, beim Kaffeetrinken, beim Privatgespräch in der Kantine oder im Büro. Doch Arbeit nicht als Lebensmittelpunkt zu sehen, ist ein gleich doppelter Anschlag: Sie konterkariert die ökonomische Rationalität, die den Wert des Arbeitenden auf seine Arbeitsleistung reduziert. Und sie verunsichert all jene Organisationen, deren Daseinszweck darin besteht, die Interessen der Arbeitenden zu vertreten. Je unwichtiger die Arbeit wird, umso unwichtiger drohen auch sie zu werden – eine Entwicklung, die tatsächlich längst in vollem Gange ist.

Die Widersprüche der Sozialdemokratie und ihr seltsam paradoxes Verhältnis zur Arbeit treten heute offen zutage. Wer den Arbeiter befreien will, der verschafft ihm nicht einfach nur mehr Lohn, sondern er entbindet ihn – soweit es geht – davon, sein Leben in Arbeit (*labour*) verbringen zu *müssen*. So gesehen ist es das eigentliche Ziel von Gewerkschaften, sich überflüssig zu machen – ein Ansinnen, das ihre Funktionäre in etwa mit der gleichen Hartnäckigkeit verfolgen wie die Machthaber im Realsozialismus das Absterben ihrer Parteien zugunsten einer klassenlosen Gesellschaft.

Nicht überraschend, dass sich der schon früh eingetretene Fantasieverlust der Sozialdemokratie und der Arbeitnehmervertreter heute rächt. Der Partei August Bebels, die sich im Laufe des 20. Jahrhunderts zu Tode siegte, ist die Partei Helmut Schmidts, Hans-Jochen Vogels, Franz Müntefferings, Peer Steinbrücks, Sigmar Gabriels und Olaf Scholz' gefolgt: eine Partei, die alle soziale Fantasie in den eigenen Reihen stets erfolgreich bekämpfte. Und eine Partei, der es auf diese Weise nie gelang, wegweisende Ideen für das 21. Jahrhundert zu entwickeln. Die »neue Zeit« zieht schon lange nicht mehr mit der Sozialdemokratie, und »Genosse Trend« hat sie auch dann verlassen, wenn sie mit einem knappen Viertel der Wählerstimmen den Bundeskanzler stellt. Wer das Recht der Utopie verteidigt, stets eine Utopie zu bleiben, wird die Arbeitsgesellschaft nicht weiter und vor allem nicht über sie hinausdenken können. So wird die SPD als »Nokia«-Partei in Erinnerung bleiben – eine Partei, die ihr ehemaliges Erfolgsrezept über Gebühr strapazierte und darüber den Anschluss verlor. Selbst wenn sie jetzt noch auf den fahrenden Zug aufspränge – es würde ihr nichts mehr nützen, weil man ihr die fortschrittlichen Gedanken zu Recht nicht als Eigenleistung abnimmt. Die Vergangenheit verdankt der Sozialdemokratie sehr viel, die Zukunft wird – geschieht keine Palastrevolution – wohl ohne sie auskommen.

Die Befreiung der Arbeitswelt
Der libertäre Arbeitsbegriff

Was ist das Ziel der Arbeit? Die Herstellung eines Produkts? Nicht jede Arbeit stellt ein Produkt her, und nicht jeder, der ein Produkt herstellt, arbeitet. Das Sichern der Existenz? Kaum jemand in Deutschland arbeitet, um die nackte Existenz zu sichern, das tun die Sozialgesetze. Die Disziplinierung der Bevölkerung? Haben wir tatsächlich so ein mieses Menschenbild, dass wir glauben, jeder verkommt, wenn er nicht im Arbeitstakt rackert? Wie wäre es stattdessen mit folgendem Vorschlag: Das Ziel der Arbeit ist Freiheit! Einmal die Freiheit *nach* getaner Arbeit, in der man stolz auf das Geleistete ist. Und zum zweiten die Freiheit *in* der Arbeit. Man macht, was man freiwillig und gerne tut, und erlebt – bestenfalls – darin sogar einen Flow.

Fast jeder, der mal irgendetwas getan hat, kennt solche Zustände, und dass sie sehr positiv und glückserfüllend sind, dürfte kaum jemand bestreiten. Doch warum stehen sie nicht im Mittelpunkt der Gesellschaft? Warum werden sie nicht von Gewerkschaften gefordert?

Weil das Leben kein Wunschkonzert ist, lautet die naheliegendste Antwort. Allerdings ist es in Deutschland heute mehr Wunschkonzert für viele als je zuvor, nicht nur in der Geschichte unseres Landes, sondern des ganzen Planeten. Und die Entwicklung vom Arbeitszwang zum Wunschkonzert schreitet, ermöglicht von einer atemberaubenden technischen Entwicklung, zumindest in den westlichen Industrieländern immer schneller voran. Nähern wir uns damit nicht im Eiltempo einer Gesellschaft an wie jener im klassischen Athen? Statt wie damals Frauen, Sklaven und Ausländer arbeiten heute voll automatisierte Maschinen. Und das Ziel der Gesellschaft ist *eudaimonia* (ein erfülltes Leben) und nicht etwas so Hinfälliges wie Vollbeschäftigung.

Lassen sich nicht alle Menschen in der Industriegesellschaft auf das Niveau der Privilegierten in der Antike bringen? Die Vorstellung ist alt, auch wenn ihre Anfänge heute fast vergessen sind. Schon Jahrzehnte vor Fourier hatte der Engländer William Godwin davon geträumt. Die zu seiner Zeit gerade erst entstehenden Segnungen der ersten industriellen Revolution sollten dafür nur umfassender und gerechter genutzt werden. Godwin war eine vielseitig gelehrte Persönlichkeit und sein zweibändiges Buch *An Enquiry Political Justice, and Its Influence on General Virtue and Happiness* aus dem Jahr 1793 ein äußerst gelehrtes Werk. Die Idee, alle Wirtschaft genossenschaftlich zu organisieren, geht auf ihn zurück. Würden die hochproduktiven Maschinen zum Wohl aller eingesetzt statt zum Vorteil weniger, so stünde der Menschheit eine strahlende Zukunft bevor. Vor seinem inneren Auge sieht Godwin kommende Jahrhunderte, in denen Maschinen nach und nach alle niedere menschliche Arbeit übernehmen. Die Maschine erlöst den Menschen von vielen einseitigen Tätigkeiten und vom gleichförmigen Arbeitsalltag. Während die industrielle Revolution die Menschen in ihren Anfängen zu Handlangern der Maschine mache, die schrecklich monotone Dinge tun, wird sie sie irgendwann wieder davon befreien. Und was uns die industrielle Revolution am Ende des 18. Jahrhunderts an Zeit raubt, wird sie uns später einmal schenken. Irgendwann in ferner Zukunft werden alle Menschen nur noch eine halbe Stunde am Tag arbeiten müssen. Ob das gelingt, ob sich die von Godwin flammend verteidigten Demokratien so weit entwickeln werden, ist für den Visionär vor allem eine Bildungsfrage. Ausschließlich Demokratien – die es zu seiner Zeit nur in den gerade gegründeten USA gab – könnten den Menschen ein Bewusstsein für ihren Wert geben. Und nur wer sich gesellschaftlich wertgeschätzt fühlt, kann sich zur Mündigkeit entwickeln. Wer weiß, fragt Godwin, was ein ideales Zusammenleben und eine gute Bildung in Zukunft noch aus den Menschen machen werden? Geprägt durch eine Kultur der Wertschätzung könnten sie zukünftig viel besser sein als Ende des 18. Jahrhunderts. »Denn nichts wäre unvernünftiger als von den Menschen, wie wir sie jetzt vorfinden, auf die Menschen zu schließen, wie sie in Zukunft beschaffen sein können.«[1]

Als Godwin 1836 mit achtzig Jahren stirbt, ist er ein fast vergessener Mann. Doch das von ihm benannte Problem war nicht gelöst. Der technische Fortschritt hatte nur den wenigsten wirklich genützt. Er hatte die Bedürfnisse der meisten Menschen nicht gestillt, geschweige denn ihr Leben humaner gemacht. Die Arbeitsbedingungen waren mörderisch, und die Millionen Arbeiter in den Fabriken schufteten unter entsetzlichen Bedingungen. Wie lässt sich diese rücksichtslose »Ausbeutung« beenden und die »entfremdete« Arbeit der Proletarier beseitigen? Genau darum kreisen in den 1840er-Jahren auch die Gedanken der beiden jungen Revolutionäre Karl Marx und Friedrich Engels. Die Arbeit in den Fabriken ihrer Zeit ist für sie nur »Produkt des Kapitals«. Herausgelöst aus seinem ursprünglichen Milieu und zu eintönigen Handgriffen gezwungen, ist der Arbeiter kein Mensch mehr, sondern nur noch ein entfremdeter Funktionsmechanismus. Der einzige

Zusammenhang, in dem die Arbeiter »noch mit den Produktivkräften und ihrer eigenen Existenz stehen, die Arbeit, hat bei ihnen allen Schein der Selbstbetätigung verloren und erhält ihr Leben nur, indem sie es verkümmert.«[2] Die Arbeit ist würdelos geworden und mit ihr der Arbeiter. Doch wie erlangen Arbeit und Arbeiter ihre Würde zurück?

Von dieser Frage handeln viele Passagen in den *Pariser Manuskripten*. Marx und Engels träumen davon, die Arbeit wieder als »Stoffwechsel« zwischen Mensch und Natur zu sehen, als die Produktion der natürlichen Lebensgrundlagen und nicht als fremdbestimmtes Diktat mit dem Ziel maximaler Gewinne. Ihr Ideal sind »Assoziationen« statt kapitalistischer Produktion, also Gütergenossenschaften wie zuvor bei Godwin und Fourier: freiwillige Zusammenarbeit statt Zwang, Genossenschaft statt Ausbeutung. Aufgehoben werden soll die Entfremdung, sodass künftig jeder alles machen kann und nicht nur einen spezialisierten Handgriff oder eine reduzierte Tätigkeit. Mit dem bekanntesten Zitat aus der *Deutschen Ideologie* gesagt: »Sowie nämlich die Arbeit verteilt zu werden anfängt, hat Jeder einen bestimmten ausschließlichen Kreis der Tätigkeit, der ihm aufgedrängt wird, aus dem er nicht heraus kann; er ist Jäger, Fischer oder Hirt oder kritischer Kritiker und muss es bleiben, wenn er nicht die Mittel zum Leben verlieren will – während in der kommunistischen Gesellschaft, wo Jeder nicht einen ausschließlichen Kreis der Tätigkeit hat, sondern sich in jedem beliebigen Zweige ausbilden kann, die Gesellschaft die allgemeine Produktion regelt und mir eben dadurch möglich macht, heute dies, morgen jenes zu tun, morgens zu jagen, nachmittags zu fischen, abends Viehzucht zu treiben, nach dem Essen zu kritisieren, wie ich gerade Lust habe, ohne je Jäger, Fischer, Hirt oder Kritiker zu werden.«[3]

Die Vision ist bombastisch. Statt entfremdete Arbeit verrichten zu müssen, wird die ökonomisch so erfolgreiche Arbeitsteilung wieder aufgehoben. Der neue Wohlstand entspringt nun aus der Zusammenarbeit, aus der Ergänzung und dem Zusammenwirken. Arbeit und Leben sind nicht mehr – wie durch den Kapitalismus verursacht – aufgespalten und getrennt, sondern bilden eine Einheit. Und die ökonomische Vernunft und die lebensweltlichen Bedürfnisse stehen einander nicht weiter unvereinbar gegenüber. Die Natur zu beherrschen, darf nicht bedeuten, alles der ökonomischen Logik zu unterwerfen. Stattdessen wird die ökonomische Logik als *eine* Form von Vernunft durchschaut und an ihren angemessenen Platz gerückt. Niemand muss nunmehr verwertet oder ausgebeutet werden, um die Produktivität zu sichern. Und statt Fremdmotivation herrscht Selbstmotivation. Der falschen Modernisierung durch die ökonomische Rationalität muss eine bessere Modernisierung folgen: eine durch eine höhere und umfassendere Vernunft; eine Modernisierung, die dem Menschen als Menschen entspricht und nicht dem Menschen als »Faktor« und »Kapital«.

Man hat sich oft genug darüber gewundert, dass Marx und Engels zur Zukunftsgesellschaft so archaische Tätigkeiten einfallen wie Jagen, Fischen und Schafe-Hüten und nicht etwa die Arbeit der Industriegesellschaft. Tatsächlich sind die Berufsbilder schlichtweg von Fourier übernommen und wurzeln in Gedanken noch tief im 18. Jahrhundert. Wie aber soll eine selbstbestimmte Arbeitswelt aus Webern, Bergleuten, Heizern und Eisengießern aussehen? Was in aller Welt soll man sich eigentlich ganz genau darunter vorstellen, dass »die Gesellschaft die allgemeine Produktion regelt«? Und nicht zuletzt: Auf welche Weise soll es zu einer solchen selbstbestimmten Arbeitswelt kommen? Durch Umsturz, Gewalt und

Revolution wie in der Fantasie vieler Pariser Revolutionäre? Oder durch den Sieg der Vernunft, durch Bildung und Evolution wie bei Godwin und Fourier?

Die *Pariser Manuskripte* sind Ideensammlungen, formuliert als Kritik an der revolutionären Konkurrenz. Noch ringt Marx mit seiner an Hegel angelehnten Geschichtskonzeption: Jede These treibt im dialektischen Prozess ihre Antithese hervor und hebt den Widerspruch anschließend in einer Synthese auf. Auf die Geschichte angewendet: So wie die Aristokratie die Sklavenhaltergesellschaften der Antike aufhob und die kapitalistisch wirtschaftende »Bourgeoisie« die Adelsherrschaft, so wird aus dem Widerspruch der kapitalistischen Produktion heraus das Proletariat an die Macht kommen, um den Weg zu ebnen zum Endziel der Geschichte: der klassenlosen Gesellschaft.

Diese Idee ist Marx' großer Trumpf. Es ist seine eigene Konzeption, die er den zu dieser Zeit viel berühmteren französischen Sozialutopisten unter die Nase reibt. Doch an welcher Stelle das Gebälk des Kapitalismus gleichsam naturgesetzlich brechen muss, darüber bleibt er zeit seines Lebens unsicher. Ist es die »Massenverelendung«? Der durch den technischen Fortschritt millionenfach freigesetzte Arbeiter, von dem Ricardo sprach und in dem Marx' französischer Konkurrent Pierre-Joseph Proudhon das revolutionäre Potenzial sieht? Aber so ungeduldig Marx und Engels darauf warten – nach 1848 kommt es in Westeuropa nirgendwo zu Revolutionen. Stattdessen greift sehr langsam, aber sicher die »sozialdemokratische Kompensation«.

Was also war falsch an Marx' geschichtsphilosophischer Prophezeiung aus der stürmischen Jugendzeit in Paris? Ein Leben lang kaut der Philosoph darauf herum. Kommt das Ende des Kapitalismus durch den Zusammenbruch der Börse?

Aber so viele Börsencrashs und Absatzkrisen Marx auch erlebt, der Kapitalismus geht immer wieder gestärkt aus ihnen hervor. Oder liegt es an der Natur des Menschen, dass der Kommunismus den Kapitalismus nicht ersetzt? Aber was soll das denn sein, die »Natur des Menschen«, von der die Liberalen seit Locke glauben, dass sie sie kennen? Eine reine Menschennatur gibt es für Marx gar nicht. Der Mensch ist ein Sozialwesen und seine Kultur legt sich als »zweite Natur« um ihn, ohne dass er sich ohne sie überhaupt noch denken ließe. Genau das unterscheidet Menschen, nach Marx und Engels, von allen anderen Tieren. Und deshalb kann man das, was die wahre Natur des Menschen sein soll, auch nicht isolieren und biologisieren.

Es gibt keinen Vorrang des Biologischen im menschlichen Fühlen, Denken und Handeln vor dem Sozialen, sondern beides ist untrennbar miteinander verbunden. Marx leugnet nicht entfernt, dass Menschen Triebe, Instinkte und animalische Neigungen haben. Aber er spricht ihnen ab, unsere Entscheidungen zu regieren, zumal unser Begehren stark abhängig davon ist, was uns unter jeweiligen Bedingungen Zuspruch, Liebe, Achtung und Anerkennung einbringt. Wer von der »Natur des Menschen« spricht, der will zumeist die herrschenden Verhältnisse damit absichern, ganz gleich ob nun die Monarchie, die Aristokratie oder die Herrschaft des Bürgertums. Denn wer sich auf die »Natur des Menschen« beruft, macht weis, Menschen könnten gar keine alternativen Gesellschaften formen, weil »der Mensch« nun mal so sei, wie er ist. Stattdessen aber haben sich die Kultur und die Gesellschaft permanent verändert. Im antiken Griechenland galt Reichtum als nützliches Mittel, nicht aber als oberstes Lebensziel. Und würden Reichtum und Gewinne nicht von der bürgerlichen Gesellschaft so hochgeschätzt und anerkannt, würde kein Mensch derart vehement nach ihnen streben. Die »Menschennatur«, so Marx, »modifiziert« sich »mit jeder Epoche«.[4] Das Einzige, was sich verbindlich über »den Menschen« sagen lässt, ist, dass er seine Individualität ausleben will. Und dazu gehört ein Arbeiten, das »seine Lebensthätigkeit, sein Wesen« nicht »nur zu einem Mittel für seine Existenz macht«. Gute Arbeit muss ein selbst gewähltes Ziel sein und ein selbstbestimmter Zweck.[5]

Nun setzt sich die Emanzipation des arbeitenden Menschen von seiner Fremdbestimmtheit allerdings nicht von allein durch. Auf den moralischen Fortschritt und die Vernunft ist kein Verlass. Und eben deshalb sucht Marx zeit seines Lebens den gleichsam naturgesetzlichen Mechanismus, der am Ende alle Menschen befreit. In einer langen Nacht im Winter 1857/58, so scheint es, fühlt er sich der Antwort plötzlich ganz nah. Er hat ein seltsames Buch gelesen, die *Philosophy of Manufactures: Or, an Exposition of the Science, Moral and Commercial Economy of the Factory System of Great-Britain*; ein mehr als zwanzig Jahre altes Werk, verfasst nicht von einem Ökonomen, sondern von einem englischen Arzt und Chemiker. Andrew Ure ist ein hoch illustrer Wissenschaftler. Berüchtigt ist er, weil er damit experimentiert hat, Leichen durch Elektroschocks wieder zum Leben zu erwecken – das mutmaßliche Vorbild für William Godwins Tochter Mary Shelley, die *Frankenstein* verfasste. Doch Ure interessiert sich in gleichem Maße auch für Ökonomie. Er beschreibt die Fabrik als gleichsam biologisches Wesen, als »riesigen Automaten, der aus zahlreichen mechanischen und mit Verstand begabten Organen zusammengesetzt ist, die in Übereinstimmung und ohne Unterbrechung tätig sind, wobei all diese Organe einer treibenden Kraft unterworfen sind, die sich von selbst bewegt«.[6]

Marx schreibt Ures Textpassage in sein Notizbuch. Und er fasst dessen Gedanken in eigene Worte und speist sie in seine eigene Gedankenwelt ein. Begreift man die Fabrik als einen Gesamtorganismus und denkt sich den permanenten technischen Fortschritt dazu, werden Arbeiter eines Tages nicht mehr für das Zusammenspiel mit den Maschinen gebraucht. Der Arbeiter hat nur noch dafür zu sorgen, dass er die Maschine »überwacht und sie vor Störungen bewahrt«.[7] Die Maschine ist nun »selbst der Virtuose, die ihre eigene Seele besitzt und in den in ihr wirkenden mechanischen Gesetzen und zu ihrer beständigen Selbstbewegung« Energie konsumiert.[8] Die »lebendige Arbeit« geht in der »vergegenständlichten Arbeit« auf. Und die »Wissenschaft als die unbelebten Glieder der Maschinerie ... existiert nicht im Bewusstsein des Arbeiters, sondern wirkt durch die Maschine als fremde Macht auf ihn, die Macht der Maschine selbst«.[9]

Marx hat eine Vision: Die Fabriken der Zukunft mit ihren voll automatisierten Maschinen verändern die gesamte Arbeitswelt: »Der Produktionsprozeß hat aufgehört, Arbeitsprozeß ... zu sein.«[10] Denn auf den »lebendigen Arbeiter« kommt es immer weniger an. Er wird ersetzt durch eine »lebendige (aktive) Maschinerie«, die »seinem einzelnen, unbedeutenden Tun gegenüber als gewaltiger Organismus ... erscheint«.[11] Was aber bedeutet das? Muss man darüber jammern, dass mehr und mehr Arbeiter durch die immer perfektere Maschinerie von ihrer entfremdeten Arbeit befreit werden? Weit gefehlt! Genau das Gegenteil ist der Fall. Marx jubiliert: »Durch diesen Prozeß wird in der Tat das Quantum zur Produktion eines gewissen Gegenstandes nötige Arbeit auf ein Minimum reduziert, aber nur damit ein Maximum von Arbeit in dem Minimum solcher Gegenstände verwertet werde. Die erste Seite ist wichtig, weil das Kapital hier – ganz unabsichtlich – die menschliche Arbeit auf ein Minimum reduziert, die Kraftausgabe. Dies wird der emanzipierten Arbeit zugutekommen und ist die Bedingung ihrer Emanzipation.«[12] Mit anderen Worten: Dadurch, dass in voll automatisierten Maschinen unendlich viel Arbeitskraft verdichtet ist, brauchen die Arbeiter sehr viel weniger zu arbeiten und haben viel Zeit für »emanzipierte Arbeit«, also das zu tun, was sie auch wirklich tun wollen.

Ohne es zu wollen – und das ist Marx' große Pointe – befreit der voll automatisierte Kapitalismus den Arbeiter. Wer unausgesetzt in Technik investiert, um möglichst viel automatisiert und ohne viel Personal zu bewerkstelligen, der verändert unabsichtlich die klassischen Spielregeln des kapitalistischen Wirtschaftens. Arbeiter müssen nun nicht mehr ausgebeutet werden, und die Wirtschaft nähert sich dem an, wovon Aristoteles träumte: den sich selbst bewegenden Dreifüßen und Webstühlen. Doch wenn viele nicht mehr zu arbeiten brauchen, um die Produktion in Gang zu halten, wozu braucht es dann noch den Kapitalismus? Je intelligenter die Maschinen werden, umso weniger Arbeitskraft muss ausgebeutet werden. Der Arbeiter »tritt neben den Produktionsprozess, statt sein Hauptagent zu sein«.[13] Konsequent weitergedacht, muss am Ende überhaupt niemand mehr ausgebeutet werden. Enthält die Automatisierung damit nicht das Versprechen der Versprechen? Nämlich das, dass der Kapitalismus gar nicht mehr nötig ist?

Eine gewisse Zeit dürfte Marx von seiner Idee berauscht gewesen sein. Endlich hat er den Mechanismus gefunden, wie der Kommunismus *durch* den Kapitalismus verwirklicht wird und nicht etwa, wie viele Revolutionäre glauben, *gegen* ihn! Die klassenlose Gesellschaft entsteht naturgesetzlich aus der kapitalistisch vorangetriebenen Automatisierung selbst.

Man muss sie nur konsequent zu Ende denken. Denn was soll ein Kapitalismus ohne Lohnarbeit sein? Was eine Ausbeutung ohne Ausgebeutete? »Sobald die Arbeit in unmittelbarer Form aufgehört hat, die große Quelle des Reichtums zu sein, hört und muß aufhören, die Arbeitszeit sein Maß zu sein ... Die *Surplusarbeit der Masse* hat aufgehört, Bedingung für die Entwicklung des allgemeinen Reichtums zu sein.«[14] Und der vom Arbeitszwang befreite Arbeiter kann seine Zeit »für *nicht unmittelbar produktive Arbeit*« verwenden. Das bedeutet, dass »die *disposable time* aller wächst. Denn der wirkliche Reichtum ist die entwickelte Produktivkraft aller Individuen. Es ist dann keineswegs mehr die Arbeitszeit, sondern die disposable time das Maß des Reichtums.«[15]

Je mehr eine Gesellschaft es sich leisten kann, dass weniger gearbeitet werden muss, umso besser ist es, nach Marx, um sie bestellt. Die geballte Arbeitskraft in den Maschinen ermöglicht den Menschen ihre Selbstverwirklichung, worin auch immer diese besteht. Die Ausbeutung und die entfremdete Arbeit werden nicht durch eine Revolution beendet, sondern durch die Evolution von Technik und Ökonomie. Konsequent strebt all dies auf die Klassenlosigkeit zu, weil niemand mehr der Ausbeutung der Arbeitskraft bedarf. Und nicht die Arbeit befreit den Menschen, sondern das Ende ihrer Notwendigkeit. Die Fragen, die die *Pariser Manuskripte* des jungen Marx' unbeantwortet gelassen hatten, sind nun beantwortet. Die »allgemeine Produktion«, die »alles regelt«, liegt nicht länger im Nebel. Es ist die voll automatisierte Produktion der voll automatisierten Fabriken. Und die Frage, wie sich Metallarbeiter und Bergleute als Jäger, Hirten, Fischer oder Kritiker verwirklichen sollen, bekommt eine neue Antwort: eben nicht in ihrer Erwerbsarbeit, sondern jenseits davon, in einem sehr hohen Ausmaß an *disposable time*.

Die Wirkungsgeschichte dieses heute »Maschinenfragment« genannten Textes liegt bei null. Im Realsozialismus spielte er nie eine Rolle – und zwar weder in der orthodoxen Lehre noch in den Überlegungen für die Praxis. Gut versteckt in den *Grundrissen zur Kritik der politischen Ökonomie*, sperrig betitelt als »Fixes Kapital und Entwicklung der Produktivkräfte der Gesellschaft«, ließ er sich leicht überblättern. Aber auch Marx selbst verfolgte seine Nachtgedanken zur voll automatisierten Produktion nicht konsequent weiter, für ihn blieben sie nur eine Idee unter vielen. Im Alter sah er den Kapitalismus dann an etwas ganz anderem scheitern, an dem von ihm sogenannten Gesetz vom tendenziellen Fall der Profitrate. Die immer mehr perfektionierte Produktion erhöhe die Stückzahlen ins Unendliche und ruiniere damit die Preise und die Gewinne. Aber auch dieser Entwicklungsgang ist bis heute nicht an sein Ziel gekommen.

So konnte es passieren, dass die ihrem Selbstverständnis nach sozialistischen und kommunistischen Staaten Osteuropas und Südostasiens die Befreiung des Arbeiters völlig anders definierten als Marx. Nicht die Automatisierung, sondern die Tatsache, dass die Betriebe faktisch dem Staat – und damit der Idee nach allen – gehörten, sollte die Arbeit der »Arbeiter und Bauern« von ihrer Entfremdung erlösen. Ohne einen Kapitalisten, der die Arbeiter ausbeutet, sollten diese ihre Arbeit als würdig und sinnerfüllend erleben. Sie sollten sich mit ihrer Tätigkeit ebenso identifizieren wie mit ihren Betrieben und voller Freude daran mitwirken, einen Sozialismus aufzubauen, der jeden Menschen zu Seinem kommen lässt. Auf diese Weise wurde auch im Realsozialismus »Arbeit« zur Pathosformel der Existenz. Aber niemand löste den hehren Anspruch hoher Sinnerfüllung auf die genannte Weise ein. Die Arbeiten in einem Sägewerk oder im Tagebau bleiben auch dann Arbeiten in einem Sägewerk und einem Tagebau, wenn der Betrieb volkseigen ist. Und totale Selbstverwirklichung an der Säge oder beim Uranabbau sind bestenfalls Kitsch, schlimmstenfalls unfreiwilliger Zynismus. Nichts anderes erlebten jene westeuropäischen Studenten, die Ende der Sechzigerjahre auf den »Mao-Trip« gingen und in den Betrieben arbeiteten, um sie zu unterwandern. Eisengießer oder Busfahrer zu sein, ist selbst dann nicht gleichbedeutend mit dem Sinn des Lebens, wenn die Betriebe und Busse in der Hand des Volkes, sprich des Staates sind. Ein tätiges Leben zu führen und ein Leben lang einer speziellen beruflichen Tätigkeit nachzugehen, sind nicht identisch. Stattdessen befinden sie sich in einem Widerspruch zueinander, der sich auch durch »Parteiarbeit« nicht ausgleichen lässt.

Der Realsozialismus machte seine Arbeiter und Angestellten nicht zu selbstbestimmten Jägern, Hirten, Fischern oder Kritikern, wie Marx und Engels geträumt hatten. Und die komplexe Industrieproduktion des 20. Jahrhunderts machte solche Ideen noch abständiger, als sie es schon zu Marx' Lebzeiten waren. Dieser allerdings hatte sich im »Maschinenfragment« wie auch im dritten Band des *Kapitals* korrigiert: »Das Reich der Freiheit beginnt in der Tat erst da, wo das Arbeiten, das durch Not und äußere Zweckmäßigkeit bestimmt ist, aufhört.«[16] Freiheit existiere nur »jenseits der Sphäre der Produktion«[17] – eine Einsicht, mit der ein »Arbeiter- und Bauernstaat« nichts anzufangen wusste, wollte er sich nicht völlig infrage stellen.

Den Arbeiter *in* der Arbeit zu befreien, ist ein hoch ambitioniertes Projekt. Und möglich ist es nur da, wo man es mit *work*, nicht aber mit *labour* zu tun hat. In klassischen *Labour*-Berufen dagegen lassen sich kaum sinnerfüllende Ganzheitserfahrungen machen, auch nicht unter veränderten

Eigentumsverhältnissen. So war der realsozialistische Arbeiter an der Maschine, auf dem Bau oder in einem Textilkombinat auch nur ein Rädchen im Getriebe. Er hatte sich nicht den gesamten Produktionsprozess angeeignet, sondern beackerte nur einen Teilbereich. Verschont durch den Konkurrenzdruck und die Angst vor dem Arbeitsplatzverlust, war der Arbeiter damit in seiner Tätigkeit noch lange nicht frei. Statt eigenverantwortlich handeln zu können, war der Werktätige Teil eines immensen bürokratischen Gebildes, das ein »Plansoll« zu erfüllen hatte. Seine Arbeit war damit zumeist weder völlig frei gewählt noch frei geplant noch stand es dem Arbeitenden zu, den Arbeitsvorgang eigenständig zu verändern oder die Arbeit anders zu organisieren. Wie unter solchen Vorzeichen ein sozialistisches Bewusstsein oder gar ein sozialistischer Mensch entstehen sollte, ist schleierhaft. Die Selbstbestimmtheit, die sowohl der junge als auch der alte Marx mit dem Sozialismus und dem Kommunismus gleichsetzen – sie gab es fast nirgendwo. Und zumindest dort, wo es um *labour* ging, blieb das sich selbst in die Tasche lügende System immer eines der Bürokratie, der Partei, der Kontrolle und des Zwangs, ohne je eines der Freiheit werden zu können; ein Käfig, der auch viele *work*-Berufe mit unterschiedlicher Strenge einschloss.

Die »Ökonomie des Als Ob« im Realsozialismus entsprach damit weder den Vorstellungen des jungen noch des alten Marx'. Der Arbeiter in den Staaten des Ostblocks oder in China fühlte sich nicht weniger »entfremdet« als der im Kapitalismus, nur dass »die da oben« andere waren: die Parteibonzen statt der Konzernlenker und Firmenchefs. Die tatsächliche Befreiung des Arbeiters, der *labour* verrichtet, kann nur *außerhalb* der Arbeit stattfinden. Dafür aber darf Arbeit nicht länger die Pathosformel der Existenz sein, sie darf den

Menschen nicht definieren und sein Leben zwingend beherrschen. Genau das hatte Marx im »Maschinenfragment« ausgeführt.

Doch die Vision, dass der technische Fortschritt Menschen mehr und mehr davon befreit, zehrende oder entfremdete Arbeit zu tun, stand in der Ideengeschichte der Linken immer am Rand und nie im Zentrum. Für kurze Zeit belebt wurde sie im Jahr 1880, als Marx' Schwiegersohn, der Arzt und Sozialrevolutionär Paul Lafargue, sie erneut ins Gespräch brachte. Am Vorabend der zweiten industriellen Revolution veröffentlichte er die Streitschrift *Das Recht auf Faulheit*. Das Heftchen, das 1891 in zweiter Auflage erschien, um dann bis 1966 vergessen zu werden, hat es in sich. Schonungslos rechnet es mit dem Selbstbetrug der Sozialisten und Sozialdemokraten ab. Warum fordern sie naiverweise ein Recht auf Arbeit ein, während sich das reiche Besitzbürgertum nichts Schöneres vorstellen kann, als sich in seiner freien Zeit müßig den Künsten und Genüssen hinzugeben? Was soll so erstrebenswert daran sein, sich unter unmenschlichen Bedingungen von morgens bis abends zu plagen und dabei Schaden an Leib und Seele zu nehmen?

Wie Marx im »Maschinenfragment« setzt Lafargue auf den Fortschritt hin zu immer perfekteren Maschinen. Technik macht nicht arbeitslos, wie der späte Ricardo meinte, sondern arbeitsfrei! Der Arbeiter der Zukunft komme irgendwann wahrscheinlich mit drei Stunden am Tag hin, um davon gut leben zu können. Gefordert sei deshalb die Einundzwanzig-Stunden-Woche, denn ein Wochenende als speziell ausgewiesene »Freizeit« brauche es ja nun nicht mehr. Der Drei-Stunden-Tag laugt niemanden aus. Derweil verrichten die Maschinen »feurigen Atems, mit stählernen, unermüdlichen Gliedern, mit wunderbarer, unerschöpflicher Zeugungskraft, gelehrig und von selbst ihre heilige Arbeit«. Für Lafargue ist »die Maschine der Erlöser der Menschheit, der Gott, der den Menschen von ... der Lohnarbeit loskaufen, der Gott, der ihnen Muße und Freiheit bringen wird«.[18]

Den sozialistischen Parteien in Westeuropa ist Lafargues Text äußerst unwillkommen; ein Querschläger in ihrer Ideologie, die sich rund um die Arbeit und die Arbeitswelt dreht. Auch der greise Marx, der ohnehin nicht viel von seinem Schwiegersohn hält, verzichtet darauf, die Streitschrift zu kommentieren. Doch sagt Lafargue nicht in einfacheren und schmissigeren Worten das Gleiche wie Marx im »Maschinenfragment«? So diskutiert man zumindest in der Fabian Society in London heftig über Lafargues Idee. Der 1884 gegründete illustre Kreis aus Schriftstellern wie George Bernard Shaw und H. G. Wells sowie Frauenrechtlerinnen wie Beatrice Webb und Emmeline Pankhurst möchte die Evolution zu einer gerechteren und glücklicheren Gesellschaft vorantreiben. Der irische Dandy Oscar Wilde wird davon so sehr entzündet, dass auch er 1891 postwendend eine Schrift zu Lafargues Thema verfasst: *The Soul of Man under Socialism* (*Der Sozialismus und die Seele des Menschen*). Wildes Gedanken zielen in die gleiche Richtung wie jene des Franzosen. Solange Menschen zu *labour* gezwungen sind, ist alles Gerede über Emanzipation und Individualität Lüge und Kitsch. Deshalb muss jede »rein mechanische, jede eintönige und dumpfe Arbeit, jede Arbeit, die mit widerlichen Dingen zu tun hat und den Menschen in abstoßende Situationen zwingt ... von der Maschine getan werden«.[19]

Technischer Fortschritt als die einzig wahre Befreiung des Menschen. Damit liegt auch Wilde quer zum Mehrheitssozialismus nicht nur seiner Zeit. Und er sieht dabei weit in die Zukunft, quasi ins 21. Jahrhundert hinein: »*Jetzt ver-*

drängt die Maschine den Menschen. Unter richtigen Zustän-
den wird sie ihm dienen. Es ist durchaus kein Zweifel, dass
das die Zukunft der Maschine ist, und ebenso wie die Bäume
wachsen, während der Landwirt schläft, so wird die Maschine, während die Menschheit sich der Freude oder edlen
Muße hingibt – Muße, nicht Arbeit, ist das Ziel des Menschen – oder schöne Dinge schafft oder schöne Dinge liest,
oder einfach die Welt mit bewundernden und genießenden
Blicken umfängt, alle notwendige und unangenehme Arbeit
verrichten.«[20]

Das Ziel der Gesellschaft müssen Lebensbedingungen sein,
in denen der Mensch sich frei entfalten kann – und zwar jeder! Eine solche Gesellschaft, wie Wilde sie sich vorstellt,
braucht auch keine sozialdemokratische Kompensation
mehr. Die Menschen müssen nicht durch Geld und Konsum
bestochen werden, eine Arbeit zu tun, die sie freiwillig nicht
tun würden. Viele Jahrzehnte vor Erich Fromms *Haben oder*
Sein schreibt Wilde den Satz: Es kommt nicht darauf an zu
denken, »Hauptsache zu haben«. Denn »die Hauptsache«
sei, »zu sein. Die wahre Vollkommenheit des Menschen liegt
nicht in dem, was er hat, sondern in dem, was er ist.«[21]

Eine solche freie Gesellschaft, in der jeder wahrhaft sein
kann, was er will, entstehe allein durch die Arbeitsleistung
immer intelligenterer Maschinen. Sie braucht keine Revolutionäre, sondern nur Menschen, die darüber nachdenken, die
gesellschaftlichen Reichtümer aus der erhöhten Produktivität
angemessen zu verteilen, sodass für jeden materiell gesorgt
ist. Von einer gewaltsamen Revolution erwartet Wilde dagegen genau das, was später in der Russischen und chinesischen Revolution tatsächlich geschieht: »Wenn der Sozialismus autoritär ist: wenn es in ihm Regierungen gibt, die mit
ökonomischer Gewalt bewaffnet sind, wie jetzt mit politi-

scher: wenn wir mit einem Wort den Zustand der industriellen Tyrannis haben werden: dann wird die letzte Stufe des Menschen schlimmer sein als die erste.«[22]

Nach Wildes Vorstellung soll der Staat nicht die Betriebe übernehmen und die Arbeit verteilen. Er soll sogar möglichst absterben, wie schon hundert Jahre zuvor bei Godwin. Ob der notorische Provokateur und Ironiker dies alles wirklich ernst meint? Nicht nur sein Freund George Bernard Shaw bezweifelt dies. Der Weg von der Vollautomatisierung zur klassenlosen Gesellschaft und zum überflüssigen Staat erscheint schnell, überschnell skizziert, nicht anders als im »Maschinenfragment«. Denn dass die voll automatisierte Fabrik und die voll automatisierte Landwirtschaft die Arbeiter und damit irgendwie alle Menschen befreit, konnte Marx nur deshalb glauben, weil Mitte des 19. Jahrhunderts tatsächlich die allermeisten Menschen in Westeuropa auf genau diesen beiden Sektoren beschäftigt waren. Wilde hingegen steht am Beginn der Angestellten-Gesellschaft, für die eine solche Automatisierung ihrer Berufswelt noch in sehr weiter Ferne liegt. Und was machen all die Freiberufler und die *worker* in den anspruchsvollen Dienstleistungen, wie Ärzte, Juristen und Architekten, die Ingenieure der intelligenten Maschinen, die Wissenschaftler und Forscher? Werden sie alle mit der voll automatisierten Fabrik in die Einundzwanzig-Stunden-Woche verabschiedet? In Deutschland arbeiten derzeit nur noch 1,4 Prozent aller Erwerbstätigen in der Landwirtschaft, und nur ein Viertel arbeitet in der Produktion. Drei Viertel dagegen üben beruflich Dienstleistungen aus. Dass sich die Summe an *labour* stark vermindert, betrifft nicht die Welt des *work*. Die Geschichte lehrt, dass diese bislang nicht weniger geworden ist, sondern stärker anwächst. Damit aber bricht mit der Vollautomatisierung weder unweigerlich das Ende des Kapitalismus an, noch beginnt die klassenlose Gesellschaft, von der Marx, Lafargue und Wilde träumten.

Doch hat die Vision von einem Leben mit immer weniger Erwerbsarbeit (im Sinne von *labour*) nicht viel für sich? Kein Wunder, dass sie viele fortschrittliche und kritische Geister auch im 20. Jahrhundert beschäftigt: So etwa schreibt der britische Philosoph und Nobelpreisträger Bertrand Russell 1935 in seinem Essay *In Praise of Idleness* (*Lob des Müßiggangs*): »Ich möchte in vollem Ernst erklären, dass in der heutigen Welt sehr viel Unheil entsteht aus dem Glauben an den überragenden Wert der Arbeit an sich, und dass der Weg zu Glück und Wohlfahrt in einer organisierten Arbeitseinschränkung zu sehen ist. Dank der modernen Technik bräuchte heute Freizeit und Muße, in gewissen Grenzen, nicht mehr das Vorrecht kleiner bevorzugter Gesellschaftsklassen zu sein, könnte vielmehr mit Recht gleichmäßig allen Mitgliedern der Gemeinschaft zugutekommen. Die Moral der Arbeit ist eine Sklavenmoral, und in der neuzeitlichen Welt bedarf es keiner Sklaverei mehr.«[23]

Einen alternativen Weg zu Freiheit und Selbstbestimmung in der Arbeitswelt weist der Aufsatz, in welchem Friedrich Engels 1896, drei Jahre nach Marx' Tod, seine Gedanken zur Arbeit sortiert: »Anteil der Arbeit an der Menschwerdung des Affen«. Der Mensch, so Engels, ist das einzige Tier, das arbeitet. Er gestaltet seine Umwelt und erzeugt auf einer bestimmten Entwicklungsstufe selbst seine Nahrungsmittel. Insofern ist der Mensch über die Arbeit definiert – ohne Arbeit kein Menschsein, sondern Tierheit. Der Begriff der Arbeit bei Engels meint allerdings zu keinem Zeitpunkt *labour* – Schuften und Abrackern –, sondern immer Selbstverwirklichung und Selbstentfaltung. So wie Locke die gesamte

Arbeitswelt als *labour* einebnete, so ist Arbeit für Engels immer und durchgehend *work*. Und *labour* ist nichts anderes als die gestörte, pervertierte und entfremdete Arbeit. Das Ziel des Sozialismus ist damit benannt: Die entfremdete Arbeit (*labour*) auszumerzen und den Menschen wieder *work* tun zu lassen, so wie es seiner Natur entspricht.

Die Frage ist nur: Wie soll das gehen? Wer verrichtet in einer Gesellschaft, die nur noch *work* kennt und keine *labour*, die unangenehmen, niederen und schmutzigen Tätigkeiten? Werden dies samt und sonders die Maschinen tun? Und braucht es für eine Gesellschaft, die ihren Wohlstand gerecht verteilt, nicht zugleich den Ausstieg aus der Ideologie des »immer Mehr«, des unbedingten Wachstums? An diesen Fragen hat sich ein kluger Denker wie André Gorz sein Leben lang abgearbeitet. Wie lässt sich Marx für das 20. Jahrhundert neu denken? Wie sichert man den Arbeitern so viel *disposable time* wie irgend möglich? Wie bringt man eine vom Diktat der Ökonomie beherrschte Gesellschaft dazu, einzusehen, dass es eine höherrangige Lebensweisheit gibt als die ökonomische Vernunft?

Die Stärke und Überzeugungskraft, aber auch die Irrungen und Wirrungen des libertären Arbeitsbegriffs vor Augen lassen sich die Fragen vom Ende des ersten Teils dieses Buchs noch einmal klarer stellen. Erstens: Wie viel von der klassischen Lohnarbeitsgesellschaft bleibt in Zukunft erhalten? Zweitens: Was an ihr ist weiterhin wünschenswert? Und drittens: Welche Ideen ermöglichen eine echte Neugestaltung und welche sind vielleicht nicht mehr als Schönheitschirurgie an einem krebskranken Patienten? Um diese Fragen zu beantworten, sollten wir die Arbeitswelt der Gegenwart anders befragen als im ersten Teil, indem wir ihre Axiome – »So viel Arbeit wie möglich, ist gut« und »Viel Arbeit schafft viel Wohlstand« – infrage stellen. Die entsprechenden Fragen lauten dann: *Wofür* arbeiten wir heute eigentlich? Was heißt *Wohlstand* im 21. Jahrhundert? Und was bedeutet es, wenn im Mittelpunkt einer Gesellschaft nicht mehr der Anspruch auf Arbeit steht, sondern der nach *Sinn*?

ARBEIT UND GESELLSCHAFT HEUTE

Warum unsere Arbeitsgesellschaft
keine Zukunft hat.
Und warum das keine Katastrophe ist,
sondern ein Fortschritt.

Dabei sein ist alles

Wofür wir heute arbeiten

Als Ludwig Erhard 1957 seinen *Wohlstand für Alle* veröffentlichte, ahnte er nicht entfernt, dass ihm nur ein Jahr später ein Weltbestseller folgen würde, der den Erfolg seines Buchs international weit in den Schatten stellte. Die Vereinigten Staaten und Westeuropa diskutierten über ein Werk, dessen Titel immerhin eine entfernte Ähnlichkeit mit Erhards aufwies: *The Affluent Society (Gesellschaft im Überfluss)*. Während Erhard noch die Segnungen schier unbegrenzten wirtschaftlichen Wachstums anpries, war John Kenneth Galbraith schon einen ganzen Schritt weiter. Der damals fünfzigjährige Harvard-Ökonom und spätere Präsidentenberater beschrieb in *The Affluent Society* eine Gesellschaft im Widerspruch. Zwar müsse es aufgrund sehr hoher Produktivität an nichts mangeln, gleichwohl aber gäbe es Armut, Arbeitslosigkeit, mangelnde Bildungschancen für viele und große soziale Ungleichheit. Die USA und Westeuropa seien zwar äußerst wohlhabend geworden, aber der Wohlstand sei extrem schlecht verteilt. Die »Überflussgesellschaft« fördere vor allem den privaten Reichtum weniger, aber sie führe eben gerade nicht zu einem vergleichbaren Wohlstand für alle.

Woran liegt das? Nach Galbraith vor allem daran, dass die Ökonomen und Politiker in der zweiten Hälfte des 20. Jahrhunderts noch immer so dächten wie im 19. Jahrhundert:

Hauptsache, möglichst viel produzieren, und der Rest ergäbe sich dann mehr oder weniger von alleine. Das aber funktioniere nur sehr oberflächlich. Man besticht die Gesellschaft bis ins untere Drittel der Schlechtbezahlten mit immer billigeren Konsumgütern und wahrt damit den sozialen Frieden. Doch wohin soll die Überflussgesellschaft führen? Zum nicht notwendigen Zweitauto und irgendwann zum völlig überflüssigen Drittauto? Zu mehr und mehr Konsum um des Konsums willen? Und wer, fragt Galbraith 1958, zahlt den Preis für diese mörderische Turboproduktion? Was wird aus einer Gesellschaft, die die Bedürfnisse ihrer Bürger befriedigt, aber zugleich stets neue entfacht und nicht entfernt darüber nachdenkt, dass sie dadurch Stück für Stück die Natur und den gesamten Planeten zerstört?

In Deutschland war man mit Galbraiths Thesen schnell fertig. Immerhin konnte man sich damit trösten, dass die soziale Marktwirtschaft die Segnungen des Produktionsfortschritts besser und breiter verteilte als der Kapitalismus in den USA. Für die Frage, welchen Preis man für den Wohlstand zahlen will, war die Wirtschaftswunder-Generation ohnehin nicht empfänglich. Und auch nicht für die Frage, was eine Produktion des Überflusses langfristig für das Arbeitsleben und die Arbeitsgesellschaft bedeuten soll. Warum folgt auf die Produktion von Überfluss keine Sättigung der Bürger? Warum muss man weiterhin einen großen Teil seines Lebens arbeiten, obwohl dies zur Erfüllung der materiellen Grundbedürfnisse volkswirtschaftlich gar nicht mehr unbedingt nötig ist?

Dass Wohlstandswachstum und Bedürfnissättigung nicht Hand in Hand miteinander gehen, hatte der große englische Ökonom John Maynard Keynes bereits im Jahr 1930 geahnt. Rein ökonomisch, so argumentierte er in seinem Aufsatz *Economic Possibilities for our Grandchildren* (»Die wirtschaftlichen Möglichkeiten unserer Enkelkinder«), würde es wahrscheinlich ausreichen, wenn die Enkel in hundert Jahren nur noch drei Stunden am Wochentag arbeiteten; also in etwa genauso viel, wie schon Lafargue prophezeit hatte.[1] Mit beeindruckender Weitsicht sah Keynes mitten in der Weltwirtschaftskrise voraus, wie die Wirtschaftsleistung in den Industrieländern gewaltig anwachsen würde und sich die Vermögen beträchtlich mehrten. Alle »drückenden ökonomischen Sorgen« seien damit passé. Und die spannende Frage im Jahr 2030 wäre, wie wir wohl die Freizeit ausfüllen und nicht die Arbeitszeit.

Aber Keynes war ein sehr kluger Kopf. Er wusste durchaus, dass die Frage nach der Zukunft der Arbeit nicht einfach eine Frage der Wirtschaftsleistung und der Vernunft war. Wie viele Menschen kennen kein Genug? Wie viele verspüren den Wunsch, sich durch Geld und materielle Güter in eine Position der Überlegenheit zu bringen? Ohne eine kulturelle Evolution, die in Zukunft lernt und lehrt, »das Verlangen nach Überlegenheit« oder »die Liebe zum Geld« zu ächten, würde das mit der strahlenden und friedlichen Zukunft vermutlich nichts werden. Trickreich formuliert Keynes seinen Wunsch nach einem Kulturwandel in der rhetorischen Figur der abgeschlossenen Zukunft: Irgendwann werde die »Liebe zum Geld … als das erkannt werden, was es ist: ein ziemlich widerliches, krankhaftes Leiden, eine jener halb kriminellen, halb pathologischen Neigungen, die man mit Schaudern den Spezialisten für Geisteskrankheiten überlässt«.[2]

Dass wir heute, Anfang der Zwanzigerjahre des 21. Jahrhunderts, meilenweit von einer solchen Gesellschaft entfernt sind, hätte Keynes wohl nicht verwundert. Seine voreiligen Kritiker und Spötter mögen die Ohren spitzen: Der große Wandel von der Gesellschaft der Gier zur Gesellschaft glücklicher und zufriedener Menschen käme nicht Schritt für Schritt. Vermutlich träte er erst in hundert Jahren ein, also um das Jahr 2030. Erst dann würden die Menschen »die neu gefundenen Gaben der Natur ganz anders nutzen« und zu den »zuverlässigsten Grundsätzen der Religion und der althergebrachten Weisheiten zurückkehren – dass Geiz ein Laster ist, das Eintreiben von Wucherzinsen ein Vergehen, die Liebe zum Geld abscheulich«.[3]

Mochte Keynes seinen Wunsch mit der Maske der Prophezeiung versehen haben – die skizzierte Zukunft mit sehr viel weniger Erwerbsarbeit war alles andere als eine ökonomische Prognose. Vielmehr ist es ein Appell an die Menschheit. Sie möchte doch einsehen, dass die gute Zukunft nicht einfach nur in einem »Mehr« besteht, sondern in einer Neuorganisation der Wirtschaft; einer, in der die Gesellschaft nicht mehr völlig von einer ökonomischen Vernunft durchwaltet wird, sondern von »Werten« und »althergebrachten Weisheiten« – dass also, mit einem Wort, Moral und Vernunft die Zukunft bestimmen sollten und nicht niedere Gelüste und egoistische Antriebe. Und dass die Frage nach dem Glück eine danach ist, wie Wirtschaft organisiert und Wohlstand verteilt wird, und dass sie nicht schlichtweg identisch ist mit einem bedingungslosen Mehr.

Die Idee, die Arbeitszeit zu verkürzen, wo auch immer es geht, hat einigen Charme. Nicht nur Keynes stellte sich Anfang der Dreißigerjahre die Zukunft mit deutlich weniger Arbeit vor. Das ganze 20. Jahrhundert hindurch träumten fortschrittliche Ökonomen und Sozialreformer von einer Gesellschaft mit weniger Arbeit und mehr Freizeit für alle. Man denke an den New Yorker Ökonomen und Wirtschaftshistoriker Robert Heilbroner, der 1965 schreibt: »Wenn Maschinen weiterhin so in die Gesellschaft eindringen und immer mehr und mehr soziale Aufgaben erledigen, dann ist es die menschliche Arbeit selbst – zumindest das, was wir unter ›Arbeit‹ verstehen –, was schrittweise überflüssig gemacht wird.«[4] Heilbroner kann sich zwar durchaus vorstellen, dass die Zukunft den Sektor der Dienstleistungsberufe anschwellen lässt und dass es zukünftig zahlreiche »Psychiater, Künstler oder was auch immer« geben wird. Aber auch der Markt für Dienstleistungen sei nicht unendlich.

Die Sechzigerjahre sind eine große Zeit der Skeptiker und der Visionäre. So prophezeit der US-amerikanische Kybernetiker und Futurologe Herman Kahn seinen Landsleuten im Jahr 1967: Im Jahr 2000 braucht ihr nur noch vier Tage in der Woche zu arbeiten und könnt euch dreizehn Wochen Ferien gönnen.[5] Anders als Keynes oder Heilbroner ist Kahn kein Linksliberaler, sondern erzkonservativ. Und er ist ziemlich berüchtigt, hat er doch kalt und unerschrocken durchgespielt, wie die USA einen Atomkrieg gewinnen könnten. Damit wurde er zum mutmaßlichen Vorbild von Stanley Kubricks »Dr. Seltsam« in *Dr. Seltsam oder: Wie ich lernte, die Bombe zu lieben*. Wenn Kahn seine Vision der künftigen Arbeitswelt ausmalte, so hatte er dabei gewiss keine humanistischen oder emanzipatorischen Motive. Eigentlich wollte er damit nur zeigen, wie enorm die Wirtschaftsleistung der USA sei, dem Realsozialismus unendlich überlegen. Denn nur im Kapitalismus ließe sich der Wohlstand für den Arbeiter verwirklichen, von dem die wirtschaftlich viel zu erfolglosen Kommunisten im Ostblock vergeblich träumten.

Jahrzehntelang war der Plan, den Sozialismus sozial weit in den Schatten zu stellen, ein starkes Motiv. Doch mit dem Zusammenbruch der Sowjetunion und dem Ende der Systemkonkurrenz verlor es schlagartig an Bedeutung. Geradezu zeitgleich erlahmten in der Bundesrepublik Deutschland die

Kämpfe der Gewerkschaften, die Arbeitszeit zu verkürzen. Die Bewegung hatte 1984 ihren Höhepunkt erlebt. Seit Beginn der Neunzigerjahre aber ist von einer flächendeckenden Einführung der Fünfunddreißig-Stunden-Woche kaum noch die Rede. Vernehmbar ist nur noch die Forderung nach einer zeitweiligen Achtundzwanzig-Stunden-Woche, um Kinder zu betreuen oder Angehörige zu pflegen.[6] Die alte Idee, dass umso weniger gearbeitet werden sollte, je mehr sich die Produktion steigert, war aus der Gewerkschaftsbewegung und der Sozialdemokratie entwichen.

Woran liegt das? Warum hat sich trotz enormem Produktions- und Wohlstandsfortschritt die Arbeitszeit in den westlichen Industrienationen in den letzten Jahrzehnten nicht drastisch verringert? Rein quantitativ ist die Ökonomie der Knappheit längst überwunden. Doch die Produktivität mag noch so anschwellen und der materielle Wohlstand noch so steigen – die Zahl der unerfüllten materiellen Begehrlichkeiten ist heute nicht geringer als früher. Die Bedarfsweckungsgesellschaft ist zwar eine historisch beispiellose Wohlstandsgesellschaft; aber trotz enormer (Über-)Produktion fühlt sie sich für viele ganz persönlich nach wie vor nicht als jene »Gesellschaft im Überfluss« an, als die Galbraith sie bereits 1958 beschrieb. Warum also leben wir, mit Hansjörg Siegenthaler gefragt, zwar nicht in einer realen, aber gleichwohl in einer »kulturell begründeten Knappheit«?[7] Einer Knappheit, die augenscheinlich genau das aufzehrt, was der Produktionsfortschritt uns schenkt: Karl Marx' *disposable time:* die frei verfügbare Zeit.

Die schlichteste und häufigste Antwort darauf ist: Weil der Mensch nun mal so ist! Er ist selten dauerhaft mit etwas zufrieden, schon gar nicht mit seinem Lebensstandard, und er will immer mehr. Visionen wie jene von Keynes überschätzten die Vernunft maßlos und unterschätzten dramatisch die Gier. Gesellschaften ohne große materielle Perspektive, wie etwa jene im osteuropäischen Realsozialismus, belehrten unmissverständlich darüber: ohne materielle Anreize kein großer Produktionsfortschritt – und ohne großen Produktionsfortschritt keine leistungsbereiten Arbeiter. Deshalb, so das Fazit, seien die Menschen in einer Bedarfsdeckungsgesellschaft unglücklicher als jene in einer Bedarfsweckungsgesellschaft. Mögen die Letzteren darunter leiden, dass sie sich nicht all das leisten können, was sie wollen. Die Ersten, die erst gar keine größeren neuen materiellen Bedürfnis-Ziele vor Augen haben, nach denen sie berechtigt streben können, litten noch mehr.

Auf den ersten Blick erscheint eine solche Anthropologie der Gier sogar plausibel. Und auch Keynes hatte sie bekanntlich auf der Rechnung – allerdings nicht als *Anthropologie*, sondern als Folge einer *Kultur*, die mit niederen Anreizen die niederen Bedürfnisse in vielen Menschen weckt und belohnt. Was von beidem ist richtig? Ist die materielle Gier tief menschlich oder ist sie kulturell eingeübt und gezüchtet? Zunächst einmal muss klar sein, dass »Gier« ein ziemlich schillernder Begriff ist. Menschen können gierig nach Liebe sein, nach Sex, nach Essen, nach Wissen, nach Spaß, nach Anerkennung, nach Macht und nach Drogen. Wirtschaftlich relevant soll nach Ansicht der »Anthropologie der Gier« aber lediglich die Gier nach Geld und nach Konsumgütern sein. Und vor allem sie soll *den* Menschen ausmachen. Wäre das in dieser Klarheit richtig, dann fragt man sich, warum sich diese materielle Gier nicht eins zu eins in der Geschichte der Menschheit widerspiegelt? Warum wurde sie von der Antike bis weit übers Mittelalter hinaus so verpönt, wenn sie doch das Wesentliche am Menschen sein soll? Warum schätzen fast sämtliche fernöstliche Religionen und Weisheitslehren die materielle Gier so gering? Offensichtlich gibt es eine Ökonomie der Genügsamkeit, und sie war in der Geschichte der Menschheit über zigtausend Jahre prägender als jene der Gier. Diese hingegen ist gerade einmal zweihundert Jahre alt. Und zu dem, was sie gegenwärtig ist, hat sie sich erst in den letzten Jahrzehnten unmäßig gesteigert. Gleichwohl fremdeln selbst heute noch immer viele, auch in unserer Kultur, mit Personen, die sie für maßlos und gierig halten.

Das Streben nach immer mehr Reichtum und Besitz mag der Natur mancher nicht widersprechen. Doch es charakterisiert weder alle Menschen noch wurde und wird es von allen Kulturen und Zivilisationen begrüßt. Es ist damit also nur *eine* Facette des großen Repertoires an menschlichen Bedürfnissen und Verhaltensweisen. Von »dem Menschen« zu sprechen, ist ohnehin meistens falsch, stets tut man zu vielen dabei unrecht. Die Menschheit ist eine Gemeinde, der anzugehören nicht zu einer bestimmten Verhaltensweise verpflichtet.

Sollte die materielle Gier dazu beitragen, dass wir in einer Gesellschaft mit eingebauter materieller Unzufriedenheit leben, die kulturell auch dann von Knappheit bestimmt wird, wenn allgemeiner Überfluss herrscht – dann ist sie nur ein Faktor unter vielen und nicht der allein ausschlaggebende Punkt. Um sich ein Einfamilienhaus, eine Ferienreise oder ein Auto mit starkem Motor zu wünschen, muss man nicht notwendig gierig sein. Die materielle Gier des Menschen dafür verantwortlich zu machen, dass »die Menschen« lieber mehr arbeiten als weniger, ist unterkomplex. Und dass sich Keynes' Wunsch nach einer Fünfzehn-Stunden-Woche deshalb nicht erfüllt hat, weil alle immer mehr wollen, ist, vorsichtig formuliert, eine Übertreibung und in Bezug auf viele eine Unterstellung.

Doch es gibt noch ein zweites Argument gegen Keynes. Es macht nicht die einzelnen Menschen und ihre Bedürfnisse dafür verantwortlich, dass wir immer mehr haben wollen. Sondern es verweist auf den Systemzwang. Die kapitalistische Wirtschaft muss permanent wachsen, darauf ist sie angelegt, und deshalb gäbe es in ihr kein irgendwie denkbares Genug an Waren und Dienstleistungen. Und solange keine Sättigung eintritt, solange werden die Menschen auch viel arbeiten müssen, um all das Benötigte zu produzieren. Sollte diese Sichtweise stimmen, so wäre eine Wende, wie sie sich Keynes für das Jahr 2030 vorstellt, völlig ausgeschlossen. Denn es sind ja keine »widerlichen, krankhaften Leiden« fehlgeleiteter Menschen, die eine Rückkehr zu Maß und Maßhalten verhindern. Es wäre das »widerliche, krankhafte« System des Kapitalismus selbst, das gar nicht anders kann, als ständig neue falsche Bedürfnisse zu entfachen und künstlich anzuheizen.

Das Argument ist sowohl bei Liberalen als auch bei Linken beliebt. Und es enthält zwei starke Annahmen. Die erste ist, dass der Kapitalismus über eine bestimmte Grenze hinaus nicht veränderbar ist. Und die zweite besagt, dass das Ausmaß der Arbeit tatsächlich Schritt für Schritt mit der Erhöhung der Produktivität gewachsen ist, ganz im Sinne der ausführlich diskutierten Kompensationstheorie. Die erste Annahme muss sich fragen lassen: Wo genau liegt denn die Grenze dessen, was der Kapitalismus nicht mehr verkraften soll? Wie lässt sie sich mit holzhackerischer Sicherheit markieren, wenn der Kapitalismus sich in seiner Geschichte doch als enorm lernfähig und schier unendlich geschmeidig gezeigt hat? Nichts charakterisiert die Geschichte kapitalistischen Wirtschaftens so sehr wie seine chamäleonartige Anpassung an neue Bedingungen und Herausforderungen. Der

Manchesterkapitalismus aus der ersten Hälfte des 19. Jahrhunderts, der Kinder in Textilfabriken und Bergwerken verheizte wie Arbeitstiere, ist ebenso ein Kapitalismus wie die soziale Marktwirtschaft in Deutschland heute – aber die Gemeinsamkeiten wiegen nicht entfernt die Unterschiede auf. Was ein kapitalistischer »Systemzwang« ist oder nicht, ist also gar nicht so einfach zu sagen. Mal war es ein Systemzwang, die Löhne der Arbeiter so gering wie möglich zu halten, um wettbewerbsfähig zu sein; ein anderes Mal bestand er in höheren Löhnen, um nachfragestarke Binnenmärkte zu schaffen.

Ebenso wackelig ist auch die zweite Annahme: dass mit dem Produktionsfortschritt der Wohlstand und mit dem Wohlstand die Nachfrage nach Erwerbsarbeit steigt. Verglichen mit dem BIP im 19. Jahrhundert ist der Wohlstand in Deutschland heute pro Kopf um ein Zwanzigfaches höher, nämlich bei etwa 40 000 Euro statt 2000 US-Dollar im Jahr 1870.[8] Selbst wenn man die Statistik um die Inflation bereinigt, ist klar, dass die Nachfrage nach Arbeitskräften nicht entfernt so stark stieg wie das BIP. Hinzu kommt, dass bei weitem nicht jede Erwerbsarbeit in den westlichen Industrieländern ökonomisch notwendig oder überhaupt nur nützlich ist. Ein nicht ganz unbeträchtlicher Teil besteht aus den von dem US-amerikanischen Anthropologen David Graeber sogenannten *Bullshit Jobs*.[9] Viele Jobs bestehen heute, nach Graeber, aus überflüssiger Arbeit oder Zeitvergeudung. Und es gäbe sogar ungezählte Jobs, die gänzlich sinnlos seien. Ihre Arbeit sei eine oft gut bezahlte »Lüge«, und diese Lüge wäre den Beschäftigten selbst auch schmerzlich bewusst. Die Informationsgesellschaft beschäftige heute eine ganze Armada von Erwerbstätigen, Firmenanwälte, Lobbyistinnen, Marketingfachleute, Strategieberaterinnen und Leute in der Werbung, die eigentlich unnötig sind. Graeber redet plakativ von »Lakaien«, die nur ihre Vorgesetzten wichtigmachen. Er redet von »Schlägern«, die anderen Menschen überflüssige Versicherungen oder Geldanlagen aufschwätzen oder als Unternehmensanwälte und PR-Spezialistinnen die gleichen Leute bei der Konkurrenz in Schach halten. Er benennt »Flickschuster«, die entweder die Fehler ihrer Chefs ausbügeln oder durch ihre Arbeit Probleme verlagern. Er erwähnt die »Kästchenankreuzer«, die eigentlich nur die Arbeit anderer dokumentieren und zusammenfassen und damit Engagement vortäuschen, und die »Aufgabenverteiler«, bevorzugt im mittleren Management, die einfach nur Anforderungen delegieren und die jedes Unternehmen und jede Behörde ohne Verlust streichen könnten. All diese Beschäftigungen existierten, nach Graeber, lediglich deshalb, weil sie sich an Stellen befinden, an denen der Rotstift betriebswirtschaftlicher Effizienz nur selten angesetzt wird.

Graeber zitiert Studien, wonach fast 40 Prozent aller Büroangestellten in den westlichen Ländern ihre Arbeit für sinnlos halten. Selbst wenn diese psychologisch empfundene Sinnlosigkeit nicht in gleichem Maße eine ökonomische Sinnlosigkeit sein muss, so fordert die provokative These die Arbeitsgesellschaft in ihrem Selbstverständnis stark heraus. Arbeiten wir heute zu einem nicht unbeträchtlichen Teil deshalb, um zu arbeiten? Und haben wir es dabei fertiggebracht, dass *Care Jobs*, Berufe, die gesellschaftlich nützlich sind und bei denen Menschen wirklich geholfen wird – von der Müllabfuhr über die Polizei bis hin zur Altenpflege –, als *Shit Jobs*, Scheißberufe, angesehen werden? Wohingegen viele höher angesehene und oft gut bezahlte Berufe ziemlich oder sogar gänzlich überflüssig und damit *Bullshit Jobs* sind? Langweilen sich sehr viele Menschen in den Industrieländern in gut bezahlten Berufen auf Kosten derjenigen, die schlecht bezahlt die gesellschaftlich wichtige und sinnvolle Arbeit tun? Und dass, weil, wie Graeber meint, der Finanzkapitalismus, der unsere heutige Welt regiert, seine »Beute« mit Absicht ungerecht verteilt?

Dass der Finanzkapitalismus kein Subjekt ist, das Absichten hat und strategische Ziele verfolgt, scheint Graeber nicht wichtig zu sein. Interessant ist für ihn nur das Ergebnis. Früher unterdrückte der Adel die Bauern und lebte auf deren Kosten. Und auch heute bereichern sich ungezählte Menschen in nutzlosen Berufen indirekt an der Arbeitsleistung derjenigen, die in nützlichen und notwendigen Berufen arbeiten. Will man dem System dabei keine finstere Absicht unterstellen, wie Graeber es tut, lässt sich immerhin sagen: Zwischen Arbeitsleistung, gemessen an der Nützlichkeit, und Entlohnung, gemessen am Geld, besteht in unseren Gesellschaften keinerlei Zusammenhang. Sehr viel nützliche Arbeit wird entweder gar nicht bezahlt, etwa die vor allem von Frauen privat geleistete Haushalts-, Erziehungs- und Betreuungsarbeit. Oder sie wird schlecht bezahlt, wie die Berufe der Helferinnen und Kümmerer, ohne die alles zusammenbrechen würde. Und auf der anderen Seite ist unsere Arbeitswelt voll von Berufen, die keine echten oder wichtigen Bedürfnisse befriedigen. Ein erheblicher Teil davon verdankt sich, wie Oliver Nachtwey anmerkt, der Befolgung und Ausweitung von Regeln.[10] Verfahren ordnungsgemäß abzuwickeln, die Evaluierungswut, die unendliche Zahl an Sitzungen und Gremien und die immer komplexer ausgeweitete Bürokratie, etwa bei der Qualitätssicherung oder im Umwelt- und Arbeitsschutz, schaffen ein Heer von Büroarbeitern, deren gesellschaftlicher Nutzen sich darauf beschränkt, ein Regelwerk zu befolgen.

Ob dieser Wahnsinn Methode hat, wie Graeber vermutet, und dass es in den Industrieländern auch immer darum ging, sinnlose Arbeit zu schaffen, um bloß keine Arbeitslosigkeit zu produzieren, sei dahingestellt. Es könnte auch sein, dass es dafür gar keinen weitsichtigen und umsichtigen Finanzkapitalismus braucht, um die Bürokratie aufzublähen und ja nichts von der »Beute« bei Pflegerinnen und Feuerwehrleuten ankommen zu lassen. Es reicht aus zu sagen, dass die Bürokratisierung mit all ihren Facetten den Arbeitsmarkt mit zuvor nicht notwendigen und nur begrenzt nützlichen Tätigkeiten aufgebläht hat. Und dass, hätte sie dies nicht getan, Millionen Menschen in Deutschland keine Erwerbsarbeit hätten. Keynes' berühmter Satz, es sei besser, Pyramiden zu bauen als Arbeitslosengeld zu zahlen, wurde sehr weit beherzigt. Und vielleicht liegt gerade hierin der Grund, warum seine Enkel noch so viel arbeiten ...? Dass unsere Wirtschaft so viel nicht notwendige Arbeit geschaffen und vermehrt hat und dass wir nicht sehr viel weniger arbeiten als vor fünfzig Jahren, könnte also durchaus Absicht sein. Und ließe sich nicht gegen Keynes einwenden, dass die meisten Menschen vielleicht gar nicht weniger arbeiten wollen?

Gesamtgesellschaftlich scheint etwas dran zu sein. Aber individualpsychologisch stimmt es sicher nicht. Denn die massiv vermehrte nicht notwendige Arbeit macht denen, die sie ausführen, gemeinhin nicht besonders viel Spaß und erzeugt auch keinen tiefen Sinn. Verwaltungsangestellte kommen zwar oft müde, erschöpft und genervt, aber selten ausgelastet und ausgefüllt von ihrem Tagwerk zurück. Die Frage, wie glücklich die Deutschen bei ihrer Erwerbstätigkeit sind, wird permanent erforscht und gemessen. Und die Ergebnisse gleichen sich im Allgemeinen sehr. Der Kästchenankreuzer-Job, bei dem man immer mal wieder einige tausend Menschen danach fragt, wie glücklich sie in ihrem Job sind, hat schon lange Konjunktur. Im Jahr 2020 errechneten die Gewerkschaften bei ihrer jährlichen DGB-Umfrage, dass nur 15 Prozent aller Beschäftigten in Deutschland mit ihrem Beruf so zufrieden seien, dass sie ihn als gut bezeichneten. 39 Prozent sehen ihre Arbeitsqualität im »oberen Mittelfeld«, 31 Prozent im »unteren Mittelfeld«, und 15 Prozent bewerten ihre Arbeitsqualität als »schlecht«.[11] Zu einem ähnlichen Ergebnis kommt auch der Gallup Engagement Index. Danach hält jeder dritte Lohnarbeiter in Deutschland seinen Job für sinnlos. Nur 16 Prozent machen ihre Arbeit gerne, 68 Prozent absolvieren mehr oder weniger Dienst nach Vorschrift, und 16 Prozent geben an, innerlich gekündigt zu haben.[12] Die Ursachen für die Unzufriedenheit reichen von »zu geringem Lohn« über »ungenügende Flexibilität« bis hin zu »Überforderung«.

Dass wir heute vor allem deswegen arbeiten, weil wir das, was wir tun, flächendeckend gerne tun, ist also ein Gerücht. Viele Menschen in den Industrieländern würden gerne *weniger* arbeiten, *etwas anderes* arbeiten oder *anders* arbeiten. Reiner Selbstzweck ist Arbeit nur für die allerwenigsten. Stattdessen stellt sich immer mehr Menschen die Sinnfrage: Warum mache ich das, was ich mache, überhaupt? Dass ich froh bin, einen Job zu haben, bedeutet im Umkehrschluss noch lange nicht, dass das, was ich arbeite, mich glücklich macht.

Damit sehen wir klarer. Der Blick auf die Frage, warum sich die Arbeitsgesellschaft nicht adäquat an den Produktionsfortschritt angepasst und die Arbeitszeit deutlich reduziert hat, hat sich geschärft. Statt uns, wie manche Ökonomen, Politiker und Wirtschaftsjournalisten, mit erstaunlich schlichten Antworten zufriedenzugeben, sollten wir das Zusammenspiel von Markt, Staat, Gesellschaft und Kultur ins Auge fassen. Unsere heutige Arbeitsgesellschaft ist weder ein Abbild menschlicher Gier und allen gleicher menschlicher Bedürfnisse, noch entspricht sie eins zu eins den Erfordernissen eines ominösen Marktes. Wie der ungarisch-österreichische Wirtschaftshistoriker, Soziologe und Ökonom Karl Polanyi in den Vierzigerjahren eindrucksvoll gezeigt hat, hat der Markt allein keine einzige gesamtgesellschaftliche Entwicklung vorangetrieben oder geprägt. Die »große Transformation«, die im 19. Jahrhundert Marktwirtschaften und moderne Nationalstaaten hervorbrachte, wäre ohne staatliches Handeln und staatliche Institutionen nie denkbar gewesen. Ordnungspolitisch gelenkte Marktwirtschaften setzen den »Gesetzen des Marktes« stets ihre gesellschaftlichen Ziele entgegen und kanalisieren damit volkswirtschaftliche Entwicklungen. Sie wirken auf das Tempo ein, entschleunigen oder beschleunigen Prozesse, bestimmen über die Steuer- und Abgabenpolitik, subventionieren gezielte Bereiche und sozialisieren die Folgen wirtschaftlicher Umbrüche durch Vorsorge und Fürsorge sowie durch Interventionen in der Bildungspolitik. Und hinter all dem stehen gesellschaftspolitische Überzeugungen und kulturelle Werte. Sie stimmen niemals eins zu eins mit dem Markt überein oder überantworten sich allein dessen Segnungen.

Bereits Polanyi erkannte scharf, dass der wichtigste Wert im Leben der meisten Menschen nicht das Geld oder der materielle Besitz ist, sondern die Anerkennung aus Sozialbeziehungen. Wäre dies anders, gäbe es wohl nirgendwo auf der Welt Altenpfleger und Krankenpflegerinnen. Bekanntermaßen stehen sie in keinem Land der Welt an der Spitze der Einkommenspyramide. Es ist auch fraglich, ob jemand eine

Million Euro annehmen würde, wenn er gezwungen wäre, in seinem vertrauten Milieu weiterzuleben, aber jedem an seinem Heimatort glaubhaft eingeflüstert wird, man habe sein Geld mit Kinderprostitution in Thailand oder mit Landminen in Somalia erwirtschaftet.

Geld ist kein Selbstzweck. Es ist ein sehr wirksames Mittel, wenn es darum geht, nicht nur materielle Ansprüche zu erfüllen, sondern auch möglichst viel Anerkennung, Status und einen gesellschaftlichen Rang zu erreichen. Wäre ein Porsche preiswert und das allgemein übliche Gefährt von Sozialhilfeempfängern, würden die meisten stolzen Fahrer sich nicht mehr in ihr kultisch verehrtes Auto hineinsetzen. In einer Kultur, in der der ökonomische Erfolg maßgeblich den sozialen Rang bestimmt, ist es verständlicherweise sehr naheliegend für viele, nach Gütern zu streben, die Wohlstand signalisieren. Und je unselbstverständlicher einem der Wohlstand ist, umso demonstrativer werden diese Güter – Handtaschen, Uhren, Fahrzeuge, Eigenheime – gezeigt. Andererseits ist der Zwang zu konsumieren, um in der Statusgesellschaft mitzuspielen, sicher nicht die Hauptmotivation für jegliches Erwerbsarbeiten schlechthin. Einmal wird heute mehr und mehr Wohlstand jenseits der klassischen Arbeitsgesellschaft mit Casinos, Wetten, Rotlicht-Tätigkeiten, Drogen usw. erwirtschaftet. Und zum anderen lässt sich ein plakativer und demonstrativer Status in vielen herkömmlichen Berufen gar nicht erarbeiten.

Die Hauptmotivation, um zu arbeiten, ist deshalb heute eine andere. Es ist die damit verbundene *Selbstverständlichkeit* in einer Gesellschaft, die ein Nichtarbeiten stigmatisiert, solange nicht ausreichend Geld vorhanden ist oder Kinder betreut werden. Einer Erwerbsarbeit nachzugehen ist eine sehr naheliegende Verhaltensweise in einer Kultur, in der ein Nichtarbeiten für Nichtvermögende Verzichten bedeutet: Verzichten auf das, was als Wohlstand betrachtet wird. Verzichten darauf, in einer Kultur mitzuspielen, die überall Optionen für finanziell aufwendige Güter und Lebensgestaltungsideen bereitstellt und die unausgesetzt neue Statusgüter ersinnt, die sie als immer neuen Maßstab anlegt, um den Tiger hungrig zu halten und das ökonomische Spiel ohne Grenzen fortzusetzen. Warum wir arbeiten, beantwortet sich also aus dem Zusammenspiel von Marktlogik, Leitkultur und Sozialpsychologie. Und sowohl die Art und Weise, wie wir arbeiten, als auch die »normale« Arbeitszeit hängen nicht nur an der wirtschaftlichen Entwicklung. Sie hängen ebenso an staatlichen Vorstellungen, die eine entsprechend zugeschnittene Arbeitsgesellschaft kultivieren und durch ihr Rentensystem (und vieles mehr) stützen.

Arbeit, wie sie gegenwärtig organisiert ist, ist dadurch hochgradig moralisch aufgeladen. Sie wird vom Staat geachtet, und das Ausscheren aus der Arbeitsgesellschaft für die Arbeitsfähigen wird geächtet – es sei denn, man ist Mutter (bei Vätern sieht die Sache noch immer etwas anders aus) oder man ist finanziell bessergestellt. Niemand verlangt, dass erfolgreiche Bundesligaspieler nach dem Ende ihrer Karriere arbeiten. Dafür allerdings wird verlangt, dass Hartz-IV-Empfänger Arbeiten, die ihnen staatlicherseits zugewiesen werden, annehmen. Ansonsten drohen ihnen Kürzungen. Nicht das Nichtarbeiten wird folglich geächtet, sondern der Bezug von Transferleistungen ohne Gegenleistung. Stimmt das, dann ist dies überaus folgenschwer. Man braucht sich nun lediglich vorzustellen, dass all jene, die in schlechten wirtschaftlichen Verhältnissen ohne Arbeit leben, irgendwann nicht mehr durch die Arbeit der Erwerbsarbeitenden finanziert würden. In diesem Fall bestünde dann logischerweise kein Grund mehr dazu, die Nichtarbeitenden zu ächten. Werden wir in naher oder mittlerer Zukunft in eine solche Gesellschaft kommen? Und wer ebnet den Weg dahin? Die kluge Einsicht oder schlichtweg der Zusammenbruch des alten Systems?

Labour isn't working

Woran die alte Arbeitsgesellschaft zerbricht

Menschen arbeiten heute in Überflussgesellschaften wie jener in Deutschland, weder um ihre Existenz zu sichern noch um sich selbst zu erhalten. Die Definition aus dem *Gabler Wirtschaftslexikon*, Arbeit werde heute »als ein Potenzial des Menschen zur Existenzsicherung verstanden, für einen Teil der Erwerbstätigen auch der Selbsterhaltung«, ist ein Anachronismus.[1] Es sei denn, man definiert »Existenz« und »Selbsterhaltung« existenzialistisch und nicht ökonomisch. Dann gehören zur Existenz auch Anerkennung, Resonanz, Liebe, soziale Teilhabe und Beteiligung an zahlreichen gesellschaftlichen Aktivitäten. Es ist jedoch äußerst unwahrscheinlich, dass der Verfasser des Beitrags im Wirtschaftslexikon dergleichen im Auge hatte.

Aus diesem Grund ist die wichtigste Frage zur Gesellschaft der Zukunft auch nicht: Wie erhalte ich möglichst alle oder viele Arbeitsplätze? Denn die Arbeit hat in den fortgeschrittenen Ländern des Westens eben nicht mehr die Bedeutung, die Existenz der Menschen sichern zu müssen. Die viel wichtigere Frage ist die nach der Verteilung von Macht und Ressourcen im 21. Jahrhundert; die Frage, wie die Erträge des technischen Fortschritts so verteilt werden können, dass möglichst viele Menschen möglichst viel davon haben. Und je mehr Wohlstand dabei durch Maschinen erzeugt wird und nicht durch die massenhafte Lohnarbeit mittelmäßig qualifizierter Menschen, umso bedeutungsloser wird die enge Verbindung von Arbeit und Einkommen.

Weitsichtig – allerdings viel zu weitsichtig für die damalige Zeit – hatte bereits 1964 eine Gruppe hochkarätiger Wissenschaftler der damaligen US-Regierung ein Memorandum überreicht: *The Triple Revolution*. Der Chemiker Linus Pauling, der Pädagoge und Philosoph Frederick Mayer, Robert Heilbroner und der schwedische Wirtschaftsnobelpreisträger Gunnar Myrdal machen darin drei Revolutionen aus, die die Zukunft umpflügen werden: die *cybernation revolution* immer weiter fortschreitender Automation, die *weaponry revolution* zunehmend tödlicherer Massenvernichtungswaffen und die *human rights revolution* der Durchsetzung der Bürgerrechte für Frauen und Afroamerikaner.

Das Hauptaugenmerk des Memorandums lag auf der *cybernation revolution* und der Zukunft der Arbeitsgesellschaft. Die schier unbegrenzte Produktivität hoch automatisierter Maschinen mache die menschliche Arbeitskraft langfristig immer entbehrlicher und die wenigen Tätigkeiten, die Arbeitnehmern in der Produktion übrig blieben, zunehmend anspruchsvoller, sodass viele Menschen sie nicht ausführen könnten. Damit sei das feste Band zwischen Arbeit und Einkommen gelöst. Ein epochaler Sprung! »Die Überflussgesellschaft«, schreiben die Wissenschaftler, »kann allen Bürgern Wohlstand und wirtschaftliche Absicherung bringen, völlig unabhängig davon, ob sie dem nachgehen, was man gemeinhin als ›Arbeit‹ bezeichnet.«[2] Ob dies gelänge, läge allein am Staat. Er müsse fortan dafür sorgen, dass jedes Individuum und jede Familie ein adäquates Einkommen bezöge – und zwar nicht als Fürsorge, sondern als ein menschliches Grundrecht.

Sozialismus als logische Folge des immer erfolgreicheren Kapitalismus – von dem Gedankenschritt wollte die Regierung von Lyndon B. Johnson verständlicherweise nicht viel hören; nur die Notwendigkeit, künftige Arbeitslose etwas besser aufzufangen, wurde diskutiert. Ob der immer größere Wohlstand aus der Maschinenarbeit wenigen, vielen oder allen zugutekommt, ist also keine Frage natürlicher Evolution, sondern eine des politischen Willens. Und die Tatsache, dass angesichts immenser Produktivität viele Menschen gar nicht mehr zu arbeiten brauchen, um gut zu leben, hinterlässt erst einmal ein Fragezeichen. Die Konsequenz, es ihnen auch tatsächlich zu ermöglichen, ist kein logischer Prozess, sondern eine Frage der Machtverhältnisse.

Tatsächlich sind die Industriegesellschaften seit den Sechzigerjahren nicht den Weg gegangen, die enormen Produktionsgewinne zu nutzen, um alle Bürger grundrechtlich abzusichern. Stattdessen bauten sie ihre Fürsorgesysteme – Arbeitslosengeld, Arbeitslosenhilfe und Sozialhilfe – stärker aus, bestanden aber weiterhin darauf, dass eigentlich jeder erwachsene Mann (bei Frauen war das nicht ebenso wichtig) für seinen Lebensunterhalt arbeiten solle. Das ökonomisch nachlassende Band zwischen Arbeit und Einkommen wurde gesellschaftlich unverdrossen so betrachtet und beschworen, als sei es nach wie vor genauso stark und alternativlos wie in früheren Zeiten. Die Gewinner der neuen, zunehmend automatisierten Ökonomie wurden immer reicher, die Gewerkschaften pochten auf das »Recht auf Arbeit«, und Politiker malten in jedem neuen Jahrzehnt das Wort »Vollbeschäftigung« in den Nachthimmel der Zukunft.

Nichts davon war und ist selbstverständlich. Selbst im *Gabler Wirtschaftslexikon* heißt es: »Ein wesentlicher Aspekt für die Zukunft der Arbeit ist die *zunehmende Freizeit,* durch die die zentrale Stellung der Arbeit im menschlichen Lebenszusammenhang und die Bedeutung der Arbeit für die sozialen Beziehungen berührt wird.«[3] Doch wo ist die »zunehmende Freizeit« geblieben? Warum ist sie nicht flächendeckend gekommen? Die Antwort gibt das Wirtschaftslexikon in jenem Satz, der unmittelbar auf den eben zitierten folgt: »Es ist sehr wahrscheinlich, dass ein Bedeutungswandel von Arbeit eintritt, weil Erwerbstätige im Verlauf ihres Arbeitslebens mehrfach ihren Betrieb und ggf. ihre Tätigkeit wechseln müssen und *zunehmend gezwungen sind*, durch den fortschreitenden technologischen Wandel ihr Humankapital zu verbessern.«[4] Die Pointe ist eindeutig: Im Prinzip ermöglicht die immer perfektere Automatisierung von Arbeit mehr Freizeit. Aber für viele Menschen wird diese potenzielle Freizeit sofort wieder aufgezehrt, weil die Arbeitsverhältnisse unsicherer werden und man unausgesetzt damit beschäftigt ist, sein »Humankapital« zu verbessern. Mal abgesehen davon, dass der Satz hinkt, weil sich Kapital nicht verbessern lässt, sondern nur ausgeben oder vermehren – diese Entwicklung in einem Lexikonartikel als zwangsläufig und zwingend zu definieren, erscheint schon reichlich verblendet.

Bekanntlich blieben die Ideen zur *cybernation revolution* mit ihrem Potenzial, die Gesellschaften des Westens nach vorne zu bringen, historisch ungenutzt. Stattdessen pochten Wirtschaftsverbände sowie die Mehrheit der politischen Parteien in den Industriestaaten darauf, dass gesellschaftlich alles beim Alten bleiben müsse. Und je größer ihr Techno-Optimismus, umso konservativer ihr Menschen- und Gesellschaftsbild. Man reagierte damit nicht weniger gedankenarm und zukunftsblind wie in der ersten industriellen Revolution. Die zukunftsweisende soziale Marktwirtschaft war von den Fabrikherren und Ökonomen nicht entfernt geahnt, geschweige denn vorgedacht worden. Und die bis zu ihrem frühen Tode ausgebeuteten Fabrikarbeiter nahm man als Kollateralschaden gefühlskalt in Kauf; es ging halt nicht anders. Das gleiche Muster wiederholte sich in den letzten Jahrzehnten: Die Technik kann sich in schwindelerregende Höhen winden, aber das menschliche Zusammenleben soll sozial keine weitere Stufe mehr erklimmen können. Die Menschen seien dazu verdammt, auf dem Niveau des Industriekapitalismus des 20. Jahrhunderts zu verharren. Die Reichen werden reicher, die Armen relativ dazu ärmer – so ist der Lauf der Welt, nichts zu machen.

Soll die Technik unser Leben und Zusammenleben aufregend revolutionieren, die Art und Weise, wie wir arbeiten, kommunizieren und denken – beim Wirtschafts- und Sozialsystem dagegen gilt die Maxime: »Keine Experimente!« Die permanenten Sprüche vom Zwang zur Innovation, zur Anpassung an das Neue, zum täglichen Change, vom Aufbruch zu den Sternen – sie gelten nur für die Produktion stets neuer Waren, nicht aber für die umfassende Verbesserung des menschlichen Zusammenlebens. Start-ups sollen die Welt täglich neu erfinden, notfalls auch mit tausend Antworten auf nicht gestellte Fragen und Lösungen für nie gekannte Probleme – aber sie sollen nicht die Gesellschaft fairer, die Spannungen und Konflikte kleiner oder das Leben erfüllter machen.

Dass diese Ignoranz üble Folgen zeitigt, ist schon jetzt unübersehbar. Denn die Realität in den Industrieländern sieht ganz anders aus, als sie sich angesichts der hohen Beschäftigungszahl von fast fünfundvierzig Millionen Erwerbstätigen in Deutschland auf den ersten Blick darstellt. Tatsächlich gab es vor der Corona-Pandemie im Dezember 2019 nach Hochrechnung der Bundesagentur für Arbeit etwa 4 462 000 Menschen, die als »erwerbsfähig« eingestuft werden und Arbeitslosengeld oder Arbeitslosengeld II beziehen. Doch damit sind lange nicht alle erwerbsfähigen Menschen ohne Arbeit erfasst. Dazu kommen noch diejenigen, die das Jobcenter mit dreiundsechzig Jahren zwangsverrentet hat, und jene, die (jenseits der Pandemie) Kurzarbeitergeld erhalten oder kurzfristig krankgemeldet sind.

Ein Zehntel der erwerbsfähigen Bevölkerung in Deutschland geht keiner Erwerbsarbeit nach; eine Zahl, die für die Arbeitsgesellschaft alles in allem noch gut verkraftbar zu sein scheint. Dramatischer dagegen ist, wie sich die Beschäftigungsverhältnisse verändern. Im April 2021 waren in Deutschland 33,6 Millionen Menschen sozialversicherungspflichtig beschäftigt.[5] Mehr als zehn Millionen dagegen arbeiten unter teils prekären und nicht abgesicherten Arbeitsbedingungen. Das ist fast jeder Vierte! Um sich diese Entwicklung vom guten Beruf zum schlechten Job in all ihrer Dynamik vor Augen zu führen, lohnt ein Blick in die Vergangenheit. 1993 arbeiteten nur 4,4 Millionen Menschen in Deutschland in nicht sozialversicherungspflichtigen Jobs. 2013 waren es schon 7,6 Millionen, und heute sind es noch weit mehr. Das Statistische Bundesamt verzeichnet etwa 21 Prozent aller Erwerbstätigen im Niedriglohnsektor mit einer Entlohnung von elf Euro in der Stunde oder weniger.[6] Das entspricht acht Millionen Jobs. Dazu kommt die sprunghaft angestiegene Zahl der »Leiharbeiter« von etwa 200 000 Mitte der Neunziger auf etwa eine Million in den letzten Jahren.[7] Etwa ein Drittel aller offenen Stellen in Deutschland sind Leiharbeiter-Stellen.

Die Entwicklung begann bereits Ende der Siebzigerjahre. Allen voran in Großbritannien stieg die Zahl der prekären Arbeitsverhältnisse rasant an. Manch einer erinnert sich noch an den Slogan der Konservativen, mit dem Margaret Thatcher die Labourpartei düpierte: »*Labour isn't working.*« Das Plakat zeigte eine lange Schlange von vermeintlich Arbeitslosen vor dem Arbeitsamt (tatsächlich waren es Mitglieder der konservativen Partei). Die Wähler verstanden, was Thatcher meinte, wenn sie auf die hohe Arbeitslosigkeit im Land verwies, und verhalfen ihr mit einem großen Sieg zur Macht. Was sie nicht verstanden, war, dass auch die zweite Bedeutung des Satzes zum Wahlprogramm der Konservativen gehörte: *Labour* (unqualifizierte Schufterei) ist nicht *working* (etwas Hochwertiges tun). Die von den Torys neu geschaffenen Arbeitsplätze waren nämlich weniger dauerhafte Berufe als flüchtige und schlecht bezahlte Jobs.

Dass die klassische Arbeitsgesellschaft seitdem nicht mehr das ist, was sie in den Jahrzehnten zuvor war, ist kaum zu übersehen. Daran ändern auch heute die immer zahlreicheren *Crowdworker* nichts, die Lohnarbeiter der Gig Economy, die Pizzaboten und Uber-Fahrer oder die vielen nicht sozialversicherten Reinigungskräfte. Je mehr Paare ein doppeltes Gehalt erwirtschaften, umso wichtiger wird für sie die Putzkraft. Ob bei den Sicherheitsdiensten oder als Kellner und Hilfskoch in der Gastronomie, überall wartet schlecht bezahlte und sozial unabgesicherte Arbeit. Der Soziologe Andreas Reckwitz spricht heute von einer kontinuierlich anwachsenden *Service Class*[8] ohne soziale Aufstiegsmöglichkeiten; ein Befund, der jedoch schon ziemlich alt ist. Bereits in den Achtzigerjahren diagnostizierte André Gorz, der das Gras wachsen hörte, bevor es jeder sah, das Aufkommen einer »neuen Dienstbotenklasse«.[9]

New labour – wie man die Arbeit in zynischer Anspielung an den ehemaligen britischen Premier Tony Blair nennen könnte – bereinigt zwar die Statistiken und befreit die Besserverdienenden davon, sich um manches kümmern zu müssen. Aber die neuen Arbeitsverhältnisse sind nicht die Fortsetzung der Arbeitsgesellschaft, wie wir sie kannten. Eher gleicht sich die Arbeitsgesellschaft strukturell jener in den Schwellenländern an. Die Tendenz treibt viele Erwerbstätige aus dem Zentrum der Produktion in den Randbereich von Dienstbotentätigkeiten. Und statt in einer sozial abgesicherten Firmenkultur, leben sie einsam und frei wie der Marlboro-Mann mit hinreichend Zigaretten, aber ohne Pferd und Prärie.

Die analoge wie die digitale Schattenökonomie verhindern also mitnichten, dass sich die Industriegesellschaften immer weiter spalten, sondern sie sind vielmehr ein Symptom dafür. Das unkritische Vertrauen in die Selbstheilungskräfte des Marktes, das schon Polanyi als Ideologie enttarnt hatte, hat dieses Auseinanderdriften enorm verstärkt. Ihren prägnantesten Ausdruck findet es in dem von konservativen und liberalen Politikern seit Anfang der 2000er-Jahre ungezählt wiederholten Satz: »Sozial ist, was Arbeit schafft!« Dass diese utilitaristische Gleichung – Arbeit ist nützlich, folglich ist sie auch immer sozial – eine finstere Geschichte hat, scheint heute niemanden mehr zu stören. So hatte Alfred Hugenberg, der nationalkonservative Medienzar der Weimarer Republik und Steigbügelhalter Hitlers, während der Weltwirtschaftskrise im Juli 1932 im Rundfunk verkündet: »Die sicherste Gewähr für einen sauberen, starken und gerechten Staat liegt nach den Lehren unserer Geschichte im deutschen Kaisergedanken. Der gesunde Staat wird eine gesunde Wirtschaft haben. Gesunde Wirtschaft bedeutet heute vor allem Beseitigung der Arbeitslosigkeit. *Derjenige ist wirklich und wahrhaft sozial, der Arbeit schafft.* Es gibt ewige Wirtschaftsgesetze, die kein Volk ungestraft verletzen darf.«[10] Dass Hugenberg beim »gesunden Staat« nicht zuletzt an die Nationalsozialisten dachte, bestätigt seine rasch folgende Rolle als Wirtschaftsminister in Hitlers Regierung.

244

Dass die vom Arbeitgeberverband Gesamtmetall gegründete »Initiative Neue Soziale Marktwirtschaft« Hugenbergs Weisheit aufgriff, war keine gute, dafür aber eine enorm wirkungsmächtige Idee. Seit dem Jahr 2000 wiederholte sie den Spruch so oft, bis er schließlich in die Parteiprogramme der Liberalen und Konservativen einsickerte. Dagegen rügte die EU-Kommission 2017 die falsche Arbeits- und Sozialpolitik in Deutschland. Sie stellte nüchtern fest »Im Zeitraum 2008 bis 2014 hat die deutsche Politik in hohem Maße zur Vergrößerung der Armut beigetragen.« Und der UNO-Sozialrat schrieb den Deutschen 2018 eklatante Mängel bei den »sozialen Menschenrechten« ins Stammbuch.[11] Die Maxime »Sozial ist, was Arbeit schafft« führt also unter der Hand nicht zur Fortsetzung der gewohnten Arbeitsgesellschaft, sondern dazu, diese auszuhöhlen. Millionen Menschen, die sich mit schlecht bezahlter Arbeit und Zeitverträgen oder als Minijobber über Wasser halten, stehen in eklatantem Missklang zum Produktionsfortschritt, dem wachsenden Wohlstand im oberen Drittel der Gesellschaft und zu den stark steigenden Gehältern der Besserverdienenden mit horrenden Gehältern bei DAX-Vorständen. Und es gehört schon viel Dreistigkeit und Taschenspielerei dazu, diese Entwicklung als ökonomisch alternativlos und zwingend notwendig darzustellen.

Dass nach Angabe des Deutschen Instituts für Wirtschaftsforschung (DIW) ein Prozent der Deutschen etwa 35 Prozent des individuellen Nettovermögens besitzt und die oberen zehn Prozent etwa 59 Prozent, lässt zunächst kaum an ein Mittelschichtsland wie Deutschland denken.[12] Und die Tendenz zur immer ungleicheren Verteilung des Vermögens nimmt kontinuierlich zu. Für eine Gesellschaft, nach deren Selbstverständnis die Arbeit im Zentrum steht, eine äußerst bedenkliche Tendenz. Denn dass die Vermögensentwicklung des einen Prozents ein Abbild ihrer Arbeitsleistung ist, wird niemand behaupten können.

Für eine sich als solche verstehende Leistungsgesellschaft ist das nicht nichts. Gerade in Deutschland gehört die Erzählung von der Leistungsgesellschaft zum festen Inventar, über das unser Land sich definiert. Dass Leistung sich lohnt und Schweiß, Mühe und Anstrengung belohnt werden, ja, dass die Würde des Menschen mit seiner Arbeitsleistung weitgehend zusammenfällt, sind feste Repertoire-Elemente von der Wirtschaftswunderzeit bis heute. Und tatsächlich war Deutschland in den Fünfziger- bis Achtzigerjahren der Idee der Leistungsgesellschaft näher als sehr viele andere Länder. Der breite Aufstieg einer ganzen Generation aus der Unter- und der unteren Mittelschicht in die mittlere bis obere Mittelschicht durch Bildung und Ausbildung ist unvergessen. Ein Land aus Arbeitern und kleinen Angestellten, das sich in ein Land der Ingenieure, Lehrer, Prokuristen, Abteilungsleiter und Anwälte verwandelt hat, hat nachvollziehbare Gründe, den Leistungsbegriff hochzuhalten. Doch die sich längst in hohem Rentenalter befindliche Aufstiegsgeneration sollte nicht vergessen, dass ihr Erfolg gesellschaftlich stark gewollt und gefördert war – anders wäre ein solcher Massenaufstieg nicht möglich gewesen. Zur eigenen Leistung kommt deshalb auch das Glück, zur richtigen Generation gehört zu haben; einer Generation, die flächendeckend gebildet und immer besser ausgebildet wurde. Sie sollte die zunehmend anspruchsvollere Produktion und die Dienstleistungsgesellschaft mit entsprechend befähigten Arbeitskräften versorgen.

Der Satz, dass, wer sich anstrengt, belohnt wird, galt allerdings auch früher nicht uneingeschränkt. Ein Krankenpfleger oder eine Altenpflegerin mögen sich noch so anstrengen, reich entlohnt werden sie nicht. Das Missverhältnis zwischen

Leistung und Entlohnung ist so alt wie die Geschichte der Lohnarbeit. Auffällig ist eigentlich nur, wenn Leistung und Entlohnung tatsächlich in einem angemessenen Verhältnis stehen und nicht in einem problematischen. Der glasklare liberale Leistungsbegriff, dass, wer mehr leistet, auch mehr verdient, trübt sich in der Realität schnell ein. Zudem scheint er heute keinerlei Maß mehr zu kennen. Entspricht es einer Leistung, dass ein Vorstand zehn-, hundert- oder tausendfach so viel Geld bekommt wie ein durchschnittlicher Angestellter? Der Leistungsbegriff kennt kein inneres Maß, keine Beurteilung des »Wertes« einer Arbeit, sondern am Ende entscheiden schlichtweg Angebot und Nachfrage, Willkür und Macht.

Leistung allein über die Nachfrage zu definieren, ist nicht entfernt dasselbe wie zu sagen: »Wer viel leistet, wird belohnt.« Beide Leistungsbegriffe meinen etwas völlig anderes. Und es ist völlig unverständlich, beide mit dem Etikett »Leistung« zu versehen. Sinnvoller wäre es, den ersten Leistungsbegriff – jenen von Angebot und Nachfrage – durch das Wort »Erfolg« zu ersetzen und von einer »Erfolgsgesellschaft« zu sprechen. Dies entspräche auch der damit verbundenen Anerkennungskultur. Ein Mädchen, das bei einer Castingshow vermeintliches Topmodel wird, wird bewundert; ein kleiner Angestellter, der sein Bestes gibt und zahlreiche Überstunden macht, nicht. Einzig der Erfolg entscheidet heute darüber, welchen sozialen Status man besitzt. Ansonsten wären die Enkel der »Gastarbeiter«, die mit Imponier-Boliden über die Boulevards unserer Großstädte dröhnen, nicht denkbar. Kein Publikum am Straßenrand bemisst deren Erfolg an irgendeiner Arbeitsleistung. Und kaum einer geht davon aus, dass Anstrengung und Fleiß die Wurzel des zur Schau gestellten finanziellen Erfolgs sind. Wer in dieser Szene etwas gelten will, sorgt dafür, möglichst entspannt auszusehen und sich vom Ruch der Arbeit zu befreien. Sei es als Fußballer, Unternehmer in der erweiterten Drogenökonomie oder Mitglied eines erfolgreichen Familienverbands: In allen Fällen ist er Mitglied einer neuen Feudalklasse und von *labour* befreit.

Selbstverständlich ist das genannte Beispiel nur ein unbedeutendes Symptom. Und die hervorgerufene Aufmerksamkeit schwankt zwischen Bewunderung, Fremdschämen und Spott. Doch dass das Spektakel für die Beteiligten offenbar gut genug funktioniert, zeigt gleichwohl an, wie sich die Leistungsgesellschaft verschoben hat. Realitystar oder Influencer ist heute unter jüngeren Menschen eine sehr viel heißer begehrte Existenzform als Bürokauffrau oder Heizungsmonteur. Die Erfolgsgesellschaft überformt Stück für Stück die alte Leistungsgesellschaft. Und schneller Erfolg, sei es durch ein Start-up, durch Börsengeschäfte, als Trickbetrüger oder durch eine Karriere in den sozialen Medien, gewinnt zunehmend an Reiz; jedenfalls mehr als eine langsame und zähe »Laufbahn«.

Dass prekäre Arbeitsverhältnisse rasant anwachsen, dass das untere Drittel der Gesellschaft zu Dienstboten degradiert wird, dass sich das Land zunehmend in Arme und Reiche spaltet, dass Spitzengehälter immer maßloser werden, dass Erfolg ohne den Bezug auf die erbrachte Leistung wertgeschätzt wird, dazu die ausgiebig beschriebene drohende Arbeitslosigkeit in vielen Routineberufen – all das sind unübersehbare Zeichen: Die Arbeits- und Leistungsgesellschaft, wie wir sie kannten, findet in der Zukunft keine Fortsetzung mehr. Der Publizist Mathias Greffrath spricht in diesem Zusammenhang gar von der »Breschnew-Periode des real existierenden Kapitalismus«.[13] Tatsächlich hat die Situation manches gemeinsam. Während das Silicon Valley mit immer steileren

Visionen einer technotopischen Zukunft daherkommt, erodieren derweil die gesellschaftlichen Verhältnisse. Die Epoche der bürgerlichen Leistungsgesellschaft geht schleichend zu Ende, ohne dass dies überhaupt lautstark diskutiert oder gar zum Thema für Wahlen gemacht wird. Dass Millionen Menschen im reichen Deutschland ihre Lebenszeit verstreichen sehen, während sie als Dienstboten den Erfolgreichen dabei helfen, Zeit zu sparen, ist eine bedrohliche soziale Entwicklung. Und sie ist, wie wir sehen werden, weder ökonomisch notwendig noch passt sie zum Selbstverständnis eines Landes, das seit Ludwig Erhard nur eine Entwicklungslinie kannte: jene des zunehmenden Wohlstands für möglichst alle.

Doch nicht nur die Entwicklungstendenz zum Besseren, auch das, was wir heute unter Wohlstand verstehen, hat sich grundlegend verändert: Zeit und Raum – und nicht einfach nur die Früchte der Lohnarbeit – sind heute in den Industrieländern das als am wichtigsten empfundene Wohlstandsgut. Vor allem Zeit wird in der Überflussgesellschaft als dauerhaft knappe Ressource empfunden. Und genau dies macht die äußerst ungleichmäßige Verteilung von Arbeitszeiten zum dringlichen Problem der Gegenwart. Die gleichsam neofeudale Tendenz, die Gesellschaft in eine obere Schicht mit viel Zeit und Raum und in eine untere Schicht von allseits beschäftigten Dienstboten zu spalten, müsste eigentlich alle Parteien und noch mehr die Gewerkschaften alarmieren. Ist es wirklich so, dass die Menschen, die im Callcenter oder als Pizzaboten arbeiten, nichts anderes können als solche einfachsten Tätigkeiten? Das Silicon Valley spricht liebend gerne davon, dass Menschen für Routinearbeiten eigentlich zu schade seien, weswegen sie lieber von Robotern erledigt werden sollten. Aber das ganze Valley lebt von Essensausfahrern, Sicherheitsbediensteten, Putzkräften, Nannys und anderen Dienstboten, die mit »zu schade« offensichtlich nicht gemeint sind. Der utopische Kapitalismus hat stets das obere Drittel der Gesellschaft im Auge, nicht aber diejenigen, die diesem Drittel ihre schönen Lebensumstände ermöglichen.

Kreativität – das Zauberwort des digitalen Zeitalters – scheint für eine bestimmte Gesellschaftsschicht reserviert zu sein; wobei unterstellt ist, dass Informatiker den ganzen Tag kreativ seien und ihre Uber-Fahrer zur Kreativität nicht in der Lage. Erinnerungen an die Feudalherren, die den Bauern nichts zutrauten, eben weil sie Bauern waren, werden wach. Und man darf sich fragen, ob eine Gesellschaft, die meint, in großem Stil Dienstboten zu brauchen, um den Kopf frei zu haben, tatsächlich alles Nötige dafür tut, ein Bildungssystem und einen Arbeitsmarkt zu schaffen, die tatsächlich jedem eine Chance geben, zu Seinem zu kommen.

In der Tat: Die von Andreas Reckwitz so genannte Spätmoderne ist tatsächlich von »neuen Polarisierungen und Paradoxien geprägt«. Und sie stellen die alte Erzählung vom Aufstieg und vom Wohlstand für alle infrage.[14] Erschwerend kommt hinzu, dass die Politik von den Neunzigerjahren bis heute die Sprengkraft der ökonomischen und sozialen Entwicklung dramatisch unterschätzt. Viele staatliche Maßnahmen – die Deregulierung der Finanzmärkte, der ausgebaute Niedriglohnsektor und die Sozialpolitik – wirken im Nachhinein wie der Versuch, den Brand mit Benzin zu löschen. Zahlen-Erfolge in der neu berechneten Arbeitsmarktstatistik leuchteten stets sichtbarer als die langfristige Erosion der Arbeitsgesellschaft. Zu erkennen, dass der eingeschlagene Weg in die falsche Richtung führt, hätte allerdings bedeutet, den Sinn für Alternativen zu schärfen, um tatsächlich einen dauerhaften gesellschaftlichen Fortschritt zu erzielen und keinen Rückschritt. Doch bedauerlicherweise ist es gerade dieses

Alternativbewusstsein, das den Gesellschaften des Westens nach dem Zusammenbruch der Systemkonkurrenz durch den Osten weitreichend abhandengekommen ist.

Die Frage, ob es zügig gelingt, eine Alternative zum gegenwärtigen Leerlaufen der Arbeitsgesellschaft zu entwickeln, wird heute zu einer Schicksalsfrage. Müssen wir mit dem von Reckwitz diagnostizierten »Ende der Illusionen« leben? Oder gelingt uns ein Neuanfang, der die Erzählung vom stetig wachsenden Wohlstand – angepasst an die Herausforderungen und Erwartungen des 21. Jahrhunderts – fortsetzt? Dann aber müssen wir uns nicht nur fragen, wie wir in Zukunft mit den finanziellen Erträgen unseres Wirtschaftssystems umgehen. Wir müssen auch überlegen, was es mit den Menschen macht, deren Arbeitswelt sich fundamental ändert. Was wird ihnen ihren Halt nehmen? Und was wird sie befreien?

Das feste Geländer

Was uns die Arbeit bedeutet

Wie viel Zeit verbringt ein Mensch im Laufe seines Lebens in Deutschland damit, einer Erwerbsarbeit nachzugehen? Die erstaunliche Antwort lautet: etwa ein Zehntel seiner Lebenszeit und ein Siebtel seiner Wachzeit.[1] Denn wer im Durchschnitt acht Stunden an fünf Werktagen arbeitet, vierundzwanzig Urlaubstage im Jahr hat, etwa achtzig Jahre alt wird und davon vierzig Jahre berufstätig gearbeitet hat, hat tatsächlich kaum mehr Zeit mit dem verbracht, was die Gesellschaft gemeinhin als »Arbeit« bezeichnet.

Verwunderlich ist das schon. Wie kann es sein, dass Menschen dermaßen mit etwas identifiziert werden, was sie nur zu einem Zehntel ihrer Lebenszeit tun? Wie können wir unser Selbstverständnis daraus ableiten? Wie können wir sogar sagen, dass unsere menschliche Würde darin liegt, dass wir einer bestimmten Erwerbsarbeit nachgehen oder nachgegangen sind? Oder wie der ehemalige sozialdemokratische Arbeitsminister Olaf Scholz es als gleichsam unverrückbares Faktum formulierte: »An der Erwerbsarbeit hängen Identität, Selbstachtung, Zugehörigkeitsgefühl.«[2] Ganz offensichtlich halten sich viele Menschen an ihrem Berufsleben fest wie an einem Geländer, das ihnen versichert, dass sie ihre Schritte richtig setzen und nicht ins Haltlose stürzen. Und tatsächlich sichert ihnen dieses Geländer den sozialen Status, weist ihnen ihren Platz in der Gesellschaft zu und fügt sie so in den großen Ordnungskosmos der »Arbeitsgesellschaft« ein, dass sie sich als ein sinnvolles Teilchen im großen Getriebe wiederfinden können.

Fast vergessen scheint dabei, dass dieses Geländer noch nicht so alt ist wie die Menschheit selbst, sondern ziemlich neu. Und es ersetzt ein anderes Geländer, an dem sich die Menschen zuvor jahrtausendelang festgehalten haben: das Geländer der großfamiliären Einbindung, der familiären Lebens- und Berufstraditionen und der Verortung in einem Milieu und/oder einer Konfession. Die Arbeitsgesellschaft hingegen hat dieses alte Geländer weitgehend abgerissen und ein neues errichtet mit einer arbeitsteiligen Statik. Wert und Ansehen werden nun überwiegend (wenn auch nicht ausschließlich) nach dem bereits diskutierten vermeintlichen Leistungsprinzip – gemeint sind Hierarchien und Entlohnungen – entschieden, wie willkürlich auch immer Leistung dabei definiert wird.

Ohne Zweifel leistete das neue Geländer in Ländern wie Deutschland lange Zeit einen guten Dienst, insbesondere in der zweiten Hälfte des 20. Jahrhunderts. Und für viele fühlte es sich durchaus gut an zu sagen: Ich *bin* Oberstadtdirektorin, ich *bin* Bezirksschornsteinfeger, ich *bin* Staatsanwältin oder ich *bin* Architekt. Für andere hingegen wurde und wird der unvermeidliche Griff ans weithin sichtbare Geländer zum Fluch. Ich *bin* Leiharbeiterin, ich *bin* Putzkraft oder ich *bin* Gelegenheitsarbeiter auf dem Schlachthof, hörte und hört sich weit weniger gut an. Und was den einen Identität stiftet, stigmatisiert die anderen.

Ob vorteilhaft oder nachteilig – unser gesamtes gesellschaftliches Betriebssystem beruht auf der Lohnarbeit. Arbeitswilligkeit ist eine hochgeschätzte Tugend, Faulheit gesellschaftlich geächtet. Arbeit ist grammatikalisch weiblich, aber kulturell männlich. Frauen ohne Lohnarbeit wird noch im 21. Jahrhundert leichter verziehen als Männern. Arbeit wertet die Existenz auf, selbst der Umgang mit der eigenen Psyche muss durch den Arbeitsbegriff respektabel gemacht werden als Traumarbeit, Trauerarbeit und Beziehungsarbeit.[3] Der deutsche Staatsbürger ist in erster Linie Arbeitsbürger.[4] Bildung, Ausbildung, Arbeit und wohlverdienter Ruhestand rastern seine Biografie. Wer für Geld arbeitet, erwirbt Ansprüche, die der, der nicht für Geld arbeitet, nicht einfordern kann. Wer länger arbeitet, bekommt mehr Rente, wer mehr Einkommen hat, auch. Ob vormals Arbeitsamt oder heute Arbeitsagentur, Arbeit wird nicht zuletzt durch staatliche Institutionen vermittelt. Wer viele Menschen in »Arbeit und Brot« setzt, gilt als erfolgreicher Politiker. Wer steigende Arbeitslosenzahlen verzeichnet, wird dafür so direkt verantwortlich gemacht, als beschäftigte oder entließe er eigenhändig Menschen.

So jedenfalls war es bisher. Dass sich daran vieles ändern wird – in diesem Punkt sind sich alle einig: Arbeitsmarktforscher, Ökonomen, Soziologen, Arbeitgeberverbände, die liberalen Utopisten aus dem Silicon Valley und die linken Utopisten auf ihren Universitätsstellen, in ihren NGOs oder auf ihren Homepages. »Wer sich heute über Arbeit definieren will, merkt sofort, dass das nur noch vorläufig und partiell oder dezisionistisch und totalitär geht«, meinte der Soziologe Heinz Bude schon vor fünfundzwanzig Jahren.[5] Zu Deutsch: Sich über Arbeit zu definieren, ist entweder unvollständig und aufgesetzt oder eine ideologische Übertreibung. Die Losung der neuen Arbeitswelt heißt »Flexibilität«. Und der Arbeitnehmer soll weniger über seinen Beruf als über seine Arbeitsfähigkeit, die *employability,* wie die Harvard-

Ökonomin und Soziologin Rosabeth Moss Kanter sie nennt, definiert sein.[6] Berufliche Tätigkeiten, Jobs, wie sie seit den Achtzigerjahren auch in Deutschland genannt werden, verlangen multiflexible Persönlichkeiten – heute hier, morgen dort – und möglichst ebenso vielfältige »Kompetenzen«.

Nicht verwunderlich, dass ein solches Berufsleben ohne festes Geländer längst nicht von allen begrüßt wird. Heimat- und Milieubindungen werden oft gesprengt, ohne dafür ein neues Gehäuse anzubieten. Für die einen ist das aufregend und reizvoll, für die anderen eine Zumutung. Die Berufsidentität gerät vollends ins Wackeln, wenn Effizienz und Konkurrenzkampf es erfordern, sich auch in fortgeschrittenem Alter permanent weiterzubilden. Überforderung und Burn-outs gehören ebenso zur multiflexiblen Arbeitswelt wie die Freiheit, nicht ein Leben lang das Gleiche tun zu müssen. Und es macht einen kaum irgendwo ausgesprochenen Unterschied, ob die Welt des *works* ihr Geländer verliert oder jene der *labour*. Mögen in der ersten die neuen Chancen und Freiheiten die Risiken und Normierungen überstrahlen, in der Welt der *labour* bedeutet *employability* selten einen Zugewinn. Gemeint sind unsichere Arbeits- und Lohnverhältnisse.

Bereits zu Anfang der 2000er-Jahre sprach der US-amerikanische Soziologe Richard Sennett von der »allgegenwärtigen Drohung, ins Nichts zu fallen«.[7] Und der polnisch-britische Philosoph Zygmunt Bauman beklagte die »Ausgegrenzten der Moderne«.[8] Für beide ist es das große Verdienst der industriellen Moderne, die Arbeitswelt für sehr viele gesichert und abgesichert zu haben. Bringt es da tatsächlich einen Zugewinn oder gar eine Befreiung, diese Sicherheiten wieder aufzulösen? Für Sennett zerstört der »MP3-Kapitalismus« die Lebenswelt vieler Menschen, angetrieben von Jugendwahn und der kalten Ideologie, das Neue stets und unhinterfragt dem Alten vorzuziehen. Wo bleibt die Wertschätzung von liebgewordenen Traditionen? Warum ist Wandel stets besser als Kontinuität? Worin begründet sich der Vorrang von Beschleunigung vor Achtsamkeit und Bedacht?

Das melancholische Unbehagen an der digitalen Wirtschaft und Kultur trifft bei vielen einen Nerv: Jeder Fortschritt ist auch ein Rückschritt, nicht jede Optimierung führt unweigerlich in eine bessere Welt, und Disruptionen sind nicht einfach deshalb gut, weil sie Disruptionen sind. Doch ist im Umkehrschluss die klassische Arbeitsgesellschaft wirklich in allem besser als die neue? Melancholische Marxisten wie Sennett neigen gerne dazu, die jeweilige kapitalistische Zukunft als Rückschritt zu werten und die Vergangenheit dadurch zu verklären; nur dass sie diese Vergangenheit, solange sie noch Gegenwart war, bereits ebenfalls kritisiert hatten. Unglücklicherweise hält Sennett an der links-romantischen Idee fest, Lohnarbeit stifte grundsätzlich Identität; also genau andersherum als Marx, der einsah, dass hochdifferenzierte arbeitsteilige Industriegesellschaften gerade keine identitätsstiftende Lohnarbeit ermöglichen. Ein selbstbestimmtes Leben sei Fabrikarbeitern deshalb nur »jenseits der Sphäre der Produktion« möglich.

Tatsächlich ist die Erzählung von der identitätsstiftenden Arbeit, die linken wie liberalen Denkern so leicht über die Lippen fließt, ein Knäuel von Ungereimtheiten und Widersprüchen. Denn ob Arbeit erfüllend und identitätsstiftend ist, hängt von vielen Faktoren ab. Von der *Tätigkeit selbst* – Arbeit am Fließband dürfte kaum je erfüllend sein, im Callcenter auch selten. Am erfülltesten, so scheint es, ist Arbeit dann, wenn ich weitgehend unabhängig in meiner Arbeit bin, in gleichwohl ziemlich gesicherten Verhältnissen. Der zweite Faktor ist die *Einbindung in ein soziales Miteinander*, bei dem man am Arbeitsplatz in ein wie auch immer geartetes Verhältnis zu seinen Kollegen und Kolleginnen tritt und dadurch (unterschiedlich stark) Anerkennung erfährt. Und der dritte Faktor ist die *Leitkultur* der Gesellschaft. Erkennt sie die Arbeit, die ich leiste, als wertvoll an? Bei wie vielen Menschen sind alle drei identitätsstiftenden Faktoren in ihrem Arbeitsleben voll erfüllt? Und umgekehrt fragt sich: Warum muss eine solche Arbeit, bei der die Beschäftigung Spaß macht, die Zusammenarbeit mit anderen anregend und bestätigend ist und die Tätigkeit als wertvoll anerkannt wird – warum muss diese Arbeit zwangsläufig *Erwerbsarbeit* sein?

Ohne Zweifel beschreibt Sennett die Arbeitswelt der Vergangenheit und der Gegenwart äußerst sensibel und analysiert subtil ihr soziales Gefüge. Doch warum muss er die Erwerbsarbeit gleichwohl für »die Arbeit« halten? Es trübt bedauerlicherweise den Blick für die Möglichkeiten der Zukunft. Liegt nicht im Aufbrechen lebenslanger Berufsidentitäten eine riesige Chance für die Arbeitswelt der Zukunft, sofern man sie mit guten Ideen und klugen Konzepten gestaltet? Und wenn der große *Change* der Arbeitswelt durch die digitale Ökonomie der falsche sein soll, warum macht man daraus nicht den richtigen?

Erwerbsarbeit erfüllt heute *auch* die gesellschaftliche Funktion, Menschen ein soziales Umfeld zu geben, sie dazu zu bringen, sich eingebunden und zur Gesellschaft dazugehörig zu erleben. Doch ist es nicht ein geschichtsblinder Irrtum zu glauben, dass all das notwendig und zwangsläufig an Erwerbsarbeit geknüpft sein muss? Könnte eine der vordringlichsten Aufgaben unseres Jahrhunderts nicht auch die sein: all diese wichtigen sozialen Qualitäten zu sichern, ohne dass es dafür in der Zukunft für alle des gleichen Quantums an Erwerbsarbeit bedarf? Die so fest gezogene Einheit aus Arbeitsgesellschaft, staatlichen Institutionen und bürgerlichem Selbstverständnis ist keineswegs so normal, dass sie sich bis ans Ende des 21. Jahrhunderts erstrecken muss. Wahrscheinlicher befindet sie sich in der vierten industriellen Revolution in Auflösung. Und die Chance, ihre einzelnen Bestandteile den künftigen Anforderungen und Erwartungen gemäß neu zusammenzusetzen, ist tatsächlich da und muss nur ergriffen werden.

Die Aufgabe bestünde dann darin, das Paradox aufzulösen, dass die Arbeitsgesellschaft von zwei einander vollständig widersprechenden Kräften hin- und hergezerrt wird. Auf der einen Seite feiert sie die Effizienzsteigerung durch Maschinen, und die Wirtschaft freut sich darüber, dass man in Zukunft weit weniger Arbeitskräfte braucht. Und auf der anderen Seite bejammert die Arbeitsgesellschaft den damit einhergehenden Arbeitsplatzverlust. Ja, was denn nun? Ist es jetzt gut oder schlecht, wenn Routinearbeit weniger wird? Wenn weniger gearbeitet wird und die Menschen mehr Zeit haben? Gerade die Gewerkschaften müssten eigentlich jubeln: weniger stereotype Arbeit, mehr Freizeit und Muße! Ist das nicht das große Ziel der Gewerkschaften, seit es sie gibt? Und hatte der Deutsche Gewerkschaftsbund nicht 1956 plakatiert: »Samstags gehört Vati mir!« – vielleicht ja schon bald auch donnerstags und freitags?

In der Realität dagegen sehen noch immer die wenigsten das Schwinden von Erwerbsarbeit als einen gewaltigen Fortschritt an. Arbeitslosigkeit – gemeint ist ausschließlich das Freisein von Erwerbsarbeit – gilt heute nicht weniger als Manko und Stigma als in all den Jahrzehnten zuvor. Wer heute seine Arbeit verliert, dürfte kaum damit getröstet sein, dass Arbeitslosigkeit der Naturzustand des Menschen ist, dass die antiken Griechen stolz darauf waren, nicht zu arbei-

ten, und auch der alte Marx sich die allgemeine Selbstverwirklichung nur jenseits der Erwerbsarbeit vorstellen konnte.
In unserer gegenwärtigen Gesellschaft bedeutet der Verlust
von Erwerbsarbeit weniger Einkommen. Und er bedeutet,
mindestens ebenso schlimm, einen Verlust an gesellschaftlicher Anerkennung und damit einen Anschlag auf das Selbstwertgefühl. Während unsere Rente stets »wohlverdient« ist,
ist es selbst die zeitweiligste Arbeitslosigkeit im erwerbsfähigen Alter nicht.

Wer nach langer Arbeitszeit arbeitslos wird, fühlt sich –
und da hilft auch keine anthropologische Poesie über das
angeborene Bedürfnis, kreativ sein zu wollen – als Verlierer.
Ohne das gewohnte Geländer des Arbeitsalltags fehlt ihm
der gewohnte Rhythmus, der ihn mit anderen Erwerbstätigen verbindet. Die feste Zeit- und die Lebensstruktur lösen
sich auf, und man fällt im doppelten Sinn aus der Normalität: einmal im Hinblick auf das eigene Lebensraster und zum
anderen im Hinblick auf die Erwartungshaltung der Gesellschaft. Statt in ihr zu sein, erfährt man sich plötzlich außerhalb ihrer. Denn im Horizont der Arbeitsgesellschaft ist das
Jenseits der Erwerbsarbeit von Erwerbsarbeitsfähigen nicht
(oder nur in genau abgesteckten Bereichen) vorgesehen.
Ohne Erwerbsarbeit ist man entweder nur kurz und episo-
disch oder deshalb, weil man ein mehr oder weniger gleich-
rangiges Ziel, wie etwa Kinder großzuziehen, verfolgt. Aber
selbst dies wird heute kaum mehr flächendeckend als Alternative geschätzt. Wer »nur Hausfrau« oder, schlimmer noch,
»nur Hausmann« ist, steht heute vor einem indirekten gesellschaftlichen Rechtfertigungsdruck, den es für Frauen (anders als für Männer) in den ersten Jahrzehnten der Bundesrepublik gar nicht gab. Die Rolle als Mutter taugt in immer
selteneren Fällen als alternatives Lebensmodell zur Erwerbs-

arbeit. Vielmehr verknüpfen sich für Frauen und zunehmend für Männer beide Ansprüche eng miteinander: sich sowohl in der Familie als auch in der Erwerbsarbeit mehr oder weniger zeitgleich zu verwirklichen.

Je höher der Wert der Erwerbsarbeit in einer Gesellschaft ist, so stellte der Soziologe Karl Otto Hondrich Ende der Neunzigerjahre klar, umso schlimmer sei das Übel der Arbeitslosigkeit.[9] Erwerbsarbeit und Arbeitslosigkeit stehen also nicht nur in einer ökonomischen, sondern ebenso in einer sozialen Korrelation. Gesellschaften wie jene der Antike, jene von indigenen Völkern oder Adelsgesellschaften, die die Erwerbsarbeit gering schätzen, kennen das Problem der Arbeitslosigkeit nicht einmal vom Hörensagen. Und damit auch nicht das Gefühl der individuellen und gesellschaftlichen Nutzlosigkeit von nicht Arbeitenden, das sich gemeinhin nur in Arbeitsgesellschaften einstellt. Zudem ist und war die Zeitstruktur in Nichtarbeitsgesellschaften nicht durch die Arbeit getaktet, sondern eher nach den Tageszeiten, nach religiösen oder sozialen Riten und Zusammenkünften. Die Kategorien, in denen Erfahrungen gemacht werden, sind völlig andere, ebenso die Wertmaßstäbe. Soziale Beziehungen finden nicht an einem Arbeitsplatz statt und werden folglich nicht vermisst, wenn ein solcher Platz wegfällt. Und Status und Identität fallen nicht mit einer bestimmten regelmäßigen Tätigkeit zusammen, sondern folgen völlig anderen Kriterien.

Dass jemand, der erwerbsarbeitsfähig ist, aber keiner Erwerbsarbeit nachgeht, individuell und gesellschaftlich zum Problem wird, ist vor allem eine kulturelle Prägung. Umso erstaunlicher, wie unerbittlich oft am Wert der Arbeit – gemeint ist Erwerbsarbeit – festgehalten wird, so als handele es sich um eine Seinsbestimmung des Menschen. »Arbeit ist mehr als ein lästiges Übel, und sie ist mehr als ein Mittel

zum Geldverdienen«, schreibt die Philosophin und Sozial-
wissenschaftlerin Lisa Herzog von der Universität Groningen
völlig richtig, um dann festzustellen: »Arbeit ist eine zutiefst
menschliche Angelegenheit: etwas, das so sehr zu unserem
Wesen gehört, dass es sie wahrscheinlich auch dann noch
gäbe, wenn die sozialen Verhältnisse komplett anders organisiert würden. Menschen wollen etwas schaffen, sie wollen
die Welt gestalten – Arbeit ist eine zentrale Form, die dieser
Drang annimmt.«[10]

Das Zitat ist ein Volltreffer. Zeigt es nicht in komprimier-
ter Form die gesamte ideologische Voreingenommenheit, die
die Diskussion um die Arbeitsgesellschaft noch immer prägt?
Der Kardinalfehler liegt darin, dass Herzog »Arbeit« und
»Erwerbsarbeit« leichterhand kurzschließt. Dass Erwerbsarbeit, anders als sie nahelegt, nicht die Natur des Menschen
prägt, davon war bereits ausführlich die Rede. »Zutiefst
menschlich« ist sie jedenfalls nicht. Wer das glaubt, spricht
dem größten Teil der menschlichen Natur- und Kulturgeschichte das Menschliche ab. Der gleiche Fehler wiederholt
sich dann bei der Seinsbestimmung des einzelnen Menschen:
»Menschen wollen etwas schaffen, sie wollen die Welt gestalten.« Eine kleine Umfrage in der deutschen Bevölkerung,
wie sehr sie »die Welt gestalten« wollen, dürfte schnell darüber belehren, dass solche passionierten Weltgestalter selbst
in unserer Gesellschaft nicht die Mehrheit sind. Reduziert
man Weltgestaltung nicht auf Grundbedürfnisse wie Körper-
pflege, sich einzurichten, Kinder großzuziehen und die materielle Versorgung sicherzustellen, dann sind die großen Weltgestalter eher selten. Viele Menschen werden lieber in Ruhe
gelassen, als dass es sie zu großen Taten drängt. Und nicht
wenige Menschen in unserem Kulturkreis konsumieren weit
lieber, als dass sie schöpferisch tätig sind. Aussagen darüber,

wie »Menschen« sind, sind immer problematisch. Und die leichtfertige Verwechslung von Anthropologie und kultureller Prägung ist gemeinhin ein festes Kennzeichen ideologischer Voreingenommenheit.

Dass Menschen jahrtausendelang als Bauern arbeiteten und seit etwa zweihundert Jahren auch in Massen in der Industrie, folgt keinem »Drang«, der darin seine »zentrale Form« annimmt. Wäre ihr Überleben und Zusammenleben komfortabel gesichert gewesen – die Zahl der Menschen, die den Drang verspürten, sich mit dem Pflug zu schinden oder im Stahlwerk am Hochofen zu arbeiten, wäre sicher äußerst gering gewesen. Etwas zu tun, sich in welcher Form auch immer auszuleben, gehört zur Natur des Menschen, einer Erwerbsarbeit nachzugehen, nicht. Dass Herzog den Begriff der Arbeit mit beiden Bedeutungen zugleich auflädt, dürfte ihren Hegel-Studien entspringen. Tatsächlich sah Georg Friedrich Wilhelm Hegel in der Arbeit die Selbstverwirklichung des Menschen – allerdings in antiker Tradition, in der *geistigen* Arbeit. Einzig handwerkliche Arbeit, am besten in »Korporationen« nach mittelalterlicher Tradition, erschien ihm gesellschaftlich annehmbar. Die heraufdämmernde Industriearbeit dagegen mit ihrer einförmigen Stumpfheit und dem Elend der Massen, wie damals in England, fiel gar nicht erst unter seinen sehr bürgerlichen Arbeitsbegriff. Wenn Herzog heute *labour* und *work* miteinander gleichsetzt und ebenso leichtfertig wie pathetisch von »der Arbeit« spricht, verwischt sie genau die Unterschiede, auf die es bei aller näheren Untersuchung der Arbeitsgesellschaft ankommt.

Dass viele Menschen ein festes Geländer im Leben wollen und dass dieses Geländer grundsätzlich eine Erwerbsarbeitsbiografie sein muss, ist also nicht dasselbe. Das *und* hält das Bedürfnis und seine derzeitige Befriedigung weit auseinander.

Und je gewaltiger Erwerbsarbeit als »zutiefst menschliche Angelegenheit« interpretiert wird, umso mehr stigmatisiert sie jene, die, aus welchen Gründen auch immer, nicht durch Erwerbsarbeit etwas aus sich oder ihrem Leben machen. Anders als Hegel es wollte, hat der Anspruch auf Selbstverwirklichung selten viel mit der Geschichte der Erwerbsarbeit zu tun gehabt. Dem Fabrikarbeiter des 19. Jahrhunderts und den meisten Arbeitern des 20. Jahrhunderts hat er sich nie gestellt. Dass man seine Talente nutzen, kreativ sein oder sich gar selbst verwirklichen soll – all das waren Ansprüche idealistischer Philosophen. Lange Zeit waren sie völlig illusorisch. Erst heute, in hochmodernen Gesellschaften, werden sie zum ersten Mal allgemein zum Thema. Und erst heute muss sich andererseits schlecht vorkommen, wer das Ziel der Selbstverwirklichung durch Erwerbsarbeit verfehlt. Doch noch immer eignet sich nicht jede Lohnarbeit dazu, dass man sich in ihr in der Fülle seiner Möglichkeiten kreativ und sozial auslebt. Kann man den Anspruch auf Selbstverwirklichung dann weiter eng an die Erwerbsarbeit koppeln? Lässt er sich für viele nicht jenseits des Berufs oder des Jobs besser erfüllen? Und ist es nicht eine schönfärberische Übertreibung, wie Herzog pauschal zu sagen, die Arbeit stelle »uns in soziale Räume, ohne die unser Leben um ein Vielfaches ärmer wäre«?[11]

Ein Blick ins wirkliche Leben belehrt unmissverständlich darüber, dass Lohnarbeit und Anerkennung in der deutschen Realität des Jahres 2021 nicht das Gleiche sind. Und dass der soziale Raum eines Mitarbeiters im Sicherheitsdienst, der nachts ein Gebäude bewacht, ihn wahrscheinlich weit weniger bereichert als seine Mitgliedschaft im Fanclub eines Fußballvereins oder das Zusammensein mit seiner Frau und seinen Kindern. Die Weisheit vom Reichtum der sozialen Arbeitswelt passt auch nicht recht zu dem geschilderten Umstand, dass in Deutschland die Zahl der prekären Arbeitsverhältnisse immer stärker wächst. Und sie passt auch nicht dazu, dass die Digitalisierung immer mehr Arbeitnehmer zum Jobwechsel drängt, der, wie gezeigt, zumindest in den USA bislang überwiegend mit sozialer Verschlechterung einhergeht. Welche Gründe also sollte es dafür geben, statt unsere Arbeitsgesellschaft fundamental umzubauen und bedürfnisgerechter zu machen, die alte Arbeitsgesellschaft zu restaurieren? Oder, mit Herzog gesprochen, »die Arbeit« zu »retten«?

Retten oder ersetzen?

Die Humanisierung der Arbeit

Lässt sich die Arbeitsgesellschaft, wie wir sie kennen, sinnvoll erhalten? Lässt sie sich »humanisieren« oder »zivilisieren«, sodass es gar keinen großen Umbau braucht und die Menschen vor allen Risiken und schädlichen Nebenwirkungen geschützt sind? Nicht wenige Ärzte und Apotheker aus den Zünften der Ökonomen, Soziologinnen und Philosophen haben sich dieser Aufgabe verschrieben. Man will Mittel und Rezepte finden, wie sich unsere Arbeitsgesellschaft strukturell erhalten, zugleich aber heilsamer, schöner und freudiger gestalten lässt.

Das Anliegen ist, wie gezeigt, so alt wie die Geschichte der Lohnarbeitsgesellschaft. Seit der ersten industriellen Revolution kämpften politische Utopisten, Parteien und Gewerkschaften für eine humanere Arbeitsgesellschaft, die die Arbeiter von den schlimmsten Übeln der Ausbeutung befreien und ihnen einen besseren Lebensstandard und mehr Rechte sichern sollten. Besonders lebhaft in Erinnerung sind vor allem jene Verbesserungen, die unter dem Slogan »Humanisierung der Arbeit« seit den späten Sechzigerjahren erstritten wurden. Der Anlass war zwingend. Trotz gewaltiger Automatisierungsschübe waren die Arbeitsbedingungen für die meisten Arbeiter in den westlichen Industriestaaten zunächst die gleichen geblieben. Die *cybernation revolution*, von der

Heilbroner und seine Mitstreiter gesprochen hatten, brachte, wie erwähnt, nicht die sehnsüchtig erwarteten Früchte für die Industriearbeiter hervor. Stattdessen sahen sich die Arbeitnehmervertreter gezwungen, zumindest einen Teil davon in zähen Verhandlungen, Streiks und politischen Auseinandersetzungen einzufordern.

Anders als die Ideen aus dem Expertenkreis zur *Triple Revolution* zielten die Forderungen nicht auf einen großen Neustart. Vielmehr entsprachen sie dem sozialdemokratischen Weg der schrittweisen Reformen und ungezählten Verbesserungen im Kleinen. Je stärker der Lebensstandard in den Sechziger- und Siebzigerjahren stieg, umso sensibler wurde die Gesellschaft für die Frage der Arbeitsbedingungen. Die tayloristische Arbeitsorganisation – benannt nach dem US-Amerikaner Frederick Winslow Taylor, der seit Ende des 19. Jahrhunderts die Arbeitswelt in den USA »verwissenschaftlicht« hatte – wurde für die zweite Hälfte des 20. Jahrhunderts als unzumutbar gebrandmarkt. Denn dass man Arbeit in kleinste Arbeitsschritte zerlegte, die Arbeitszeit kleinteilig mit der Uhr maß und Arbeiten am Fließband ausführen ließ – all das widersprach den Ansprüchen von Arbeitenden, die in einer blühenden Konsumgesellschaft zu Menschen erzogen wurden, die selbst darüber entscheiden sollten, was für sie das Beste sei. Und wer privat zwischen Dash und Omo, Ford und Opel entscheidet, findet sich nicht auf die gleiche Weise damit ab, ein Rädchen im Getriebe zu sein wie ein Lohnsklave im 19. Jahrhundert, der in seinem Leben nahezu nichts selbst bestimmen konnte.

Freier Konsument und unfreier Produzent zu sein, ist ein oft stark empfundener Widerspruch. Und eben der trieb in der Folgezeit zahlreiche Veränderungen voran. Die Bedarfsweckungsgesellschaft konnte nicht dauerhaft vor der

Arbeitswelt haltmachen, ohne unglaubwürdig zu werden. Betriebsräte, betriebliche Mitbestimmung, eine Arbeitsstättenverordnung und ein Betriebsverfassungsgesetz sicherten den Arbeitern von nun an mehr Arbeitsschutz und ein begrenztes Mitspracherecht. Diskutiert wurde zugleich, wie einzelne Arbeitsgruppen in der Planung und in der Fertigung autonomer entscheiden und handeln könnten, wie etwa bei ausgewählten Firmen in Schweden und Norwegen. Seit 1974 existierte in Deutschland sogar ein staatliches Programm namens »Humanisierung des Arbeitslebens«. Es sollte die Arbeitswelt körperlich und sozial zumutbarer und die gesundheitlichen Gefährdungen am Arbeitsplatz geringer machen.

Dass Erwerbsarbeit, wo auch immer dies möglich ist, nicht starr und einförmig, sondern flexibel, dass sie selbstbestimmt, selbst organisiert und innerhalb möglichst flacher Hierarchien geschehen soll – all dies wird inzwischen seit über zwanzig Jahren eingefordert. Doch was ist geschehen? Ohne Zweifel hat der Trend das untere und mittlere Management revolutioniert, ungezählte Projektgruppen geschaffen, Teams und Taskforces. Aber er hat weder die Arbeit im Callcenter verbessert noch die Arbeit im Schlachthof oder das Spargelstechen. Kaum zu überhören ist auch die Kritik aus den Reihen der Industrieverbände. Denn die Humanisierung der Arbeit hat weder den Bankberater zum smarten Problemlöser umgeschult noch große schwerfällige Firmen, Banken und Versicherungen so schlank, flexibel und kundenorientiert gemacht, wie sie es in der digitalen Welt eigentlich sein müssen. Der Kampf um die Verbesserung der individuellen Arbeit und die Ansprüche des zweiten Maschinenzeitalters klaffen heute weit auseinander.

Wenn derzeit von »Humanisierung« die Rede ist, geht es weniger um Mitsprache oder Gesundheitsschutz. Es geht um die Frage: Wie passt man die Arbeitswelt human an die Anforderungen des digitalen Zeitalters an? Zugleich aber durchzieht ein Anspruch die Diskussion, der gegenüber früheren Zeiten völlig neu ist: Ist meine Arbeit sinnvoll? Enthält sie einen höheren Zweck, einen *purpose*, der mehr ist als nur ein Marketing-Slogan? Ein solcher Anspruch auf Selbstverwirklichung durch und in der Arbeit stellt viele etablierte Formen der Arbeitsorganisation vor große Herausforderungen. Nach einer Studie des Meinungsforschungsinstituts Gfk (Growth für Knowledge) im Auftrag von A. T. Kearney nannte schon 2015 fast jeder zweite Studierende an einer Spitzenuniversität den sozialen Nutzen seiner Arbeit als wichtig, nur 14 Prozent kam es vor allem auf ein hohes Gehalt an.[1] Dass die Erwerbsarbeit in einem vertrauensvollen Umfeld stattfindet, dass das Unternehmen glaubwürdig ist und dass es nicht ein Teil des Problems, sondern Teil der Lösung ist, wenn es darum geht, nachhaltig zu wirtschaften und die sozialen wie die Umweltprobleme der Zukunft zu lösen – all das sind heute weit verbreitete Ansprüche all jener, die sie sich leisten können.

Ein wichtiges Indiz für Sinnstiftung und Erfüllung ist gemeinhin: Wer verfügt über meine (Lebens-)Zeit? Darf ich selbst darüber entscheiden, wann und wo ich arbeite? Aus dieser Perspektive betrachtet, ist das zu Coronazeiten reichhaltig erprobte Homeoffice mehr als nur ein ästhetisches Phänomen unserer Alltagskultur. Wer nicht mehr dauerhaft physisch unter Beobachtung steht, gewinnt gegenüber herkömmlicher Arbeit im Büro einen Freiraum auf der Basis von Vertrauen. Zwar kontrollieren das Smartphone und die Nutzung von firmenspezifischen IT-Programmen weiterhin die Aufmerksamkeit des Arbeitenden – aber zum Deal gehört auch im Rahmen der eigenen Zeitplanung, zeitweilig unerreichbar zu sein. Die Einsicht, dass dauerhaft physische Anwesenheit nicht dauerhafter geistiger Anwesenheit entspricht, ist aus jedem Büroalltag bekannt. Das Homeoffice dagegen fokussiert fast durchgängig auf die effektive Nettozeit, nicht auf das Absitzen einer Bruttozeit. Und selbst wenn nach der Pandemie nur wenige Büroarbeitsplätze völlig aus Homeoffice bestehen, sondern meist »hybrid« sein werden – der Trend zu mehr persönlicher Verfügungsgewalt über (Lebens-)Zeit und (Lebens-)Raum ist unumkehrbar.

Durchaus möglich, dass der Siegeszug des Homeoffice irgendwann einmal als der Beginn vom Ausstieg aus dem Beruf gewertet werden könnte; dem Ausstieg aus der bürgerlichen Vorstellung, ein Leben lang das Gleiche zu tun, sich einem entsprechenden Milieu anzupassen und das zu sein, was man arbeitet. Es wäre dann der Anfang vom Ende einer langen und folgenschweren Entwicklung. An ihrem Beginn standen einst die Architektur-Utopien des französischen Architekten Claude-Nicolas Ledoux. Der hatte in den ersten Tagen des 19. Jahrhunderts die Bauten für ein künftiges bürgerliches Zeitalter entworfen – und zwar in erster Linie Häuser der Arbeit und der Berufe. Zusammengesetzt aus geometrischen Formen – die Architektursprache der kühlen Vernunft –, zeichnete er mit Lineal und Zirkel eine Wohntrommel für die Flussdirektoren der Loue; ein großes Stück Wasserrohr, durch welches das Wasser läuft wie hundertdreißig Jahre später durch Frank Lloyd Wrights Fallingwater. Den Reifenmachern dachte Ledoux ein Haus zu mit einer alles überragenden Fassade aus mehreren Rundbögen. Die Botschaft war unmissverständlich: Du bist, was du arbeitest, du sollst dich damit vollständig identifizieren. Und jeder soll es erkennen und dich entsprechend einordnen können in die statische Geometrie der Gesellschaft.

Ledoux' Bauten waren keine Erfolge; der Arbeits-Funktionalismus der damals neu entstehenden Leistungs- und Lohnarbeitsgesellschaft war es schon. Doch gerade davon kann heute immer weniger die Rede sein. Gebrochene Berufsbiografien mögen zwar in den westlichen Industrienationen noch nicht in der Mehrzahl sein und werden auch nicht bei jeder Bewerbung geschätzt. Gleichwohl gehört es in zahlreichen Branchen inzwischen zum *Storytelling*, einschneidende Brüche in seiner Biografie und Erwerbsbiografie zu erzählen oder notfalls zu erfinden. Nach einer Studie des Berufsnetzwerks XING aus dem Jahr 2015 meinte jeder zweite befragte Arbeitnehmer, dass »Umwege im Lebenslauf« kein Hindernis bei einer Einstellung mehr sein müssten.[2]

Für einen großen Teil der Erwerbsarbeit, jene, die sich als *work* klassifizieren lässt, entwickelt sich die Arbeit tatsächlich immer stärker in Richtung Humanität. Das, was ich arbeiten will, fällt dann zusammen mit dem, was ich tue – nicht anders, als sich Marx und Engels das in ihren wilden Pariser Zeiten erträumt hatten. Und tatsächlich gibt es heute viel mehr bezahlte kreative Arbeit als zu ihren Zeiten, ja, viel mehr als in der Geschichte der Erwerbsarbeit überhaupt. Die Frage ist nur, ob der so einschlägig belastete Begriff der Arbeit, die »Mühsal« des Mittelalters, dafür überhaupt noch angemessen ist. Denn wenn es kreativ ist und Spaß macht, ist es eigentlich keine Arbeit. Und dort, wo Arbeit weiterhin übrig bleibt, auf den Feldern der *labour*, kann von Kreativität und Selbstverwirklichung nach wie vor keine Rede sein. Viel Arbeit, die an Maschinen erledigt wird, ist selbst heute noch aufs Höchste körperlich fordernd und gesundheitsgefährdend. Hier verschlechtert sich sogar einiges wie die in Großbritannien und in den Niederlanden zu Millionen geschlossenen Null-Stunden-Verträge. Der Arbeitnehmer hat keine garantierten sicheren Arbeitsstunden mehr, muss aber jederzeit auf Abruf zur Verfügung stehen.[3] Und wer als Kommissionierer oder Fahrerin bei einem Paketzulieferer arbeitet oder sich als Leiharbeiter verdingt, weiß auch heute noch sehr genau, was Ausbeutung ist.

Man sollte immer beide Entwicklungen im Kopf haben, ansonsten lässt sich die gegenwärtige Erwerbsarbeitsgesellschaft nicht verstehen. Wovon aber wird geredet, wenn derzeit von Humanisierung und Rettung der Arbeit die Rede ist? Was sind die Motive dafür, die bestehende Erwerbsarbeitsgesellschaft zu retten? Was sind die Therapien und ihre Erfolgsaussichten? Und was könnte eine sinnvolle und erfüllende Arbeit *für alle* sein?

In ihrem Bemühen, die Arbeit zu retten, schreibt Lisa Herzog nach eigener Aussage gegen zwei Positionen an. Da sind einmal diejenigen, die die Digitalisierung um jeden Preis vorantreiben und sich dabei um die Schicksale der Arbeitenden, ja, um die gesamte soziale Dimension der Arbeit nicht scheren. Ein solcher radikaler Liberalismus wird zwar gelegentlich vertreten, dürfte aber in Deutschland keine allzu bedeutende Position sein. Noch unrealistischer aber ist ihr zweiter Gegner, nämlich all diejenigen, die »auf das *Ende* der Arbeit setzen« und sie entweder abschaffen wollen oder an deren Aussterben glauben.[4] Da Herzog in ihrem »politischen Aufruf« nirgendwo zwischen *work* und *labour* differenziert, fragt sich, wer das sein soll. Wer will die Arbeit im Allgemeinen abschaffen? Gibt es allen Ernstes Denker, die den Arztberuf loswerden wollen, den Staatsanwalt, die Polizisten oder alle Architekten? Die glauben machen wollen, dass »›gute‹ Arbeit in Zukunft … nicht in Form traditioneller Lohnarbeit möglich sei«?[5] Allein der späte Marx, aber kein weiterer ernst zu nehmender Anhänger des libertären Arbeitsbegriffs im 20. und 21. Jahrhundert, hat dies je verfochten. Die Befreiung *von* der Arbeit statt *in* der Arbeit betrifft – wenn überhaupt gefordert – nur die Welt der *labour*, nicht aber jene des *work*. Und dass die Vertreter des libertären Arbeitsbegriffs tatsächlich glauben, dass alle Arbeit im Zuge der Digitalisierung verschwände, ist dermaßen albern, dass Herzog sich diese Position erst selbst ausdenken muss, um sie zu bekämpfen.[6]

Aufgestellt zwischen zwei selbst gemalten Pappkameraden, positioniert sich Herzog in deren Mitte und kämpft dafür, die soziale Bedeutung der Arbeit zu erkennen, dem Markt nicht die alleinige Steuerung zu überlassen sowie Verantwortung und Haftung auf dem Arbeitsmarkt näher aneinanderzukoppeln. Zudem möchte sie die Wirtschaftswelt durch stärkere Partizipation der Arbeitnehmer demokratisieren und dabei »die Rolle der Arbeitswelt für den Zusammenhalt der Gesellschaft nicht aus den Augen verlieren«.[7] So ist für die Autorin von Anfang an als unverrückbar gesetzt, dass »das Prinzip der Solidarität und der Sozialversicherung unter

sich wandelnden Bedingungen auf den Arbeitsmärkten auf-
rechterhalten werden kann«[8] – wobei zu keinem Zeitpunkt
wirklich geklärt wird, *warum* das unbedingt geschehen soll.
Könnte der Arbeitsmarkt nicht auch auf ganz andere Weise
verändert werden, sodass »die Verteilung der Steuerlast auf
Arbeit und Kapital« noch viel gründlicher als von ihr »über-
dacht wird«?[9]

Entsprechend matt fallen Herzogs Vorschläge zur Humanisierung der Arbeit aus: »Weiterbildungskurse, die berufliche Veränderungen auch später im Leben erlauben«, sind
eine gute Sache, aber angesichts der Herausforderung der
Zukunft, wie gezeigt, kein Allheilmittel mehr. »Überbrü-
ckungsgelder« beim Jobwechsel dürften nicht lange etwas
nützen. Eine »Quote für die Beschäftigung von ungeschul-
ten Arbeitnehmerinnen«[10] oder alternativ dazu ein Geldbetrag, der in einen Weiterbildungstopf fließt, sind ein frommer
Wunsch. Denn ungeschultes Personal ist oft nicht einsetzbar,
und nicht jedes Unternehmen besitzt die Mittel, sich davon
freizukaufen. Global erträumt sich Herzog ein funktionieren-
des Regelwerk, »um auf die technischen Veränderungen vorbereitet zu sein«.[11] Wünschen kann man sich das, realistisch
ist es in absehbarer Zeit nicht. Wer schafft ein globales Regelwerk zum Schutz der Arbeitenden, wenn der Konkurrenzkampf mit China, den USA und anderen immer härter und
Wettbewerbsfähigkeit immer existenzieller wird? Dass die
Arbeitswelt dadurch humaner wird, dass allgemein Hierarchien abgebaut werden, muss man ebenfalls sehr stark glauben. Bislang jedenfalls haben viele Firmen, allen voran das
Silicon Valley, zwar Hierarchien abgebaut, aber die Ungleichheit der Löhne mindestens erhalten, wenn nicht sogar vergrößert. Und warum Herzog unbedingt den Versicherungsge-
danken der bestehenden Sozialsysteme verstärken will, bleibt

ihr allergrößtes Geheimnis. Warum reitet sie hier mit zunehmendem Druck partout ein totes Pferd über die Ziellinie? Warum bloß will sie ein Umlagesystem stärken, das durch die demografische Entwicklung enorm geschwächt und durch die digitale Revolution hinweggerafft wird?

Zu guter Letzt wünscht sich die Autorin, dass auch die Arbeitslosen etwas von der Rettung der Arbeit haben – und zwar durch einen »Kulturwandel, der uns Arbeit und Arbeitslosigkeit mit anderen Augen sehen lässt«.[12] Doch wodurch dieser Kulturwandel ermöglicht werden soll, wenn gleichzeitig die Arbeitsgesellschaft und damit die identitätsstiftende Rolle der Arbeit gestärkt werden soll, bleibt, wie so vieles, völlig im Dunkel. Welche Einbindung in die Gesellschaft haben die Menschen, die durch die Digitalisierung ihren Beruf verlieren, von Herzog zu erwarten, wenn vorrangig die Arbeit diese Einbindung garantieren soll? Je höher Arbeit bewertet wird – man erinnere die Analyse von Hondrich –, umso tiefer der Fall der Arbeitslosen.

Der Sozialdemokratie, die Herzog durch ihren Aufruf wecken und stärken will, ist damit nicht geholfen. Tatsächlich wird sie dadurch weiter ins gesellschaftliche Abseits gestellt. Gerechtigkeit, Solidarität, Verantwortung, Fairness, Teilhabe und soziales Eingebundensein sind ohne Zweifel hehre Werte – doch damit sie im 21. Jahrhundert überleben, braucht es mehr als Basteleien am bestehenden System. Und erst wenn man versteht, dass man die Arbeit in Zeiten des epochalen Umbruchs zum zweiten Maschinenzeitalter nicht schlicht und einfach mit den Rezepten des ersten humanisieren kann, versteht man die Lage.

Wenn sich die »Arbeit« schon nicht, wie bei Herzog, mit den bewährten Werkzeugen aus dem Koffer der Sozialdemokratie retten lässt, dann vielleicht dadurch, dass man den Begriff aus dem engen Gehäuse der Erwerbsarbeit befreit und mehr oder weniger alles, was Menschen tun, als Arbeit betrachtet und wertschätzt? Dies zumindest ist das Programm der Freunde des »Dritten Sektors«, die auf eine ganz andere Weise die Arbeit humanisieren und retten wollen als Herzog.

Die Blaupause dafür lieferte 1980 das vom späteren französischen Wirtschafts- und Finanzminister Jacques Delors herausgegebene Manifest *La révolution du temps choisi* (Die Revolution der selbst ausgewählten Zeit). Der technische Fortschritt, meinten die Autoren dieses Buchs bereits vor über vierzig Jahren, werde die Erwerbsarbeit irgendwann so weit verringern, dass den meisten Menschen deutlich mehr Zeit zur Verfügung steht, die sie kreativ nutzen werden: »Die freie Zeit wird den Sieg über die Zeit des Zwangs davontragen, die Freizeit über die Arbeit ... Die Freizeit wird nicht mehr allein der Erholung oder Kompensation dienen, sondern wird die wesentliche Zeit des erfüllten Lebens sein, während die Arbeit auf den Status eines bloßen Mittels reduziert« wird. »Diese freie Zeit wird die gemeinschaftlichen Werte befördern. Man denke nur, welche Umwälzung es für unsere Gesellschaft bedeuteten würde, wenn Kreativität, Konvivialität und Spiel die mit der Arbeit verbundenen Werte von Effizienz und Leistung überwiegen. ... Es geht um nichts Geringeres als darum, Lebenskunst und erneuerte Formen sozialer Kreativität wieder zu erfinden.«[13]

Anders als der sozialdemokratische Weg sahen die Autoren des Manifests die Humanisierung nicht in der Reform der Erwerbsarbeit, sondern darin, Arbeit wieder zu dem zu machen, was sie ursprünglich gewesen sei: das gestalterische Sich-Ausleben des Menschen. Und die Bandbreite an Möglichkeiten dafür sei schier unendlich: »So könnten die Aufgaben der lokalen Selbstverwaltung und der Nachbar-

schaftshilfe sehr viel leichter von ihren Nutznießern wieder-
angeeignet werden; Pflege und Instandhaltungsarbeiten an
individuellem oder gesellschaftlichem Besitz würden einen
neuen Wert bekommen; Mitgliedschaften in verschiedenen
Vereinen wären möglich; Amateure könnten künstlerische
und kulturelle Tätigkeiten entfalten und Kleinkulturen entstehen lassen ... Diese Kultur des unmittelbaren Lebensum-
feldes würde das Gemeinschaftsleben stimulieren und damit
zur ›Wiederverzauberung der Welt‹, zur ›Wiedergeburt des
Gefühls‹ beitragen ... Diese gesellschaftliche Dynamik wird
uns auch den Weg zu jenen schönen Ausdrücken des ›Tätig-
Seins‹ oder des ›Werks‹ wieder eröffnen, die uns die moderne
Arbeit hat vergessen lassen. Und wir setzen darauf, dass sie
die Gesellschaft geselliger machen und jeden stärker an seiner
Umwelt teilhaben lassen.«[14]

Der Erste, der den Impuls zur »Revolution der selbst ausgewählten Zeit« aufgriff und sich um entsprechende Konzepte bemühte, war André Gorz. Ihm war klar, dass der technologische Fortschritt seinen Sinn nicht in sich selbst trägt,
sondern erst dadurch sinnvoll wird, dass man seine Auswirkungen auf die Arbeitswelt zum Wohle der meisten nutzt.
Umgekehrt bedeutete das für ihn, dass, »wenn die gesparte
Arbeitszeit nicht dazu dient, Zeit freizusetzen, und wenn
diese befreite Zeit keine Zeit der ›freien Entfaltung des Individuums‹ ist, dann ist dieses Sparen von Arbeitszeit völlig
sinnlos«.[15] Je mehr Zeit bei der Erwerbsarbeit gespart wird,
umso mehr stehe der »Eigenarbeit« zur Verfügung – eine Eigenarbeit, die nicht für den Markt oder den Staat erbracht
wird, sondern in einem »Dritten Sektor«.

In Gorz' Modell tritt dieser Sektor mindestens gleichberechtigt neben die Erwerbsarbeit und sorgt für ein erfülltes
Leben. Dafür stellt er sich vor, dass, ganz im Sinne von Lafar-

gue und Wilde, die ökonomisch notwendigen Arbeitsstunden in Frankreich von im Durchschnitt 1600 jährlichen Arbeitsstunden innerhalb von zwanzig Jahren auf 1000 Arbeitsstunden reduziert werden – und das bei unverändertem Lohn. Zudem sollen sich die Arbeitnehmer ihre Arbeitszeit möglichst frei einteilen dürfen. Wie das in der Praxis aussehen soll, verrät Gorz allerdings nicht. Soll der Staat allgemeine Arbeitszeitverkürzungen anordnen, sodass Polizistinnen, Arzthelferinnen und Manager allesamt weniger arbeiten? Wie viele Polizisten und Polizistinnen müssten dafür zusätzlich eingestellt werden, und woher soll man sie nehmen? Wie viele Arztpraxen würden dies überleben? Wie viele Managerinnen möchten sich die Zahl ihrer Arbeitsstunden vom Staat begrenzen lassen? Dürfen Lokführer von nun an selbst entscheiden, in welchen Wochen sie zum Dienst erscheinen möchten, ebenso wie Soldatinnen oder Feuerwehrleute? Was gut gemeint ist, verwandelt sich unter der Hand in eine sozialistische Allmachtsfantasie ohne Realitätssinn. Kein Wunder, dass Gorz später von seinen Fantasien abrückte und sich dem Kampf um ein Bedingungsloses Grundeinkommen anschloss, das er in den Achtzigerjahren noch mit allem rhetorischen Feuer und vielen verbalen Schwertern bekämpft hatte.

Doch die Idee der »Eigenarbeit« war damit nicht aus der Welt. Der von der Arbeitsgesellschaft ignorierte oder gering geschätzte Dritte Sektor, auf dem so viel notwendige, nützliche und erfüllende Arbeit ohne Lohn geleistet wird, beschäftigte in den Neunzigerjahren weiterhin zahlreiche Gemüter. Einen Höhepunkt erreichte die Debatte 1998 in *Wie wir arbeiten werden*, einem »neuen Bericht an den Club of Rome«.[16] Die Zahl der Arbeitslosen in den OECD-Staaten war auf sechsunddreißig Millionen gestiegen. Gleichzeitig reduzierte die neoliberale Politik in vielen Ländern die sozialen Sicherungssysteme. In dieser Lage fabulierten die Autoren des Berichts, Orio Giarini und Patrick M. Liedtke, von einer ganz »neuen Politik der Vollbeschäftigung«. Die Erwerbsarbeitsgesellschaft müsse sich dafür in ein »Mehrschichtenmodell von Arbeit« verwandeln. Zu den Schichten der regulären Erwerbsarbeit und der ehrenamtlichen Arbeit solle eine dritte hinzukommen: die »Basiseinheit der Arbeit«.

Wie zuvor Gorz, so stellen sich Giarini und Liedtke Staaten vor, die mit drakonischen Regelungen die Arbeitsgesellschaft neu ordnen. Jeder Arbeitnehmer hätte dann das Recht auf eine Teilzeitarbeitsstelle von etwa zwanzig Arbeitsstunden, entlohnt mit einem existenzsichernden Mindesteinkommen. Passende Bereiche dafür wären der Bildungssektor, das Gesundheitswesen oder soziale Arbeiten. Geht der Arbeitsgesellschaft die bezahlte Arbeit aus, so muss eben künstlich neue geschaffen werden – und zwar mit staatlichem Geld. Und Arbeitsunwilligkeit oder mangelnde Qualifikationen scheint es nicht zu geben. Setzte man diese Idee um, so gäbe es neben glücklichen Menschen, die sich endlich nützlich machen könnten, vermutlich Millionen von Teilzeitbeschäftigten, die unwillig und ungeeignet einer Tätigkeit nachgehen müssen, da ihnen ansonsten der Geldhahn abgedreht wird. Ob es erfüllend und bereichernd ist, von solchen Menschen Bildung oder soziale Fürsorge zu empfangen, darüber darf sich jeder ein eigenes Urteil erlauben. Darin eine zukunftsweisende Lösung zu sehen und keinen anachronistischen Trotz, ist jedenfalls nicht leicht.

Auch in Deutschland nahm die Debatte um die Eigenarbeit und den Dritten Sektor Mitte der Neunziger stark Fahrt auf. Besonders engagiert zeigte sich der Soziologe Ulrich Beck, Professor an der Ludwig-Maximilians-Universität München. In den Jahren 1996/97 entwarf er ein Konzept der »Bürgerarbeit« für die Bayerisch-Sächsische Zukunftskommission des sächsischen Ministerpräsidenten Kurt Biedenkopf und seines Mitstreiters Meinhard Miegel. Wie die Autoren des »neuen Berichts an den Club of Rome« nahm auch Beck an, dass die Automatisierung das Angebot an bezahlter Arbeit langfristig stark verringern würde. Als Anhänger des sozialdemokratischen, nicht des libertären Arbeitsbegriffs, wollte Beck das für ihn unverzichtbare Gut massenhafter Erwerbsarbeit gleichwohl retten. Folglich schlug er vor, den Sektor der Erwerbsarbeit auf den Dritten Sektor auszuweiten und als »Bürgerarbeit« entsprechend aufzuwerten. Bürgerarbeit ist für ihn »freiwilliges soziales Engagement, das projektgebunden (und damit zeitlich begrenzt) in kooperativen, selbstorganisierten Arbeitsformen unter der Regie eines Gemeinwohl-Unternehmers, autorisiert, abgestimmt mit dem (kommunalen) Ausschuß für Bürgerarbeit ausgeschrieben, beraten und durchgeführt wird«.[17]

Würde Bürgerarbeit neben der Erwerbsarbeit als Arbeit anerkannt, so hätten die auf diesem Sektor Aktiven, nach Beck, ebenso »Spaß« und »Anerkennung« wie die Erwerbstätigen. Junge Akademiker, die in den Neunzigerjahren Schwierigkeiten hatten, eine dauerhafte Beschäftigung auf dem Arbeitsmarkt zu finden, könnten davon profitieren. Die Bürgerarbeit bereite sie auf das in Zukunft geforderte lebenslange Lernen vor, entgrenze ihren Horizont und biete sich als zeitweise Alternative und längerfristige Teilzeitbeschäftigung an. Arbeitslose und erwerbsfähige Sozialhilfeempfänger hätten eine befriedigende Beschäftigung ebenso wie Hausfrauen und Hausmänner auf der Suche nach einer neuen Herausforderung. Das Gleiche gälte für Rentner und Rentnerinnen, die sich noch nicht zum alten Eisen zählen, oder für Menschen, die einfach mal für eine Zeit aus ihrem Beruf aussteigen wollten. All diese Nichterwerbstätigen würden auf diese Weise nicht ausgegrenzt und an den Rand der Gesellschaft gestellt, sondern integriert und »immateriell« durch Anerkennung und »materiell« durch ein »Bürgergeld« aus den Sozialkassen belohnt.

Beck sieht in seiner »dualen Beschäftigungsgesellschaft« einen unschätzbaren Vorteil: Der durch Arbeit entstehende »Sinn« würde aus der engen Klammer der Erwerbsarbeit befreit und weit in die Gesellschaft getragen. Damit entspränge eine ganze »Kultur der Kreativität«, und die Zahl der Arbeitslosen würde drastisch verkleinert. Aus der Erwerbsarbeitsgesellschaft werde eine »gemischte Tätigkeitsgesellschaft«. Und »es entsteht eine öffentliche Nische, in der die Menschen die schönen Seiten eines begrenzten ›Arbeitsdrogenentzugs‹ erfahren können«.[18] Dass sie dies in Massen annehmen werden, daran beschleichen Beck keine Zweifel. Wünschen sich, fragt er, Sozialhilfeempfänger nichts sehnlicher als soziale Anerkennung?

Tatsächlich setzt sich Beck mit seiner »dualen Beschäftigungsgesellschaft« zwischen alle Stühle. Dass Sozialhilfeempfänger ihre Suche nach gesellschaftlicher Anerkennung über alles stellen, ist kaum mehr als ein Gerücht. Tatsächlich sind in der gegenwärtigen Arbeitsgesellschaft vor allem jene besonders motiviert dazu, sich ehrenamtlich oder bürgerschaftlich zu engagieren, die gerade kein Anerkennungsdefizit durch das Fehlen von Erwerbsarbeit haben. Wer Vollzeit beschäftigt ist, engagiert sich weitaus häufiger als derjenige, der arbeitslos ist. Die Bürgergesellschaft würde daran wohl nicht viel ändern. Denn wie soll man sie stärken, wenn man Bürgerarbeit gleichzeitig weiterhin als Arbeit zweiter Klasse betrachtet? Warum sollen Sozialhilfeempfänger begierig darauf sein, für ein Geld zu arbeiten, das sie ohnehin bekommen in einer Tätigkeit, die aller rhetorischen Poesie zum Trotz nur als Ersatzarbeit bewertet wird, da die Erwerbsarbeitsgesellschaft nach wie vor den Maßstab bildet? Immerhin sollen die staatlichen Stellen und die Projektleiter der Bürgerarbeit, nach Beck, ja darauf »achten, daß durch die Beteiligung an Bürgerarbeit die Bereitschaft zu regulärer Erwerbsarbeit und Tätigkeiten im Rahmen der Sozialhilfe nicht beeinträchtigt wird«.[19]

Becks duale Beschäftigungsgesellschaft ist eine Kopfgeburt und ein Papiertiger, und dass sie keinen Sitz im Leben gefunden hat, darf nicht verwundern. Das sozialdemokratische Festklammern an der alten Erwerbsarbeitsgesellschaft, zu der die Tätigkeitsgesellschaft nur ergänzend hinzugefügt wird, ist ein fauler Kompromiss. Hätte man je versucht, sie zu realisieren, so stünde noch heute ein bürokratisches Monster als Torso in der Landschaft. Staatliche Ausschüsse und eine regionale Bürgerarbeitsverwaltung, die die Arbeitslosen nicht arbeitslos sein lässt, sondern sie unausgesetzt danach befragt, welchen Ersatzdienst zur Erwerbsarbeit sie denn nun zu verrichten gedenken. Kurz vor deren Verglühen weitete sich der Schatten der verblassenden Arbeitsgesellschaft noch einmal schier unendlich aus und legte sich schwerer denn je auf jeden Erwerbsfähigen.

Dass Beck seine gedankliche Behausung schnell wieder verließ, wird nicht verwundern. Stattdessen näherte er sich erst zeitweilig Gerhard Schröders »Agenda 2010« an, um diese dann später als »Brasilianisierung« der Arbeitswelt zu brandmarken. Was er soeben lobte, wurde ihm schnell zum »Einbruch des Prekären, Diskontinuierlichen, Flockigen, Informellen in die westlichen Bastionen der Vollbeschäftigungsgesellschaft«; ein »sozialstruktureller Flickenteppich« aus »Vielfalt, Unübersichtlichkeit und Unsicherheit«.[20] Am Ende seines Schlingerkurses landete auch der zum Professor an der London School of Economics and Political Science beförderte Beck bei der Idee des Bedingungslosen Grundeinkommens.

Die klassische Arbeitsgesellschaft ist weder durch ein Mehrschichtenmodell noch durch ein duales Beschäftigungsmodell zu retten. Diese These vertrat bereits 1996 der US-amerikanische Erfolgsautor Jeremy Rifkin. Sein internationaler Bestseller verkündete deshalb mit ganz großer Geste *The End of Work* (*Das Ende der Arbeit und ihre Zukunft*).[21] Ohne Angst vor dem naheliegenden Gesichtsverlust rechnete Rifkin seinen Lesern vor, dass 2010 nur noch zwölf Prozent aller Erwerbstätigen Industriearbeit verrichten würden, und 2020 sollten es noch zwei Prozent sein. Was die Automatisierung übrig lasse, sei vor allem Arbeit auf dem Dritten Sektor, bislang unbezahlte Arbeit, bei der Menschen sich um sich selbst, andere Menschen und um die Umwelt kümmern würden. Alles, was es dafür bräuchte, wäre ein neues Steuermodell, bei dem die Gewinne aus der automatisierten Produktion so umgeleitet würden, dass der Dritte Sektor reich gedüngt erblühen könnte.

Dass Rifkins Prognose allzu feurig und steil war, dürfte ihm schnell klar geworden sein. In Deutschland zum Beispiel arbeiten noch immer über acht Millionen Menschen im produzierenden Gewerbe, etwa ebenso viele wie im Jahr 2008.[22] Und auch der viel größere Sektor bezahlter Dienstleistungen ist bislang nicht zur Bedeutungslosigkeit geschrumpft. Dass man guten Ideen auch durch maßlose Übertreibung schaden kann, scheint den glühenden Apostel des Neuen allerdings nicht weiter zu betrüben. Dies zeigt sein 2014 erschienenes Buch *The Zero Marginal Cost Society: The Internet of Things, the Collaborative Commons, and the Eclipse of Capitalism* (*Die Null-Grenzkosten-Gesellschaft*).[23] Da das zweite Maschinenzeitalter die Welt nahezu kostenfrei vernetzt, allen Menschen unbegrenzte Kommunikationskanäle zur Verfügung stehen und unendliches Wissen für jeden zugänglich ist, implodiere nicht nur die Arbeitsgesellschaft, sondern gleich der Kapitalismus. Tatsächlich vertritt Rifkin hier genau Marx' These aus dem »Maschinenfragment«: Eine voll automatisierte Produktion und ein allgemein verfügbarer *general intellect* machten das auf Ausbeutung und Wissensmonopolen basierende System des Kapitalismus hinfällig. Die exponentiell fallenden Kosten bei exponentiell steigender Effizienz »sprengten« ihn einfach, wie Marx gesagt hatte, »in die Luft«. An seine Stelle lässt Rifkins Fantasie *collaborative commons* treten, Kooperateure, die gemeinsam wirtschaften, ohne sich am jeweils anderen monetär zu bereichern.

Humanisierung der Arbeitswelt bedeutet für Rifkin also die notwendige Abschaffung des Kapitalismus. Und dessen selbst gesprengte Ruine muss in einer »dritten Revolution« nur noch abgeräumt werden. Der Dritte Sektor vergrößert sich also nicht einfach wie im Buch über das Ende der Arbeit behauptet – er übernimmt zugleich alle Macht und ist, geht es nach Rifkin, das Einzige, was in der Arbeitswelt zukünftig überhaupt noch überlebt. Große Konzerne gibt es nicht mehr, sie sind überflüssig geworden. Und was man zum Leben braucht, teilt man sich, seien es Wohnungen oder Autos, Werkzeuge oder Wissen.

Viel steiler geht es kaum noch. Krankte nicht schon Marx' Prophezeiung daran, dass das verarbeitende Gewerbe nicht alles und eben auch der Dienstleistungssektor weitgehend kapitalistisch geprägt ist? Mögen Banken im zweiten Maschinenzeitalter implodieren, der ganze Dienstleistungssektor fliegt gewiss nicht so schnell in die Luft, wie Marx und

Rifkin prophezeien. Man sollte vielleicht auch genauer hinsehen, wo die *shared economy*, die Kultur des Teilens, besonders ausgeprägt ist. Nämlich vor allem da, wo Menschen *work* ausüben und nicht zu *labour* verdammt sind. Geteilt wird vornehmlich in den urbanen Milieus und unter jungen Besserverdienenden, nicht aber unter Gelegenheits- und Leiharbeitern und all den anderen derzeitigen Verlierern der digitalen Revolution. Von einer teilenden Gesellschaft sind alle Industrienationen ebenso weit entfernt wie vom Implodieren der Großkonzerne. Und wer als Geringverdiener seine Wohnung über Airbnb vermietet, sieht darin keinen Baustein der Gemeinwohlökonomie, sondern eher eine bittere Notwendigkeit.

Effizienzsteigerung, Kostenverfall und allgemein verfügbares Wissen in Form des *general intellect* führen derzeit nicht zwangsläufig in die Gemeinwohlökonomie. Die »dritte Revolution« müsste deshalb von demokratischen Mehrheiten erst angestiftet und gegen starke Machtinteressen durchgesetzt werden. Denn der *general intellect* ist nicht frei und unabhängig, er regiert nicht, sondern er gehört weitgehend privaten Konzernen wie Google oder Facebook. Und der Kostenverfall digitaler Konsumgüter zielt nicht ins Bodenlose, sondern ermöglicht bislang noch immer neue Geschäftsmodelle in der digitalen Welt. Dass eine solche Revolution irgendwann kommt, ist zwar irgendwie weit entfernt denkbar, steht aber gleichwohl in den Sternen. Und Rifkin dürfte es nicht anders ergehen als Marx – wartete der doch zu Lebzeiten so ungeduldig wie vergeblich darauf, dass seine Erwartungen sich erfüllten.

Anders als Rifkin verzichtete der österreichisch-US-amerikanische Sozialphilosoph Frithjof Bergmann auf jede Prophezeiung. Auch er gehört zu den Aposteln einer humanisierten

Arbeitswelt, die er *New Work* nennt. Doch statt die Zukunft vorherzusehen, verlegte er sich bis zu seinem Tod im Jahr 2021 aufs Predigen. Angefangen hatte es in den Achtzigerjahren in Flint, der größten Produktionsstätte von General Motors, etwa hundert Kilometer nordwestlich von Detroit. Bergmann hatte hier ein »Zentrum für Neue Arbeit« eingerichtet. Als Professor der University of Michigan riet er dem ins Schlingern geratenen Automobilkonzern nicht, wie geplant, die Hälfte der Arbeiter zu entlassen. Stattdessen sollte die Belegschaft nur noch sechs Monate im Jahr in der Produktion beschäftigt sein. Die übrige Zeit stünde ihnen frei, um in seinem Zentrum herauszufinden, was »sie wirklich, wirklich wollen«. Die Formulierung, die Bergmann seitdem unzählige Male wiederholte, wurde zu seinem Mantra. Und der Legende nach gründete oder inspirierte er fortan über dreißig Zentren für Neue Arbeit. Tatsächlich belegt an der Geschichte ist nur, dass General Motors eine Weile sein Zentrum finanzierte. Seinem großen Vorschlag eines »horizontalen Schnitts« durch die Arbeitszeit folgte der Konzern nicht.

Ein Leben lang war es ziemlich still um Bergmann. Erst hochbetagt schlug seine Stunde: Er wurde zum gefragten Redner auf Seminaren und Kongressen. Er formulierte ein ums andere Mal schöne Sätze auf Podien, verlangte, dass Arbeit uns Kraft und Energie verleihen und dass sie uns zu »lebendigeren, vollständigeren Menschen« machen soll. Schlechte Arbeit sei eine »milde Krankheit« und gute Arbeit mindestens so gut wie guter Sex. Ganz im Stil eines Predigers nannte er gute Arbeit sogar eine »Erlösung«. Wen soll es wundern, dass sein Hauptwerk *New Work New Culture* (*Neue Arbeit, Neue Kultur*) tatsächlich wie eine Bibel geschrieben ist, ohne Hinweise auf seine gedanklichen Vorläufer, auf alternative Ideen, und gänzlich ohne Anmerkungen.[24]

Bergmanns schöne Worte über die künftige Arbeitswelt passen gut in die Zeit des digitalen Umbruchs. Sie spiegeln die ins Unermessliche wachsenden Ansprüche der jungen hochqualifizierten Mitarbeiter. Und sie scheinen Managern, Konzernchefs und Beratern den Weg zu weisen, wie es mit der Erwerbsarbeit weitergehen soll. Zugleich aber sind die Bonmots auf bestechend harmlose Weise unpolitisch. Zwar plädiert auch Bergmann dafür, dass wir in der Zukunft im Durchschnitt weit weniger arbeiten und die Erwerbsarbeit vielleicht nur noch ein Drittel unseres Alltags ausmachen soll. Er wagt die Prognose, dass »das Lohnarbeitssystem« dabei sei »zu sterben, und das nun das nächste System, die Neue Arbeit« aufgebaut werden müsse; eine Arbeit, die nicht mehr einem Zweck diene, sondern Zweck an sich selbst ist.[25] Doch so hübsch der Gedanke ist, Bergmann erklärte weder auf Podien noch in seinen apodiktischen Büchern, wie all das konkret vonstattengehen soll.

Die Zeit der Erwerbsarbeit drastisch reduzieren, die Eigenarbeit (*High-Tech-Self-Providing*) und das, »was man wirklich, wirklich will«, jeweils auf den gleichen Umfang ausdehnen und die wichtigen Dinge in kooperativer Selbstversorgung herstellen – ist das wirklich so, dass sich diese *New Work* in Zukunft in der ganzen Welt ausbreiten wird? Ganz ohne politischen Kampf? Einfach, weil das Konzept so überzeugend ist? Bergmann gibt nicht den geringsten Anhaltspunkt dafür, wie er die Arbeit der Müllabfuhr in den USA, der Reisbauern in Vietnam oder jene in einer indischen Großküche so transformieren will, dass sie den dort Tätigen von nun an »mehr Kraft und Energie« verleiht und ebenso gut wie Sex ist.[26] Man muss dafür nicht einmal in die Ferne schweifen: Wie sehen »Selbstständigkeit, Freiheit und Teilhabe« auf einem deutschen Finanzamt aus, in einem Callcenter oder auf einer

Intensivstation? Und was träte an deren Stelle, wenn man sie mangels künftigen Personals schließen müsste? Kein Wunder bei so viel Esoterik, dass Bergmanns *New Work* ihren Platz eher dort findet, wo ohnehin von *work* und nicht von *labour* die Rede ist: als frivoler Denkanstoß bei Unternehmensberatern und in Manager-Seminaren.

Hat Bergmann den Fließbandarbeitern in Flint mit Zustimmung des Konzerns wirklich erzählt, sie sollten von nun an lieber etwas völlig anderes tun? Leicht zu glauben ist das nicht. Die eine Bergmann-Anekdote, dass ein bekehrter Arbeiter anschließend Yoga-Lehrer wurde, steht ziemlich allein in der Landschaft. Es ist wenig darüber bekannt, dass die Arbeiter in Flint allesamt ihr Leben änderten. Immerhin, es hätte der Geschäftsführung erspart, die Menschen gegen ihren Willen zu entlassen. Und Flint wäre heute die Selbstverwirklichungs-Metropole der Welt, eine Art Big Sur des Nordens, und nicht die Stadt, der 2012 bescheinigt wurde, sie hätte die höchste Kriminalitätsrate in den USA.

Sollten alle Menschen auf der Erde tatsächlich den Anspruch einlösen wollen, das zu tun, »was man wirklich, wirklich will«, arbeitete niemand mehr in einer überhitzten Textilfabrik in Bangladesch, holte kein Arbeiter mehr Coltan oder Kobalt für unsere Elektroautos aus einer zentralafrikanischen Mine, und Hunderte Millionen Menschen drängten aus den Hungerländern Afrikas in die reichen Industriestaaten. Die Ausbeutung wäre global abgeschafft, und der Reichtum der Welt müsste gerecht verteilt werden. Mit einem Wort: In der kapitalistisch organisierten Weltwirtschaft bliebe kein Stein mehr auf dem anderen. Das Ende der Ausbeutung machte sehr viele Produkte sehr viel teurer. Das ökonomische Machtvakuum müsste neu gefüllt werden, Massenmigration, Bürgerkriege, Revolutionen und Massaker wären die Folge.

Dass Menschen tun sollen, »was sie wirklich, wirklich wollen«, ist ein schöner Leitsatz. Aber ohne ein realistisches Gesellschaftskonzept, ohne politische Agenda und ohne gründliche Gedanken darüber, wie sich all dies finanzieren lässt und wer zukünftig die weniger schönen Arbeiten ausführen, die »milde Krankheit« erdulden muss, bleibt er Esoterik.

Ein Fazit? Die Humanisierung der Arbeit ist ein ehrenvolles und lohnendes Ziel; eine Menschheitsaufgabe von ungeheurer Komplexität. Dabei dürfte es allerdings vergeblich sein, wie Herzog oder der Ulrich Beck der Neunzigerjahre, das alte Erwerbsarbeitssystem um jeden Preis als das zu bewahren, was es war; ein Versuch, mit der Luftpumpe die Windrichtung zu ändern. Manche Ideen, wie die von Gorz, Rifkin, Bergmann und auch von Herzog begrüßte Verkürzung von Arbeitszeiten, sind äußerst erstrebenswert, auch wenn sie wohl nicht überall möglich sind. Doch warum sollte man nicht, etwa im öffentlichen Dienst, die Arbeitszeit verkürzen und mehr Menschen einstellen? Wichtiger als der Appell wäre hier ein kluges Konzept, das den Vorschlag bezahlbar macht. Zahlreiche andere Ideen dagegen klingen nur aus der Ferne gut. Den Dritten Sektor der Erwerbsarbeit gleichberechtigt zur Seite zu stellen, verträgt sich ganz und gar nicht mit der DNA der etablierten Arbeitsgesellschaft. Wer, wie Rifkin, darauf setzt, dass sich der Kapitalismus in Bälde in eine Gemeinwohlökonomie verwandelt, verwechselt einen frommen Wunsch mit einer Prognose. Und dass die psychologische Arbeit an sich selbst, das Kennenlernen der eigenen Wünsche, in sanftem Gleiten die globale Arbeitswelt revolutioniert, wie Bergmann verkündet, bleibt auch im 21. Jahrhundert eine bodenlose Hoffnung.

Um das zweite Maschinenzeitalter tatsächlich als Chance auf eine bessere Welt zu sehen, sollte man sich zuvor von mehreren Chimären befreien. Die erste ist ein ungeheurer Fatalismus. Man dichtet Menschen im erwerbsfähigen Alter, die keiner Erwerbsarbeit nachgehen, an, sie verlören nicht aus kulturellen, sondern gleichsam aus anthropologischen Gründen ihr Selbstwertgefühl und ihren Lebenssinn. Wer das tatsächlich glaubt, meißelt Ist-Sätze über das »Wesen der Arbeit« in den Stein wie ehedem all jene Pharaonen, die für die Ewigkeit bewahrten, was flüchtiger Geist ihrer Zeit war. Die zweite Chimäre ist der Dritte Sektor. Er zementiert die überkommene Erwerbsarbeitsgesellschaft umso mehr, je trotziger er ihr eine weitere Quasi-Erwerbsarbeitsgesellschaft an die Seite stellt, bis keine einzige menschliche Tätigkeit mehr zu verrichten bleibt, die nicht Arbeit ist. Die dritte Chimäre schließlich ist die Hoffnung, die gesamte Arbeitswelt gestalte sich schon ganz von allein fairer und menschlicher, indem immer mehr Menschen schlichtweg das arbeiten, »was sie wirklich, wirklich wollen«.

Schon richtig: Das große humanistische Projekt der digitalen Moderne im 21. Jahrhundert passt nicht mehr Menschen, ob sie wollen oder nicht, an die Arbeitsgesellschaft an. Sondern es passt die Arbeitsgesellschaft so weit wie möglich an das an, was und wie viel Menschen arbeiten wollen. Erwerbsarbeitswelt muss nicht mehr der wichtigste Maßstab für ein gelingendes Leben aller sein. Dennoch soll sie gleichwohl stärker als bisher genau dazu beitragen können. Sie soll allen offenstehen und möglichst vielen Menschen erlauben, in der Arbeit das zu tun, was sie gerne tun und womit sie sich identifizieren. Doch dieser Prozess ist ein langer Weg. Noch über Jahrzehnte werden Roboter nicht alle unangenehme und mühsame Arbeit übernehmen. Und die Übergangszeit dahin lässt sich weder rhetorisch rauskürzen, noch lässt sich solange warten, bis der Zeitpunkt der Vollautomatisierung aller unbeliebten Routinearbeiten erreicht ist. Die Organisation einer neuen Arbeitswelt ist auch nicht einfach ein Prozess, in dem eine Gesellschaft in Gestalt ihrer Millionen Bürger psychologisch heranreift. Sie benötigt konkrete Konzepte, die den Paradigmenwechsel praktisch ermöglichen und finanzierbar machen.

Doch ist eine solche Gesellschaft, in der Zeit zum höchsten Wohlstandsgut wird und voll automatisierte Maschinen in der Produktion und auf dem Dienstleistungssektor immer mehr Zeitersparnis ermöglichen, wirklich vorstellbar? Werden wir das Weniger an Arbeit nicht als Niederlage empfinden, sondern tatsächlich als einen Triumph der Menschheit über die Plackerei? Und werden die Menschen in Deutschland, ja, in ganz Mitteleuropa, nicht ihren Halt verlieren, wenn man ihnen mehr und mehr Arbeit abnimmt und an Maschinen delegiert? Wissen sie ohne Büro, Praxis, Werkbank, Agenda und Termindruck vielleicht gar nichts mehr mit sich anzufangen? Oder werden sie, wie viele Menschen in Afrika oder in den lateinamerikanischen Ländern, den Zustand, nicht täglich für Geld arbeiten zu müssen, als Bereicherung ihres Lebens feiern lernen?

Das Richtige tun

Die Sinngesellschaft

Über Jahrtausende haben sich Menschen entlang der Flüsse angesiedelt, ihr wirtschaftliches Treiben um sie gruppiert, Dörfer und später Städte gegründet. Ihre Ökonomie war eine Ökonomie der Knappheit, und selig waren jene Orte, an denen keine Not, keine Unterversorgung mit Gütern und kein Hunger herrschte. In den fortgeschrittenen Industrieländern des 21. Jahrhunderts hingegen hat die virtuelle die reale Topografie ersetzt. Ihre Wirtschaft gruppiert sich mehr und mehr um die Datenflüsse. Und statt Knappheit herrscht ein materieller Überfluss, groß, gewaltig, schier grenzenlos und einzigartig in der Geschichte.

Die Neuordnung der Wirtschaft um die Datenflüsse ist der neueste Schritt einer Entwicklung, in der Technik und Kultur in untrennbarem Zusammenspiel die Ökonomie vorwärtstreiben und die Gesellschaft permanent umformen. Dieser Prozess, die *kulturelle Evolution*, von dem US-amerikanischen Anthropologen Lewis Henry Morgan schon im 19. Jahrhundert eindringlich beschrieben, ist heute unbestritten. Der US-Soziologe Gerhard Lenski baute sie im 20. Jahrhundert zu einer ökologisch-evolutionären Sozialtheorie aus, deren Schlüsselbegriff die »Kommunikation« ist. Nichts, so Lenski, verändert Gesellschaften so sehr wie die Frage, wie man miteinander kommuniziert, Informationen erzeugt, weitergibt und vervielfältigt. Informationen verändern die Art und Weise, wie Güter beschafft und verteilt werden können. Sie führen zu Ansprüchen und Erwartungen, werfen Gerechtigkeitsfragen auf und transformieren auf diese Weise ganze Gesellschaften.

Ich möchte vorschlagen, diese neue Gesellschaft als »Sinngesellschaft« zu bezeichnen. So wie aus der Revolution der Produktionsmaschinen im 18. und 19. Jahrhundert die Arbeitsgesellschaft entsprang, so entspringt aus der Revolution der Informationsmaschinen seit dem letzten Drittel des 20. Jahrhunderts die Sinngesellschaft. Eine solche Gesellschaft ist heute psychisch, ökonomisch und kulturell um den Sinn gruppiert wie die alte Arbeitsgesellschaft um die Lohnarbeit. Und genau dieser Austausch des wirtschaftlichen und gesellschaftlichen Betriebssystems macht das zweite Maschinenzeitalter nicht einfach zu einer Fortsetzung der Arbeitsgesellschaft, sondern tatsächlich zu etwas ganz Neuem. Neben all den ausführlich analysierten Folgen für den Arbeitsmarkt – dem Niedergang von Routinetätigkeiten und dem Aufstieg von Kreativitätserwartungen – ermöglicht das neue Zeitalter noch etwas anderes: Fast jeder kann mithilfe digitaler Technik selbst zum Produzenten werden. In der alten Arbeitsgesellschaft war es stets eine Illusion, dass die Produzierenden sich der Produktionsmittel bemächtigten. Die Bergwerke, die Textilfabriken, die Stahlwerke und die Produktionsanlagen gehörten kaum jemals irgendwo den Werktätigen. Sie gehörten Eignern, Gesellschaftern, Investoren oder wie im unrealistischen Sozialismus dem Staat, dessen papierweißer Ärmel all die Kooperativen und Produktionsgemeinschaften im bürokratischen Würgegriff hielt. Und die Idee des genossenschaftlichen Besitzes, zu gleichen Teilen für alle Produzierenden, blieb stets ein ferner Traum, geträumt aus rotem Mohn.

In der Sinngesellschaft dagegen sind Laptop und Smartphone äußert potente Mittel für die Produktion von Sinn und Unsinn. Die »Herrschaft über die Produktionsmittel«, von der Marx schwärmte, ist hier nicht prinzipiell abwegig. Unrealistisch ist nur, wie Rifkin zu glauben, sie führte unweigerlich in eine herrschaftsfreie Welt der Kooperativen und somit in eine Gemeinwohlökonomie. Dafür müssten zunächst die Goldgräber der digitalen Ökonomie enteignet und entmachtet werden; jene Firmen, die ihre lukrativen Claims in der ganzen Welt fest abgesteckt haben und ihr Datengold horten oder meistbietend verkaufen. Doch sie zu enteignen, entbehrt gegenwärtig jeder Rechtsgrundlage und bedürfte tatsächlich eines Gewaltakts und keiner naturgesetzlichen Transformation. Potente Mittel zur Sinn-Produktion für jedermann bedeutet also noch sehr lange nicht Kommunismus. Aber es bedeutet, dass die Arbeitsgesellschaft, wie wir sie kannten, ihre Notwendigkeit verliert. Immer mehr Menschen können prinzipiell in freier Zeit- und Lebenseinteilung produzieren – in einem Bergwerk oder an einer Fertigungsstraße unvorstellbar.

Die Sinngesellschaft hat somit zwei Pole: zum einen die Massenarbeitslosigkeit durch digitalen Fortschritt und zum anderen die digitale Selbstermächtigung jedes Einzelnen. Die »postindustrielle Gesellschaft«, von der der französische Soziologe Alain Touraine seit 1969, sein US-amerikanischer Kollege Daniel Bell seit 1973 spricht, bekommt damit ein tieferes Relief.[1] Gewiss hat eine solche Gesellschaft ungezählte Vorzüge. Derzeit jedoch droht sie angesichts der aufgezeigten Fehlentwicklungen und dem Dornröschenschlaf der Politik, in die beschriebene Zweiklassengesellschaft zu zerfallen: in jene der immer besser bezahlten qualifizierten Erwerbstätigen und eine wachsende Zahl von dauerhaft Abgehängten. Um dieser Gefahr wirkungsvoll entgegenzutreten, braucht die

Sinngesellschaft eine Disruption, einen Eingriff in die DNA der Arbeitsgesellschaft, die durch sie ersetzt wird: die Trennung des festen Bands von Einkommen und Arbeit! Genau damit werden wir uns ausführlich befassen. Zuvor jedoch sollten wir ein Bild davon malen, was uns in der Sinngesellschaft potenziell erwartet, wenn wir sie beherzt und kreativ gestalten.

Die Vorstellungen von einer Gesellschaft der Muße und Selbstverwirklichung sind, wie gezeigt, so alt wie die Industrialisierung. Doch weder Godwin, Fourier, Marx, Lafargue oder Wilde haben diese Gesellschaft vollständig ausgepinselt. Die Aufgabe war äußerst schwer, lebten all die Denker zu ihrer Zeit in einer noch ziemlich jungen und noch nicht für alle völlig selbstverständlichen Erwerbsarbeitsgesellschaft. Allerdings waren sie damit auch nicht jenem Einwand ausgesetzt, der heute fast immer zur Hand ist, wenn in unserer alten, festgefahrenen Arbeitsgesellschaft von einem Leben mit immer weniger Erwerbsarbeit und immer mehr Muße die Rede ist; einem Einwand, der seine berühmteste Formulierung im Jahr 1958 erfuhr, also zur Zeit des Wirtschaftswunders und der noch ungetrübten Aussicht auf einen »Wohlstand für alle«. Den weiteren Gang der Automatisierung zur Vollautomatisierung vor Augen schrieb die Philosophin Hannah Arendt damals die unheilvollen Sätze: »So mag es scheinen, als würde hier durch den technischen Fortschritt nur das verwirklicht, wovon alle Generationen des Menschengeschlechts nur träumten, ohne es jedoch leisten zu können. Aber dieser Schein trügt. Die Neuzeit hat im 17. Jahrhundert damit begonnen, theoretisch die Arbeit zu verherrlichen, und sie hat zu Beginn unseres Jahrhunderts damit geendet, die Gesellschaft im Ganzen in eine Arbeitsgesellschaft zu verwandeln. Die Erfüllung des uralten Traums trifft wie in der

Erfüllung von Märchenwünschen auf eine Konstellation, in der der erträumte Segen sich als Fluch auswirkt. Denn es ist ja eine Arbeitsgesellschaft, die von den Fesseln der Arbeit befreit werden soll, und diese Gesellschaft kennt kaum noch vom Hörensagen die höheren und sinnvolleren Tätigkeiten, um derentwillen die Befreiung sich lohnen würde ... Was uns bevorsteht, ist die Aussicht auf eine Arbeitsgesellschaft, der die Arbeit ausgegangen ist, *also die einzige Tätigkeit, auf die sie sich noch versteht. Was könnte verhängnisvoller sein?*«[2]

Zieht man die Arroganz ab, der ganzen westlichen Gesellschaft der späten Fünfzigerjahre zu unterstellen, sie verstünde sich auf nichts anderes mehr als aufs Arbeiten – das Dilemma, das Arendt beschreibt, hat nichts von seiner Gültigkeit verloren. Eine in ungezählten Routinen, Biografien, Appellen, Parolen und Gesetzen als solche eingeschliffene Erwerbsarbeitsgesellschaft ist nicht im Handumdrehen in etwas ganz anderes zu verwandeln. Und es ist durchaus zu erwarten, dass sich in vielen Menschen etwas dagegen sperrt und sträubt, das Alte, das ihre Identität so lange prägte, einfach fahren zu lassen. Die »Tätigkeitsgesellschaft«, auf die Arendt die Menschen »besinnen« wollte, eine Gesellschaft, in der man aus freien Antrieben das tun kann, was man will, ist vielen Menschen bis heute fremd; auch wenn sie ein ganzes Stück weniger fremd ist, als sie es Ende der Fünfzigerjahre war.

Natürlich war Arendt nicht die Einzige, für die die Erwerbsarbeitsgesellschaft eine »uneigentliche« Gesellschaft war und die »Tätigkeitsgesellschaft« viel näher am menschlichen Wesen. Von einer Welt selbstbestimmter Tätigkeit schwärmten zur gleichen Zeit auch der deutsch-US-amerikanische Psychoanalytiker und Philosoph Erich Fromm und später der Philosoph und Soziologe Herbert Marcuse sowie der Theologe und Philosoph Ivan Illich. Auch der Physiker und Philosoph

Carl Friedrich von Weizsäcker, sein Sohn, der Umweltwissenschaftler Ernst Ulrich von Weizsäcker, und dessen Frau Christine von Weizsäcker sowie der Soziologe Ralf Dahrendorf, langjähriger Direktor der London School of Economics and Political Science, dachten in diese Richtung. Marcuse erwartete 1967 das Ende der Erwerbsarbeitsgesellschaft zugunsten einer freien Gesellschaft, in der Technik und Kunst sowie Arbeit und Spiel nahtlos ineinander übergingen.[3] Illich kritisierte 1980, dass die Erwerbsarbeitsgesellschaft in hohem Maße von der von ihm so genannten Schattenarbeit profitierte – von Arbeit, die von Menschen geleistet wird, deren Leistung gar nicht oder nicht zureichend anerkannt wird.[4] Wer, fragte Illich, wirft den Scheinwerfer auf die strapaziöse und monotone Arbeit von Menschen, die zu solchen Tätigkeiten genötigt sind? Und wer nimmt die Leistung der Fürsorge und Versorgung von Müttern und Großmüttern wahr? Die zweite Frage stellte sich auch Christine von Weizsäcker, die als Erste die häusliche Arbeit als »Eigenarbeit« beschrieb und der Erwerbsarbeit gleichrangig zur Seite stellte. Verstünde sich die Gesellschaft als »Tätigkeitsgesellschaft«, wäre die als unfair und blind gebrandmarkte Hierarchie der Erwerbsarbeitsgesellschaft beseitigt.

Der Begriff der Tätigkeitsgesellschaft hat somit zwei Gesichter. Zum einen will er alle Arbeit gleichrangig *als Arbeit anerkannt* wissen. Nicht selten wurde deshalb seit den Achtzigerjahren die Forderung laut, auch Mütter für ihre Arbeit zu bezahlen, sei es für die Erziehung der Kinder, sei es für die Pflege der eigenen Eltern. Auf der anderen Seite will die Tätigkeitsgesellschaft, wie bei Arendt und Marcuse, die Menschen (wieder) an ein Leben gewöhnen, in dessen Mittelpunkt *nicht die Erwerbsarbeit* steht, sondern das, was man tun will. In diesem zweiten Sinne schwebt der Geist der antiken Aristokratie durch Arendts Vorstellungen: die Erinnerung an die Kunst des Müßiggangs, an die Zeitsouveränität, sich um die öffentlichen Belange kümmern zu können, und an die Meisterschaft, sich im Rahmen einer sozialen Gemeinschaft individuell und gesellschaftlich zu vervollkommnen.

Angemessen entlohnen oder weitgehend vom Zwang zu befreien, sind allerdings nicht entfernt dasselbe, sondern bilden eine klare Alternative. Zwar lässt sich das eine schon irgendwie mit dem anderen kombinieren. Aber das ändert nichts daran, dass beides von Geistern beseelt ist, die unterschiedlicher nicht sein könnten. Das Erste weitet die Erwerbsarbeitsgesellschaft schier unbegrenzt aus, das Zweite schränkt sie in ihrer Bedeutung ein. Angesichts solcher Ambivalenz und der Unschärfe des Begriffs liegt es nahe, lieber von der Sinngesellschaft zu sprechen: eine Gesellschaft, die die Frage nach dem Sinn zunehmend höher gewichtet als die Frage nach der Notwendigkeit von Arbeit. Was Menschen in dieser Sinngesellschaft tun, ob sie mehr kochen, mehr Videos drehen oder mehr malen, ob sie sich stärker politisch einbringen oder sich in ihrem sozialen Umfeld nützlich machen, ob sie sich handwerklich oder literarisch verwirklichen, ob sie musizieren, Computerprogramme schreiben oder einfach gar nichts tun – all das ist legitim, sofern es im Moment irgendwie sinnvoll erscheint. *Vita activa* und *Vita contemplativa*, das tätige und das besinnliche Leben, stehen hier nicht mehr in einem Widerspruch wie bei den antiken Griechen. Folglich müssen sie auch nicht gegeneinander abgewogen und bewertet werden.

Was Menschen als sinnstiftend empfinden, ist allerdings keine rein individuelle Frage. Sie ist hochgradig abhängig davon, in welcher Kultur man lebt. Sein Leben einem Mönchsorden zu weihen und in ein Kloster zu ziehen, galt in der Geschichte des christlichen Abendlands über mehr als tausend Jahre als sinnvoller und gesellschaftlich hoch akzeptierter Lebensentwurf; im Ituri-Urwald oder auf Papua-Neuguinea dagegen nicht. Ein Leben als Schamane, Mumifizierer oder Samurai zuzubringen, stand in Westeuropa nie als gesellschaftlich geschätzter Beruf zur Wahl. Die Kultur bestimmt die Bedürfnisse. Und eine Kultur, deren höchste Ziele die Lebensweisheit und der Erkenntnisgewinn sind, wird stets Philosophen hervorbringen (wie im antiken Athen); eine Kultur, für die Tapferkeit und Kriegskunst das höchste Gut sind, viele todesmutige Soldaten züchten (wie im antiken Sparta). Wer Gefühlskälte, Überheblichkeit und Rassismus wertschätzt, hat keine Probleme damit, Abertausende von SS-Männern zu finden wie im »Dritten Reich«. Und wem der geschäftliche Erfolg über alles andere geht, wie den USA, der bringt auch millionenfach solche Charaktere hervor. Für einen Indigenen im Regenwald ist das Klosterleben »unnatürlich«, für einen antiken Philosophen das Streben nach möglichst viel Besitz, für einen Spartaner die Feigheit, für einen Rassisten die ethische Gleichwertigkeit aller Ethnien und für einen radikalen Kapitalisten der Wert der Verteilungsgerechtigkeit. Passionierte Geschäftsleute stellen die Cleverness über die Weisheit und verspotten Menschen des Geistes (es sei denn, sie sind wohlhabend). Umgekehrt gilt der starke Zug zum Geld unter Intellektuellen oft als charakterliches Manko.

Was bedeutet das für die Sinngesellschaft? Es bedeutet zunächst, dass viele Menschen, die ein Leben lang von einer Erwerbsarbeitsgesellschaft geformt wurden, einer anderen Gesellschaft nicht trauen und ihr auch nicht viel zutrauen; nicht, weil ihnen nicht nachvollziehbar ist, dass Sinn in einer Wohlstandsgesellschaft immer stärker in den Vordergrund tritt. Sondern weil sie von einer Kultur geprägt wurden, in der Sinn und Selbstverwirklichung in der Erwerbsarbeit nur einer Minderheit zugestanden wurde (Ärzten, Architekten, Schriftstellern, Unternehmern, Politikern, Priestern etc.). Für alle anderen dagegen war Sinn etwas, was man vor allem jenseits der Arbeit suchen und finden konnte. Das Leben, so lautet die Erfahrung, ist kein Wunschkonzert und Arbeit kein Honigschlecken. Was aber ist, wenn man sich nicht nur von Jahrzehnt zu Jahrzehnt zwischen immer mehr Waren und Dienstleistungen entscheiden kann, sondern auch über schier unbegrenzte Möglichkeiten für das eigene Leben? Und wenn Erwerbsarbeit darin zwar eine wichtige Option ist, aber für ein erfülltes Leben nicht alternativlos?

Ein zweiter Einwand zweifelt nicht daran, dass die Sinngesellschaft in Zukunft mehr und mehr denkbar wird oder sogar sehr wahrscheinlich ist. Er zweifelt aber daran, dass eine solche Gesellschaft besonders erstrebenswert und glücksmehrend ist. »Zeitsouveränität« zu haben, ist eine schöne Formulierung, aber ist sie wirklich mehr als das? Lehrt die Erfahrung nicht, dass nichts zu tun zu haben, vor allem dann schön ist, wenn man eigentlich was zu tun hätte? Der Erwerbstätige genießt seine freie Zeit, der Arbeitslose meist weniger. Gehört zum Genuss von Zeit nicht das Gefühl, sich diese Zeit erarbeitet und als aktiver oder ehemaliger »Leistungsträger« verdient zu haben? Im bisherigen Betriebssystem der Arbeitsgesellschaft war das meist so. Aber vielleicht lässt sich auch das ändern? Das Gefühl, sich sein Bier, seine Entspannung oder sein Wochenende verdient zu haben, hat auch der, der ehrenamtlich einen Spielplatz mitgestaltet oder eine Jugendmannschaft durch ein Turnier geführt hat. Mütter und Väter pusten durch, wenn ihre Kinder nach einem wilden Tag im Bett liegen; Wanderer genießen ihre wohlverdiente Erholung nach einem strapaziösen Tag.

Das Gefühl, sich etwas verdient zu haben, ist nicht zwingend abhängig von Erwerbsarbeit. Doch werden, einen dritten Einwand aufgreifend, die Menschen in den Ländern des Westens genug gute Pläne für den Tag haben, wenn die Erwerbsarbeit in ihrer bisherigen Bedeutung für viele zurücktritt? »Was machen wir dann den ganzen Tag«, wenn »Wertschöpfungsketten sich von den Temporalstrukturen der Lebensformen entkoppeln«?, fragte sich der Soziologe Armin Nassehi in einer Rezension meines Buchs *Jäger, Hirten, Kritiker*.[5] Nun, vielleicht werden mehr Menschen Dinge tun, die Nassehi tut, etwa Bücher, Aufsätze, Kommentare und Rezensionen schreiben. Aber die Frage ist selbstverständlich berechtigt. Sie beschäftigte schon so unterschiedliche Gemüter wie Erich Fromm oder den Harvard-Soziologen David Riesman, der sich 1964 fragte: *Abundance for What?* (*Wohlstand wofür*)?[6] Nur wenn die Menschen in den Industrieländern auch tatsächlich bereit wären, ihre Einstellungen und Werte zu verändern, könne eine Gesellschaft mit deutlich weniger Erwerbsarbeit glücklich werden. Besorgter und pessimistischer waren da die Mitarbeiter des US-Innenministeriums, die 1974 mahnten: »Freizeit, obgleich für viele der Inbegriff des Paradieses, könnte durchaus das verstörendste Problem der Zukunft werden.«[7]

Die Sinngesellschaft setzt viel Kreativität voraus, um nicht zur Unsinnsgesellschaft aus Spielern und Bespaßten zu verkommen. Und sie erfordert damit genau die gleiche Qualifikation wie die zukünftige Erwerbsarbeit, von der sich alle einig sind, dass Kreativität hier zur wichtigsten Kompetenz wird. Doch wie kreativ können und werden wir in der Breite sein? Vermutlich hängt es davon ab, wie viele Menschen es schaffen werden, über die ökonomische Vernunft hinauszudenken – jenem Kompass, der in der Erwerbsarbeitsgesellschaft stets verlässlich den Weg wies. Die Frage, was mich dauerhaft erfüllt, wenn es nicht Geld, Besitz und Status sein soll, ist in der Tat äußerst anspruchsvoll. Sie hat schon viele Menschen zu einer verschlungenen Reise in die Innenwelt, einer Odyssee durch die Psycho- und Yoga-Atolle und durch den dunklen Dschungel der Selbstfindungsbücher geführt. Und bezeichnenderweise soll es auch hier die ökonomische Vernunft richten: Von welcher Entspannung habe ich am meisten? Welcher Ratgeber-Tipp zahlt sich aus? Von welcher Lebensphilosophie kann ich am besten profitieren? Welche Meditation macht mich fitter für meinen Beruf?

Vergrößert die Sinngesellschaft der Zukunft die Zeit, die viele Menschen jenseits von Erwerbsarbeit zubringen, fragt sich tatsächlich, was all die Menschen machen, die bisher zu Kapitalisten ihrer selbst erzogen worden sind. Eine richtig gute Antwort darauf gibt auch die Delphi-Studie des Millennium Project nicht, einem internationalen Thinktank, zu dem in Deutschland die Bertelsmann Stiftung, die Volkswagen AG, das VDI Technologiezentrum, das Fraunhofer-Institut für System- und Innovationsforschung (ISI) sowie die Freie Universität Berlin gehören. Nach Auswertung von 289 Expertenmeinungen fällt irgendwann alles weg, was mittel- oder langfristig durch Technik ersetzbar ist. Übrig bleiben vor allem jene Berufe, in denen »Empathie« gefragt ist, in denen man sich um etwas kümmert, jemanden umsorgt, ihn pflegt, ihm zuspricht, ihn coacht, ihn bildet, ihm individuell Sorgen und Nöte lindert und ihm hilft, Probleme zu lösen. All dies wurde in diesem Buch ausführlich erzählt. Auf die Frage, was die meisten Menschen dann tun, macht Delphi seinem Orakelnamen alle Ehre: »Alle Menschen werden irgendetwas tun. Aber vieles davon geschieht eben nicht mehr im Rahmen von Erwerbsarbeit. Aber alle produzieren etwas: Sei es Freude oder Lärm.«[8]

Kein Grund zum Rätseln und Verzweifeln. An Szenarien, die sich die Zukunft der Sinngesellschaft farbiger und freundlicher ausmalen als die Produktion von Freude und Lärm, besteht kein Mangel: Szenarien der Gemeinwohlökonomie, die keinen Schaden an der Natur und an Mitmenschen anrichtet; Szenarien, in denen jeder Mensch seine mehr oder weniger tief verborgene Kreativität entdeckt, die Lust daran, etwas zu gestalten, ohne dafür materiell entlohnt zu werden; die Freude an subtilen Genüssen, die weder viel Geld kosten noch sonst wie exklusiv sind; das Verausgaben von Lebenszeit für sich und seine Mitmenschen, statt Zeit zu sparen oder zu gewinnen. Dass all dies für die gut gebildeten und anspruchsvollen Kinder der Mittelschicht realistisch ist, darüber informiert ein kurzer Blick an den Prenzlauer Berg in Berlin, nach Flingern in Düsseldorf und in die anderen deutschen Szeneviertel. Entsprechende Lebensformen werden hier mit tatkräftiger Unterstützung der Elterngeneration gerne ausprobiert. Die entscheidende Frage wird allerdings sein, inwieweit ein solches Leben nicht nur für ein privilegiertes Drittel der Gesellschaft möglich ist, sondern möglichst für alle. Und das hängt von vielem ab – nicht zuletzt davon, welches Interesse die Privilegierten daran haben werden, möglichst vielen ein ähnliches Leben zu ermöglichen.

Karl Marx, Paul Lafargue und Oscar Wilde hatten sich in der zweiten Hälfte des 19. Jahrhunderts keinen Kopf über den langen Weg gemacht, auf dem aus bettelarmen, ungebildeten Lohnsklaven Individuen und freie Künstler ihres eigenen Lebens werden könnten – also Menschen, wie sie selbst es waren. Und sie skizzierten auch nicht, wie Menschen, die infolge der Automatisierung arbeitslos werden, gesellschaftlich und finanziell so aufgefangen werden könnten, dass sie Zeit und Muße dafür hätten, nun das zu tun, was sie wirklich gerne tun. Ehrlich gesagt ist dieses Problem bis heute nicht gelöst. Sicher ist nur: Wenn Menschen im zweiten Maschinenzeitalter ihren Beruf als Straßenbahnfahrer oder bei einer Versicherung verlieren, werden sie nicht unweigerlich kreativ. Manche werden auch aggressiv, destruktiv oder depressiv. Die Entlassungswellen bei Banken und Versicherungen und ebenso die im produzierenden Gewerbe werden dem flächendeckenden Kulturwandel mit großer Sicherheit vorausgehen. All diese Menschen trifft die Arbeitslosigkeit dann noch immer unter der Leitvorstellung, dass Leistung das ist, was durch Geld entlohnt wird. Und nicht Entlohntes ist gesellschaftlich betrachtet keine hochgeschätzte Leistung. Während die Hochqualifizierten ihr Verhältnis zur Erwerbsarbeit ändern und auf neue und flexiblere Weise mit ihrer Lebenszeit verknüpfen, fällt vielen Abgehängten des Digitalzeitalters zu sich selbst überhaupt nichts mehr ein. Eine solche Gesellschaft, eine Sinngesellschaft zu nennen, wäre Schönfärberei. In einer Sinngesellschaft keinen Sinn für sich zu finden, könnte am Ende psychologisch noch vernichtender sein als keine Arbeit in der Arbeitsgesellschaft.

Von alledem ist fast nirgendwo die Rede, wenn Zukunftsforscher und Zukunftskongresse eine Gesellschaft ausleuchten, in der die Arbeitszeit insgesamt weniger und die frei verfügbare Zeit mehr wird. Ökonomisch zweckfreie Zeit zu verbringen, ist vor allem dann verführerisch, wenn ausreichend Geld zur Verfügung steht und die gesellschaftliche Anerkennung gewährleistet ist. Nur dann tritt eine andere Vernunft neben die ökonomische Rationalität; eine, die weiß, dass der höchste Wert im Leben aus Tätigkeiten besteht, die nicht einfach nur Mittel zu einem wirtschaftlichen Zweck sind. Intrinsische Motivation ist eine zarte Pflanze, die nur gedeiht, wenn sie nicht durch Anerkennungsverlust und mangelnde Selbstbestätigung bedroht ist. Nur dann lässt man, wie Theodor W. Adorno in seinen *Minima Moralia* so wunderbar schreibt, »aus Freiheit Möglichkeiten ungenützt, anstatt unter irrem Zwang auf fremde Sterne einzustürmen«.[9]

Anders als die Tätigkeitsgesellschaft fremdelt die Sinngesellschaft nicht notwendig mit dem Müßiggang. Sie kennt nicht nur ein Zuwenig an Betätigung wie der Selbstoptimierungskapitalismus, sondern auch ein Zuviel. Und sie registriert feinfühlig den Preis, den die Menschheit, insbesondere in den reichen Industrieländern, der Natur für ihre Selbstentfaltung abtrotzt. Die Sinngesellschaft kann mit Adorno einsehen, dass »hemmungslose Leute keineswegs die angenehmsten und nicht einmal die freiesten sind«[10] und dass der Imperativ, permanent tätig zu sein, einfach nur die Losung einer industriell geprägten Erwerbsarbeitsgesellschaft war und mit deren Verblassen an Strenge verliert. Die Sinngesellschaft kennt folglich nicht nur das Machen, sondern auch das Verschonen, die Nachhaltigkeit und nicht nur das Produzieren um jeden Preis.

Dass die Erwerbsarbeitsgesellschaft, wie wir sie kannten, der enormen ökologischen Herausforderung unserer Zeit seit mehr als einem halben Jahrhundert nicht gewachsen ist, bedarf keiner langen Kommentierung. Die auf stetiges quantitatives Wachstum gepolten Industriegesellschaften wissen seit den Sechzigerjahren um die tödliche Verschmutzung der Meere, die gnadenlose Abholzung der Wälder und das Artensterben von ungeheurem Ausmaß. Und seit Mitte der Achtziger, als man im arktischen Eis tiefe Löcher bohrte, wissen die Regierungen der Welt um den schon lange vermuteten Zusammenhang zwischen CO_2-Konzentration und globaler Erderwärmung. Seitdem ist der CO_2-Ausstoß immer weiter gestiegen, und auch die Verschmutzung der Weltmeere, die

Abholzung und das Artensterben gingen ungebremst weiter. Keine Beteuerung, keine Konferenz und auch kein Kyoto-Protokoll haben ein fundamentales Umdenken ermöglicht.

Wie aber soll eine Sinngesellschaft funktionieren, wenn der wichtigste Lebenssinn, das eigene Überleben und das der Nachkommen, radikal infrage gestellt wird? Wenn wir diesen Sinnhorizont in unserer alltäglichen Lebensweise mehr und mehr verengen? »Es gibt kein richtiges Leben im falschen«, lautet der bekannteste Satz der *Minima Moralia*. Es gibt auch keinen richtigen Lebenssinn zu dem Preis, die Lebensperspektive aller immer weiter zu zerstören. Kein Wunder, dass die Sinngesellschaft mit der sozialdemokratischen Kompensation fremdeln, dass sie sie überwinden muss. Der unbegrenzte Zwang zum quantitativen Wachstum ist nichts Gutes mehr, sondern ein gewaltiges Problem. Und Menschen, die sich unausgesetzt für die bei der Arbeit entgangene Lebensfreude materiell entlohnen und immer wieder entlohnen müssen, sind, milliardenfach multipliziert, ein Sargnagel der Menschheit.

Wie ausführlich gezeigt, ist dieses Mehr-haben-Wollen kein unverrückbarer Teil der Menschennatur, sondern eine kulturelle Prägung. Und tatsächlich arbeiten Menschen in den Industrieländern eigentlich nicht dafür, zu den durchschnittlich 10 000 Dingen pro Familienhaushalt noch notwendigerweise einige tausend hinzuzufügen.[11] Dass zweieinhalb Millionen Haushalte in Europa über drei Autos verfügen oder mehr, dass in Deutschland auf hundert Haushalte 156 Fernsehgeräte kommen, dass US-amerikanische Kinder im Laufe ihres Lebens Spielzeug im Wert von 6500 Dollar erhalten – all das schreit nicht dringend nach Steigerung. Glücksmehrung durch wachsenden Konsum und künftige Leiden durch die Zerstörung unserer Biosphäre stehen in keinerlei sinnvollem Verhältnis. Das Leiden überwiegt das Glück bei weitem. Dass so viele Menschen trotzdem bei alledem mitmachen, liegt, wie gezeigt, an dem sehr menschlichen Bedürfnis, dass man dazugehören will. Und wer etwas verändern will am ökologisch unverantwortlichen Irrsinn des immer Mehr, der muss nicht die Menschennatur verändern, sondern das gesellschaftliche Belohnungssystem.

Überlegungen dazu gibt es schon lange, und sie füllen ganze Bibliotheken. Sie handeln davon, Natur nicht länger als »Sache« und entsprechend als Privateigentum zu behandeln. Sie träumen von einer Gesellschaft, die keine Kapitalisten mehr nötig hat, weil die Unterscheidung von Produzenten und Konsumenten immer undeutlicher wird. Nicht große Konzerne, sondern kleine Produzenten stellen in dieser Welt nützliche, dauerhafte und nachhaltige Gegenstände her, die man wirklich braucht. Größere Anschaffungen werden geteilt und dem Gemeinwohl zur Verfügung gestellt. In einer solchen Welt, so die Idee, könnte das Statusdenken zurücktreten und der Wachstumszwang gebrochen werden.

Wie weit sich die Sinngesellschaft dahin entwickeln wird, ist schwer abzuschätzen. Zunächst mal werden sich die großen Konzerne nicht aus Einsicht selbst auflösen. Und Autos im Eigenbau oder in kleinen Kooperativen herzustellen, ist keine naheliegende Option. Es mag richtig sein, dass das Automobil das 21. Jahrhundert ohnehin nicht überlebt, aber für die nächsten Jahrzehnte wird es sicher noch eine wichtige Rolle spielen. Wichtiger ist der Gedanke, zu kooperieren bei erneuerbaren Energien und der Frage, wie sich die Energieeffizienz steigern lässt. Um »Eigenenergie« aus Solarzellen und Windkraft zu gewinnen, bedarf es keiner Großkonzerne. Ganze Branchen wie die industrielle Möbelerzeugung, die Massentierhaltung oder die Rüstungsindustrie dürften ebenfalls keine Zukunft haben – zumal Rüstungsgüter wie Panzer oder Kampfflugzeuge eine erschreckende Energiebilanz aufweisen, die im 21. Jahrhundert nun wirklich nicht mehr zu rechtfertigen ist.

Davon, dass es in Zukunft allgemein so kommen könnte, sind die Gesellschaften des Westens noch Lichtjahre entfernt. All dies müsste von Mehrheiten demokratisch entschieden und legitimiert werden. Doch dass in Deutschland in der Krisenzeit des digitalen und des ökologiepolitischen Umbruchs tatsächlich eine Gesellschaft entsteht, die allen nicht nur die gleichen Chancen, sondern auch die gleichen Zugänge zu allen wichtigen Ressourcen ermöglicht, ist nur *eine* Option. Zumindest auf nahe Sicht werden die Industriegesellschaften den verzweifelten Glauben nicht aufgeben, alle Umweltprobleme ließen sich schon durch Fortschritte in der Technik lösen. Und Umbruchzeiten sind selten Zeiten, in denen die Solidarität grassiert, sondern sie vergrößern die Risse in der Gesellschaft zu Kratern.

Die Frage, ob und was im Hinblick auf eine nachhaltige Wirtschaft gelingt und was nicht, ist trotz der ungeheuren Brisanz und Dringlichkeit nur ein – zugegebenermaßen existenzieller – Aspekt der Sinngesellschaft. Überschaubarer bleiben die Veränderungen in der Arbeitswelt, bei der der Stellenwert der Erwerbsarbeit insgesamt zurücktritt. Die Losung heißt Flexibilität, und zwar nicht nur innerhalb eines Berufs oder bei der Suche nach Arbeit, sondern auch weit mehr Flexibilität in der Option, überhaupt Erwerbsarbeit zu verrichten oder nicht. Arbeitslosigkeit – in der Erwerbsarbeitsgesellschaft ein Stigma und für die Politik die größte aller Sorgen – muss ihren existenziellen Schrecken verlieren. Nicht zuletzt deshalb, damit man bei der Transformation zur Nachhaltigkeit nicht unausgesetzt durch sie bedrohbar und erpressbar ist. Oder wie der liberale Schweizer Ökonom Thomas Straubhaar zu Recht sagt: »Bisher war Arbeitslosigkeit Zeichen eines mikroökonomischen Misserfolgs. In der Zukunft wird Arbeitslosigkeit Zeichen eines makroökonomischen Erfolgs sein.«[12] Doch wenn uns die Wirtschaft der Zukunft ein größeres Stück von der Erwerbsarbeit befreit, was wird dann aus unserem sozialen Umlagesystem? Basiert es nicht darauf, dass die Erwerbstätigen die Nichterwerbstätigen finanzieren?

Existenzsicherung in der postindustriellen Gesellschaft

Das Ende des Umlagesystems

Wann bringen Gesellschaften den Mut zu großen Veränderungen auf? Der französische Publizist und Politiker Alexis de Tocqueville gab darauf im 19. Jahrhundert eine gute Antwort: dann, wenn der Glaube an sich selbst geschwunden ist! Nicht starke und trotzige Systeme zerbrechen, egal wie viel Unrecht sie ausüben oder welche Widersprüche sie enthalten; es revolutionieren sich nur jene Systeme, die insgeheim selbst merken, dass es auf die alte Weise nicht weitergehen kann.

Ein solcher »Tocqueville-Effekt« hat die alte Erwerbsarbeitsgesellschaft längst erfasst. Die ungezählten Seminare, Kongresse und Initiativen zum Thema *Future of work* sprechen eine eindeutige Sprache. Umso erstaunlicher ist der Trotz und die Unbelehrbarkeit, mit der die alte Erwerbsarbeitsgesellschaft noch immer an ihrem Herzstück festhält, dem Umlagesystem und dem Generationenvertrag: dem Gedanken, dass die Erwerbstätigen die Nichterwerbstätigen der künftigen Generationen finanzieren sollen.

Schon auf den ersten Blick ist klar, dass die Sinngesellschaft keine Gesellschaft sein kann, die das Leben und damit auch die Lebenssicherung um die Arbeit herum gestaltet. Ein massenhaft flexibles Verhältnis zur Arbeit und eine Lebenssicherung, die fast einzig auf Erwerbsarbeit basiert, sind ein fundamentaler Widerspruch. Wo bleiben die allgemeinen regelmäßigen Einkünfte, die unsere Rentenkassen so dringend brauchen, um die Rentenansprüche der vorangegangenen Generation zu erfüllen? Seit die Adenauer-Regierung 1957 das Umlageverfahren einführte, ist genau das der gesellschaftliche Deal. Erdacht hatte ihn sich der Bonner Privatdozent und spätere Kölner Wirtschaftsprofessor Wilfrid Schreiber. Das neue Verfahren sollte krisensicherer sein als die 1889 von Otto von Bismarck in Deutschland eingeführte kapitalgedeckte Rente. Hier bekam der Arbeitnehmer das an Rente, was er zuvor in der Rentenversicherung für sich angespart hat. Zwei große Geldentwertungen, die Hyperinflation nach dem Ersten Weltkrieg und der Geldumtausch von 10:1 durch die Währungsreform von 1948, hatten dieses Kapitaldeckungsverfahren in seiner ganzen Anfälligkeit vorgeführt. Mit dem entwerteten Geld lösten sich die angesparten Renten gleichsam in Luft auf.

Als Schreiber sich der Sache annahm und 1955 die Programmschrift *Existenzsicherheit in der Industriellen Gesellschaft* schrieb, war vielen klar, dass die kapitalgedeckte Rente nicht mehr die flächendeckende Lösung für die Bundesrepublik sein konnte.[1] Man brauchte nur auf die hohe Zahl an Kriegsversehrten, Kriegerwitwen und Flüchtlingen fortgeschrittenen Alters aus den ehemaligen deutschen Ostgebieten zu schauen. Wie sollten sie sich je ausreichende Rentenansprüche erwirtschaften? Scheiber hatte berechtigte Zweifel daran, dass eine ganze Arbeitsgeneration so für ihr Alter vorsorgen könnte wie ein wohlhabender Privatmann – eine äußerst vorausschauende Sicht, die sich noch heute manchem Neoliberalen ins Stammbuch schreiben lässt. Das alte Verfahren der kapitalgedeckten Rente langte nicht mehr hin. Zudem war es ohnehin seit Bestehen der Bundesrepublik durch

Umlage-Transfers unterstützt worden, so sehr, dass man sich fragen konnte, warum man nicht gleich auf ein Umlageverfahren setzen sollte.

Die feste Überzeugung, dass Renten und Sozialleistungen nicht aus Erspartem, sondern aus laufenden Einnahmen finanziert werden sollten, stammte von dem Soziologen Gerhard Mackenroth, der wie Schreiber NSDAP-Mitglied seit 1933 und seit 1934 Mitglied der SA gewesen war. Mackenroths überraschender Tod im Jahr 1955 bürdete Schreiber die Alleinverantwortung auf, für die Bundesrepublik ein Umlageverfahren zu entwerfen. Wichtig war, dass die Renten künftig dynamisch, das heißt proportional zur Wirtschaftsleistung und zu den Löhnen, steigen sollten: Je mehr erwirtschaftet wird, umso höher sollten nicht nur die Bezüge der Arbeitnehmer, sondern auch die der Rentner sein, zumal wirtschaftliche Prosperität gewöhnlich mit Preissteigerungen einhergeht. Ebenfalls wichtig war Schreiber, dass möglichst alle Erwerbstätigen in die allgemeine Rentenkasse einzahlen sollten. Ein breites Kreuz der Rentenversicherung, bestehend aus den Anteilen aller Arbeitnehmer und deren Arbeitgeber, verringere die Risiken. So gäbe es nichts Besseres, als wenn das ganze »deutsche Volk« in der Zeit der Erwerbstätigkeit in die Rentenkasse einzahle. Nur auf diese Weise sei gesichert, dass »die Stetigkeit« der »Rechnungsgrundlagen« für die Rentenversicherung »über alle möglichen Strukturveränderungen der Wirtschaftsgesellschaft und ihrer Zusammensetzung nach Beruf und Erwerbsart« gewährleistet sei.[2] Das Ansinnen war ehrgeizig und politisch gewagt, denn an spezifischen, nach Bedarf und Milieu diversifizierten Rentenkassen bestand 1955 kein Mangel.

Man kann sich heute kaum noch vorstellen, wie groß und beherzt der Kraftakt war, ein für Deutschland völlig neues

Rentenversicherungssystem einzuführen, es ganz anders zu finanzieren und dafür bestehende Rentenvorsorgemodelle wie die Invalidenkasse oder die Knappschaften aufzulösen und einzugemeinden. Das ehrgeizige Ziel, dass die Erwerbstätigen die Nichterwerbstätigen finanzieren sollten, sah nicht nur ein Umlageverfahren für Rentner, sondern auch eines für Kinder und Jugendliche vor. Für Schreiber war die Pflichtversicherung damit die Fortsetzung traditioneller Familienstrukturen mit anderen Mitteln. Erst versorgen Eltern ihre Kinder, und im Alter werden sie von ihren Kindern unterstützt. Selbstverständlich sollten die Kinderlosen die gleichen Rentenansprüche erwerben; aber sie sollten dafür einen höheren Betrag an die Rentenkasse abführen. Die Begründung dafür war von solcher Schärfe, dass es sich lohnt, sie zu zitieren: »Wer kinderlos oder kinderarm ins Rentenalter geht und, mit dem Pathos des Selbstgerechten, für gleiche Beitragsleistungen gleiche Rente verlangt und erhält, zehrt im Grunde parasitär an der Mehrleistung der Kinderreichen, die seine Minderleistung kompensiert haben. Es gibt allen Spöttern zum Trotz ein gesellschaftliches ›Soll‹ der Kinderzahl, eben jene 1,2 Kinder, die jeder Einzelmensch haben muß, damit die Gesellschaft am Leben bleibt und auch für den Unterhalt ihrer Alten aufkommen kann.«[3]

Der autoritäre Duktus dürfte Schreiber aufgrund seiner politischen Sozialisation nicht schwergefallen sein. Und er verrät heute viel über eine der beiden Schwachstellen des Systems: Das Umlageverfahren ist an eine demografische Entwicklung gebunden, die es nicht zulassen kann, dass die Bevölkerung und damit die Zahl an künftigen Erwerbstätigen schrumpft. Der Revolutionär des Rentensystems schlüpft damit in die Rolle des Populationsbiologen. Mit scharfem Wort und finanzieller Daumenschraube erinnert er die Bürger an ihre ehelichen Pflichten. Bezeichnend auch, dass der zunächst sogenannte Solidarvertrag in den biologischeren »Generationenvertrag« umbenannt wurde. De facto jedoch wurde der Vertrag nie durch die Vertreter zweier Generationen abgeschlossen und besiegelt.

So richtig begeistert war die Adenauer-Regierung von Schreibers Vorschlag nicht. Wirtschaftsminister Ludwig Erhard wollte den Generationenvertrag nicht so weit fassen, dass er tatsächlich Kinder, Erwerbstätige und Rentner umschlang. Dass Kinder über ihre Eltern Geld aus der Pflichtversicherung erhalten sollten und dass ihre Erziehung als Teil des generationenübergreifenden Erwerbsarbeitsvertrags gesehen wurde, ging ihm zu weit. Zudem sollte, wer nur Kinder erzog, nicht auf ähnliche Weise Rentenansprüche erwirtschaften wie ein Erwerbstätiger im Berufsalltag. Sozialisiert im Umlageverfahren wurde damit nur die Rente, nicht aber das Kindergeld, das vom Staat seit 1955 ab dem dritten und seit 1961 für jedes Kind ausgezahlt wurde nach dem Vorbild der Kinderbeihilfe im »Dritten Reich«. Besiegelt wurde damit zugleich, dass nicht berufstätige Mütter kein Teil der Erwerbsarbeitsgesellschaft waren.

Nicht umgesetzt wurde auch, dass wirklich jeder Erwerbstätige in die Pflichtversicherung einzahlen sollte. Wer selbstständig war oder zu viel verdiente, um die Rentenkasse für sich selbst zu benötigen, sollte aus »volksübergreifender« Solidarität trotzdem dabei sein müssen, wobei seine Beiträge nicht ins Unermessliche steigen sollten. Der Vorschlag fand ein äußerst geteiltes Echo und scheiterte am Widerstand vor allem der FDP. Verworfen wurde auch, dass kinderlose Paare, die »ihr gesellschaftliches Nachwuchs-Soll«[4] nicht erfüllten, einen doppelten Erstattungsfaktor für die Kinderrente zahlen sollten. Um die Demografie machte sich die Nachkriegsgeneration die geringsten Sorgen, denn wie Adenauer gesagt haben soll: »Kinder kriegen die Menschen sowieso.«

Die Kinderrente wurde gestrichen und auch die pflichtmäßige Einbindung der Selbstständigen. Mit diesen Abzügen wurde der Schreiber-Plan 1957 umgesetzt, und zwar nicht mit einem Rentenniveau von 50 Prozent des Bruttoeinkommens, sondern mit 70 Prozent. Dazu erhielten viele Menschen noch zusätzliche Einkünfte aus der betrieblichen Altersvorsorge. Neben der zukunftsweisenden Idee, die Rente nicht durch privates Sparen abzusichern, zementierte der Generationenvertrag damit mehrere Variablen. Sie wurden 1957, schon damaligen Bedenken zum Trotz, zu Konstanten gemacht. Das war erstens die Annahme, dass die Bundesrepublik auf alle Ewigkeit eine industrielle Erwerbsarbeitsgesellschaft sein würde. Dass zweitens die durchschnittliche Arbeitszeit konstant sein und sich nicht maßgeblich verringern würde, ja, nicht verringern durfte, komme, was wolle. Dass zukünftig drittens niemand vor Erreichen des allgemeinen Rentenalters von fünfundsechzig Jahren verrentet werden könnte. Dass viertens die Wirtschaftsleistung auf alle Ewigkeit mit der Verlängerung der Lebenserwartung wachsen würde, sodass deutlich längere Lebenszeiten nicht zum Problem für die Rentenkasse würden. Dass fünftens die demografische Entwicklung niemals zu einem maßgeblichen Einbruch auf Seiten der Beitragzahler führen würde, oder wenn doch, ebenfalls durch die steigende Wirtschaftsleistung ausgeglichen würde. Dass sechstens niemals über längere Zeit eine Massenarbeitslosigkeit auftreten werde, die riesige Löcher in die Rentenkasse reißt. Dass siebtens möglichst niemand nicht sozialversicherungspflichtig beschäftigt wird, weil dann die Beiträge fehlen und der Betreffende im Alter nicht ordentlich versorgt ist. Und dass achtens die Wirtschaftsleistung vornehmlich im Bereich der Realwirtschaft anwachsen würde und nicht etwa in der Finanzwirtschaft, wo sie der Rentenkasse sehr viel weniger bis gar nichts nützt.

Ohne Zweifel war das Umlageverfahren in der Bundesrepublik eine Erfolgsgeschichte. Und der Generationenvertrag war nicht nur wirtschaftlich sinnvoll, sondern er stabilisierte auch das soziale Rückgrat der Gesellschaft; jedenfalls solange sie eine klassische Erwerbarbeitsgesellschaft mit langen Lebensarbeitszeiten war. Doch der Wandel von der Industriearbeit zur Dienstleistungsgesellschaft, der medizinische Fortschritt und der wohlstandsbedingte Kulturwandel einschließlich des Rückgangs der Geburtenrate nagte schon bald wie eine stetige Brandung an dem Konstrukt der Fünfzigerjahre. Mit Inbrunst hatte sich Schreiber verbeten, dass der Staat die Rentenkasse jemals bezuschussen dürfe. Zusätzliche Mittel müssten »radikal unterdrückt« werden. Denn es sei »ersichtlich sinnlos, dem Steuerzahler zunächst Einkommensteile in Form von Steuern abzunehmen und sie ihm dann mit der Geste des Wohltäters zurückzugeben. Machen wir Schluß mit diesem Gaukelspiel, das nur der falschen Optik der Staatsomnipotenz Vorschub leistet.« Deshalb sei es »der Rentenkasse grundsätzlich untersagt, irgendwelche Vermögenswerte, seien es Zuschüsse oder Zuwendungen von juristischen oder natürlichen Personen oder Stiftungen, entgegenzunehmen oder zu verwalten«.[5]

Schreiber hatte viel vorhergesehen. Er witterte, dass der Staat versuchen würde, das Umlagesystem zu manipulieren, dass Gewerkschaften die Frühverrentung einfordern könnten und auch, dass das Renteneintrittsalter gegebenenfalls angehoben werden müsste. Aber er sah nicht, was er nicht sehen konnte, weil er es nicht sehen wollte: dass sich die industrielle Gesellschaft der Fünfzigerjahre nicht dauerhaft festschreiben ließ; dass Menschen mit zunehmendem Wohlstand diesen neu und anders definieren würden und neue Bedürfnisse entwickeln; dass sich der Stellenwert der Erwerbsarbeit in der Gesellschaft verändern würde und dass eine Alterssicherung, die für die meisten einzig und allein auf der Erwerbsarbeit beruhte, zu der fatalen Konsequenz führen musste, den Generationenvertrag mit Ansprüchen zu belasten, die er nicht erfüllen konnte. Damit aber musste der Vertrag irgendwann zum Hemmschuh des gesellschaftlichen Fortschritts werden.

Dass Schreiber diese Entwicklungen nicht hätte sehen können, lässt sich nicht einfach behaupten. Im Jahr 1955, in dem Schreiber seinen Plan entwickelte, erschien genau zeitgleich Erich Fromms Erfolgsbuch *Der moderne Mensch und seine Zukunft*; später umbenannt in *Wege aus einer kranken Gesellschaft*. Wie Hannah Arendt 1957 in *Vita activa*, geht Fromm mit der klassischen Erwerbsarbeitsgesellschaft ins Gericht. Anders als Schreiber will er sie nicht auf Ewigkeit zementieren, sondern er will sie schnellstmöglich überwinden. Die Welten, die Fromm und Schreiber trennten, konnten in jeder Hinsicht nicht verschiedener sein. Der von den Nazis ins Exil genötigte feinsinnige jüdisch-deutsche Psychoanalytiker und Sozialpsychologe hier, der ehemalige SA-Mann und spätere Berater des Bundes Katholischer Unternehmer dort; diese beiden Geraden schneiden sich nur im Unendlichen.

Das Schicksal des Umlagesystems nahm seinen Lauf. Zwischen seiner Einführung 1957 und dem Jahr 2020 sank die jährliche Arbeitszeit eines durchschnittlichen deutschen Erwerbstätigen um mehr als ein Drittel; weit weniger, als Keynes, Fromm, Heilbroner, Illich, Gorz und Co. sich gewünscht hatten, aber doch sehr viel im Hinblick auf das Umlagesystem, das darauf nicht ausgelegt war. Dazu schätzt das Statistische Bundesamt – nicht bekannt für allzu waghalsige Prognosen –, dass die Anzahl der Erwerbstätigen in den nächsten Jahrzehnten kontinuierlich sinken wird, von derzeit etwa fünfundvierzig Millionen auf 33,3 Millionen im Jahr 2060.[6]

Parallel dazu ging die Geburtenrate seit dem »Pillenknick« Ende der Sechzigerjahre zurück. Die durchschnittliche Lebenserwartung nahm stark zu, und die Möglichkeit zur Frühverrentung senkte das durchschnittliche Renteneintrittsalter auf heute etwa zweiundsechzig Jahre. Im Hinblick auf die durchschnittliche Lebensqualität sind all das wunderbare Entwicklungen – für das Umlagesystem hingegen nicht. Obwohl die Rentenbeiträge immer weiter stiegen, musste es bereits 1965 mit drei Milliarden D-Mark bezuschusst werden. Dreißig Jahre später, 1995, waren es bereits 30 Milliarden D-Mark, und heute (2020) sind es 72 Milliarden Euro. Schreibers eisernes Gebot, die Rentenkasse nicht mit zusätzlichem Steuergeld zu füllen, verkam zum Witz.

Während immer mehr Steuern in die Rentenkasse flossen, drängte die deutsche Regierung die Erwerbstätigen seit den Neunzigerjahren zunehmend dazu, privat für das Alter vorzusorgen, weil die zu erwartende Rente der jüngeren Generation nur noch minimal ausfallen sollte. Die Beschäftigung mit weitgehend unprofitablen kapitalgedeckten Rentenkonzepten wie die Riester- und die Rürup-Rente lenkte eine ganze Nation davon ab, grundsätzlich darüber nachzudenken, ob das Umlagesystem überhaupt noch sinnvoll war. Wenn ein System, das einzig dazu geschaffen wurde, jedem ein Auskommen im Alter zu ermöglichen, genau dieses nicht mehr leistet, gibt es eigentlich wenig Gründe, es beizubehalten.

Will man dafür ein passendes Bild suchen, so denke man an die Besiedlung Grönlands durch die Wikinger. Als sie seit dem Jahr 986 von Island aus sich auf der großen Nordinsel ausbreiteten, taten sie das, was sie schon vorher gemacht hatten. Sie züchteten Rinder und Schafe. Die Bedingungen dafür waren durchaus günstig, denn auf dem Norden der Halbkugel herrschte eine kleine Warmzeit. Doch die Bedingungen änderten sich. Um das Jahr 1400 begann die Kleine Eiszeit, eine deutliche Abkühlung der Durchschnittstemperaturen mit brutal kalten arktischen Wintern. Nicht nur für die Menschen, auch für die Rinder und Schafe wurde es zu kalt. Die Sterblichkeitsraten stiegen dramatisch an, aber die Siedler begingen einen fatalen Fehler: Sie intensivierten ihre Anstrengungen in die Viehzucht, um ihre Nahrungsgrundlage mit aller Kraft zu sichern. Und während man nun im Sommer die Wiesen überweidete, starben gleichwohl im Winter die Tiere. Auch die Siedler selbst schwanden dahin, verloren nachgewiesenermaßen an Körpergröße und brachten ihre Kinder nicht mehr durch. Hätten sie überleben wollen, hätte sie ihre traditionelle Weidewirtschaft aufgeben und von den Inuit lernen müssen, wie man Robben und Wale erlegt. Doch ihr Selbstverständnis, ihre Tradition, ihr Stolz und ihr Trotz standen ihnen offensichtlich im Weg. Die Kolonien gingen nieder und verschwanden fast spurlos.[7]

Was den Wikingern die Kleine Eiszeit, ist für das Umlagesystem der Wandel der Demografie, die Verkürzung der Arbeitszeiten, die stark gestiegene Lebenserwartung, die Frühverrentung und die Verlagerung des Wirtschaftswachstums von der Realwirtschaft in die Finanzwirtschaft – mithin kein Klimawandel, aber ein Gesellschafts- und Kulturwandel. Die Bedingungen haben sich entscheidend und unumkehrbar geändert und verhindern, dass sich das Althergebrachte und Altbewährte erfolgreich weiterführen lässt. Um sich ein Bild vom Ernst der Lage zu machen: Man stelle sich vor, es gäbe in Deutschland 2022 kein staatliches Rentensystem. Was für eines würde man wohl erfinden? Mit Sicherheit eines, das mit dem 1957 eingeführten Umlageverfahren kaum noch eine Gemeinsamkeit hätte. Da es nun aber einmal da ist, seine unbestrittenen Verdienste hat und kein Politiker sich traut, die heilige Kuh zu schlachten, wird es heute immer wieder geflickt wie ein alter Sonntagsanzug, der ein ganzes Leben lang halten musste. Tatsächlich aber ist das Umlageverfahren, das wir haben, völlig unpassend für die sich gegenwärtig im großen Umbruch begriffene Erwerbsarbeitsgesellschaft, und es ist absolut sinnlos in einer künftigen Sinngesellschaft.

Um weiterhin auch nur halbwegs von einem belastbaren Umlageverfahren zu reden, müsste das Volkseinkommen und wohl auch die Wirtschaftsleistung weiterhin so stark wachsen, wie das von den Sechzigern bis zum Jahr 2000 der Fall war. Damit zwingt der Generationenvertrag die Wirtschaft zu unbedingtem quantitativem Wachstum – im Zeitalter der ökologischen Revolution eine Katastrophe! Nicht nur gibt es kein unendliches Wachstum in einer endlichen und von immer mehr hungrigen Volkswirtschaften bevölkerten Welt. Die extensive Nutzung sämtlicher Ressourcen, die Ausbeutung aller Bodenschätze mit ihrem ökologischen Raubbau zwingen dazu, aus der Notwendigkeit unendlichen Wachstums dringend herauszukommen.

Doch statt sich der Herausforderung zu stellen, erhöhte die Sozialdemokratie das Renteneintrittsalter Anfang der 2000er-Jahre auf siebenundsechzig Jahre. Von der Logik her der erste Schritt auf einem Weg dazu, die Altersgrenze immer weiter und weiter anzuheben. Während ich dies schreibe, empfiehlt der Wissenschaftliche Beirat des Wirtschaftsministeriums tatsächlich, eine Rente mit achtundsechzig einzuführen, um die »schockartig steigenden Finanzierungsprobleme in der gesetzlichen Rentenversicherung ab 2025« auszugleichen.[8] Warum das Expertengremium das seit Langem bekannte Problem als »Schock« überrascht, dürfte sein Geheimnis bleiben. Wie auch immer, die Berater des Wirtschaftsministeriums sind jedenfalls nicht allein. Die Bundesbank und das ifo-Institut empfehlen eine Rente mit frühestens neunundsechzig Jahren. Und das Institut der deutschen Wirtschaft wünscht sich ein Renteneintrittsalter von dreiundsiebzig Jahren.[9] Noch besser wäre selbstverständlich eine Rente mit achtzig, und am allerbesten wäre überhaupt keine Rente.

Millionen ältere Menschen, die in Zukunft den Arbeitsmarkt für die Jungen verstopfen, obgleich man die meisten von ihnen aufgrund des technischen Wandels und der neuen Arbeitsmarktanforderungen gar nicht gebrauchen kann? Wie weltfremd darf man eigentlich sein, um in Wirtschaftsinstituten als Arbeitsmarktexperte beschäftigt zu sein? Achselzuckend argumentiert man, die demografische Entwicklung lasse halt schlichtweg keine andere Lösung zu. Mit anderen Worten: Der Freiheitsgewinn durch fortschreitende Automatisierung und steigende Wirtschaftsleistung soll den Arbeitnehmern auf keinen Fall zugutekommen. Stattdessen gilt das Prinzip, das Renteneintrittsalter so an die Lebenserwartung zu koppeln, dass sich an den Verhältnissen früherer Jahrzehnte bloß nichts ändert. Und zwar nicht, weil dieses Verhältnis im reichen Deutschland des 21. Jahrhunderts notwendig ist, sondern weil es notwendig ist, um ein System zu retten, das in den Fünfzigerjahren erfunden und früher einmal sinnvoll war. Das Umlageverfahren, vor fünfundsiebzig Jahren ein großer Fortschritt, ist heute dessen größter Hemmschuh. Und es als grundsätzlich alternativlos darzustellen, ist eine leicht durchschaubare Ideologie. Die »dynamische Kopplung des Rentenalters an die Lebenserwartung«, von der die Berater des Wirtschaftsministers sprechen, ist keine Naturgesetzlichkeit. Vielmehr ist es der fatale Systemzwang eines überholten Konzepts.

Warum sollte das Verhältnis von Arbeitszeit und Rentenzeit dauerhaft konstant bleiben müssen, wenn sich die Erwerbsarbeit revolutioniert? Warum sollte es diesmal anders sein als bei allen anderen industriellen Revolutionen, die das Verhältnis von Arbeitszeit und Rentenzeit stets massiv veränderten? Wieso knickt die Fortschrittskurve, die die Menschen seit hundertfünfzig Jahren immer stärker vom Zwang, ein Leben in Erwerbsarbeit verbringen zu müssen, befreit, jäh ab, während die Automatisierung der Arbeit weiter zunimmt? Und welcher Fatalismus liegt darin, wenn Axel Börsch-Supan, Direktor des Max-Planck-Instituts für Sozialrecht und Sozialpolitik in München (der dem Beirat des Wirtschaftsministeriums vorsteht), in Aussicht stellt: »Sollte die Lebenserwartung abnehmen, kann auch das Rentenalter sinken.«[10]

Wenn nur noch die zynische Hoffnung hilft, die Menschen könnten im Zeitalter schier unbegrenzter Heilsaussichten in der Medizin irgendwann wieder eher sterben, ist der Tiefpunkt erreicht. Naheliegend, auch hier von einer »Breschnew-Periode des real existierenden Kapitalismus« zu sprechen. Wenn darüber hinaus der wirtschaftlich blühenden Bundesrepublik Deutschland »höhere Beiträge und ein niedrigeres Rentenniveau« prognostiziert werden, lässt sich erkennen, wie tief der Karren im Dreck steckt.[11] Die beratenden Ökonomen schließen messerscharf, dass »stark steigende Zuschüsse aus dem Bundeshaushalt« zulasten von »Zukunftsinvestitionen zum Beispiel in Bildung, Infrastruktur und Klimaschutz« gehen und »die Tragfähigkeit unseres Sozialsystems untergraben«.[12] Auf die Idee, ein solch marodes System durch etwas Besseres zu ersetzen, kommen sie nicht.

Ohne Zweifel: Die gesamte Diskussion um die Zukunft unseres Rentensystems ist durchzogen von Sorge, düsteren Prognosen und unüberhörbarem Fatalismus. Schon jetzt bekommt ein Durchschnittsverdiener in Deutschland nur noch 50 Prozent Rente, im Gegensatz etwa zu den Niederlanden, in denen 95 Prozent des früheren Einkommens gezahlt werden.[13] Und die Tendenz? Weiter sinkend! Millionen Rentner in Deutschland werden in Armut leben und unsere Kinder trotzdem unter der Last ächzen, zu zweit statt wie Anfang der Sechzigerjahre zu sechst einen Rentner oder eine Rentnerin zu finanzieren. Wenig Hilfe kommt auch von den Gewerkschaften. Selbstredend lehnen sie die Erhöhung des Renteneintrittsalters ab, fordern mehr Lohn, der auch den Rentenkassen zugutekäme, und wettern gegen nicht versicherungspflichtige Beschäftigungsverhältnisse. Als Kinder der alten Welt verkämpfen sie sich damit allerdings nur in Kleinkriege *innerhalb* der Logik des Umlagesystems, wohl wissend, dass auch ihre Forderungen die Tendenz zum Untergang des Umlageverfahrens nicht aufhalten können. Wie sollen sie angesichts dieser Lage für eine Verkürzung der Arbeitszeit kämpfen, ohne selbstwidersprüchlich zu werden?

Dass die Gewerkschaften sich mit dem Umlagesystem identifizieren, das einer weiteren Emanzipation der Erwerbstätigen so sehr im Wege steht, ist keineswegs selbstverständlich. Selbstredend enthält der Sozialstaat, der die Früchte des Wachstums verteilt, ein sozialdemokratisches Solidaritätsprinzip. Aber der Sozial-Etatismus, der umverteilende Staat, muss nicht notwendig in erster Linie die Früchte der Arbeit umverteilen, sondern er könnte, wie wir sehen werden, es auch mit den viel üppigeren Früchten der Nichtarbeit tun. Und er muss auch nicht, wie die sozialdemokratische Romantik es will, als große und verbindende Solidarität erlebt werden, die Menschen aller Schichten, Milieus und Generationen eint. Dass Beitragszahler und Empfangsberechtigte sich als Solidargemeinschaft empfinden, darf sehr ernsthaft bezweifelt werden, denn das verordnete Solidarmodell des Generationenvertrags leistet bei weitem nicht den oft hineininterpretierten Beitrag zur Gemeinwohlorientierung oder wirkt gegen Staatsverdrossenheit. Und das Umlageverfahren setzt auch keine bekannten Kräfte frei, die die Menschen jenseits des Marktgeschehens miteinander verbänden und ihren Zusammenhalt stärkten.

Das wichtigste Argument gegen das seit den Neunzigerjahren intensivierte Drängen, sich parallel zum Umlageverfahren eine private Rentenversicherung zuzulegen, ist nicht, dass es eine Solidargemeinschaft aushöhlt, die als solche kaum empfunden wird. Es ist das Gleiche, das es bereits 1957 war: Die großpolitischen Ereignisse, die unberechenbaren wirtschaftlichen Entwicklungen und die Unbilden an den Kapitalmärkten machen eine kapitalgedeckte Altersvorsorge zu einem stets hochriskanten Unterfangen. So etwa unterbindet die gegenwärtige Nullzinspolitik die in den Neunziger- und 2000er-Jahren prognostizierte Kapitalbildung fast völlig. Was geschieht, wenn jene Erwerbstätigen, die in dieser Zeit massenhaft in private Rentenversicherungen investiert haben, in den kommenden Jahrzehnten millionenfach ihre Auszahlungen erwarten, möchte man sich kaum vorstellen.

So nützt es auch wenig bis gar nichts, einen sehr kleinen Teil des Geldes, mit dem der Staat die Rentenversicherung unterstützt, am Kapitalmarkt anzulegen. Vorbild dafür ist Schweden, das lediglich magere 2,5 Prozent des gesetzlichen Rentenbeitrags verpflichtend in Aktien und Anleihen fließen lässt. Dass dies der im Jahr 2025 bereits mit über 100 Milliarden Steuergeldern subventionierten gesetzlichen Rentenversicherung in Deutschland hilft, werden nicht einmal die Liberalen glauben, die die Idee ins Koalitionspapier eingebracht haben.

Die Alternative zum Umlageverfahren ist also nicht die Rückkehr in die vormoderne Form der kapitalgedeckten Altersversicherung. Im Angesicht der digitalen wie der ökologischen Revolution wäre das ein schier wahnwitziges Unterfangen. Existenzsicherung in der postindustriellen Gesellschaft, wie man im Anschluss an Schreibers Programmschrift heute sagen müsste, verlangt nach völlig neuen und anderen Ideen; mithin nach einem Mut, der in den Fünfzigerjahren offensichtlich vorhanden war und der heute in der Politik auf erschreckende Weise fehlt. Denn unsere Gesellschaft hat, wie der Sozialpsychologe Harald Welzer sagt, ganz offensichtlich keine »Kultur des Aufhörens« mehr.[14] Wir bringen es nicht fertig, unseren ökologischen Gefahrenindustrialismus einzudämmen. Wir kommen nicht aus dem Zwang zum quantitativen Wachstum heraus. Wir schaffen es nicht, die sozial wie ökologisch unverantwortliche Spirale an ständiger Aufrüstung zu verlassen. Und ebenso überfordert es heute fast alle in Verantwortung stehende Politiker in den westlichen Industriegesellschaften, die sozialen Sicherungssysteme den Anforderungen des 21. Jahrhunderts anzupassen. Alternativ dazu mühen sie sich damit ab, vergängliche Zustände durch immer neue Anstrengungen aufrechtzuerhalten. Ohne Mumm, ohne das nötige Bewusstsein und in Angst vor der Öffentlichkeit optimieren sie damit in alter Wikingermanier immer weiter das Falsche.

Doch dieser Starrsinn ist nicht nur gesellschaftlich, sondern auch ökonomisch falsch. Seit 1894 kennen die Wirtschaftswissenschaften den Begriff »Opportunitätskosten«. Es gibt nicht nur jene Kosten, die einem entstehen, wenn man eine bestimmte Möglichkeit umsetzt. Es gibt auch jene, die dadurch anfallen, dass man eine andere Möglichkeit *nicht* gewählt hat. Am Beispiel der Wikinger in Grönland: Hätten sich die Siedler nicht darauf versteift, die Viehzucht zu intensivieren, sondern sich an der Selbstversorgung der Inuit orientiert, wären ihre Kosten geringer gewesen: Sie hätten überlebt. Tragischerweise bleiben Opportunitätskosten meist im Dunkeln. Denn der virtuelle Preis des entgangenen Nutzens lässt sich, wenn überhaupt, meist erst im Nachhinein beziffern. Hätte sich der Betrag von über einer Billion US-Dollar nicht sinnvoller investieren lassen als in den erfolglosen Krieg in Afghanistan? Hätten damit nicht zahlreiche afrikanische Staaten Klimaneutralität erreichen können oder vieles andere Gute?

In gleichem Sinne lässt sich fragen, welche Opportunitätskosten es wohl verursacht, das halb tote Umlagesystem in Deutschland weiterhin mit rasant steigenden Milliardenbeträgen zu subventionieren. Und das, obwohl es damals für eine ziemlich unfreie Gesellschaft der *labour* geschaffen wurde und nicht für eine viel freiere Gesellschaft des *work*. Will man den Freiheitsgewinn des zweiten Maschinenzeitalters tatsächlich zu einem Freiheitsgewinn für möglichst alle machen, zu einem sozialen Liberalismus für das 21. Jahrhundert, so muss unser System des Arbeitens, des Wirtschaftens und der sozialen Absicherung gründlich umgebaut werden. Unser Selbstwertgefühl und unsere soziale Nützlichkeit dürfen sich nicht mehr am überholten Maßstab der Erwerbsarbeitsgesellschaft messen lassen müssen, für die Sinn in der Arbeit und materielle Freiheit nur das Privileg weniger waren. Das Gleiche gilt für unsere finanzielle Grundversorgung. Die große Transformation von der Erwerbsarbeitsgesellschaft, wie wir sie kannten, zur Sinngesellschaft des 21. Jahrhunderts taumelt hilflos ins Leere, solange sie alle Menschen auf althergebrachte Weise mit den Früchten traditioneller Erwerbsarbeit ernähren will. Und die gute Nachricht lautet: Sie muss es auch nicht!

DAS BEDINGUNGSLOSE GRUNDEINKOMMEN

Warum eine Sinngesellschaft die Existenzsicherung
von der Arbeit trennen muss und warum dies auf ein
Bedingungsloses Grundeinkommen hinausläuft.

Hunger im Paradies

Das Paradox des Fortschritts

»Die Geschichte des technologischen Fortschritts der letzten zweihundert Jahre ist im Grunde die Geschichte der menschlichen Rasse, wie sie langsam, aber sicher versucht, den Weg zum Paradies wieder zu finden. Was würde allerdings passieren, wenn ihr dies gelänge? Alle Güter und Dienstleistungen wären verfügbar, ohne dass dafür Arbeit notwendig wäre, und niemand würde einer Erwerbsarbeit nachgehen. Nun heißt arbeitslos sein auch, keinen Lohn zu empfangen; so würden die Menschen, wenn sie auf die neue technologische Situation nicht mit einer neuen Politik der Einkommensverteilung reagieren würden, im Paradies verhungern ...«[1]

Der Mann, der den Hunger im Paradies ankündigte, war niemand Geringeres als der Wirtschaftswissenschaftler Wassily W. Leontief. Anfang der Achtzigerjahre zeichnete er mit mathematischer Nüchternheit die logische Figur des Paradies-Paradoxons. Je weiter die Vollautomatisierung voranschreitet – und wer zweifelt daran, dass sie voranschreitet? –, umso weniger Menschen werden in der Erwerbsarbeitswelt benötigt. Je weniger Menschen allerdings noch Lohn bekommen, umso weniger Menschen können die Produkte der voll automatisierten Wirtschaft konsumieren. Also muss sich die Politik etwas Neues einfallen lassen, eine »neue Politik der Einkommensverteilung«, um den Wirtschaftskreislauf weiter am Leben zu erhalten. Ansonsten endet beides in einem Desaster: Die Unternehmen erzielen keine Gewinne mehr und die Arbeitslosen verhungern.

Leontief sagte damit nichts anderes als das, was der österreichische Schriftsteller Jakob Lorber bereits Mitte des 19. Jahrhunderts prophezeite: »Aber es wird kommen am Ende eine Zeit, in der die Menschen zu einer großen Klugheit und Geschicklichkeit in allen Dingen gelangen werden und erbauen werden allerlei Maschinen, die alle menschlichen Arbeiten verrichten werden wie lebende, vernünftige Menschen und Tiere; dadurch aber werden viele Menschenhände arbeitslos, und die Magen der armen, arbeitslosen Menschen werden voll Hungers werden. Es wird sich dann steigern der Menschen Elend bis zu einer unglaublichen Höhe.«[2]

Leontief hat keinen Zeitplan vorgelegt, wann der Punkt erreicht sein wird, an dem das Einkommen neu verteilt werden muss. Im Unterschied zu Keynes und vielen anderen war er kein Zeit-Utopist; ihn interessierte allein die logische Figur der voll automatisierten Ökonomie. Die Analyse der ungezählten Studien und Prognosen im ersten Teil dieses Buchs hat gezeigt, dass der Zug tatsächlich in die Richtung fährt, die Leontief skizziert hat. Allerdings fährt er in unterschiedlichem Tempo, mit vielen regionalen und nationalen Zwischenstopps und auf ziemlich verschlungenen Wegen. Auf der Reise in die Vollautomatisierung bleiben manche Waggons vielleicht für immer im Bahnhof stehen, und manche Bahnen fahren mit angezogener Bremse. Die Züge ganz anzuhalten, um die alte Erwerbsarbeitsgesellschaft zu retten, aber führt mittel- bis langfristig in eine ökonomische Situation wie im real existierenden Sozialismus. Statt die technische Entwicklung wie im Westen voranzutreiben, sorgte man trotzig dafür, dass jeder dauerhaft einen Arbeitsplatz erhielt, wie unproduktiv auch immer er war; ein Verhängnis mit den bekannten Folgen des wirtschaftlichen Ruins. Arbeitsplätze um der Beschäftigung willen zu retten, ist eine Handlungsoption, die nur um den Preis des Untergangs zu haben ist. Die Lehren der Geschichte sind unmissverständlich.

In dieser Lage schlägt die Stunde einer Idee, die tief in der Ökonomie der Knappheit wurzelt, aber erst heute in der Ökonomie des Überflusses in den westlichen Industrieländern realisierbar ist: die Idee, Arbeit und Einkommen konsequent zu trennen! Die gesicherte Existenz wäre dann materiell garantiert, statt überhaupt erst über eine wie auch immer geartete Leistung erworben. Diese Idee hat viele Namen – als »Bürgergeld«, »garantiertes Existenzminimum« sowie »Bodendividende« oder »Sozialdividende« geistert sie durch die letzten zweieinhalb Jahrhunderte, heute im deutschen Sprachraum zusammengefasst als Bedingungsloses Grundeinkommen (BGE), im englischen als *Basic Income Guarantee* (BIG), *Unconditional Basic Income* (UBI) oder *Universal Basic Income* (UBI).

Warum sollten – wenn es ökonomisch möglich ist – nicht alle Bürger in einem Land ein existenzsicherndes Einkommen erhalten? Wäre dies nicht der nächste Schritt zu einer freiheitlicheren Gesellschaft, die tatsächlich jedem Menschen die Chance gibt, ungeachtet von materiellen Zwängen sich selbst zu verwirklichen? Das logische Endziel einer Entwicklung, die einst mit dem Liberalismus in der Ökonomie der Knappheit begann und in der Ökonomie des Überflusses nun alle liberalen Träume von einem Leben in Freiheit und Würde erfüllt? Alles, was dafür an Denkbarriere überschritten werden muss, sind die Relikte der alten Erwerbsarbeitsgesellschaft, deren Entstehung, wie gezeigt, untrennbar mit dem Liberalismus verbunden ist. Will jener allerdings im 21. Jahrhundert nicht mit dieser untergehen, so bedarf es des nächsten großen Schritts in die Freiheit: eines *Liberalismus der Sinngesellschaft*. Seine menschheitsgeschichtliche Aufgabe wäre es dann, Leontiefs Paradox des Fortschrittes aufzulösen – dadurch, dass er die letzten Fäden jenes Pflichtbands löst, die die Existenz der Bürger in der Ökonomie des Überflusses noch immer an die Erwerbsarbeit binden.

Tatsächlich existiert die Idee des BGE in vielen Facetten, nicht nur in der liberalen. Es gibt sozialistische Fantasien zu einem Bedingungslosen Grundeinkommen, wie es sozialtechnische und anthroposophische gibt. Während die einen den Kapitalismus auf eine fortgeschrittenere und humanere Stufe bringen wollen, sehen andere das BGE als geeignetes Mittel für dessen Überwindung. Und während die einen die bestehende Gesellschaftsordnung stützen wollen, wollen andere sie stürzen. Manche verbinden mit dem Bedingungslosen Grundeinkommen einen grundsätzlichen Neuansatz in der Geschichte der Industriestaaten. Und andere sehen darin lediglich das neueste Update ihres Betriebssystems. Nicht anders verhält es sich mit seinen Gegnern und Kritikern. Die Freund-Feind-Linien sind oft verwirrend, je nachdem, ob man es mit schnellen Emotionen, Stereotypen oder sachkundigen Einwänden zu tun hat.

Überfrachtet mit Erwartungen und Träumen, wundert es nicht, dass das BGE vielfältige Befürchtungen weckt. Für die einen ist es ein (bekritteltes) Instrument zur Problemlösung, für die anderen Teil einer (angefeindeten) Weltanschauung, die auf eine völlig veränderte Gesellschaft abzielt. Von konservativer und liberaler Seite kommt der fast schon reflexhaft vorgebrachte Einbruch der Arbeitsmotivation der in Zukunft finanziell grundversorgten Bürger; von sozialdemokratischer Seite die ebenso reflexhafte Angst, ein BGE setze zum Kahlschlag des Sozialstaats an, ohne dafür einen besseren Wald anzupflanzen: Argumente, die es ausführlich zu beleuchten gilt. Andererseits ist die Abwehr des BGE oft abhängig davon, wie ausführlich man sich mit der zunächst ungewohnten und oft verstörenden Idee beschäftigt hat. Die Skepsis richtet sich dann, wenn sie erhalten bleibt, meist gegen *bestimmte Versionen* des Bedingungslosen Grundeinkommens und die damit verbundenen Absichten und Hoffnungen. Und sie richtet ihren Fokus auf die *praktische Realisierbarkeit*, allen voran auf die Frage nach einer soliden Finanzierung.

Das BGE passt damit in kein vorgefertigtes Schema. Nur als Exot lebt es bislang im Ideenfundus des Liberalismus oder des Sozialismus; ein Exot, der in den letzten Jahren allerdings eine nicht ganz überraschende Popularität erlangt hat. Die Gründe dafür sind vielfältig. Sicher liegt es nicht nur an dem Wandel von der klassischen Erwerbsarbeitsgesellschaft zur Sinngesellschaft. Ebenso liegt es daran, dass jene weltanschaulichen Festungen zerbröseln, die im ersten Maschinenzeitalter gebaut wurden und nun im zweiten Maschinenzeitalter in gleicher Form nicht mehr benötigt werden. Das Hinwegdämmern der »Volksparteien« in ganz Europa, die ihren Konservativismus, ihr Christentum oder ihren Sozialismus nur noch im Namen tragen, gibt davon beredtes Zeugnis. Mit anderen Worten: All jene weltanschaulichen Festlegungen, denen das BGE nicht ins Schema passen will, passen inzwischen ihrerseits kaum noch in die Zeit.

Die Vorstellung, Arbeit und Existenzsicherung, Anspruch und Leistung nicht mehr zwingend zu verknüpfen, bleibt gleichwohl ein tiefer Eingriff in die DNA der bürgerlichen Lohnarbeits- und Leistungsgesellschaft, die für die meisten Menschen in Westeuropa aus guten Gründen eine beispiellose Erfolgsgeschichte ist. Kein Wunder, dass die Diagnose ihres allmählichen Niedergangs – Reckwitz' »Ende der Illusionen« – nur sehr ungern geglaubt wird. Wenn der Wohlstand und die Freiheit unserer Gesellschaft wesentlich in der Arbeitsleistung und im Arbeitsethos gründen, würden wir mit einem Bedingungslosen Grundeinkommen nicht den Ast absägen, auf dem wir sitzen?

Dieser Ast soll aus jenem Holz sein, das Eigenverantwortung heißt und die Bereitschaft meint, einer Lohnarbeit nachgehen zu wollen. Das gesamte soziale Sicherungssystem der westlichen Industriestaaten ist, wie gezeigt, darauf aufgebaut. Was auch immer Sozialdemokraten, Gewerkschaftler oder die Väter der sozialen Marktwirtschaft an sozialen Absicherungen für die Bürger ersannen und durchsetzten, »soziales Risiko« bedeutete für sie den Verlust von Arbeit. Der Rentner muss abgesichert sein, weil er altersbedingt nicht mehr voll erwerbsfähig ist, der Kranke, weil er nicht zur Arbeit gehen kann. Wer ohne eigenes Zutun, also »unverschuldet« arbeitslos wird, muss ebenso aufgefangen werden wie derjenige, den ein Arbeitsunfall arbeitsunfähig macht. Wen der Beruf krank macht, der braucht finanzielle Hilfe, erst recht, wenn er »invalide« wird und auf dem Arbeitsmarkt nichts mehr gilt. Das Gleiche betrifft die Mutterschaft und inzwischen auch die Vaterschaft: Sie sind anerkannte Rechtfertigungen, um dem Arbeitsmarkt eine Zeit lang fernzubleiben.

Wer in den Industriestaaten nicht arbeitet, braucht also einen guten Grund, eine *Entschuldigung*, vom paternalistischen Staat sorgfältig begutachtet und beurteilt. (Es sei denn, derjenige ist so vermögend, dass er kein Geld vom Staat braucht.) Ein solcher Staat, der jeden Einzelnen danach befragt, ob seine Gründe zureichend sind, um keiner Erwerbsarbeit nachzugehen, müsste eigentlich jeden Liberalen im 21. Jahrhundert schäumen lassen: Was maßt sich der Staat an, darüber zu befinden, was nach seinen Kriterien legitime Gründe sind, um nicht erwerbstätig zu sein? Ist es kein legitimes Motiv in einer Überflussgesellschaft, egal in welchem Lebensalter man ist, eine Zeit lang durch die Welt zu reisen, um Erfahrungen zu sammeln und sich fortzubilden? Längere Zeit auszusetzen, um über das eigene Leben nachzudenken? Zu beschließen, die Lohnarbeit ruhen zu lassen, um ein Buch zu schreiben, ein Haus zu restaurieren oder sich um seine Eltern zu kümmern?

Doch wer dies nach dem Einstieg in die Erwerbsarbeitsgesellschaft tut, fällt nach wie vor schnell aus dem Raster des an der Lohnarbeit bemessenen Sozialsystems. Das nämlich kennt eine Absicherung nur in Form einer Versicherung, die auf Abzügen vom Lohn besteht. Oder alternativ dazu aus Versorgungsleistungen für Beamte. Am unteren Ende der Skala liegt dann das Arbeitslosengeld II, das nicht mehr »Sozialhilfe« heißen darf, sondern seit den Hartz-Gesetzen auch in einen direkten Bezug zur Arbeit gesetzt ist. Wer Hartz IV bezieht, darf bislang gegen das in Artikel 12 des Grundgesetzes verbriefte Grundrecht auf freie Berufswahl zu bestimmten Arbeiten herangezogen werden. Und er darf seinen Wohnort nicht für längere Zeit verlassen. Das Recht auf Freizügigkeit wird in Artikel 11 (1) durch Abschnitt 2 relativiert: »Dieses Recht darf nur durch Gesetz oder auf Grund eines Gesetzes und nur für die Fälle eingeschränkt werden, in denen eine ausreichende Lebensgrundlage nicht vorhanden ist und der Allgemeinheit daraus besondere Lasten entstehen würden.«[3] Mit anderen Worten: Wer, obwohl dem Alter und seiner Gesundheit entsprechend arbeitsfähig ist, dem Staat auf der Tasche liegt, genießt die Grundrechte nicht in vollem Umfang.

Staatliche Unterstützung ist im Sozialstaat nicht *garantiert*, sondern sie wird nachrangig *gewährt*, wenn die vorrangige

Pflicht zur Arbeit nicht erfüllt wird. Aus dem Zeitgeist der jungen Bundesrepublik, der Epoche des Wiederaufbaus und des späteren »Wirtschaftswunders« wird dieser Gedanke leicht verständlich. Eine ganze Nation sah sich zur Tüchtigkeit regelrecht verdammt. Doch sollte dies für ewig in Stein gemeißelt sein? Ist dies tatsächlich die passende Blaupause einer Sinngesellschaft, die Selbstverwirklichung als hohes Gut betrachtet? Und wird sie der technischen Entwicklung gerecht, die auf die Ersetzung zahlreicher Routinearbeiten zielt?

Die Vorstellung, dass der Fortschritt die Arbeit nicht mehr auf gewohnte Weise ins Zentrum des Lebens stellen könnte, liegt unserem etablierten Sozialstaat ebenso fern wie Mackenroth und Schreiber, den geistigen Vätern des Generationenvertrags. Sozialhilfe ist eine Ersatzleistung für Nichtarbeitende und kein Grundrecht. Ebendeshalb bemisst sich der Umfang des Regelsatzes bei Hartz IV an einer Art Notversorgung, dem berüchtigten »Warenkorb«, ohne den niemand in Deutschland durch den Monat kommen kann. Anders als in manchen anderen europäischen Staaten hängt der Regelsatz nicht an der Entwicklung der Löhne, sondern am lebensnotwendigen Konsum. Die Früchte der Arbeit der anderen sollen für den Nichtarbeitenden kein Maßstab sein, geschweige denn, dass er davon profitiert. Der Arbeitslosengeld-II-Empfänger ist ein bewusst Ausgegrenzter der Erwerbsarbeitsgesellschaft. Als nicht Beteiligter steht er zu ihr in einem rein negativen Bezug.

Dass dieser Zustand dauerhaft nicht aufrechtzuerhalten ist, dass er schlichtweg nicht mehr zur technischen und gesellschaftlichen Entwicklung des 21. Jahrhunderts passt, ist inzwischen nicht nur der Linken aufgefallen. Es geht heute nicht mehr, wie in früheren Debatten, allein darum, dass es psychologisch unzumutbar sei, Menschen zu bestimmten Arbeiten zu zwingen oder ihnen die existenzsichernden Zuwendungen zu kürzen. Es geht auch nicht nur um die Folgen der gesellschaftlichen Ausgrenzung wie Staatsverdrossenheit, Unmut, Depressionen und Aggressionen. Es geht mehr und mehr um die Frage, welches Sozialsystem einer Sinngesellschaft adäquat ist und welches das Paradox des Fortschritts aufhebt. Und es geht nicht zuletzt darum, eine Achse neu zu bewerten: erwerbstätig oder nicht erwerbstätig. Ist es wirklich wertvoller und sinnstiftender, in der Rüstungsindustrie zu arbeiten, als gar nicht zu arbeiten? Wie hoch sind Arbeitsplätze zu bewerten, die mit einem erheblichen Raubbau an der Natur einhergehen? Ist ein Arbeitsplatz auch dann anzustreben, wenn er auf Ausbeutung der Armen und Ärmsten basiert? Oder wenn seine CO_2-Bilanz die Frage aufwirft, ob es für die Menschheit nicht besser wäre, diese Arbeit nicht zu tun?

Die Sinngesellschaft kennt andere Wertmaßstäbe als die klassische Erwerbsarbeitsgesellschaft. Arbeit ist nicht gleich wünschenswerte Arbeit – dieser Gedanke schafft eine neue Achse, nämlich jene des sinnvollen Tuns und Lassens und des nicht sinnvollen Tuns und Lassens. Und doch fällt es vielen Menschen, die in der klassischen Erwerbsarbeitsgesellschaft sozialisiert sind, noch immer schwer, die Bedingungslosigkeit des Grundeinkommens zu akzeptieren. Wie Erich Fromm richtig bemerkte, »sind viele Menschen nicht ... imstande, neue Ideen wie die eines garantierten Einkommens zu begreifen, denn traditionelle Ideen werden gewöhnlich von Gefühlen bestimmt, die ihren Ursprung in früheren Gesellschaften haben«.[4] Dies ist kein Problem des Grundeinkommens allein, sondern das Schicksal aller grundrechtlichen Forderungen: von den Rechten der Frauen über jene der Kinder bis hin zur Abschaffung der Sklaverei, der Etablierung eines Sozialstaats usw. Stets war ein erheblicher Teil der Zeitgenossen von der Vorstellung geprägt, dass dergleichen hirnrissig, undenkbar oder zumindest vollkommen unrealisierbar sei. Und es widersprach zutiefst ihren Intuitionen, die stark durch die bestehenden Verhältnisse geprägt waren. Man hält stets das für realistisch, was man gut kennt, und tut starke Abweichungen als unrealistisch ab. Konservative Gemüter interessierten und interessieren sich stets weniger für die gesellschaftlichen Ziele als für schnelle Gründe, die gegen hochfliegende Ideen sprachen und sprechen. Sie ersparten und ersparen ihnen, sich damit auseinandersetzen zu müssen.

Dass die Existenzgrundlage vom Staat *garantiert* wird, anstatt dass ein Erwerbsausfall durch Sozialhilfe *korrigiert* wird, gilt noch immer als Provokation. Allerdings entspricht die veröffentlichte Meinung kaum der öffentlichen Meinung. Umfragen zum Bedingungslosen Grundeinkommen zeigen, dass unter denen, die noch nie etwas vom BGE gehört haben, jeder Zweite der Idee etwas abgewinnen kann. Bei jenen, die angeben, sich bereits damit beschäftigt zu haben, befürworten sogar zwei Drittel der Befragten das Grundeinkommen.[5] Völlig erstaunlich ist das nicht. Denn wie soll eine Gesellschaft, die den Anspruch darauf anerkennt, dass Arbeit Selbstverwirklichung und Sinnstiftung ist – ein Anspruch, der auf *New-Work*-Konferenzen ebenso selbstverständlich vorgebracht wird wie von den Gewerkschaften –, wie kann eine solche Gesellschaft die Idee des BGE verweigern, ohne in einen Selbstwiderspruch zu geraten? Das Gleiche gilt, wie erwähnt, für den Liberalismus. Braucht er nicht ein hohes Maß an Chancengerechtigkeit, um Leistung überhaupt zum Maßstab machen zu können? Wie aber soll es eine faire Chance für jeden geben, sein Leben selbstbestimmt zu meistern, wenn die einen durch ihre Familien vollversorgt sind, die anderen aber genötigt sind, Arbeiten zu leisten, die sie freiwillig nie tun würden, um angemessen über die Runden zu kommen?

Aus dieser Perspektive ist das BGE der nächste Schritt auf der Leiter des gesellschaftlichen Fortschritts. Es nimmt sowohl die liberalen als auch die linken Grundüberzeugungen ernster als viele derer, die sich für liberal oder links halten. Tatsächlich nämlich stehen nicht wenige Liberale oder Linke ihrer Klientel – seien es Lobbyverbände, seien es Gewerkschaften – näher als ihren Grundsätzen. In einer Zukunftsgesellschaft, die gemäß Leontief sowohl das Potenzial hat, die Produktivität weiter zu steigern, als auch viele Menschen von der Notwendigkeit vollberuflicher Erwerbsarbeit zu befreien, bedeutet das Fortwursteln des Alten nicht nur Stillstand. Es bedeutet, wie Andreas Reckwitz und andere gezeigt haben, für viele einen Rückschritt.[6] Wenn noch hinzukommt, dass aus ökologischer Perspektive die bedingungslose Vollbeschäftigung ein Gräuel ist, wird einem die Vergänglichkeit des Bestehenden endgültig bewusst. Produzieren und Arbeitskräfte zu beschäftigen auf Teufel komm raus, führt über kurz oder lang tatsächlich in die Hölle. Der Schaden, den, wie der belgische Philosoph und Ökonom Philippe Van Parijs schreibt, ein nicht erwerbstätiger Surfer dem Gemeinwohl zufügt, dürfte durchaus geringer sein als der aufwendige Lebensstil eines Besserverdienenden.[7]

So wundert es nicht, dass sich angesichts des zu erwartenden Gesellschaftsumbruchs im Zeichen des zweiten Maschinenzeitalters ungezählte Denker, Lenker und Macher heute hinter der Forderung nach einem Bedingungslosen Grundeinkommen versammeln. Die Palette reicht von Bill Clintons ehemaligem Arbeitsminister Robert Reich, dem zyprisch-britischen Wirtschaftsnobelpreisträger Christopher Pissarides von der London School of Economics and Political

Science zum indischstämmigen US-Amerikaner und KI-Forscher Dileep George und den Silicon-Valley-Großinvestoren Joe Schoendorf, Marc Andreessen und Timothy Draper, den deutschen Unternehmern Götz Werner und Chris Boos, dem Topmanager Timotheus Höttges sowie dem ehemaligen griechischen Finanzminister Yanis Varoufakis, um nur wenige von vielen zu nennen. Ihre Motive sind allerdings nicht genau dieselben, ebenso wie ihre Vorstellungen, wie hoch ein BGE sein müsste. Das Silicon Valley sorgt sich vor allem um eines: Die Daten von Armen sind nichts wert! An wen soll man sie verkaufen, wenn die Ausspionierten sich die angebotenen Produkte nicht leisten können? Die Datenökonomie hat ein erhebliches wirtschaftliches Interesse am Wohlstand, auf dem sie aufsattelt. Eine kollektive Verarmung breiter Schichten hingegen ist ihrem Geschäftsmodell äußerst abträglich. Andere dagegen sorgen sich darum, dass ein beträchtlicher Teil der heutigen und künftigen Generationen in Altersarmut fällt. Sie fürchten wachsende Proteste, soziale Unruhen und bürgerkriegsähnliche Zustände, sollten tatsächlich viele Millionen Menschen in den Industrieländern auf Sozialhilfeniveau herabsinken. Und wiederum andere, wie Varoufakis, sehen das Grundeinkommen als Mittel grundlegender Partizipation und Umverteilung, vielleicht sogar als Instrument eines Systemwechsels. Um genauer zu verstehen, welchem Argumentationspfad sie folgen und was sie meinen, wenn sie von einem BGE sprechen, lohnt sich ein ausführlicher Blick in die Vergangenheit: Wozu sollte das Bedingungslose Grundeinkommen in der Geschichte eigentlich dienen? Und für welches Problem wurde es als Lösung vorgeschlagen?

Volk ohne Land

Der Ursprung des Grundeinkommens

Zwei Grundsätze bestimmen das, was man im ersten Drittel des 19. Jahrhunderts das erste Mal »Sozialismus« nennen wird: »Kapital darf nicht über Arbeit herrschen« und »Arbeit darf nicht die alleinige Quelle für die Sicherung der Existenz sein«. Während der erste Grundsatz als Inbegriff aller sozialistischen und kommunistischen Forderungen auf Plakate gemalt und durch rote Fahnen symbolisiert wird, gerät der zweite Grundsatz mit der Gründung von Gewerkschaften und der sozialistischen Parteien für lange Zeit in Vergessenheit. So sehr, dass Sozialisten von August Bebel bis zu den Verfassungsvätern der UdSSR es fertigbringen werden, das alte Paulus-Zitat aus dem Brief an die Tessalonicher wiederzubeleben: »Wer nicht arbeitet, der soll auch nicht essen!«[1]

Wer weiß überhaupt noch, dass beide Forderungen ursprünglich eine Einheit bildeten? Und wer kennt den Kontext, in dem dies geschah? Aufgestellt hat sie der englische Schuhmacher-Sohn Thomas Spence im Alter von fünfundzwanzig Jahren in einem Vortrag vor der Philosophischen Gesellschaft seiner Heimatstadt Newcastle upon Tyne. Eine Rede mit dem Titel: »*A Lecture read at the philosophical society in Newcastle, on November 8th, 1775, for printing of which the society did the Author the honour to expel him.*« Spences Vortrag war einer von vielen Beiträgen zu einer heftig geführten Debatte: Was geschieht mit dem Land, das die Gemeinde in den letzten Jahren urbar gemacht hat? Nach dem Willen des zuständigen Gerichts sollte das zur Bebauung anstehende Land privat verpachtet werden. Und die Gemeinde Newcastle sollte dafür Pachteinnahmen erhalten. Doch Spence argumentiert heftig dagegen. Warum sollte die Gemeinde das Land nicht selbst behalten und bebauen, und zwar nicht aus praktischen, sondern auch aus grundrechtlichen Erwägungen heraus? Gibt es, so fragt der junge Mann die gelehrten Vertreter der Philosophischen Gesellschaft, überhaupt ein Recht darauf, den öffentlichen Boden privat zu verpachten oder zu verkaufen? Wie soll in die Hand eines Grundbesitzers wandern dürfen, was von Natur aus jedem gehört? Denn »das Land irgendeines Volkes« ist »im Naturzustande sein Gemeingut im eigentlichen Sinne, an dem jeder einzelne das gleiche Eigentumsrecht besitzt, mit voller Freiheit seinen Unterhalt sowie den seiner Familie aus den Tieren, Früchten und anderen Erzeugnissen des Landes zu ziehen«.[2]

Privateigentum an Boden ist für Spence existenzielles Unrecht. »Denn das Recht, irgendwem die Mittel zum Leben zu nehmen, setzt das Recht voraus, ihm das Leben zu nehmen.«[3] Der Boden ist für ihn so überlebensnotwendig wie die Luft zum Atmen, das Licht oder die Sonnenwärme. Und genau deshalb formuliert er seinen Gegenvorschlag: Die Gemeinde behält das Land. Und aus dem, was sie dort erwirtschaftet, bezahlt sie alle Gemeindeausgaben und sichert Infrastruktur und Versorgung einschließlich der »Unterhaltung und Unterstützung der Armen und Arbeitslosen«.[4] Existenzielle Freiheit für alle: Niemand soll in materielle Not geraten! Mit diesem Credo verschmilzt Spence beide, fünfzig Jahre später sozialistisch genannten Forderungen: jene, nach körperschaftlich verwaltetem Grundbesitz und jene nach einer allgemeinen Existenzsicherung durch die Gemeinde.

Die Philosophische Gesellschaft von Newcastle ist entsetzt. Spence wird aus der Runde ausgeschlossen. Und es bleibt ihm nichts anderes übrig, als die Stadt zu verlassen. Als kleiner Buchhändler in London hört er davon, dass die französischen Revolutionäre die materielle Grundsicherung nicht zu einem Menschenrecht erklären. Spence ist tief bestürzt. Aufgebracht bringt er von nun an Flugschriften unter die Leute, darunter seine eigenen »The Real Rights of Man« (1793) und »The End of Oppression« (1795). Dazu vertreibt er die Eingaben und Pamphlete des Sozialrevolutionärs Thomas Paine. Der abenteuerlustige Haudegen hatte für die Unabhängigkeit der nordamerikanischen Kolonien von England gekämpft und in der Französischen Revolution mitgemischt. Im Jahr 1797 unterbreitet er der französischen Revolutionsregierung die Schrift *Agrarian Justice* (*Agrarische Gerechtigkeit*). Auch Paine sieht seinen Vorschlag als Beitrag zu der von Spence geschürten Debatte um Bodenreform und Grundbesitz. Er plädiert für einen Nationalfonds, »aus welchem, jeder Person, sobald sie das Alter von einundzwanzig Jahren erreicht hat, die Summe von fünfzehn Pfund Sterling ... bezahlt werden soll. Und ferner die Summe von zehn Pfund jährlich auf Lebenszeit an jede ... Person im Alter von fünfzig Jahren.«[5] Die vorgeschlagenen 15 Pfund entsprachen in etwa zwei Drittel der Jahreseinkünfte eines Landarbeiters, die zehn Pfund knapp der Hälfte. Als Finanzierungsquelle dachte Paine an eine zehnprozentige Erbschaftssteuer, die jeder Erbe von Grundbesitz zu zahlen hat. Sie sollte sowohl für die einmalige Auszahlung eines Grundeinkommens zur Existenzgründung reichen als auch für eine regelmäßige Rente im Alter.

Wie Spence so sieht Paine in der Existenzsicherung ein Grundrecht. Im Fahrwasser der radikalen Agrarreformer argumentiert er dafür, den Grund und Boden so zu nutzen, dass jeder Bürger eines Landes genug von den Erträgen abbekommt, um existieren zu können. Doch Spence, der gerade eine Neufassung seiner Gedanken fertiggestellt hat, ist tief enttäuscht. Die Grundbesitzer nur mit zehn Prozent Erbschaftssteuer zu belasten? Und ansonsten die Besitzverhältnisse unangetastet lassen? Das ist nicht das, was Spence von Paine erwartet hat. Und es ist auch weit entfernt davon, das Grundrecht des Menschen auf eine materiell freie Existenz zu sichern: »Oh arge Enttäuschung! Siehe! – Herr Paine, anstatt auf diesem Felsen der Ewigkeit«, des Grundrechts auf Land, »einen immerwährenden Tempel der Gerechtigkeit zu erbauen, hat ein abscheulich-opportunistisches Kompromissgebäude gezimmert, es wäre es allen Ernstes für eine Schweineherde. Die armseligen, erbärmlichen Stipendien, die wir, wenn es nach ihm ginge, anstelle unserer gerechten Ansprüche annehmen sollten, sind so verächtlich und kränkend, dass ich sie dem Hohn eines jeden sich seiner Würde bewussten Menschen überlasse.«[6]

Tatsächlich hatte Paine nur den zweiten sozialistischen Grundsatz befestigt – das Recht auf Existenzsicherung –, nicht aber den ersten, dass das Kapital keinesfalls über die Arbeit herrschen darf. Für Spence dagegen spielt beides grundrechtlich zusammen. Gehört die Erde allen Menschen, wie es in der Bibel im Psalm 115: 16 heißt, dann dürfe sie (anders als bei Locke und den Liberalen) nicht durch Geld privatisiert und nach Reichtum parzelliert werden. In einem imaginären Dialog lässt Spence eine Frau mit einem Aristokraten darüber streiten, was *Die Rechte der Kinder* sind: ihre Existenz aus den Früchten der Natur zu sichern. Für die

Umsetzung schlägt sie ein Komitee von Frauen vor, das diese Früchte gerecht verteilt. Das Gemeindeland wird für sieben Jahre an den Meistbietenden verpachtet, der ein Drittel der Erträge behalten darf. Die beiden anderen Drittel dienen der Gemeinde dazu, ihre Häuser zu bauen, die Straßen instand zu halten und das restliche Geld vierteljährlich »unter allen Seelen der Gemeinde« zu »verteilen, ganz gleich, ob Mann oder Frau, verheiratet oder ledig, ehelich oder außerehelich, vom jüngsten bis zum höchsten Alter«.[7]

Doch das Schicksal meint es nicht gut mit Spence. Während Paines Vorschlag zum Grundeinkommen eine gewisse Bekanntheit erlangt, bleibt seiner weitgehend unbekannt. Immerhin reicht sein Bekanntheitsgrad für zahlreiche Anklagen, Gerichtsprozesse und ein Jahr Haft. Im Jahr 1805 entwirft er eine eigene Grundrechtserklärung und sichert allen Menschen im 3. Artikel ein unveräußerliches Eigentumsrecht an der Erde zu.[8] Nicht anders als Paine stirbt der leidenschaftliche Kämpfer für die materielle Freiheit der Massen und einer der ersten Vordenker des Feminismus ziemlich vergessen in bitterer Armut.

Spence ist der Vater eines Bedingungslosen Grundeinkommens, das als Recht garantiert und nicht als Almosen gewährt werden sollte. Es lohnt sich dies zu betonen, denn die Geschichte des Bedingungslosen Grundeinkommens ist oft, aber auch allzu oft etwas missverständlich erzählt worden. Zumeist beginnt sie bei dem weit gereisten Seefahrer Raphael Hythlodeus, dem im Wortsinne »Lügenerzähler«. Im ersten Teil von Thomas Morus' halb ernster, halb satirischer *Utopia* legt der erfundene Seebär dem Erzbischof von Canterbury nahe, allen Bürgern ein sicheres Auskommen zu garantieren. Der Gedanke, dass niemand verhungern sollte oder betteln müsse, beseelte auch Morus' spanischen Humanistenfreund

Juan Luis Vives, genannt Ludovicus Vives. In seiner Schrift *De subventione pauperum (Über die Unterstützung der Armen)* empfiehlt er 1526 den Stadtvätern von Brügge, der Pflicht jedes Christenmenschen nachzukommen und die Ärmsten nicht ohne Fürsorge zu lassen. Nicht die Kirche und ihre Orden, sondern die Stadt sollte sich fortan um die Armen kümmern, indem sie jedem ein Mindesteinkommen zusichert. Im Gegenzug erwartete Vives, dass jeder Bürger auch nach seinen Kräften arbeiten sollte. Damit allerdings scheidet er als Vorvater des BGE aus, denn sein Vorschlag eines Grundeinkommens ist gerade nicht bedingungslos.

Garantierte Almosen für die Armen gepaart mit Arbeitszwang werden bald darauf tatsächlich eingeführt. Führend sind die Niederlande, die nach einer Verordnung Karls V. von 1531 an in den Städten entsprechende Gesetze erlassen. Ein halbes Jahrhundert später folgt das elisabethanische England mit Armengesetzen. Sie verpflichten die Armen zur Arbeit und entlohnen sie im Gegenzug mit Sachleistungen. Von Bedingungslosigkeit kann hier ebenso wenig die Rede sein wie von einem Einkommen für alle. Und über die Frage, ob die englischen Armenhäuser einen gesellschaftlichen Fortschritt darstellten oder nicht vielmehr eine kalkulierte Form von Ausbeutung, lässt sich beherzt streiten.

Ein BGE ist etwas ganz anderes als nur die Absicherung der Armen gegen den Hungertod. Armutsbekämpfung durch Sozialleistungen, gepaart mit einer Verpflichtung zur Arbeit, sichert den Menschen kein Grundrecht auf eine freie Existenz zu, wie Spence es gefordert hatte. Insofern stehen die niederländischen und die englischen Armengesetze und Armenhäuser in einem ganz anderen Kontext. Nicht die Bedingungslosigkeit oder ein Grundrecht sind das Thema, sondern das Thema ist die umstrittene Frage, wer eigentlich für die Armen zuständig sei: die Kirche oder der Staat? Und wer erntet die Früchte ihrer Zwangsarbeit?

Besser ins Bild passt der Vorschlag des Marquis de Condorcet. Französischer Adeliger und Revolutionär in einer Person, hochgebildet und bedingungslos optimistisch, zeichnet er in seinem Kellerversteck 1794 das Bild eines stetigen Fortschritts der Menschheit. Mögen die Schergen der Jakobiner ihn auch zu Tode hetzen, die Revolution ihre eigenen Kinder fressen, an einem permanenten Menschheitsfortschritt durch Vernunft, Wissenschaft, Technik und Sozialtechnik bestehe kein Zweifel. Die *Esquisse d'un tableau historique des progrès de l'esprit humain (Entwurf einer historischen Darstellung der Fortschritte des menschlichen Geistes)*, die 1795 posthum erscheinen, sind eine Bibel der Vernunft, ein bedingungsloses Glaubensbekenntnis zum Fortschritt der menschlichen Gattung. Dabei kombiniert Condorcet zwei Gedanken miteinander, die so kaum je wieder zusammen gedacht werden: das Konzept einer Sozialversicherung für alle Bürger, die sich nicht allein vorsorgen können, *und* die mit Paine geteilte Idee, allen Bürgern beim Eintritt in die Volljährigkeit bedingungslos einen Geldbetrag auszuschütten, der sie frei und unabhängig ins gewünschte Berufsleben treten lässt. Ein Sozialstaat mit Existenzgründergarantie – eine Kombination, neu und revolutionär, die bis heute nirgendwo in der Welt erprobt und eingeführt wurde.

Condorcet kannte Paine persönlich gut und auch dessen Vorschlag zum Grundeinkommen, der 1796, ein Jahr nach den *Esquisse*, in Druck geht. Während die Idee des Marquis, eine staatliche Sozialversicherung einzurichten, noch ein Dreivierteljahrhundert warten muss, bis man sie aufgreift, treibt die mit Paine geteilte Vision bedingungsloser staatlicher Existenzsicherung vielfältige Blüten. Der deutsche Philosoph und Ökonom Johann Adolf Dori, bald darauf Professor an der Kurfürstlichen Ritterakademie zu Dresden, besteht 1799 in seinen *Materialien zur Aufstellung einer vernunftgemäßen Theorie der Staatswirthschaft* darauf, dass jeder Mensch ein ursprüngliches Recht auf Eigentum habe; eine Forderung, die er 1805 in seinen *Briefen über die philosophische Rechts- und Staatswirthschaftslehre* wiederholt.[9]

Im Jahr 1804 trifft der bis dahin keines revolutionären Gedankens verdächtige neunundzwanzigjährige Allen Davenport in London mit Thomas Spence zusammen – eine Begegnung, die sein Leben für immer verändert. Als Schuhmacher in London gründet er die »Spencean Philanthropists«, eine kleine Vereinigung von Handwerkern, die Spences Gedanken verfechten und bekannt machen will. Die eigene Position legt Davenport erst wesentlich später im Jahr 1824 dar, in der Schrift *Agrarian Equality* (*Agrarische Gerechtigkeit*). Der Text ist adressiert an den Verleger Richard Carlile. Und der sitzt, ob seiner radikaldemokratischen Ansichten, im Zuchthaus von Dorchester. Davenport verteidigt energisch den genau gleichen Anspruch eines jeden Menschen auf die Erträge von Grund und Boden. Neu ist sein Hinweis, dass in der bestehenden Gesellschaft alle Könige und ihre nicht arbeitenden Kinder ja bereits ein Bedingungsloses Grundeinkommen vom Staat beziehen, da sie dies offensichtlich zum Leben benötigten. Warum aber sollte Prinzen und Prinzessinnen gewährt werden, was einfachen Leuten versagt bleibt? Benötigen diese etwa kein Grundeinkommen, um zu existieren?

Im England der 1820er-Jahre stand Davenport nicht weniger auf verlorenem Posten als vor ihm Spence. Realistisch genug, überließ er es in seinen Schlussworten der Nachwelt, den Wert seiner Gedanken zu beurteilen. 1836 schrieb er die erste und einzige Biografie über Thomas Spence, wie Davenport selbst ein in der Öffentlichkeit inzwischen völlig vergessener Mann. Im gleichen Jahr erschien in Frankreich das zweibändige Spätwerk eines Mannes, dessen Stern erst kurz vor seinem Tode aufging: *La fausse industrie* (*Die falsche Industrie*). Gemeint ist der bereits erwähnte Charles Fourier. Seine Argumentation gleicht jener von Spence bis aufs Haar: Die zivilisatorischen Verhältnisse hätten dafür gesorgt, dass das Grundrecht des freien Jagens, Fischens, Sammelns und Weidens andauernd verletzt werde. So müsse nun unbedingt der Lebensunterhalt jener gesichert werden, denen dieses Grundrecht verwehrt werde: »Das erste Recht, das der natürlichen Ernte – Nutzung der Gaben der Natur, Freiheit der Jagd, Ernte, Weiderecht – begründet das Recht sich zu ernähren, zu essen, wenn man Hunger hat ... Wenn die bürgerliche Ordnung dem Menschen die vier Säulen der natürlichen Versorgung nimmt – wie die Jagd, den Fischfang, die Ernte, das Weiden, die das erste Recht darstellen –, so schuldet die Klasse, die Ländereien weggenommen hat, der Bevölkerungsschicht, die benachteiligt ist, ein Minimum in ausreichender Höhe.«[10]

Die Forderung nach einem Grundeinkommen durchzieht Fouriers Gedankenwelt schon früh. Mit einunddreißig Jahren schreibt der ziemlich mittellose Handlungsreisende aus Besançon dem französischen Justizminister 1803 einen Brief, der erst 1874 wiederentdeckt wird. Darin preist er sich als Entdecker der mathematischen Berechnung des Schicksals an, setzt sich auf eine Stufe mit Newton und erbittet das Wohlwollen von Justiz und Zensur, seine Entdeckung der »Gesetze der universellen Harmonie« in einer Reihe von Zeitungsartikeln veröffentlichen zu dürfen.[11] Fourier träumt von einer völlig neuen kooperativen Produktionsweise, die den Wohlstand in Frankreich in kürzester Zeit mindestens verdreifachen würde. Wenn jeder seinen Leidenschaften folgt, statt entfremdet zu arbeiten, dann werde bei richtiger Organisation der Arbeit »die untere Volksklasse zur Mittelklasse«, und aus der aufrührerischen Arbeiterschaft würden zufriedene »Kleinbürger«. Ganz nebenbei fällt der Satz: »Im Augenblick, wo das Volk *sich ständig eines Einkommens und eines angemessenen Minimums* erfreuen wird, werden die Ursachen der Zwietracht beseitigt oder wenigstens auf ein Mindestmaß zurückgeführt.«[12]

Was der Justizminister wohl von einem Visionär hielt, der eine Lösung für alle gesellschaftlichen Probleme gemäß den Gesetzen kosmischer Harmonie versprach und im Ersten Konsul Napoleon Bonaparte den künftigen Beglücker einer friedlich vereinten Weltgemeinde sah? Wir werden es nie erfahren. Der Brief wurde schon an unterer Stelle konfisziert und landete in den Akten der Polizei. Sein unerschrockener Verfasser hingegen veröffentlichte auch ohne die Zustimmung der Justiz eine Serie von Zeitungsartikeln zur *Harmonie universelle* und fünf Jahre später das Buch *Théorie des quatre mouvements* (*Theorie der vier Bewegungen*). So wie die Gestirne sich anziehen und zurückstoßen, so erfahren seine wenigen Leser, so auch die Menschen. Doch während der Kosmos durch die Natur in einer universalen Harmonie gehalten wird, zerstören auf der Erde Zwang und Unterdrückung die ideale Balance. Wo Herrschaft und Knechtschaft walten, verstößt der Mensch gegen die Gesetze der Natur; kein Wunder, dass jede Herrschaft die Seelen der Menschen korrumpiert und die Gesellschaft ins Elend führt.

Gesellschaftliche Harmonie entsteht, wenn jeder ungestört von Zwang seine Leidenschaften auslebt – das ist der Kern von Fouriers physikalischer Psychologie. Eine Gesellschaft, die nur für die Wohlhabenden produziert und die Frauen in der bürgerlichen Ehe unterdrückt – dagegen setzt Fourier nun sein Idealmodell. Er nennt es »Phalanstère«: eine Wohngemeinschaft, zusammengesetzt aus der Idee des Klosters (*monastère*) und einer geschlossenen Einheit (*phalange*). Als ideale Lebensgemeinschaften sollen sie genossenschaftlich organisiert sein. Aber Fourier träumt nicht von egalitären Gütergemeinschaften. Dass alle genau gleich viel haben sollen, hält er nicht für praktikabel; Privatbesitz ist kein Problem. Ideal sei ein »abgestufter Reichtum«, konsequente Gleichmacherei dagegen »fade Moral«. Die Pointe seiner Phalansterien ist nicht Verzicht, sondern Eintracht und Überfluss.

Wohlstand für alle! Doch wie erreicht man ihn? Durch artgerechte Lebens- und Produktionsweise, antwortet Fourier. Die Energie der Leidenschaften müsse so kanalisiert werden, dass sie allen zugutekommt. Deshalb darf in den Phalansterien jeder das arbeiten, was er will. Für das frühe 19. Jahrhundert in der Tat eine utopisch-kühne Forderung. Arbeit ist Selbstverwirklichung, das Ausleben von Leidenschaft, nicht anders als in der Sexualität. Der Drang, etwas zu schaffen und zu gestalten, steckt in jedem. Die Phalansterien enthalten alle Produktionsformen: Landwirtschaft, Handwerk und Fabriken. So wie der Mensch früher Sammler, Hirte, Jäger und Fischer war, so ist er nun Bauer, Handwerker und Fabrikarbeiter in allen erdenklichen Ausprägungen. Da niemand zu einer bestimmten Arbeit gezwungen ist, sondern alles tun kann, wirkt seine Tätigkeit nicht »abstoßend« auf ihn, sondern wird gerne verrichtet. Und da alle freudig und naturgemäß arbeiten, ihr Kapital einsetzen und ihr Talent ausüben, steigt die Produktivität. Die Natur des Menschen als selbstbestimmter Herr seiner Arbeit und die Herausforderungen der modernen Industriegesellschaft sind damit versöhnt. Der industrielle Fortschritt holt das Gute der Vergangenheit unter veränderten Bedingungen zurück und beseitigt den Hunger, das Elend und die abstoßende Arbeit.

Work, vielleicht sogar Bergmanns *New Work*, statt *labour*. Die Welt, die Fourier in seinen im Selbstverlag produzierten Büchern immer detaillierter ausmalt, ist eine eigentümliche Mischung aus zukunftsweisender Analyse und esoterischer Fantasterei. Zieht man das kosmische und religiöse Brimborium ab, so lässt sich anerkennen: Als wahrscheinlich erster Denker der abendländischen Philosophie erkennt Fourier das Problem der rücksichtslosen Naturausbeutung und macht sich Sorgen um die Ökologie. Vorausschauend sieht er den immer stärker aufkeimenden Wunsch nach selbstbestimmtem Arbeiten in den Industriegesellschaften. Und gegen viele Zeitgenossen beschreibt er die Möglichkeit, die Produktion künftig so zu steigern, dass Milliarden Menschen auf der Erde ein gutes Auskommen haben werden.

Ob Fourier als konsequenter Vordenker des BGE taugt, dessen sollte man sich nicht ganz sicher sein. Von regelmäßigen Geldauszahlungen ist nirgendwo die Rede. Meist scheint es sich um die Versorgung mit Naturalien zu handeln. Irritierend ist auch, dass er das Grundeinkommen in seinem 1822 erschienenen *Traité de l'association domestique-agricole (Traktat der häuslichen und landwirtschaftlichen Assoziation)* entsprechend der Klassenzugehörigkeit garantieren will. Ein Mittelschichtler bekäme danach ein höheres Minimum als ein Angehöriger der Unterschicht. Ebenso unklar ist die Frage nach der Bedingungslosigkeit. Zwar betont Fourier die Freiheit des Müßiggängers gegenüber jener des zu harter und entfremdeter Tätigkeit verdonnerten Tagelöhners und Manufakturarbeiters. Aber in den Phalansterien gibt es augenscheinlich gar keinen Müßiggang. Jeder hat sich in die Gemeinschaft einzubringen, als deren Teil er ein »angemessenes Minimum« bekommt. Dass für jeden, auch für den, der kein Land besitzt, gesorgt sein muss, bedeutet offenbar nicht ganz, dass er im Gegenzug keine Anstrengung zu erbringen hat.

Ebenso sieht das Fouriers Anhänger Victor Considerant. Unermüdlich führt er das Werk des erst im Alter bekannter gewordenen Sozialutopisten fort. So popularisiert der gelernte Ingenieur die Idee einer in Kooperationen, Assoziationen oder Phalansterien neu organisierten Wirtschaft. In den freien Zusammenschlüssen, in denen jeder das arbeitet, was ihn anzieht, soll der rohe Zwang zur Arbeit aufgehoben sein. Wie für Fourier bleibt nur das an Tätigkeit übrig, was Neigung und Leidenschaft entspringt. Wo freiwillig zusammengewirkt wird, gäbe es entsprechend auch keinen Müßiggang mehr und somit auch keine Existenzsorgen. Für Considerant ist das Grundeinkommen ein Baustein innerhalb einer veränderten Arbeitswelt, in der, wie er 1841 schreibt, jeder »die Bedingungen seiner Existenz selbst in der Gewalt hat«.[13] Auf keinen Fall träumt er davon, den Armen – oder gar allen Menschen in Frankreich – unter den gegebenen Umständen ein Bedingungsloses Grundeinkommen auszuzahlen. Sie könnten damit gar nicht angemessen umgehen. Erst muss das Phalansterie-System etabliert werden, das die Menschen selbstbestimmt arbeiten lässt. Und nur in diesem arbeitsfreudigen Rahmen ist es sinnvoll, den Ärmsten mit einem garantierten Existenzminimum den Vorschuss zu gewähren, der ihnen die selbstbestimmte Arbeit ermöglicht und sie zu reichhaltiger Tätigkeit anspornt.

Das Grundeinkommen nach Fourier und Considerant mag bedingungslos sein, die Bedingungen, unter denen es bedingungslos wird, sind es nicht. Weniger dogmatisch und weiter aus dem Schatten Fouriers hinaus denkt der belgische Jurist und Kaufmann Joseph Charlier. 1848, pünktlich zum westeuropäischen Revolutionsjahr, veröffentlicht er seine Schrift *Solution du problème social ou constitution humanitaire* (*Lösung des Sozialproblems oder Humanitäre Verfassung*). In der Tradition von Spence und Fourier argumentiert er, dass jeder, der ein Recht auf Leben hat, auch ein entsprechendes Recht auf seinen Anteil an Grund und Boden besitzen muss. Denn was soll das Recht auf Leben anderes sein als das Recht, das Leben erhalten zu können? Das dabei »zu lösende Problem« ist für ihn »folgendes: *den territorialen Reichtum in kollektiven Reichtum zu verwandeln, ohne berechtigte Ansprüche zu untergraben und unter voller Achtung des Rechts auf Eigentum*«.[14]

Die von Charlier vorgeschlagene Lösung lautet: »*Niemandem das Land, allen die Früchte.*«[15] Der Brüsseler Jurist ist kein Kommunist, sondern er sieht sich als konsequent denkender Liberaler. Wie zuvor Sismondi erklärt er den Zusammenhang zwischen Produktionssteigerung und Nachfrage. Nur wenn »die Masse zerlumpter Männer, Frauen und Kinder«, die zu seiner Zeit drei Viertel der Bevölkerung ausmachen, abnimmt, nur dann wird auch der »Gesamtkonsum« so anwachsen, dass die Volkswirtschaft blüht. Die soziale Frage und die ökonomische Frage ließen sich nicht trennen. Charlier schreibt den Kapitalisten seiner Zeit ins Stammbuch: »… anstatt sich übermäßig anzustrengen, um in der Karibik neue Abnehmer zu finden, täte man besser daran, einen Weg zu finden, die Produkte im Inland zu verkaufen, wo die große Mehrheit der Menschen immer noch barfuß läuft und nicht einmal ein zweites Hemd besitzt.«[16]

Soziale Marktwirtschaft – Beseitigung des Elends, Steigerung der Produktion und Erhöhung der Kaufkraft –, das ist es, was Charlier vorschwebt. Die ungebildeten Massen sollen ihre Kinder in »landesweiten Internaten« anmelden und sich stärker aufs Arbeiten konzentrieren können. Und die Lebensmittel sollen von der Steuerlast befreit werden. Eigentum ist gut, richtig und erstrebenswert, ebenso das Vererben. Nichts spricht gegen »beweglichen Reichtum«, der dazu bestimmt ist, »in direktem Verhältnis zum Grad der Tätigkeit eines jeden Menschen dessen erworbene Bedürfnisse zu befriedigen«.[17] Was dagegen nicht in private Hand fallen und beliebig ausgeweitet werden darf, sind Grund und Boden. Sie stehen von Natur aus allen Menschen zu. Charliers Vorschlag ist nun, die Grundbesitzer schrittweise und sozialverträglich zu enteignen, indem sie einerseits einen Teil ihrer Renditen abführen müssen und andererseits mit jedem Generationswechsel einen Teil ihrer Besitzansprüche einbüßen. Im Laufe von etwa achtzig Jahren – Charlier spricht von vier Generationen – gehört das Land dann gänzlich dem Staat, der es gewinnbringend verpachtet.

Der wortgewandte Jurist gibt sich viel Mühe, all das auch den Großgrundbesitzern schmackhaft zu machen. Ist all dies nicht letztlich auch zu ihrem eigenen Vorteil? Ihre Erben müssten sich nun anstrengen, nach »beweglichem Reichtum« zu streben, statt, wie so oft, in Faulheit und Dekadenz zu verfallen. Und muss nicht jeder im Land ein Interesse daran haben, dass Arm und Reich nicht in schroffem Gegensatz stehen und die gähnende Kluft nicht zu Unruhen und Bürgerkrieg führt?

Das sicherste Mittel dagegen sei ein alle drei Monate ausgezahltes »garantiertes Minimum«, das jedem ausreichende Mittel für das Leben zur Verfügung stellt und das in gleichem Maße ansteigt, wie die Grundbesitzer schleichend enteignet werden. Ist sämtlicher Grund und Boden in Gemeineigentum überführt und gewinnbringend verpachtet, so würden alle Menschen gut leben können und sich fortan auf eines konzentrieren: ihre Selbstbestimmtheit zu erhöhen. Denn ist es nicht so, dass Menschen, die nicht für ihre Existenz, sondern für ihre finanzielle Unabhängigkeit, für ihren Status oder gemäß ihren Neigungen und Interessen arbeiten, eine viel höhere Arbeitsmotivation haben als Tagelöhner und andere schlecht bezahlte Lohnarbeiter? Der Appetit auf Besitz kommt beim Essen, denn die »Liebe zum Besitz entwickelt sich«, wie Charlier weise schreibt, »aus diesem selbst«.[18]

Die Produktivität zu erhöhen und die Armut zu beseitigen, sind für Charlier zwei Seiten einer Medaille; nur dass die Kapitalisten seiner Zeit dies ärgerlicherweise noch immer nicht erkennen. Ihr betriebswirtschaftlicher Verstand steht ihrer volkswirtschaftlichen Vernunft im Weg. Und die dogmatischen Ökonomen verkennen, nach Charlier, dass eine blühende Gesellschaft zwei Ökonomien braucht. Eine Staatsökonomie, die den Grundbesitz verwaltet und verpachtet und mit der Bodendividende die »absoluten oder Grundbedürfnisse« der Menschen befriedigt. Und eine Privatwirtschaft, die, kapitalistisch organisiert, die »relativen oder erworbenen Bedürfnisse« einheizt und abdeckt. In der Kombination von beidem wären alle menschlichen Bedürfnisse erfüllt, niemand müsste mehr hungern, und die Wirtschaft würde viel stärker erblühen als je zuvor in der Geschichte.

Trotz der Revolutionszeit erscheint Charliers Schrift zum falschen Zeitpunkt. Mit den kleinbürgerlichen Aufständen in Westeuropa setzt sich eine ganz andere Forderung durch: jene nach der Zulassung von Gewerkschaften, nach einer schrittweisen Verbesserung der Arbeitsbedingungen der Fabrikarbeiter und nach politischer Mitbestimmung in Form eines allgemeinen Wahlrechts. Die Chartristen – benannt nach der »People's Charter« von 1838 – kämpfen für eine legitime Arbeitervertretung innerhalb des bestehenden Systems. Die sozialdemokratische Kompensation tritt ihren Siegeszug an und damit der schleichende Niedergang all der Forderungen, die die kapitalistische Arbeitswelt grundsätzlich neu aufgestellt sehen wollen. Der Gedanke, dass Kapital nicht über Arbeit herrschen dürfe, bleibt zwar in der einen oder anderen Spielart im Hinterkopf, nicht aber das Recht auf eine gesicherte Existenz jenseits der Arbeitswelt. Immerhin ist es Charlier vergönnt, hochbetagt miterleben zu dürfen, wie die Idee des Bedingungslosen Grundeinkommens einen neuen Aufguss erhält. Ausgelöst durch die zweite industrielle Revolution geht es diesmal nicht wie bei der ersten um Grund und Boden, sondern tatsächlich um Geldzahlungen. Und wiederbelebt wird sie nicht durch politische Vordenker, sondern durch Romanciers ...

Grundeinkommen reloaded

Sozialutopismus im Angesicht
des industriellen Fortschritts

Charlier ist zweiundsiebzig Jahre alt und hat noch acht Jahre zu leben, als 1888 in den USA ein Bestseller erscheint, eines der kommerziell erfolgreichsten Bücher des Jahrhunderts: *Looking Backward 2000–1887* (*Ein Rückblick aus dem Jahre 2000 auf 1887*). Geschrieben hat ihn der bis dahin unbekannte achtunddreißigjährige Journalist Edward Bellamy. Im Jahr 2000 hat eine friedliche Revolution sämtlichen größeren Privatbesitz in Staatseigentum überführt. Soziale Klassen sind abgeschafft, und die gesellschaftliche Not, die man so lange für unabdingbar gehalten hat, existiert nicht mehr: keine Armut, keine Kriege, kein Verbrechen, keine Prostitution, keine Korruption, ja, nicht einmal mehr Steuern. Mit den sozialen Problemen sind auch deren Profiteure verschwunden, all die Politiker, Anwälte, Kaufleute oder Soldaten, derer die bürgerliche Gesellschaft 1887 noch bedarf. Den größten Fortschritt aber hat die Technik geleistet. Sie hat die Produktion so weit automatisiert, dass Menschen lediglich zwischen einundzwanzig und fünfundvierzig Jahren arbeiten müssen. Den Rest ihres Lebens sind sie durch ein Grundeinkommen versorgt. Harte körperliche Arbeit ist ebenso abgeschafft wie monotone geistige Beschäftigungen. Auf diese Weise hat der Fortschritt der Industrie die menschliche Natur von all dem befreit, was sie knechtet und ihre schlechten

Eigenschaften hervortreibt. Selbstbestimmt und ausgeruht ist die Menschheit in eine Art irdisches Paradies gelangt.

In kürzester Zeit hat sich Bellamys Buch in den USA über 200 000 Mal verkauft, und fast ebenso erfolgreich ist es in Großbritannien. Keine andere Schrift, die Themen behandelt wie Staatswirtschaft oder Grundeinkommen, wird jemals so populär sein wie *Looking Backward*. Wer US-Amerikaner überzeugen will, der kleide seine Gedanken in das Gewand einer visionären Utopie, eines Wissens um den Lauf der Welt, und verspreche die präzise Kenntnis der Zukunft; das Silicon Valley mit seinen ungezählten Heilsversprechen macht es heute nicht anders als Bellamy. Dazu kommt, dass der Autor das Wort »Sozialismus« tunlichst vermeidet. Geschickt ersetzt er es durch »Nationalismus«; ein Wort, das in den USA stets auf offene Ohren traf und trifft. Noch im Jahr der Buchveröffentlichung gründet sich in Boston der erste Nationalist Club, 1891 werden es landesweit 162 sein.

Ohne es zu wollen, hat Bellamy eine Bewegung ins Leben gerufen. Während an der Ostküste der Vereinigten Staaten die Wirtschaft boomt, Städte wie New York und Chicago zu Millionenmetropolen explodieren, Bauboom und Spekulation sich mit Armut, Elend und Kriminalität in ungekanntem Ausmaß mischen, träumen die Mitglieder der Nationalist Clubs von einer egalitären Gesellschaft, in der alle sozialen Missstände beseitigt sind und für jeden gesorgt ist. Politisch engagieren sich viele von ihnen in der eher sozialdemokratisch ausgerichteten People's Party. Doch Ende der 1890er-Jahre ist sie schon wieder von der Bildfläche verschwunden. Auch Bellamys politisch aktive Zeit währt nur kurz. Seine 1891 gegründete Zeitschrift *The New Nation* rentiert sich nicht und existiert nur drei Jahre. Sein letzter Beitrag zu einer besseren Gesellschaft ist *Equality* (*Gleichheit*), die Fortsetzung von *Looking Backward*; ein eher programmatisches Buch, in dem der Autor seine politischen und gesellschaftlichen Ansichten ausführlich vorstellt. Doch die Hoffnung auf größere Wirkung verpufft; sechsunddreißig Jahre wird es dauern, bis die erste Auflage verkauft ist. 1898 stirbt Bellamy im Alter von achtundvierzig Jahren an der Tuberkulose.

Den gleichen Weg wie sein US-amerikanischer Kollege wählt auch der britische Künstler und Autor William Morris. Zunächst ein Liberaler, wendet er sich verstärkt dem Sozialismus zu und wird zum politischen Kämpfer. 1890 publiziert er seinen Roman *News from Nowhere* (*Kunde von Nirgendwo*) als Fortsetzungsserie in der sozialistischen Zeitung *Commonweal*. Das Blatt, das viele Texte anderer Sozialisten veröffentlicht hat, darunter jene von Friedrich Engels, Paul Lafargue, George Bernard Shaw, Wilhelm Liebknecht oder Karl Kautsky, hat Morris schon zuvor dazu gedient, seine Ansichten über eine bessere Gesellschaft zu beschreiben. In einer überaus kritischen Rezension nimmt er sich im Juni 1889 *Looking Backward* zur Brust. Ihm missfällt, dass Bellamy den Fortschritt der Menschheit viel zu eng mit dem Fortschritt der Maschinen verbindet: »Ich glaube, dass es immer so sein wird, dass die Vermehrung von Maschinen einfach nur die Maschinen vermehrt; ich glaube, dass die ideale Zukunft nicht darin besteht, den menschlichen Arbeitsaufwand auf ein Minimum zu verringern, sondern nur die Mühsal der Arbeit zu verringern, so sehr, dass sie aufhört, Mühsal zu sein.«[1]

Die Zukunft, in der der Held von Morris' Roman erwacht, ist eine Welt, in der sämtliche Autoritäten verschwunden sind. Die Güter sind vergesellschaftet und gehören allen, sodass jeder ein Grundauskommen hat. Anders als bei Bellamy bedarf es dafür keines starken Staates, sondern es braucht überhaupt keinen. Der Idealzustand ist eine Anarchie wie bei den russischen Anarchisten Michail Bakunin und Pjotr Kropotkin. Es braucht kein Geld, keine Ehen und Scheidungen, keine Schulen, keine Gerichtshöfe und keine Gefängnisse. All das ist nur möglich, weil die Menschen nicht in großen Städten leben, sondern ihren Frieden mit der Natur gemacht haben. Die Lösung seien ländliche Idyllen. Arbeit, Kunst, Leben und Natur sind hier untrennbar miteinander verwoben in einem Öko-Anarchismus, der noch im 21. Jahrhundert im Kopf manches Gesellschaftsutopisten herumspukt.

Ein Jahr nach Morris' *News from Nowhere* schreibt der zwanzig Jahre jüngere Oscar Wilde seinen erwähnten Essay *The Soul of Man under Socialism (Der Sozialismus und die Seele des Menschen)*. Wilde kennt Morris' Schriften und Ansichten und schätzt sie sehr.[2] Doch was die emanzipatorische Kraft der Maschinen anbelangt, steht er auf der Seite Bellamys. Ohne dass Maschinen dem Menschen mehr und mehr freie Zeit schenken, kein wirklicher Fortschritt zu einer besseren Welt. Und die Einheit von Kunst und Leben findet sich nur wieder in einer hoch industrialisierten Gesellschaft, in der Arbeit weitgehend automatisiert ist.

Ganz anders sieht das der österreichische Ingenieur Josef Popper, der seine Schriften zur Sozialpolitik unter dem Namen Lynkeus – der Luchsäugige – erscheinen lässt. Auf den technischen Fortschritt allein sei kein Verlass. Wichtiger sei eine grundsätzliche Neuordnung der Wirtschaft. Ein erster Aufschlag erscheint 1887 als schmales Buch unter dem Titel *Das Recht zu leben und die Pflicht zu sterben*. 1899 publiziert er die zweibändigen *Phantasien eines Realisten*, die ihn bekannt machen. Und 1912 erscheint schließlich sein Hauptwerk *Die allgemeine Nährpflicht als Lösung der sozialen Frage, eingehend bearbeitet und statistisch durchgerech-*

net. Mit einem Nachweis der theoretischen und praktischen Wertlosigkeit der Wirtschaftslehre.[3] Das Achthundert-Seiten-Werk ist so gelehrt wie kurios, so scharfsinnig in der Analyse wie konfus im Aufbau. In ungezählten Scharmützeln rechnet der Autodidakt Popper-Lynkeus mit der gesamten Wissenschaft der Nationalökonomie ab, die er immer wieder der Stümperei bezichtigt. Mit dem unbestechlichen Blick des Ingenieurs und der Radikalität des Weltverbesserers schickt er sich an, die Volkswirtschaft völlig neu zu begründen in einem ganz einfachen Denkschema aus »Problem« und »Lösung«.

Ganz so originell, wie Popper-Lynkeus seine »Lösung des Sozialproblems« ausgibt, ist sie allerdings nicht. In der Tradition Charliers trennt er die »Ökonomie des Notwendigen« (Charliers »Grundbedürfnisse«) von der »Ökonomie des Überflüssigen« (Charliers »relative oder erworbene Bedürfnisse«). Und wie der Belgier mehr als ein halbes Jahrhundert zuvor will er die Ökonomie des Notwendigen verstaatlichen und nur die Ökonomie des Überflüssigen dem Markt überlassen. Popper-Lynkeus' Zweiteilung ist ungleich rigoroser als jene Charliers: Dreizehn Jahre lang soll jeder junge Mann und acht Jahre jede junge Frau zu Anfang ihres Erwerbslebens einen Pflichtdienst in der »Nährarmee« der »Ökonomie des Notwendigen« absolvieren. Der Beitrag zur »notwendigen Lebenshaltung«, den die jungen Menschen leisten, verschafft allen Bürgern ein lebenslanges »Lebens- und Existenzminimum« in Form von Naturalien, sodass niemand mehr Not leidet. Öffentliche Speisehäuser geben Essen aus, Kleidung und Haushaltsgegenstände werden in staatlichen Magazinen bereitgestellt, und die Wohnung wird nach Bedarf zugewiesen. Neben seiner »Nährpflicht« garantiert der Staat auch noch ein zweites Minimum, ein »kulturelles«, in Form von Geldzuwendungen. Niemand soll davon ausgeschlossen sein, gewisse Bedürfnisse in der »Ökonomie des Überflüssigen« zu befriedigen.

Popper-Lynkeus hofft, dass seine Gedanken bald umgesetzt werden. Der von ihm zutiefst verabscheute Erste Weltkrieg wird bald enden und mit ihm die alte Gesellschaftsordnung. Voller Hoffnung eröffnet der Visionär eine »Nährpflicht-Propagandastelle« im 17. Wiener Bezirk. Doch der Andrang hält sich in Grenzen. Und eine Bedarfsdeckungsökonomie parallel zu einer Bedarfsweckungsökonomie wird nicht in seinem Umkreis, sondern erst Ende der Siebzigerjahre unter Deng Xiaoping in China erprobt. Von einem Bedingungslosen Grundeinkommen ist die neu gegründete Republik Österreich nach den Ersten Weltkrieg weit entfernt.

Das gilt auch für das Konkurrenzprojekt des in seinem Sendungsbewusstsein noch weit über Popper-Lynkeus hinausschießenden Weltendeuters Rudolf Steiner. Wie der Ingenieur eine neue Sozialordnung, so möchte auch der von seiner »Hellsichtigkeit« überzeugte Autodidakt Steiner das menschliche Zusammenleben neu erfinden. In seinem Streben nach einer »brüderlichen Ökonomie« formuliert er anlässlich der gescheiterten Russischen Revolution von 1905 das »soziale Hauptgesetz«: Jeder solle für den anderen arbeiten und seine Erträge seinen Mitmenschen zur Verfügung stellen. Damit ist die feste Verbindung aus Arbeit und Einkommen gelöst. Denn ich arbeite vornehmlich für andere und beziehe umgekehrt einen großen Teil meines Einkommens aus der Arbeit der anderen. Von einem Bedingungslosen Grundeinkommen kann dabei allerdings ebenso wenig die Rede sein wie bei Fourier, dessen »Assoziationen« für Steiners Gedanken Pate stehen.[4] Für den Anthroposophen bleibt der Wert des Menschen untrennbar an seine Arbeit gebunden, gelockert wird nur die strenge Bindung von Arbeit und Eigentum.

Einen völlig anderen Ansatz als Popper-Lynkeus und Steiner verfolgen zur gleichen Zeit mehrere Sozialreformer in Großbritannien. Ihnen geht es nicht um die Natur des Menschen und ein artgerechtes Zusammenleben. Und sie existieren auch nicht in einer selbst gezimmerten Idealwelt wie Steiner. Mit nüchternem Blick stellt sich ihnen ganz pragmatisch die klassische Frage: Warum ist der volkswirtschaftliche Reichtum so schlecht verteilt und nicht etwa so ideal wie in Bellamys Zukunftsvision? Die Voraussetzungen dafür scheinen doch gegeben. Zwei Umwälzungen haben Wirtschaft und Gesellschaft herausgefordert und völlig neu aufgestellt: die zweite industrielle Revolution mit ihrer Elektrifizierung der Fabriken und dem Beginn der industriellen Massenproduktion. Und der Erste Weltkrieg, der eindrucksvoll zeigt, wie hoch die Produktivität in einem Staat wie Großbritannien sein muss, wenn er es sich leisten kann, die Hälfte der Bevölkerung von der Warenproduktion abzuziehen und für Kriegszwecke einzuspannen. Ist damit nicht überzeugend bewiesen, dass die Menschen in Westeuropa nicht mehr in einer Ökonomie der Knappheit leben, sondern in einer Ökonomie des Genug? Und ist es da nicht recht und billig, die Bevölkerung materiell grundzuversorgen, damit der Anspruch der liberalen Staaten – »Freiheit für alle« – auch tatsächlich realisiert werden kann?

In genau diesem Sinne fordern der Quäker Dennis Milner und seine Frau Mabel kurz vor Kriegsende eine finanzielle Grundversorgung der englischen Bevölkerung. Ihre Schriften *Scheme for a State Bonus* (1918) und *Higher Production by a Bonus on National Output* (1920) skizzieren eine bedingungslose Staatsprämie. Sie soll wöchentlich an die gesamte Bevölkerung ausgezahlt werden, in der Höhe abhängig vom Fortschritt der Wirtschaftsleistung. Zu den restlos Überzeugten gehört auch Bertrand Russell, Professor in Cambridge und der Superstar der angelsächsischen Philosophie seiner Zeit. Die Kriegszeit bringt Russell dazu, weniger über erkenntnistheoretische als über konkrete gesellschaftliche Fragen nachzudenken. Die Welt ist im Umbruch – und hat die britische Regierung nicht versprochen, dass nach dem Krieg alles anders sein sollte als zuvor? In seinen *Political Ideals* (*Grundlagen für eine soziale Umgestaltung*) macht sich der Philosoph 1917 ausführliche Gedanken darüber, wie diese neue Ordnung wohl aussehen könnte, um den modernen Ansprüchen an eine sozialistische Gesellschaft zu entsprechen. Konkreter wird er kurz darauf in seinem Buch *Roads to Freedom* (*Wege zur Freiheit*) aus dem Jahr 1918. Ausführlich setzt er sich mit dem Sozialismus und dem Anarchismus auseinander und seziert deren Vor- und Nachteile. Am Sozialismus überzeugt ihn, dass er den Wert der Arbeit freier und objektiver beurteilt als der auf Ausbeutung und Gewinnmaximierung ausgerichtete Kapitalismus, der reiche Müßiggänger höher schätzt als mittellose Arbeiter. Aber Russell sieht auch die Tendenz des Sozialismus zur totalitären Herrschaft, die er zutiefst verabscheut. Am Anarchismus gefällt ihm der Gedanke der Freiheit, der hier unbedingter ausgesprochen wird als in sämtlichen anderen Gesellschaftstheorien. Doch werden alle Güter gleichmäßig verteilt, so hebt die Idee des Egalitären im praktizierten Anarchismus diese Freiheit zugleich wieder auf.

Vor diesem Hintergrund stellt Russell folgende Überlegung an: Der industrielle Fortschritt und die zunehmend industrialisierte Landwirtschaft ermöglichen es zu Anfang des 20. Jahrhunderts, alle Menschen grundzuversorgen: »Die gegenwärtige Arbeitsproduktivität in Großbritannien würde genügen, ein Tageseinkommen von über 1 Pfund Sterling für jede Familie zu schaffen, und zwar ohne jeden – offensichtlich ohne weiteres möglichen – Fortschritt in den Produktionsmethoden.«[5] Deshalb sollte »jedem, ob er arbeitet oder nicht ... ein kleines, zur Befriedigung der Grundbedürfnisse erforderliches Einkommen sicher sein; ein höheres Einkommen (um so viel höher wie die Summe der erzeugten Waren gestattet) sollten die erhalten, die bereit sind, eine von der Gesellschaft als nützlich anerkannte Arbeit zu verrichten«.[6] Gewiss gäbe es dann einige Menschen, die gar nicht arbeiteten. Aber fallen sie ins Gewicht? Die Arbeit der Geschäftsleute, Gelehrten, Künstler und Berufssportler macht so viel Spaß, dass man sie auch mit einem Grundeinkommen in der Tasche gerne verrichtet. Und weitergehende Tüchtigkeit, die nicht nur dem Lustprinzip folgt, praktiziert man, damit die Nachbarn eine gute Meinung von einem haben. Und brauchen die meisten Menschen nicht auch ein »Gefühl der Wirksamkeit«?[7] In einem kombinierten System aus Bedingungslosem Grundeinkommen und materiellen wie psychischen Arbeitsanreizen müsse einem um die Arbeitsmoral nicht bange sein.

Russell war kein Einzelkämpfer, er war Teil einer Bewegung, zu der auch George Douglas Howard Cole gehört, der neue Wortführer der Fabian Society, die einst George Bernard Shaw und Oscar Wilde zu ihren Mitgliedern zählte. Auch Cole liebäugelt zeitweise mit einem Bedingungslosen Grundeinkommen, einer »Sozialdividende«, die jedem Briten zugutekommen und die Nöte der hohen Arbeitslosigkeit nach dem Krieg abfedern soll. Die Idee nimmt so sehr an Fahrt auf, dass die Labourpartei sie 1920 und 1922 im Nationalkongress verhandelt, aber schließlich ablehnt.[8]

Erfolgreicher ist der schottische Ingenieur Major Clifford Hugh Douglas, der 1920 ein Buch schreibt mit dem Titel *Economic Democracy* (Ökonomische Demokratie). Wie

Popper-Lynkeus ist auch Douglas davon überzeugt, dass die Welt einen Ingenieur braucht, um die Wirtschaft zu verstehen und ihre Probleme zu lösen, und nicht etwa den Beitrag der Ökonomen. Als weltläufiger Praktiker hat er in Indien und in Südamerika gearbeitet. Mit Anfang vierzig sieht er die Zeit gekommen, den Wirtschaftswissenschaftlern ein Problem zu erklären, das zuvor kaum als solches betrachtet wurde. Rechnet man alle Kosten ein, die es verursacht, die Waren und Güter der Welt zu produzieren, so reicht das Geld der Welt nicht aus, um sie zu bezahlen. Folglich leiden alle industrialisierten Gesellschaften an einer systemimmanenten Geldknappheit. Bürger, Firmen und Staaten nehmen ständig Kredite auf, verschulden sich und beseitigen doch nie den Mangel an Kaufkraft. Selbst Handelskriege und Kriege, so Douglas, dienten letztlich dem Spiel von Verschuldung und Entschuldung.

Um die Mängel des Systems sozialtechnisch zu lösen, fordert er mehrere Maßnahmen. Sein Kernstück ist eine »Nationaldividende«. Sie soll jedem Menschen als garantiertes Grundeinkommen ausgezahlt werden. Nur so sei sichergestellt, dass die Kaufkraft mit dem technischen Fortschritt Schritt für Schritt mithält und das Wirtschaftssystem sich aus dem Würgegriff der Verschuldungsspiralen und dem Zwang zu Kriegen und Handelskriegen befreit. Die Staaten müssten dafür lernen, sozialer mit ihrem Geldsystem (*Credit*) umzugehen. In diesem Sinne nannte Douglas seine Theorie »Social-Credit-System«; unter anderem 1924 im Titel eines seiner zahlreichen Bücher: *Social Credit*.

Der Erfolg bleibt nicht aus. Politiker suchen Douglas' Nähe, er wird im britischen Parlament angehört und vom norwegischen König und feiert Erfolge durch Anhänger in Australien und mehr noch in Neuseeland. Seine weitreichendste Wirkung entfaltet der Sozial-Ingenieur in Kanada.

Die Weltwirtschafskrise hat die ländlichen Regionen schwer getroffen, und der Hass auf das (auch von Douglas als »jüdisch« gebrandmarkte) Geldsystem ist groß. In dieser Lage erscheint das Social-Credit-System als willkommene Lösung, dankbar aufgenommen vor allem in kirchlichen Kreisen. Im Jahr 1935 gründet sich die kanadische Social Credit Party, die bald in mehrere Länderparlamente einzieht. Sie besteht bis 1993 (!). Doch was war sie die längste Zeit ihres Bestehens? Als Sprachrohr der abgehängten Landbevölkerung vermischte sie sich zu einer zunehmend aggressiveren Melange aus radikalem Christentum und fundamentaler Kritik an der Herrschaft des (jüdischen) Finanzkapitals. Unter den vielen Schattierungen von Grundeinkommenskonzepten ist sie die bisher einzige Variante, der das Prädikat »rechtspopulistisch« zukommt. Die Forderung nach einem BGE hat damit eine zweite Farbe neben der roten. Und eine dritte wird bald folgen: das Blau des Liberalismus.

Instrument oder Grundrecht?

Das liberale Grundeinkommen

Was um alles in der Welt bringt den US-Ökonomen und späteren Nobelpreisträger Milton Friedman dazu, 1962 ein garantiertes Grundeinkommen für alle US-Amerikaner zu ersinnen? Als führender Kopf der Chicago Boys, den Professoren der Chicago School of Economics, steht der Fünfzigjährige für die unbedingte Freiheit des Marktes. Arbeitslosigkeit hält er für natürlich und unvermeidbar. Sein erkorener Feind ist John Maynard Keynes und dessen Theorie vom Staat, der als Auftraggeber immer wieder lenkend in die Wirtschaft eingreifen soll. Friedman dagegen möchte die Rolle des Staates auf ein Minimum reduzieren. Menschen sieht er als materiell getriebene Rationalisten, die stets nach ihrem Vorteil gieren. Und freie Märkte hält er für den Segen der Menschheit schlechthin.

Warum also ein garantiertes Grundeinkommen, wie Friedman es in seinem Bestseller *Capitalism and Freedom* (*Kapitalismus und Freiheit*) fordert? Die Antwort ist simpel: Friedman möchte sicherstellen, dass auch in einer bedingungslos liberalen Wirtschaft für die Ärmsten gesorgt ist. Die politische Lage in den USA ist Anfang der Sechzigerjahre äußerst angespannt: Ein Jahrzehnt der ethnischen Auseinandersetzungen, der Gerechtigkeits- und Gleichheitsforderungen und der Bürgerrechtsbewegungen dämmert am Horizont. Groß-

369

britannien hatte sich in der Nachkriegszeit durch den »Beveridge Report« schrittweise in einen Sozialstaat verwandelt, der Arbeit, Wohnungen, Gesundheit, Erziehung und einen angemessenen Lebensstandard für alle garantieren soll. Und in Deutschland feiert die soziale Marktwirtschaft Erfolge. Doch Friedman will den Staat in den USA weiterhin so weit es geht draußen vor der Tür lassen. Aber hat dieser radikal-liberale Kapitalismus eine Zukunft? Friedman gibt sich größte Mühe, das Wohlstandswachstum in den USA seit dem Zweiten Weltkrieg der Freiheit der Märkte zuzuschreiben. Aber er weiß auch, dass ein erheblicher Teil der US-Bürger davon weit weniger profitiert als etwa die Deutschen von der sozialen Marktwirtschaft. Eigentlich bevorzugt der Apostel der unbedingten Marktfreiheit die private Wohltätigkeit gegenüber jener des Staates. Aber völlig verlassen will er sich auf sie dann doch nicht. Folglich bedarf die kapitalistische Wirtschaft eines Mechanismus, der allzu große Härten systemisch verhindert – eine Alternative zum Sozialstaat, die den Staat so wenig wie möglich ins Spiel bringt.

Fündig wird Friedman bei einer Idee der liberalen britischen Politikerin Juliet Rhys-Williams. Als Mitglied der Beveridge-Kommission hatte sie sich für eine »negative Einkommensteuer« stark gemacht. All jene Steuerzahler, die unterhalb der Steuerbemessungsgrenze liegen, sollen, statt Steuern zu zahlen, Steuergeschenke vom Staat bekommen. Auf diese Weise sei mit einer einfachen Steuergesetzgebung das erreicht, was der Sozialstaat mit seinem komplizierten Sozialversicherungssystem zu bewerkstelligen suche. Tatsächlich hatte Rhys-Williams damit nichts völlig Neues in die Welt gebracht. Urheber der Idee der »negativen Einkommensteuer« war der französische Mathematiker Antoine-Augustin Cournot, ein Verfechter des freien Wettbewerbs in der ersten Hälfte des 19. Jahrhunderts und einer der Ersten, der sowohl die Marktkonkurrenz als auch das Spiel von Angebot und Nachfrage mathematisierte.[1] Zu Lebzeiten so gut wie übersehen, wurde Cournot zu Anfang des 20. Jahrhunderts nach und nach bekannter und damit auch sein Einkommensteuermodell. Durch Rhys-Williams' Eintreten kommt es schließlich in den Ideenfundus der Liberalen.[2] Lässt sich dem britischen Sozialstaat nach sozialdemokratischem Gusto hierdurch nicht eine liberale Alternative entgegensetzen?

Friedmans Vorschlag ist, wie schon zuvor jener von Rhys-Williams, kein Bedingungsloses Grundeinkommen, das grundsätzlich jedem ausgezahlt werden soll. Es ist eines, das jedem zusteht, dessen Steuererklärung zeigt, dass er bedürftig ist. Gleichwohl ist es insofern bedingungslos, als dass der Staat keinerlei Gegenleistung für die Auszahlung einzufordern hat. Der Chicago Boy spricht von einer »Maßnahme, die sich aus rein technischen Gründen anbietet«.[3] Durch eine negative Einkommensteuer werden keine Steuererhöhungen für die Wohlhabenden nötig und die »verwaltungstechnische Belastung« würde spürbar erleichtert.[4] Und am Ende spare der Staat gegenüber all seinen bisherigen Wohlfahrtsunterstützungen und Programmen auch noch viel Geld. Damit sind all die Argumente auf dem Tisch, die das liberale Grundeinkommen noch heute für die einen attraktiv und für die anderen unzumutbar machen. Attraktiv ist es, weil es den enormen Verwaltungsaufwand bedürfnisspezifischer Sozialausgaben auf ein Minimum verschlankt. Unzumutbar erscheint es, weil es die höchst verschiedenen Bedürfnisse und Ansprüche von Transferleistungsempfängern eindampft und durch einen simplen Mechanismus ersetzt.

Wenn Stützen der kapitalistischen Gesellschaft wie Friedman ein Bedingungsloses Grundeinkommen vorschlagen, dann ist das etwas anderes, als wenn linke Aktivisten, welt-verbessernde Ingenieure und gesellschaftliche Außenseiter dies tun. Im Jahr 1964 händigen die bereits vorgestellten Großdenker der *Triple Revolution* US-Präsident Johnson ihr Memorandum aus: die Ankündigung einer völligen Umwälzung der Arbeitsgesellschaft. Zwingt die *cybernation revolution* die USA nicht dazu, ihre Sozialordnung neu zu erfinden? Der weitsichtige US-amerikanische Ökonom Robert Theobald – Schöpfer solcher zukunftsweisenden Begriffe wie *win/win*, *communication era*, *networking*, *systemic thinking* – träumt als Mitglied des *Triple Revolution*-Komitees sogar von einer völligen Überwindung der Arbeitsgesellschaft. Visionärer als später Steve Jobs oder Elon Musk wird er bereits 1966 formulieren: »Mein Ziel ist es, eine Situation völliger Arbeitslosigkeit zu schaffen – eine Welt, in der Menschen keinen Job mehr ausführen müssen. Und ich glaube, dass diese Art von Welt tatsächlich erreicht werden kann.«[5] Und zwei Jahre später ergänzte er: »Die Prioritäten in diesem Land sind völlig aus dem Ruder gelaufen. Die allgemein akzeptierten Ziele unserer Gesellschaft scheinen zu sein: technologische Zauberei, ökonomische Effizienz und die Entwicklung des Individuums in einer guten Gesellschaft – *aber in dieser Reihenfolge*!«[6] Dem lässt sich auch heute nichts hinzufügen.

Kein Wunder, dass angesichts solch hochfliegender Träume die Johnson-Regierung sich eifrig darum bemüht, den Ball flach zu halten. Doch immerhin richtet sie 1967 eine Kommission ein, um das garantierte Mindesteinkommen zu prüfen.[7] Zwei Jahre lang beraten die Mitglieder unter tätiger Mitwirkung des späteren Wirtschaftsnobelpreisträgers James Tobin den Vorschlag zu einem allgemeinen Bürgergeld, finanziert über eine negative Einkommensteuer. Das Urteil der Kommissionsmitglieder ist einhellig positiv. Was tun? Johnsons Nachfolger Richard Nixon kommt nicht umhin, die Sache auf die Tagesordnung zu setzen. Einerseits gefällt ihm die Aussicht, sich mit dem Bürgergeld als Anwalt der kleinen Leute beliebt zu machen. Andererseits widerspricht der Gedanke, die staatliche Unterstützung der Armen nicht an ihre Leistungsbereitschaft zu knüpfen, der DNA der konservativen USA. Als Kompromiss entsteht der Family Assistance Plan (FAP). Er sieht ein garantiertes Mindesteinkommen via negativer Einkommensteuer vor und soll die bestehende, äußerst geringe Sozialhilfe ersetzen. Von der liberalen wie konservativen Presse begeistert unterstützt, wagt Nixon 1971 sein Programm in einer Fernsehansprache zur Lage der Nation vorzustellen. Stolz präsentiert er sich als jenen Mann, der als erster US-Präsident in der Geschichte die Armut endgültig abschafft.

Während das Repräsentantenhaus mit großer Mehrheit zustimmt, scheitert der Plan allerdings im Senat. Schuld daran sind nicht nur einige konservative Republikaner, denen das Programm zu unamerikanisch erscheint. Vor allem die Demokraten stimmen dagegen. Ihr künftiger Präsidentschaftskandidat George McGovern will Nixons Programm übertrumpfen. Unterstützt durch Tobin, präsentiert er den *demogrant*, der das Bürgergeld für die Armen nicht daran bindet, sich gleichzeitig um Arbeit bemühen zu müssen. Das Pokern geht gründlich daneben. Nach McGoverns Wahlschlappe von 1972 haben es die Republikaner nun überhaupt nicht mehr eilig, ihr Bürgergeld einzuführen. Auch Erfolg versprechende Pilotprojekte ändern nichts daran: Das Thema wandert zu den Akten.

Milton Friedman selbst bleibt bis zu seinem Tod vom Bürgergeld und der negativen Einkommensteuer überzeugt. So wiederholte er seine Ansichten noch einmal 1980 in *Free to*

Choose: A Personal Statement (*Chancen, die ich meine. Ein persönliches Bekenntnis*).[8] Es fragt sich allerdings, was Staaten, die ein weit besser ausgebautes Sozialsystem als die USA haben, von Friedmans Idee lernen können. Wenn in Frankreich Anfang der Siebzigerjahre der Präsidenten-Berater Lionel Stoléru und in der Bundesrepublik der Ökonom und CDU-Politiker Wolfram Engels ein Existenzminimum nach Friedmans Muster anraten, stehen sie vor einer gänzlich anderen Ausgangssituation: Sie müssen zeigen, dass ihr Modell effizienter und gerechter ist als der vielfältig ausgebaute Sozialstaat.[9] Kein Wunder, dass die Resonanz äußerst gering bleibt.

Um das Grundeinkommen aus liberaler Perspektive stark zu machen, braucht es einen Neuansatz, der nicht nur die Armutsbekämpfung und die Verschlankung der Bürokratie in Anschlag bringt. Einen solchen Neuansatz leistet mit äußerster Scharfsichtigkeit Ralf Dahrendorf. Ein BGE als steuerliches Mittel zur Armutsbekämpfung ist dem international renommiertesten Soziologen der Bundesrepublik viel zu wenig. In der Arbeitsmarktkrise der Achtzigerjahre sinniert er bereits über ebenjenes Thema, das heute erneut mit viel größerer Dringlichkeit im Raum steht: dass die Automatisierung die verfügbare Erwerbsarbeit in der Zukunft stark reduzieren könnte. Definiert sich diese Gesellschaft dann weiterhin als Erwerbsarbeitsgesellschaft, so grenzt sie die Nichtarbeitenden notwendig aus. »Dadurch«, so Dahrendorf, »setzt ein Prozess mit unübersehbaren Folgen ein. Eine Gesellschaft, die sich mühsam Staatsbürgerrechte für alle erobert hat, fängt an, mehr und mehr Menschen aus dem Genuss dieser Rechte herauszudefinieren, sie auszugrenzen. Die Gesellschaft gleicher Staatsbürger wird zu einer Gesellschaft der Mehrheitsklasse der Dazugehörigen, während eine Unterklasse der Nichtdazugehörigen vergebens an ihre Pforten klopft.«[10]

Angesichts einer solchen Spaltung sieht Dahrendorf den »Grundvertrag der Gesellschaft« bedroht. Retten kann man ihn nach Ansicht des liberalen Soziologen nur, wenn man die Staatsbürgerrechte nicht mit Anrechten gleichsetzt, die sich Menschen dadurch sichern, dass sie an der Erwerbsarbeitsgesellschaft teilhaben. In einer »Staatsbürgergesellschaft« müsse jedem Bürger eine materielle Lebensgrundlage garantiert werden, die nicht vom Arbeitsmarkt abhängen darf. Denn zur »Definition des gemeinsamen Fußbodens, auf dem alle stehen, ist in der Tat die Entkoppelung des Einkommens von der Arbeit nötig. Hier reicht weder die reine Wohlfahrt noch die Wiederbelebung des Spruchs, dass, wer nicht arbeitet, auch nicht essen soll. Es ist dies aber nicht mehr als eine notwendige Bedingung zur Schaffung einer Gesellschaft, in der zu leben es sich lohnt. Vieles Weitere bleibt zu tun, gerade auch im Hinblick auf die (Verteilung von) Arbeit. *Das garantierte Mindesteinkommen ist so notwendig wie die übrigen Bürgerrechte, also die Gleichheit vor dem Gesetz oder das allgemeine, gleiche Wahlrecht.*«[11]

Ein garantiertes Mindesteinkommen als Bürgerrecht – eine solche Forderung steht quer zum Sozialstaat, wie wir ihn kennen. Es argumentiert nicht mit der Absicherung der Armen gegen die größte Not und ist somit frei von Mildtätigkeit. Es argumentiert mit der Notwendigkeit, dass jeder als vollwertiger Staatsbürger an der Gesellschaft teilhaben soll, ungeachtet seines Status auf dem Arbeitsmarkt. Und es führt die Freiheit des Individuums ins Spiel, die nur dann vollumfänglich gewährleistet ist, wenn der Mangel an Teilhabe an der Arbeitsgesellschaft nicht zum gesellschaftlichen Stigma wird. Dass sich Arbeit und Einkommen in der Zukunft mutmaßlich entkoppeln, schreit für Dahrendorf also nicht nach einer sozialtechnischen Maßnahme, sondern nach einer fundamentalen Erweiterung der Grundrechte um das Recht einer unbedingten Teilhabe. Nicht die Arbeit, sondern die Existenz sichert somit den Status als Vollbürger – ein folgenschwerer Gedanke, der die Liberalen von nun an spalten wird: in jene, die die Grundrechte um eine materielle Grundsicherung erweitern möchten, und jene, die dieses Grundrecht nicht anerkennen.

Der Liberalismus ist herausgefordert. Es geht nicht mehr darum, die Not der Arbeitslosen zu mindern, was Friedman für die USA bezweckte und in Ländern wie Deutschland durch Sozialtransfers gesichert ist. Die Herausforderung ist, ob ich die Arbeitsgesellschaft weiterhin zum Wertmaßstab dafür mache, wer vollumfänglicher Bürger ist – was in Deutschland nach wie vor der Fall ist. Anderenfalls könnte der Staat die Grundrechte von Hartz-IV-Empfängern nicht einschränken, wie er es bei uns tut. Nach Dahrendorf ist dies ein Relikt einer Arbeitsgesellschaft, die ihre Bedingungen über das Grundrecht auf eine freie Existenz stellt. Gleichwohl verweigert die große Mehrheit der Liberalen in allen westlichen Industrieländern dieses Grundrecht und pocht auf die »Selbstverantwortung« jedes Einzelnen – so als lebten Menschen dort wie Leoparden, die sich einsam selbst versorgen. Tatsächlich ist heute jedes Arbeitsverhältnis eingebettet in ein feines Gespinst gesellschaftlicher Fäden. Keine Arbeit findet völlig ohne andere statt. Bildung wird als Pflicht erworben und ist staatlich organisiert. Zugangschancen zum Arbeitsmarkt hängen von zahlreichen Faktoren ab, die der Einzelne sich nicht sämtlich ausgesucht und selbstbestimmt gewählt hat. Sicher ist richtig, dass es ein Quantum Selbstverantwortung für jeden Menschen gibt. Pathetisch aufgespreizt hingegen ist »Selbstverantwortung« eine gesellschaftliche Fehlinterpretation.

Die Frage, die sich jeder Liberale nach Dahrendorf stellen muss, ist also nicht schlichtweg: Wie hältst du es mit dem Grundeinkommen (etwa als Mittel der Armutsbekämpfung oder zur Verschlankung der Verwaltung)? Sondern: Erkennst du das Grundeinkommen als Grundrecht an oder nicht? Im zweiten Fall werden die Anrechte des Bürgers, wie Dahrendorf sagt, »ökonomisiert«. Schafft der Markt Arbeitslosigkeit, muss er sie auch wieder beseitigen. Und wo dies nicht gelingt, muss der Staat einen Hebel einbauen wie die »negative Einkommensteuer«. Doch wer so vorgehe, der »öffnet der Beseitigung aller Anrechtsgarantien Tür und Tor. Man könnte sogar argumentieren, dass er durch eine Seitentür die Arbeitsgesellschaft in das System wieder hineinschmuggelt, nämlich Menschen nur insoweit gelten lässt, als sie für das Steuersystem relevant sind.« Im ersten Fall dagegen sucht man beim Grundeinkommen nicht zuvorderst nach einem Instrument, sondern man erweitert den Katalog der Grundrechte im modernen Staat. Man fordert, »dass Staatsbürgerrechte zuerst definiert werden müssen und Methoden zu ihrer Befriedigung danach«.[12]

Dahrendorf macht keinen Hehl daraus, dass er das BGE als bloßes Instrument ablehnt und nur ein BGE als Grundrecht akzeptiert: »Es muss als Grundbestand der Staatsbürgerrechte Anerkennung finden, weil sein Sinn darin liegt, eine Ausgangsposition zu bestimmen, hinter die niemand zurückfallen darf.«[13] Damit ist das »kleine« Grundeinkommen (im Regelfall das Modell »negative Einkommensteuer«) vom »großen« Grundeinkommen (BGE als Grundrecht) geschieden. Und tatsächlich stehen sich beide noch heute unter der Forderung nach einem BGE konträr gegenüber. Jeder, der ein Bedingungsloses Grundeinkommen fordert, muss sich entscheiden: Meint er wirklich das Grundrecht eines jeden Menschen auf materielle Versorgung, losgelöst von den Spielregeln des Arbeitsmarkts? Oder meint er lediglich eine Reform des bestehenden Transferleistungssystems? Vielen Wirtschaftslenkern, vor allem im Silicon Valley, geht es beim BGE vor allem um das »kleine« Grundeinkommen, das die USA überhaupt erst einmal mit einem nennenswerten Sozialmechanismus ausstatten und den drohenden Arbeitsplatzverlust in vielen Branchen materiell abfedern soll. In Westeuropa stellt sich die Situation völlig anders dar. Hier wäre ein »kleines« BGE keine Pionierleistung. Vielmehr konkurriert es, wie erwähnt, mit stark ausgebauten Sozialstaaten.

Tatsächlich stehen sich die Vertreter des »kleinen« und des »großen« BGE heute so unversöhnlich gegenüber, wie Dahrendorf es skizziert hat. Ob ich allen Bürgern eines Staates ein Grundrecht zuspreche oder ob ich sie via Steuern unterstütze, ist selbst dann nicht das Gleiche, wenn es den gleichen finanziellen Effekt hat. Während Letzteres den liberalen Staat mit einem Sicherungsmechanismus gegen größere Armut ausstattet, denkt Ersteres den liberalen Staat weiter in eine deutlich veränderte Zukunft. Und Dahrendorf war sich dessen sehr genau bewusst. Immerhin kannte er die lebhafte Diskussion über ein Grundeinkommen vor allem im Belgien, Frankreich und Deutschland der Achtzigerjahre – nach der Landverteilungsfrage des 19. Jahrhunderts und der Frage nach der sozialen Neuerfindung der westeuropäischen Staaten nach dem Ersten Weltkrieg die bereits dritte Welle in der Frage nach einem BGE ...

Freiheit, Nachhaltigkeit, Systemwechsel

Das links-humanistische Grundeinkommen

»Schafft die Arbeitslosenunterstützung ab, die gesetzlichen Pensionen, die Sozialhilfe, die Kinderzulagen, die Steuerermäßigungen und Steuergutschriften für unterhaltsberechtigte Personen, die Stipendien, die Arbeitsbeschaffungsmaßnahmen und den ›zweiten Arbeitsmarkt‹, die staatliche Hilfe für Unternehmen, die in Schwierigkeiten sind. Aber zahlt monatlich jedem Bürger eine ausreichende Summe zur Befriedigung der Grundbedürfnisse einer alleinstehenden Person. Zahlt ihm diese Summe, ob er arbeitet oder nicht, ob er arm ist oder reich, ob er allein wohnt oder mit seiner Familie, in freier Ehe oder in Gemeinschaft, ob er in der Vergangenheit gearbeitet hat oder nicht ... Schafft parallel dazu alle für den Arbeitsmarkt geltenden Regeln ab sowie alle Gesetze, die einen Mindestlohn und eine Arbeitszeithöchstgrenze vorschreiben.«[1]

Ein Bedingungsloses Grundeinkommen als Überwindung des herkömmlichen Sozialstaats, als fundamentaler Anschlag auf die sozialdemokratischen Errungenschaften des 19. und 20. Jahrhunderts und als die beste Lösung aller materiell bedingten sozialen Probleme, die die Welt bisher gekannt hat – hinter diesen fulminanten Sätzen, die 1984 von einem gewissen Kollektiv Charles Fourier geschrieben werden, stecken drei belgische Nachwuchswissenschaftler aus dem Umkreis der Universität Leuven: der Ökonom Philippe Defeyt, der

Soziologe Paul-Marie Boulanger und der in Oxford promovierte Philosoph und Ökonom Philippe Van Parijs. Und der schmissige Text ist ihr Beitrag zu einem von der König-Baudouin-Stiftung ausgeschriebenen Wettbewerb über die Zukunft der Arbeit.

Tatsächlich erringt das Kollektiv den ausgelobten Preis. Die Zeit Anfang der Achtzigerjahre ist geprägt von einer tiefen wirtschaftlichen Verunsicherung. Automatisierungswellen rollen durch Westeuropa, und gleich mehrere Industrieländer erleben die höchste Arbeitslosigkeit nach dem Zweiten Weltkrieg. Während in England bei über drei Millionen Arbeitslosen die Konservativen um Margaret Thatcher die Macht ergreifen, in Deutschland bei zwei Millionen die CDU Helmut Kohls, diskutieren Ökonomen, Philosophen und Soziologen das auch von Dahrendorf so genannte Ende der Arbeitsgesellschaft.[2] Arbeitslosigkeit wird nun nicht mehr als Unfall der Wirtschaft oder Politik betrachtet, sondern als »strukturell bedingt«. Die Zahl der Langzeitarbeitslosen stagniert in den Achtzigern in England wie Deutschland auf hohem Niveau. Für viele ältere Menschen oder Arbeitnehmer mit gesundheitlichen Einschränkungen findet sich keine Verwendung mehr, das Gleiche gilt oft für Frauen und gering Qualifizierte. Dass die Arbeit flexibilisiert wird und Arbeitnehmer umfassend weitergebildet werden, senkt zwar nach und nach die Arbeitslosenquote, verhindert aber nicht, dass viele Menschen, die in den Siebzigern noch recht problemlos Arbeit fanden, nun nicht mehr gebraucht werden.

In solcher Lage blüht in zahlreichen westeuropäischen Ländern die Utopie. Und Herz und Verstand öffnen sich für die Idee des Bedingungslosen Grundeinkommens: als Alternative zur Arbeits- und Leistungsgesellschaft, wie wir sie kannten, und als Versuch, den Wert und die Würde des Menschen von

380

einem Arbeitsmarkt zu lösen, auf dem viele nicht mehr gebraucht werden. Die Zeit scheint reif dafür, das Selbstwertgefühl des Bürgers nicht weiter an seinem ökonomischen Gebrauchswert zu bemessen. In diese Richtung denkt bereits 1975 der Sozialmediziner Jan Pieter Kuiper von der Universität Amsterdam; eine Idee, die 1977 von der Politieke Partij Radikalen (PPR), einer christlich-linken Partei aufgenommen wird, die noch kurz zuvor zwei Minister gestellt hatte.

Ein Jahr später erscheint in Dänemark der Bestseller *Røret om oprøret: Mere om midten* (*Aufruhr der Mitte. Modell einer künftigen Gesellschaftsordnung*). Geschrieben haben ihn der sozialliberale Politiker und Minister Kristen Helveg Petersen, der Ingenieur und Physikprofessor Niels I. Meyer sowie Villy Sørensen, der bekannteste dänische Philosoph des 20. Jahrhunderts. Das Buch verkauft sich über 100 000 Mal und wird in zahlreiche Sprachen übersetzt. Und es listet alle Widersprüche auf, die nach Ansicht der Autoren die Industrieländer in eine existenzielle Krise geführt haben: Warum soll ökonomischer Fortschritt immer wieder bedeuten, Sozialleistungen zu kürzen? Warum führt die globale Wohlstandsentwicklung nicht zum Weltfrieden, sondern zu einer stetigen Erhöhung der Rüstungsausgaben? Je größer die Konflikte werden, die die Industrienationen mit ihrer globalen Wirtschaftspolitik heraufbeschwören, umso stärker verfallen sie zugleich in achselzuckende Lethargie und demonstrieren Verantwortungslosigkeit. Eine »humane, ökologische und nachhaltige Gesellschaft«, schließen die Autoren, muss endlich die Scheuklappen ablegen in Betreff auf die Folgen ihres Tuns.

Man reibt sich die Augen, wenn man sieht, was hier 1978 vorausgedacht ist. Der Politiker, der Physiker und der Philosoph fordern kleinere und kooperativere Unternehmen, die intensive Nutzung von Solarenergie, mehr Macht für die Städte und Gemeinden, ein Parlament aus Experten als zweite parlamentarische Kammer, die den Politikern auf die Finger schauen. Was die Arbeitswelt anbelangt, streben die Autoren an, die scharfen Grenzen zwischen Arbeit, Bildung und Freizeit zu überwinden. Und sie sprechen von einem Bedingungslosen Grundeinkommen. Man möchte sich kaum ausdenken, das Buch wäre mehr als ein literarischer Publikumscrfolg gewesen. Und die Diskussion um all die Ideen, die heute aktueller sind als je, hätte nicht nur heißgeredete Köpfe in linken Zirkeln erzeugt, sondern tatsächlich die Mehrheitsgesellschaft erreicht: Helmut Schmidt, Herbert Wehner, Helmut Kohl oder Franz Josef Strauß als Leser von *Aufruhr der Mitte* … Indes, das öffentliche Bewusstsein hinkt der Einsicht in das Notwendige stets um Jahrzehnte hinterher – in der Aufklärung des 18. Jahrhunderts nicht anders als in der Aufklärung heute!

Der Aufruhr der Mitte bleibt aus. Dafür aber breitet sich zumindest die Debatte über das BGE aus.[3] In Großbritannien gründet sich 1984 die Basic Income Research Group (BIRG). In Deutschland beginnt im selben Jahr die Diskussion über das Grundeinkommen, ausgelöst durch den Sammelband *Befreiung von falscher Arbeit* des Vordenkers der »Ökolibertären«, dem Grünen Thomas Schmid (und späterem Chef der *Welt*-Gruppe des Axel Springer Unternehmens). Mit dem österreichischen Soziologen Georg Vobruba und den Soziologen Michael Opielka und Claus Offe bekommt die Debatte auch im deutschsprachigen Raum drei Denker von Format, die ausführliche Begründungen und Konzepte beisteuern. Nicht anders in Frankreich. Hier formieren sich gleich zwei soziale Bewegungen, die Association pour l'Instauration d'un Revenu d'Existence (AIRE), gegründet von dem Ökonomen

Yoland Bresson, sowie der Mouvement Anti-Utilitariste dans les Sciences Sociales (MAUSS) um den Soziologen Alain Caillé. Zum ersten länderübergreifenden Bündnis kommt es im September 1986. Die Federführung übernimmt das Kollektiv Charles Fourier. In der belgischen Stadt Louvain-la-Neuve gründet sich das Basic Income Network (BIEN), die Vorgängerorganisation des heute weltweit vernetzten Basic Income Earth Network. Zur gleichen Zeit stößt auch André Gorz, der bedeutendste Denker der westeuropäischen Linken, zu den Befürwortern des BGE. Gorz, der die Idee noch wenige Jahre zuvor mit der Glut des Apostels bekämpft hatte – das BGE sei »kein Ergebnis der Solidarität, sondern ein institutionelles Almosen« – erkennt nach und nach, dass das BGE vielleicht doch nicht unweigerlich zur »Segmentierung« und »Südafrikanisierung der Gesellschaft« führen muss.[4] Im Frühjahr 1986 räumt er ein, dass »das Recht auf Einkommen ... nicht mehr mit dem Recht auf Lohn verwechselt werden« sollte.[5] Und auch die (an Bellamy erinnernde) Idee, dass nur der ein Grundeinkommen erhalten soll, der im Laufe des Lebens 20 000 Stunden gearbeitet hat, gibt Gorz schließlich auf. In seinem Alterswerk *Misères du present, richesse du possible (Arbeit zwischen Misere und Utopie)* hält dann auch er ein »Plädoyer für die Bedingungslosigkeit«.[6]

Die Diskussion der späten Siebziger- und der Achtzigerjahre setzt das BGE in einen ganz neuen Zusammenhang. Inzwischen gilt es nicht mehr als Mittel zur Lösung zweier Probleme – der Armut und der Gefahr der Massenarbeitslosigkeit –, sondern es steht für mehr Partizipation und Umverteilung, mithin für einen großen gesellschaftlichen Systemwechsel. Viele Verfechter des BGE träumen von einem »Dritten Weg« zwischen Kapitalismus und Sozialismus. Anders als die Konservativen sowie die meisten Liberalen und

Sozialdemokraten ihrer Zeit sehen sie diesen »Dritten Weg«
nicht in der sozialen Marktwirtschaft verwirklicht. Die vielfach diagnostizierte »Krise der Arbeitsgesellschaft« spricht
für sie Bände, dass es auf herkömmliche Weise nicht weitergehen kann.

Schafft das BGE den idealen Systemwechsel? Die Diskussion bringt fünf neue Gesichtspunkte ins Spiel:

Erstens geht es um *Nachhaltigkeit*. Was ist der bislang
nicht einkalkulierte und verschwiegene Preis, den die Industriegesellschaften für ihren Fortschritt und Wohlstand zahlen?
Arbeit und Wachstum um jeden Preis verlieren aus dieser Perspektive ihre Selbstverständlichkeit. Das BGE erscheint hier
als ein geeignetes Medium, um die wirklichen Bedürfnisse
von einem schier unendlichen Bedarf zu trennen; als ein So-
ckel, von dem aus sich anders und neu fragen lässt, wozu und
wofür wir uns anstrengen und wie viele Güter und Waren
man wirklich zu einem erfüllten Leben braucht.

Zweitens erscheint der *Begriff der Arbeit* in einem neuen
Licht. Herausgehoben aus der Matrix des Selbstverständlichen, lässt sich fragen: Wozu arbeiten wir? Welches Bedürfnis
wird in guter Arbeit befriedigt und welches bleibt in schlechter Arbeit ungestillt? Warum ist *labour* gemeinhin schlechter bezahlt als *work*, obgleich *labour*-Tätigkeiten meist viel
weniger Befriedigung verschaffen? Was sind gesellschaftlich
notwendige Tätigkeiten und welche sind es nicht? Und warum werden Letztere oft besser bezahlt als Erstere? Und ist
es nicht ein unschätzbarer Vorteil des BGE, dass Arbeiten, die
kaum einer freiwillig machen will, zukünftig besser bezahlt
werden müssen?

Drittens versprich das BGE einen Zugewinn an *Freiheit* für
jeden. Liberale wie Dahrendorf, Ökolibertäre wie Van Parijs
und unorthodoxe Linke wie der späte André Gorz teilen hier

die gleiche Vorstellung: Das Bedingungslose Grundeinkommen mache Menschen unabhängiger und vergrößere ihren Freiheitsspielraum, weil nun der Druck eines paternalistischen Staates entfällt, der ihre Lebensgestaltung an der Schablone der Erwerbsarbeitsgesellschaft bemisst.

Viertens steht das Bedingungslose Grundeinkommen für viele neue Befürworter seit den Achtzigerjahren für einen *Dritten Weg* zwischen Kapitalismus und Sozialismus. Befreit man beide Systeme davon, Menschen schematisch in die Maschinerie der Arbeitsgesellschaft einzuordnen – aus Profitgier die einen, aus einer falschen Anthropologie die anderen –, so ließen sich die Vorteile beider Systeme neu kombinieren und ihre Nachteile ausmerzen. In der Vorstellung von Opielka weist das BGE über das kapitalistisch-industrielle System hinaus und ermögliche so den »Kompromiss von Sozialismus und Kommunismus«.[7] Bei Van Parijs und vielen Mitstreitern mündet ein konsequenter (und nicht herrschaftssichernd) gedachter Liberalismus gleitend in eine ideale sozialistische Gesellschaft. Denn wenn jeder das Recht hat, sich ohne politischen *und* materiellen Zwang frei zu entfalten, dann bröckele die kapitalistische Gesellschaft allmählich weg. Ihr fehle schlichtweg der Erpressungsmechanismus, der die materielle Begierde über alle anderen stellt. Eigentum werde unwichtiger, Eigensinn stärker. Am Ende stehe ein repressionsfreier Sozialismus, Lichtjahre entfernt vom unzumutbaren Totalitarismus des unrealistischen Sozialismus im Ostblock.

Fünftens bringen die Achtzigerjahre eine Fülle neuer *Finanzierungsideen* für ein BGE. Lässt es sich durch eine progressive Steuer auf andere Einkommen bezahlen, wie Michael Opielka und das Kollektiv Charles Fourier vorschlagen? Oder sollte die Finanzierung des BGE von der Besteuerung der Arbeit gelöst werden? Alternative Geldquellen, die nach und nach auf den Tisch kommen, könnten die Besteuerung des Konsums sein oder auch die der Ressourcennutzung und des Ressourcenverbrauchs, die Besteuerung von Maschinen und die von Geldflüssen.

Doch auch die dritte Welle verpufft nach wenigen Jahren. Der Zusammenbruch des Staatskapitalismus im Ostblock erledigt nicht nur ein überlebtes System, sondern mit ihm pauschal nahezu alles »Linke«. Für Ideen zur Verbesserung, Veränderung, Transformation oder gar Abschaffung des Kapitalismus ist Anfang der Neunzigerjahre nun wirklich kein Platz, und es fehlt fast jegliches Verständnis. Warum ein System verändern wollen, dass offensichtlich als welthistorischer Sieger alle anderen überlebt hat? Das vom US-amerikanischen Philosophen Francis Fukuyama verkündete (und später widerrufene) »Ende der Geschichte« prägt in den Neunzigern den Zeitgeist. Sozialistisches Gedankengut erscheint bis in alle Ewigkeit diskreditiert und der Kapitalismus im Westen als bestmögliche Wirtschafts- und Gesellschaftsform, die es nicht weiter zu verbessern, sondern lediglich »effizienter« zu machen gilt. In genau diesem Geist beschließen die europäischen Staats- und Regierungschefs im Jahr 2000 auf einem Gipfel in Lissabon die »Lissabon-Strategie«. Sie soll den Kontinent zu mehr Dynamik und Wettbewerbsfähigkeit führen. Von hier aus zu der in Deutschland unter sozialdemokratischer Führung und unter Beteiligung der Grünen verabschiedeten »Agenda 2010« und zu den Hartz-Gesetzen ist es nur ein kleiner Schritt.

Wer interessiert sich noch für die globale Perspektive der Linken aus den Achtzigerjahren? Wer will noch etwas davon hören, die Menschen zu befreien und eine gerechtere Welt zu schaffen? Das Stimmungstief reicht bis tief in die 2000er-Jahre. Erst dann nimmt die Diskussion um fundamentale Fragen erneut Fahrt auf, und diesmal, ohne wieder zu versiegen. Die alten Fragen der Achtzigerjahre, jene nach den Grenzen des Wachstums und jene nach der sozialen wie ökologischen Nachhaltigkeit, sind nun kein Nischenthema mehr. Sie lassen sich nicht mehr unterdrücken oder ausblenden, sondern sie beschäftigen inzwischen Menschen aller politischer Couleur. Ohne Zweifel: Die Mitte ist endlich in Aufruhr. Wird sie die richtigen Entscheidungen treffen?

Was das Grundeinkommen anbelangt, so ist es in der Mitte der Gesellschaft angekommen. Im Jahr 2004 bildet sich das deutsche »Netzwerk Grundeinkommen«, ähnliche Foren und Bündnisse finden sich in ganz Westeuropa. Der Unternehmer Götz Werner popularisiert seine Version des BGE im Fernsehen und in der Öffentlichkeit. Besonders auffällig wird die »Initiative Grundeinkommen« in der Schweiz um den deutschen Künstler Enno Schmidt und den Schweizer Unternehmer Daniel Häni. Sie strebt Volksabstimmungen in der Schweiz und irgendwann nach Möglichkeit auch in Deutschland an. Eine erste Volksinitiative in der Schweiz scheitert 2011 noch aus Mangel an Unterschriften. Sie will das BGE durch Lenkungsabgaben für nicht erneuerbare Energien, durch Bodennutzungs- und Gewässernutzungsgebühren sowie durch Baurechtszinsen finanzieren. Erfolgreicher ist die Volksinitiative des Jahres 2012. Sie kommt im Juni 2016 zur Abstimmung. Rund 47 Prozent aller stimmberechtigten Schweizer beteiligen sich. 23,1 Prozent stimmen für die Einführung eines BGE, die Mehrheit von 76,1 Prozent ist dagegen.

Für die Gegner des Grundeinkommens überall in Europa gilt das Ergebnis bis heute als Bestätigung. Sieh an, nur eine Minderheit begrüßt einen derart radikalen Vorschlag. Für die Befürworter hingegen ist es ein großer Erfolg. Ist es nicht großartig, dass ausgerechnet in der Schweiz – ein Land, in dem aufgrund eines gut ausgebauten Systems kein Bürger in bittere Armut fällt und die Arbeitslosigkeit nur bei zwei bis drei Prozent liegt – fast ein Viertel der Abstimmenden trotzdem für ein BGE votiert haben? Wie wäre wohl eine Abstimmung in Bulgarien ausgefallen oder in Portugal? Inzwischen lässt sich zusätzlich fragen: Wie offen sind die Menschen heute, nach den Arbeitsmarkterschütterungen der Coronakrise, für eine bedingungslose Grundsicherung? Immerhin war der deutsche Staat eifrig bestrebt, jedermanns und jederfraus Existenz zu sichern. Und ist ein Umlagesystem für die Rente, das mit über 80 Milliarden bezuschusst wird, überhaupt noch ein Umlagesystem und nicht bereits eine schräge Mischform aus Generationenvertrag und Staatsrente?

Grundeinkommen heute
Koordinaten für ein realistisches BGE

Das Bedingungslose Grundeinkommen hat eine kurze Tradition, aber, wie gezeigt, eine lange Geschichte. Dass es heute einen immer breiteren Raum in den Debatten einnimmt, ist kein Zufall. Das zweite Maschinenzeitalter – großer Überfluss, stärkere Automatisierung und mehr Freizeit – hat es aktuell, viel stärker noch als in den Sechziger- oder Achtzigerjahren, denkbar gemacht, ein Bedingungsloses Grundeinkommen tatsächlich zu realisieren. Die notwendige Produktionskraft ist in vielen westlichen Industriestaaten vorhanden. Und es wird immer schwerer zu rechtfertigen, warum man den Wohlstand nicht in Form eines BGE sicherer und flächendeckender aufstellen sollte. Erklärungsbedürftig ist nicht mehr, warum alle Menschen in Deutschland ein Bedingungsloses Grundeinkommen erhalten sollten, sondern warum sie es *nicht* bekommen sollten, wenn es doch möglich ist.

Tatsächlich ist Deutschland davon erstaunlich weit entfernt. Statt eines Grundeinkommens begnügt man sich noch immer mit einer Grundsicherung, die zukünftig »Bürgergeld« heißen soll, aber keine nennenswerten Unterschiede zum bisherigen Arbeitslosengeld II (Hartz IV) aufweist. Nach wie vor ist es an die Bedingungen der Erwerbsarbeitsgesellschaft geknüpft. Und wer bestimmte Arbeiten nicht annimmt, ist unentschuldigt und kann weiterhin sanktioniert werden. Mit einem BGE hat das »soziokulturelle Existenzminimum« nichts zu tun. Das »Bürgergeld« steht damit in der Tradition des Etikettenschwindels, in der auch das im Juni 2019 vom damals Regierenden Bürgermeister Michael Müller in Berlin eingeführte »Solidarische Grundeinkommen« steht. Wenn der Senat im öffentlich geförderten Beschäftigungssektor tariflich bezahlte Stellen für ausgewählte Arbeitslose schafft, ist der Begriff »solidarisches Grundeinkommen« so irreführend wie absurd.

Positiv gewendet deutet das Herumraunen und Herumjonglieren mit Begriffen wie »Bürgergeld« und »Grundeinkommen« zumindest auf eines hin: dass Regierungsverantwortliche in Deutschland den Wind spüren. Dass sie merken, wohin die Reise geht, auch wenn bislang kaum einer den Mut, den Willen und den Optimismus hat, die Segel tatsächlich zu setzen. Die entscheidende Frage der Zukunft dürfte nicht sein, *ob*, sondern *wann* und vor allem *welches* Grundeinkommen in Deutschland und anderen westeuropäischen Staaten eingeführt wird. Denn das »kleine« Grundeinkommen in der Tradition Milton Friedmans ist kaum eine hilfreiche Alternative zum bestehenden Sozialsystem. Es ist kein Grundrecht und insofern auch gar kein Grundeinkommen, sondern ein *bedingungsloses Mindesteinkommen*. Damit aber erfüllt es gerade nicht das ganz entscheidende Schlüsselkriterium, ein *Bürgergeld für alle* zu sein. Beim »kleinen« Grundeinkommen ist die Existenzsicherung immer noch auf das Engste mit der Erwerbsarbeit verzahnt – und zwar sowohl für die Empfänger als auch für deren Financiers. Insofern ist es ein typisches Konzept der klassischen Erwerbsarbeitsgesellschaft und nicht das einer Sinngesellschaft im 21. Jahrhundert.[1]

Ein neuer Gesellschaftsvertrag, der allen Bürgern ein Bedingungsloses Grundeinkommen zusichert und damit ihre de facto Freiheit erhöht, ist kein rein pragmatisches Mittel. Es geht dabei um eine neue fortschrittliche Stufe in der Entwicklung der Industriegesellschaften, deren Alternative ein Abstieg für viele ist. Wer Reckwitz' »Ende der Illusionen« nicht als geschichtsphilosophischen Fluch wahrnimmt, sondern als einen Mangel an Weiterentwicklung, der wird über ein BGE nachdenken, das den Rahmen der Erwerbsarbeitsgesellschaft nicht als unverrückbar, sondern als veränderbar betrachtet. Wie sollte es auch sein, dass sich Gesellschaften und Sozialordnungen im Laufe der Geschichte unausgesetzt veränderten, ausgerechnet heute dagegen keine solche Veränderung mehr möglich sein soll?

Der meines Erachtens wichtigste Ansatzpunkt für eine solche Veränderung ist, wie für Dahrendorf, die Garantie der Freiheit und der Gewinn an Selbstbestimmung. Ein entsprechendes Bedingungsloses Grundeinkommen sicherte jedem Bürger in Deutschland vom neunzehnten Lebensjahr an bis zum Lebensende die Existenz. Denn nur wer über ausreichende finanzielle Mittel verfügt, um sein Leben frei zu gestalten, ist tatsächlich frei. In diesem Punkt verschmelzen sowohl liberale als auch linke Grundsätze. Und es ist weit mehr als eine Spekulation, dass liberale und linke Vorstellungen sich in den Sinngesellschaften des 21. Jahrhunderts näherkommen werden, als es in der klassischen Erwerbsarbeitsgesellschaft je möglich war. Noch stehen sich die Forderung nach möglichst freien Märkten und ebenso freiem Unternehmertum und die Forderung nach möglichst großer Arbeitssicherheit und gerechter Verteilung traditionell unversöhnlich gegenüber. Die künftige Losung dagegen lautet: *Mehr* Staat im Hinblick auf die grundrechtlich garantierte Existenzsicherung und damit die Realisierung von Freiheit. Und *weniger* Staat im Hinblick auf die paternalistische staatliche Versor-

gungsbürokratie sowie bei der Einmischung in den Arbeitsmarkt. Wenn für jeden ausreichend gesorgt ist, sind mehr
Flexibilität und Freiheit für den Arbeitsmarkt und die Ar-
beitsverträge kein Fluch auf Kosten der Arbeitnehmer. Sie
sind eine neue aufregende Interessenfusion unternehmeri-
scher Freiheit mit den Work-Life-Balance-Forderungen heutiger und künftiger Generationen.

Ob diese Vorstellung realistisch und zukunftsweisend ist
oder nicht, hängt allerdings von vielen Bedingungen ab. Zunächst muss entschieden werden, wie hoch ein künftiges BGE
sein wird. Verbessert es die Einkommenssituation von Transferleistungsempfängern, von Arbeitslosen, Fürsorgeempfän-
gern und Rentnern? Wer in Deutschland Arbeitslosengeld II
(Hartz IV) bezieht, der erhält gegenwärtig alleinstehend einen
Regelsatz von 446 Euro. Dazu gibt es einen Mietzuschuss je
nach Region von 390 bis 590 Euro und etwa 130 Euro Unterstützung zur Kranken-, Pflege- und Rentenversicherung.
Einige kleinere Beträge wie Warmwasser oder Umzugskosten
mit eingerechnet, erhält ein alleinstehender Hartz-IV-Empfänger in Deutschland je nach Wohnregion zwischen 950 und
1200 Euro im Monat. Zusätzliche Leistungen wie ein erhöh-
tes Wohngeld erhält, wer körperlich beeinträchtigt ist und
deshalb eine barrierefreie Wohnung benötigt. Leben mehrere
Hartz-IV-Empfänger unter einem Dach oder hat eine Hartz-
IV-Empfängerin Kinder, so ist die Bezugsgröße nicht mehr
das Individuum, sondern der »Haushalt«. Was und wie viel
man vom Staat garantiert bekommt, orientiert sich dann weniger an der Person als Bürger, sondern an einer Wirtschafts-
größe. Die Frage lautet dann: Kann der »Haushalt« seine Lebensgrundlagen bestreiten?

Man kann sich kaum genug darüber wundern, dass
das Sozialgesetzbuch in Deutschland heute immer noch in

»Haushalten« denkt, so als lebten die meisten Deutschen in vergleichbaren Familienverhältnissen – der bürgerlichen Kleinfamilie mit dem Mann als Versorger – wie in den Fünfzigerjahren und zuvor. Ein kleiner Blick ins Leben belehrt unmissverständlich darüber, dass die realen Lebensformen im 21. Jahrhundert – Patchworkfamilien, im Leben häufiger wechselnde Partner, Paare mit getrennten Wohnungen, Wohngemeinschaften, mehrfacher Wohnungswechsel usw. – oft nichts mehr mit Adenauers »Haushalten« zu tun haben.

Soll das BGE also den Anspruch einlösen, die Freiheit jedes Bürgers zu erhöhen, so darf es nur noch Individuen geben und keine »Haushalte«. Und der Betrag darf nicht weniger sein als das, was ein Hartz-IV-Empfänger in Deutschland heute maximal an Transferleistungen erhält. Der Betrag kann also nicht so gering sein wie das, was der Unternehmer Götz Werner seit nahezu zwanzig Jahren unverändert fordert, nämlich ein BGE von 1000 Euro für jeden, bei dem vom Staat nichts weiter hinzukommt und alle Sozialleistungen einschließlich des Wohngelds gestrichen sind.[2] Für den größten Teil aller bisherigen Hartz-IV-Empfänger bedeutete dies, dass sich ihre finanzielle Situation insgesamt verschlechtern würde. Von Werners hehrem Ziel, ein menschenwürdiges Leben für jeden zu ermöglichen, ist der Vorschlag leider weit entfernt. Wer in München 590 Euro Wohngeld erhält und die Miete künftig selbst zahlen müsste, dem blieben 410 Euro, von denen auch noch die Kranken- und Pflegeversicherung abginge! Was humanitär gemeint ist, ist offensichtlich nicht gut zu Ende gedacht. Gar nicht zu reden von den 750 Euro oder 925 Euro pro Bürger, von denen Thomas Straubhaar ausgeht.[3]

Das Gleiche gilt für die Rente. Wenn das Bedingungslose Grundeinkommen vom neunzehnten Lebensjahr an bis zum Lebensende gezahlt wird, dann ist es künftig gleichbedeutend mit der gesetzlichen Rente. Es ist jener Betrag, den ich mein Leben lang vom Staat bekomme. Wer höhere Ansprüche stellt, muss arbeiten, in die betriebliche Rentenversicherung einzahlen oder privat für das Alter vorsorgen. Ein Betrag von 1000 Euro und darunter wäre hier keine gute Nachricht. Die monatliche Bruttostandardrente der gesetzlichen Rentenversicherung lag 2021 in den alten Bundesländern bei 1539 Euro; in den neuen Bundesländern bei 1506 Euro.[4] Das entspricht einem Rentenniveau von 45 Prozent gegenüber dem deutschen Durchschnittseinkommen. Tatsächlich allerdings ist die »Standardrente« ein ziemlich nichtssagender Wert. Denn sie wird nur dem ausgezahlt, der mindestens fünfundvierzig Jahre in die Rentenversicherung eingezahlt hat. Zudem darf diese Arbeitszeit keine Unterbrechungen aufweisen, und das Gehalt darf nicht allzu sehr unter dem Durchschnitt liegen. Die Folge ist klar: Von einer Standardrente sind die meisten Menschen in Deutschland weit entfernt. Zuletzt haben Männer in Deutschland im Osten 44,5 Jahre im Durchschnitt gearbeitet, im Westen 40,6 Jahre. Dramatischer sind die Unterschiede bei den Frauen. Im Osten arbeiteten sie im Durchschnitt 41,5 Jahre, im Westen dagegen nur achtundzwanzig Jahre. Kein Wunder, dass die ganz reale Durchschnittsrente von Männern im Osten bei 1300 Euro, im Westen bei 1210 Euro liegt, bei Frauen im Osten bei 1075 Euro und im Westen gerade mal bei 730 Euro![5]

Um diesem Problem die Spitze zu nehmen, kämpfte die Sozialdemokratie in Deutschland erfolgreich für eine »Grundrente« für jeden Rentner, der mindestens dreiunddreißig Jahre oder mehr gearbeitet und in die Rentenkasse eingezahlt hat. Ein enorm aufwendiges Prüf- und Berechnungsverfahren befindet darüber, ob man einen Zuschuss bekommt oder weiterhin mit Renten von 500 oder 600 Euro auskommen muss. Der Satz der SPD-Vorsitzenden Saskia Esken: »Mit der Grundrente wird die Lebensleistung vieler Menschen im Rentenalter endlich anerkannt«[6] bringt den unfreiwilligen Zynismus im Pathos auf den Punkt. Anerkannt wird nämlich nicht die Lebensleistung *aller* Rentner, sondern nur die *vieler* Rentner. Wer zweiunddreißig Jahre im Stahlwerk geschuftet hat, hat keinen Anspruch auf eine Grundrente, wer vierunddreißig Jahre in einer Verwaltung gearbeitet hat, hingegen schon. Dauer und Kontinuität von Beschäftigungsverhältnissen – sorgsam und aufwendig geprüft von einem paternalistischen Staat – entscheiden darüber, ob meine Lebensleistung anerkennungswürdig ist und sichern mir einen Rentenbetrag, der oft genug immer noch unter 1000 Euro im Monat liegt. Das ist nicht, wie Esken sagt, »ein guter Tag für alle Menschen mit kleinen Einkommen und Renten«,[7] sondern nur für *einige* Menschen mit kleinen Einkommen und Renten – und so gut, wie er sein könnte, ist der Tag auch für sie nicht.

Dass eines der reichsten Länder der Welt wie Deutschland Millionen Menschen mit weniger als 1000 Euro im Alter versorgt sein lässt, ist kein Ausdruck eines gut funktionierenden Sozialstaats. Stattdessen wird mit dem Geld der Erwerbstätigen immer wieder etwas neu angeflickt, was das System nicht schöner, sondern fadenscheiniger macht. Im Hintergrund wächst das Problem unterdessen dramatisch an: Die Rente lässt sich, wie gezeigt, auf herkömmliche Weise nicht mehr finanzieren. In dieser Lage verspricht das BGE einen völligen Neuansatz, bei dem der angemessene Betrag für jeden Bürger in Deutschland nicht bei 1000 Euro oder weniger liegt. Stattdessen muss er deutlich höher als die Grundrente sein und klar über dem bisherigen Hartz-IV-Satz liegen, also etwa bei 1400 Euro oder 1500 Euro im Monat.

Wirbt man für einen solchen Vorschlag, so kommt als Erstes reflexartig die Frage: Wer soll das bezahlen? Die Frage unterstellt, dass ein solches BGE niemals finanzierbar ist. Und das ist bei näherer Hinsicht durchaus erstaunlich! Warum sollte sich das BGE *nicht* finanzieren lassen? Was hat der deutsche Staat in seiner Geschichte nicht alles finanziert, was zeitgenössische Kritiker stets für völlig unfinanzierbar gehalten haben? Unser gesamtes Sozialsystem besteht aus Errungenschaften, die einstmals allesamt als abenteuerlich und weltfremd verspottet worden waren: das Ende der Kinderarbeit, die Schulpflicht für alle Kinder, eine gesetzliche Renten- und Krankenversicherung, Betriebsrenten, Sozialfürsorge, Kindergeld usw. Nichts davon konnte man sich Mitte des 19. Jahrhunderts auch nur ansatzweise als realistische Forderung vorstellen. Stets galten diese humanen Ideen als schräger Idealismus, Anstiftung zum Aufruhr und nicht zuletzt als unbezahlbar. Und der Widerspruch fast sämtlicher zeitgenössischer Ökonomen war ihnen sicher! Und immer und immer wieder haben sie sich geirrt!

Wenn es richtig ist, dass in einem künftigen Deutschland mehr und mehr Computer und Roboter eingesetzt werden, die keine Sozialabgaben kosten, keine Rente beziehen, kein Urlaubs- oder Müttergeld beanspruchen, nicht schlafen, sondern ohne Mühen Tag und Nacht arbeiten – warum sollte so nicht hinreichend Geld erwirtschaftet werden, um das Paradox des Fortschritts durch ein BGE aufzuheben? Strittig ist also weniger ob, sondern auf welche Weise das BGE finanziert werden soll und welche Geldquelle dafür angezapft beziehungsweise neu erschlossen wird. Hierbei handelt es sich definitiv nicht um ein philosophisches und auch nur entfernt um ein gesellschaftstheoretisches Thema. Gefragt ist der Sachverstand von Ökonomen, die ein BGE möglich machen wollen. Gefragt sind präzise Rechenmodelle, Kalkulationen und Abwägungen – allesamt mit dem Ziel, den Menschen der Sinngesellschaft ein finanzielles Fundament zu geben.

Die vielen Vorschläge und Kalkulationen dazu sind kaum überschaubar. Die naheliegendste und auf den ersten Blick pragmatischste Lösung für die Finanzierung des BGE ist weiterhin die Besteuerung von Arbeit – und zwar zumeist nach dem Modell der negativen Einkommensteuer. Prominentester Vertreter einer solchen Finanzierung ist derzeit Thomas Straubhaar, der in den letzten Jahren gleich mehrere ausführliche Berechnungen angestellt hat.[8] Bei Konzepten wie dem Ulmer Transfergrenzenmodell (TGM) wird das BGE über Einkommensteuern finanziert unter Miteinbezug der steuerlich nicht mehr getrennt veranschlagten Einkünfte durch Zinsen, Mieteinnahmen und Dividenden. Das Bedingungslose Grundeinkommen liegt dabei unter 1000 Euro im Monat, sodass eine Verschlechterung der Bezüge für Hartz-IV-Empfänger in Kauf genommen wird.

Ein befriedigender Vorschlag für die Sinngesellschaft ist das nicht. Pate der Idee ist eher der Abbau der Bürokratie und ein radikal verschlankter Sozialstaat als eine Grundsicherung für eine Gesellschaft, die den Wert des Menschen nicht vorrangig am Maßstab der Erwerbsarbeit bemisst. Im Angesicht des Strukturumbruchs zum zweiten Maschinenzeitalter mit all den Millionen Menschen, die in Zukunft ihre Erwerbsarbeit verlieren werden, erscheint eine Finanzierung des BGE über die Besteuerung von Arbeit ziemlich abstrus; als ein Versuch, einen Häuserbrand mit der Gießkanne zu löschen! Wenn immer weniger Menschen einer Erwerbsarbeit nachgehen, werden die Erwerbstätigen mit ihrer Arbeit den Sozialstaat nicht mehr finanzieren können. Für die Herausforderung des zweiten Maschinenzeitalters war die negative Einkommensteuer nie gedacht, und sie enthält dafür auch keine Lösung.

Zukunftstauglichere Konzepte haben sich deshalb vom traditionellen Denkmuster verabschiedet. Sie wollen das Grundeinkommen nicht mehr (oder zumindest nicht vorrangig) über Erwerbsarbeit finanzieren. Denn wer dies weiterhin versucht, kommt über kurz oder lang in das gleiche Dilemma wie der Sozialstaat heute. Bekannte Alternativen dazu sind Götz Werners Vorschlag, statt Einkommen nur den Konsum zu besteuern, die Überlegung, natürliche Ressourcen, vor allem den Wert von Grund und Boden, zu besteuern, eine CO_2-Steuer oder die Besteuerung von Umweltbelastungen (Pigou-Steuern). Jeder dieser Vorschläge hat Vor- und Nachteile. Konsumsteuern belasten de facto vor allem diejenigen, die wenig Geld haben, und nicht die starken Schultern. Land und Ressourcen zu besteuern, wie Paine es vorgeschlagen hatte, erscheint heute weit weniger zeitgemäß als damals. Nicht jeder, der viel Grund und Boden besitzt, kann auch hohe Steuern zahlen, denn beileibe nicht aller Grund und Boden wirft tatsächlich entsprechende Beträge ab. Eine CO_2-Steuer ist zwar inzwischen eingeführt, aber ihre Erträge werden dringend für die Nachhaltigkeitsrevolution gebraucht.

Interessanter sind deshalb jene Überlegungen, die um eine Wertschöpfungsabgabe oder eine Maschinensteuer kreisen. Sie existieren seit den Tagen der ersten industriellen Revolution. Besonders populär wurde die »ökonomische Dividende« in den Vierzigerjahren. Der US-amerikanische Science-Fiction-Autor Robert A. Heinlein schildert sie 1942 als Normalität in seinem Roman *Beyond This Horizon* (*Utopia 2300*).[9] Wäre diese Idee nicht schon heute möglich? Warum besteuern wir nur arbeitende Menschen und nicht arbeitende Maschinen wie Traktoren, Kohlebagger, Druckmaschinen und mehr und mehr Computer und Roboter? Tragen sie nicht auch enorm zur Wertschöpfung und zu den Gewinnen bei? Könnten sie nicht, wie bei Heinlein, unsere Rente und unser Grundeinkommen erwirtschaften?

Eine Automatisierungsdividende als Grundlage der Sozialdividende? Tatsächlich wird eine solche Wertschöpfungsabgabe immer wieder diskutiert und in zahlreichen Studien durchgerechnet. Statt Arbeitende zu besteuern, müsste die gesamte Wertschöpfung ins Visier genommen werden. Denn nur so lässt sich erkennen, welches Unternehmen in welchem Umfang leistungsfähig ist und entsprechend mit einer Abgabe belastet werden kann. Im zweiten Maschinenzeitalter gewinnt die Idee eine bislang ungeahnte Relevanz. Selbst Bill Gates, gemeinhin kein Freund von Steuern und Abgaben, regte 2017 eine Robotersteuer an.[10] Allerdings ist die Maschinensteuer nur die minimalste Form einer Wertschöpfungsabgabe, gleichsam ihre reduzierte Netto-Version. Denn nicht nur die Lohn- und Gehaltssumme, die entsprechenden Arbeitgeberabgaben und die Maschinen tragen zur Wertschöpfung bei. Hinzu kommen auch die Abschreibungen der Maschinen, Gebäude und Anlagen, etwaige Fremdkapitalzinsen, Mieten und Pachten sowie alle erdenklichen Subventionen.

Der Vorteil liegt auf der Hand. Entscheidend für die Abgaben ist nun nicht mehr vorrangig die Zahl der Beschäftigten, sondern die Leistungsfähigkeit des Unternehmens. Und je weitreichender die Bemessungsgrundlage wird, desto stärker können zugleich die Abgaben auf Arbeit gesenkt werden. Die Sozialkassen sind jetzt nicht mehr allein auf Beschäftigung angewiesen, sondern ihre Einnahmen stellen sich breiter auf. Werden Menschen im zweiten Maschinenzeitalter durch Computer und Roboter ersetzt, so wäre das für die gesetzliche Rente kaum von Bedeutung; ein entscheidender Vorteil gegenüber dem jetzigen System! Eine solche Wertschöpfungsabgabe müsste allerdings gestaffelt werden. Kleinere

Selbstständige mit Maschinen, wie Ärzte oder Landwirte mit überschaubarem Betrieb, sollten von ihr befreit sein. Sinnvollerweise greift die Abgabe erst von einer bestimmten Umsatzgröße an. Das Gleiche gilt für staatliche und ehrenamtliche Organisationen. Und tatsächlich ist genau dies längst eingeführt und erfolgreich erprobt worden, und zwar seit 1998 in Südtirol unter dem Kürzel IRAP.[11]

So oft der Vorschlag bisher in Deutschland gemacht wurde, so oft wurde er schnell abgewiesen. Allen voran der Deutsche Gewerkschaftsbund entrüstet sich regelmäßig über eine Wertschöpfungsabgabe.[12] Man sorge sich um das Schicksal besonders maschinenintensiver deutscher Unternehmen. Hätten sie nicht enorme Nachteile gegenüber globalen Softwaregiganten wie Microsoft, die selbst kaum über computerisierte Anlagen verfügen? Evident ist das nicht. Warum soll man nicht gerade Softwarefirmen aufgrund ihrer Umsatzstärke besonders stark zur Kasse bitten? Es kommt doch nur darauf an, was die Wertschöpfungsabgabe unter »Maschine« zählt. Warum nur die Hardware und nicht die dafür erforderliche Software? Und warum nicht von einer »Techniksteuer« sprechen statt missverständlich von einer »Maschinensteuer«?

Der tatsächliche Grund für den Widerstand der Gewerkschaften in Deutschland dürfte ein anderer sein, wenn sie – anders als ihre Kollegen in Österreich[13] – die Wertschöpfungsabgabe so eilfertig zurückweisen. Sie sprechen davon, dass die Abgabe »von den wahren Herausforderungen« wie »mehr Investitionen in die Bildung, die menschengerechte Gestaltung der Arbeitswelt und den Ausbau der Mitbestimmung« ablenke. Aber inwiefern? Warum sollte eine Wertschöpfungssteuer wie IRAP von alldem ablenken? Wertschöpfung mit einer Abgabe oder Steuer zu belasten und Arbeit zu entlasten, hat nicht den geringsten negativen Zusammenhang mit Bildungsinvestitionen, Arbeitsweltgestaltung oder Mitbestimmung. Hier existiert überhaupt kein Bezug! Könnte es da nicht sein, dass all dies nur vorgeschoben ist? Und dass viele Gewerkschaftler völlig zu Recht wittern, die Wertschöpfungsabgabe sei ein kleiner Schritt in die Richtung, Erwerbsarbeit nicht mehr zum Maßstab und zur Grundlage von allem zu machen? So sehr sie für die Verbesserung der Arbeitswelt und für mehr freie Zeit für die Arbeitenden kämpfen, so sehr fürchten die Gewerkschaften, dass diese Zeit vielleicht zu viel und die menschliche Erwerbsarbeit weniger systemrelevant wird. Und nichtmenschliche Arbeiter wie Computer und Roboter brauchen halt keine Gewerkschaften ...

Wundert es, dass der Vorschlag der Wertschöpfungsabgabe auch unter konservativen und liberalen Ökonomen nicht sehr beliebt ist? So etwa sorgt sich der Strategieberater Christoph Kappes um die »Produktivität der Pflegeheime und die Kosten der Krankenkassen, wo sie Pflegebedürftige und Beitragszahler trifft. Eine pauschale ›Automatisierungsdividende‹« sei »daher vielleicht unklug und unsozial«.[14] Doch wer möchte eigentlich öffentliche Einrichtungen oder die Gesundheitsfürsorge mit einer Wertschöpfungsabgabe belegen? Ein Blick nach Südtirol belegt: Die Kritik bekämpft einen Drachen, den es gar nicht gibt. Und was ist von Jens Südekums Gegenvorschlag zu halten, man solle keine Abgaben entrichten, sondern die Mitarbeiter der Unternehmen direkt an den Robotern beteiligen? In Deutschland wurde die Idee, wie bereits erwähnt, durch den US-amerikanischen Ökonomen Richard Freeman bekannt, der zwischen 2006 und 2013 Fellow am Bonner Forschungsinstitut zur Zukunft der Arbeit war.[15] Tatsächlich klingt sie beim ersten Hören spannend. Wenn die Roboter zu einem gewissen Prozentsatz der Belegschaft gehören, dann profitiert diese davon noch sehr viel direkter als von einer Wertschöpfungsabgabe. Da mag man sich kaum genug darüber wundern, dass ein liberal-konservativer Ökonom, wie Südekum, sich von einem solchen Kommunismus 2.0 begeistern lässt. Doch bei genauem Blick enthält der Vorschlag zwei große Tücken. Die Belegschaft soll nämlich nur ganz minimal beteiligt werden. Es kann also nicht ernsthaft davon gesprochen werden, dass ihnen die Roboter gehören sollen. Und zweitens macht die Idee die Erwerbstätigen direkt vom Erfolg ihrer Firma abhängig. Geht das Unternehmen den Bach runter, so trifft der Schaden auch die Belegschaft – und zwar weit über die Arbeitslosigkeit hinaus. Warum sollte man das Schicksal der Arbeitenden direkt an ein einziges Unternehmen ketten, statt ihnen mit einer breit aufgestellten allgemeinen Techniksteuer ihre Zukunft zu sichern?

Die Krux an der Wertschöpfungsabgabe ist eine ganz andere. Man kann sie, wenn man will, als ein volkswirtschaftliches Paradox sehen. Um allen Bürgern in Deutschland ein BGE zahlen zu können, bedarf es einer boomenden Volkswirtschaft und einer hohen Produktivität. Je stärker deutsche Firmen automatisiert werden, umso geringer ihre Lohnkosten und je höher ihre Gewinne. Belaste ich sie allerdings mit einer Techniksteuer, arbeite ich damit gegen diesen Prozess. Wozu automatisieren, wenn mich die Automatisierung unter dem Strich dasselbe kostet wie die Lohnarbeiter an gleicher Stelle zuvor? Eine Wertschöpfungsabgabe läuft damit Gefahr, genau jene Wertschöpfung auszubremsen, die man braucht, um eine entsprechende Grundsicherung für alle zu finanzieren.

Dieses Paradox lässt sich nur dann entschärfen, wenn die Wertschöpfungsabgabe gering genug ist, um die Automatisierung nicht zu blockieren. Übrig bleibt das Problem, dass sie kaum national eingeführt werden kann. Die Wettbewerbsnachteile gegenüber anderen Ländern sind leicht vorstellbar. Die Staaten der Europäischen Union, die allesamt vor ähnlichen Problemen stehen wie Deutschland, kämen also nicht umhin, die Wertschöpfungsabgabe zu einem europäischen Projekt zu machen. Dies ist ebenso wünschenswert wie ein mühsamer und dorniger Weg.

Gibt es eine gute Alternative oder Ergänzung? Eine vielleicht noch viel zeitgemäßere Idee ist es, nicht Geldeinnehmen, sondern Geldausgeben zu besteuern. Sie steht einer Sinngesellschaft, die Leben und Erwerbsarbeit wesentlich stärker auseinanderhält und nicht mehr systematisch verzahnt wie die klassische Erwerbsarbeit, noch viel besser zu Gesicht. Die Mehrwert- oder Umsatzsteuer, die dies heute schon tut, ist dafür allerdings kaum ein geeignetes Instrumentarium. Sie belastet bekanntlich vor allem Menschen mit wenig Geld, denen sie wesentlich mehr ausmacht als den Vermögenden.

Eine zündendere Idee brachte eine Arbeitsgruppe um den Finanzpolitiker und ehemaligen Schweizer Vizekanzler Oswald Sigg vor.[16] Warum besteuert man nicht grundsätzlich jeden Geldverkehr? Ausgangspunkt der Überlegungen ist die ungeheure Summe, die dabei zustande kommt. In der Schweiz, so errechneten Sigg und seine Mitstreiter, ist der Geldverkehr etwa 300-mal so groß wie das Bruttoinlandsprodukt. Erhebt man auf jeden Geldtransfer eine »Mikrosteuer« von 0,05 Prozent, wäre für die Schweiz ein Grundeinkommen von 2500 Franken finanziert. Für den Normalbürger dagegen hätten solche Steuern so gut wie keine spürbaren Konsequenzen. Wen stört schon eine Steuer von 0,05 Prozent beim Brötcheneinkauf oder beim Abheben eines Geldbetrags? Wer ein Auto für 30 000 Franken kauft, zahlt darauf eine Steuer von 15 Franken, und man darf gerne vermuten, dass kaum ein Kauf oder eine Finanztransaktion deshalb unterbleibt. Anders dagegen sieht es in der Finanzwirtschaft, insbesondere im Hochfrequenzhandel aus, wo Milliardenbeträge in Millisekunden hin- und herbewegt werden. Hier werden etwa 90 Prozent aller Geldbewegungen in der Schweiz vollzogen. Und sowohl die hohen Summen als auch die Handelsfrequenz machen eine Mikrosteuer auch dann zu einer äußerst profitablen Idee, wenn einige Spekulationen deswegen unterbleiben.

Die Zahlen für Deutschland mögen nicht mit der Schweiz identisch sein, aber sie sind ebenfalls äußerst beeindruckend. So beauftragte das Bundesfinanzministerium 2014 die dänische Beratungsfirma Copenhagen Economics (CE) damit, zu berechnen, wie hoch wohl der Erlös wäre, den eine Finanztransaktionssteuer (FTT) von 0,1 Prozent und 0,01 Prozent auf Derivate dem Fiskus einbringt.[17] Zunächst einmal berechneten die Dänen die Größenordnung aller in Deutschland oder von deutschen Finanzinstituten gehandelten Wertpapiere. Der Betrag belief sich 2014 auf jährlich 275 Billionen Euro! Und er ist inzwischen noch einmal deutlich gestiegen. Die statistische Zahl der Erlöse aus einer FTT von 0,1 beziehungsweise 0,01 Prozent lag bereits 2014 bei etwa 88 Milliarden Euro und wäre heute wesentlich höher.

Bekanntermaßen ging es dem Bundesfinanzministerium bei seinem Auftrag an die Dänen nicht um Steuereinnahmen für die Auszahlung eines Bedingungslosen Grundeinkommens. Die FTT wurde diskutiert, um die Finanzmärkte nach der Finanzmarktkrise zu stabilisieren und die Risiken der Zockerei zu minimieren. Auch war, zumindest für eine Weile, im Hinterkopf, dass Finanzspekulationen sich künftig nicht deutlich mehr lohnen sollten als Investitionen in die Realwirtschaft – was sie im Großen und Ganzen nach wie vor tun, mit Ausnahme vielleicht der Immobilienwirtschaft. Genau diese Gedanken verfolgten bereits John Maynard Keynes in den Dreißigerjahren und James Tobin 1972. Zahlreiche Ökonomen wie der US-amerikanische Nobelpreisträger Paul Krugman, der Berkeley-Professor Barry Eichengreen oder der einst an der Frankfurter Johann Wolfgang Goethe-Universität lehrende Ökonom und global geschätzte Berater internationaler Organisationen Paul Bernd Spahn unterstützen diese Idee heute mit Nachdruck.[18] Entgegen der Kritik vieler Ökonomen halten sie die FTT auch dann für realisierbar und erfolgreich, wenn hierfür keine weltweite Einigung besteht.[19]

Wie bekannt, wurde das 2011 von der EU in Auftrag gegebene Konzept einer FTT nicht umgesetzt. Im Jahr 2013 war noch von elf EU-Ländern die Rede, die dafür sein sollten, darunter auch Deutschland. Tatsächlich waren es vor allem Finanzminister wie Peer Steinbrück, Wolfgang Schäuble oder Olaf Scholz, die das Konzept – in der Maske der Zustimmung – hintertrieben. Die Lobbys der so sehr in Misskredit geratenen Finanzindustrie gewannen allmählich wieder die Deutungsmacht, sei es in den großen Zeitungen und Zeitschriften, in Ministerien oder in Ausschüssen. Aktuell wurde das Thema erst wieder angesichts der Schuldenlast, die sich die EU-Staaten im Zusammenhang mit Corona aufgehalst haben. 2026 (!) soll eine europaweite FTT eingeführt werden – falls alle Mitgliedstaaten zustimmen, was bislang nie der Fall war. Vermutlich wird auch der ehemalige Finanzminister und jetzige Bundeskanzler Olaf Scholz die Idee zu blockieren wissen. Er will nur eine »Börsensteuer« für den konventionellen Aktienhandel einführen, nicht aber eine Besteuerung von Derivaten und anderen Finanzwetten – der mit Abstand größte Anteil des Kuchens und der ebenfalls größte Garant für die

Instabilität der Finanzmärkte. Größere Einkünfte – die Rede ist nur von etwa fünf Milliarden Euro – sind so nicht zu erwarten.[20]

Demgegenüber stehen die genannten Probleme beim Eintritt ins zweite Maschinenzeitalter, die ja nicht nur sämtliche europäischen Volkswirtschaften treffen. Wie marginal erscheinen die hemmungslosen Wünsche und heftigen Abneigungen der spekulativ tätigen Finanzindustrie gegenüber den geschilderten gigantischen Herausforderungen. Und sie stellen sich überall auf ähnliche Weise: Wie verhindere ich den gesellschaftlichen Abstieg der Mittelschichten? Wie beuge ich heftigen sozialen Unruhen vor? Im Vorzeichen solcher Bedrohungen dürfte schnell möglich werden, was gegenwärtig bislang völlig utopisch erscheint. Der Motor des sozialen Fortschritts war noch nie das bessere Argument, sondern immer waren es der Affekt und die Katastrophe. Die Pläne für eine soziale Zukunft aber müssen jetzt geschmiedet werden und nicht im Zustand des Dramas, der Überforderung und der Schnellschüsse.

Gegenwärtig beläuft sich die Summe der staatlichen Sozialleistungen in Deutschland auf 1,1 Billionen Euro.[21] Dazu gehören Renten-, Kranken-, Arbeitslosen-, Unfall- und Pflegeversicherung. Setzt man die Ausgaben in ein Verhältnis zum Bruttoinlandsprodukt, so wird sichtbar, dass etwa ein Drittel aller Gelder, die in Deutschland erwirtschaftet werden, in Sozialleistungen fließt. Und wiederum ein Drittel dieses gigantischen Betrags entfällt auf die gesetzliche Rente, Tendenz stark steigend.

Ein Bedingungsloses Grundeinkommen von 1500 Euro für jeden vom neunzehnten Lebensjahr an kostet den Staat im Vergleich dazu noch einmal deutlich mehr. Denn von den 1,1 Billionen nimmt der Staat das meiste durch die Beiträge der Beitragszahler ein. Bezuschusst wurden die Sozialleistungen im Vor-Corona-Jahr 2019 mit 177,1 Milliarden und im abgeschwächten Corona-Jahr 2021 mit 210,8 Milliarden. Gemessen an den Bundeshaushalten von 350 Milliarden (2019) und knapp 500 Milliarden Euro (2021) fließen damit etwa 40 bis 50 Prozent aller Ausgaben in die Bezuschussung der sozialen Sicherungssysteme.

Im Fall eines Bedingungslosen Grundeinkommens von 1500 Euro sähe die Rechnung in etwa wie folgt aus: Da von den rund dreiundachtzig Millionen Bundesbürgern knapp vierzehn Millionen unter achtzehn sind und Kindergeld statt BGE erhalten, würde das Grundeinkommen an neunundsechzig Millionen Menschen gezahlt. Und neunundsechzig Millionen multipliziert mit 1500 Euro ergibt 1,035 Billionen. Im Gegenzug entfällt die gesetzliche Renten-, Arbeitslosen- und Unfallversicherung. Sie sind nun Privatsache und nicht mehr Pflicht des Staates. Allerdings wäre es sinnvoll, die Kranken- und Pflegeversicherung nicht ins BGE miteinzuschließen, sondern auf reformierte Weise zu erhalten. Eingespart würden auf der anderen Seite die enormen Personal- und Verwaltungskosten eines Sozialstaats, der nach dem gegenwärtigen Muster jeden einzelnen Sozialfall überprüft und bewertet.

Fasst man ins Auge, dass die Finanzierung des BGE allmählich von der Besteuerung von Erwerbsarbeit weggehen soll, hin zu einer Wertschöpfungsabgabe und zu Mikrosteuern auf jedwede Bewegung von Geld, so dürfte dämmern, dass sowohl Arbeitnehmer als auch Arbeitgeber davon enorm profitieren. Man sollte sich noch einmal vergegenwärtigen, dass eine Mikrosteuer von 0,05 Prozent für jede Finanztransaktion ausreichen soll, um ein BGE für die Schweiz zu finanzieren. Ein gleiches idealtypisches Modell für Deutschland käme zu folgender Rechnung: Von den über 275 Billionen

Euro Finanztransaktionen, zuzüglich dem Erlös aus dem alltäglichen Geldverkehr, müssten etwas unter 0,4 Prozent Mikrosteuern abgeschöpft werden, um das gesamte deutsche BGE zu finanzieren. Dafür könnte zugleich die Einkommensteuer massiv gesenkt werden, idealerweise vor allem für die unteren Einkommen. So wäre es sicher eine gute Idee, die Grenze, von der an man überhaupt Steuern auf Erwerbsarbeit erhebt, auf 20 000 Euro Bruttoverdienst anzuheben. Für heutige Hartz-IV-Empfänger und künftige BGE-Bezieher jenseits des Arbeitsmarkts wäre dies eine großartige Nachricht. Endlich wäre es uneingeschränkt attraktiv, wieder auf den Arbeitsmarkt zurückzukehren, da nichts vom Verdienst mehr mit der Transfersumme verrechnet wird. Für die Bezieher von Arbeitslosengeld II bedeutet dies: Arbeit lohnt sich wieder! Aber auch vielen anderen Menschen wäre damit sehr geholfen. Eine Krankenpflegerin mit drei Kindern, die vollumfänglich arbeiten muss, um sich ihre Miete leisten zu können, hätte nun mit halber Beschäftigungszeit mehr Geld im Monat als zuvor mit einem Vollzeitjob. Und harte Berufe wie die Pflege würden als Teilzeitstellen wesentlich attraktiver – ein wichtiger Beitrag zum Pflegenotstand in Deutschland.

Selbstverständlich kann man gegen ein hier skizziertes BGE viele Einwände vorbringen, gute und schlechte. Allgemein lassen sie sich recht einfach unterscheiden und abstufen. Die schlechtesten Argumente sind seit den Tagen Davenports und Charliers die *anthropologischen*. Gewichtiger sind die *sozialen*, die vor allem von der organisierten Linken vorgebracht werden. Und am gewichtigsten sind die *ökonomischen* Einwände, die zur ausführlichen Analyse und Diskussion einladen. Beginnen wir mit dem denkfaulsten aller Argumente: jenem von der menschlichen Faulheit.

Die faulen anderen

Anthropologische Einwände gegen das BGE

Jeder alberne Gedanke braucht jemanden, der ihn in aller Klarheit ausspricht. Ist das BGE die »naive Utopie« eines Schlaraffenlands?[1] Führt es, wie ein Autor der *Frankfurter Allgemeinen Sonntagszeitung* argwöhnte, unweigerlich in eine Szenerie wie auf Pieter Bruegels Gemälde »Schlaraffenland« aus dem 16. Jahrhundert? »Da liegen sie vollgestopft und abgefüllt, schlafen in dumpfer Schwere oder starren mit offenen Augen geistlos ins Nichts.«

Der Mensch, der nicht zur Lohnarbeit genötigt ist, verkommt und verdummt. Wie kommt man darauf? War es sein Studium der katholischen Theologie, das den Autor mit einem derart miesen Menschenbild ausstattete? Verbringt er so, von der Fronarbeit in der Redaktion erlöst, mit der Familie oder mit Freunden den Urlaub? Zieht es jenseits der Erwerbsarbeit jeden Menschen zum ewigen Ballermann? Wie auch immer, der fantasieverlassene Journalist kann sich unter einer Grundeinkommensgesellschaft nichts weiter vorstellen als »ein Bild öden Trübsinns«. Kurz und schlecht: Mit einem BGE tue man »den Menschen« keinen Gefallen.

Die zitierte Passage ist so hübsch, weil sie auf engstem Raum alle Widersprüche, Missverständnisse, Ungereimtheiten, Misanthropien und Vorurteile unterbringt, für die andere Menschen gemeinhin deutlich mehr Platz brauchen, um sie aneinanderzureihen. Das fängt schon damit an, dass der Autor offensichtlich weiß, wie alle Menschen ticken, nämlich genau gleich. Ansonsten bräuchte man »den Menschen« auch nicht vor dem Grundeinkommen zu schützen. Besonders übel stößt ihm auf, dass das BGE den Menschen die »Anerkennung ihrer Arbeit durch den Markt« nimmt – so als schaffe das Grundeinkommen den Arbeitsmarkt ab und zwinge sie von Staats wegen zur Untätigkeit. Tatsächlich aber reduziert in der Zukunft mutmaßlich die Wirtschaft den Arbeitsmarkt und nicht das BGE. Und zweitens ist es jedem Grundeinkommensempfänger gegeben, sich alle erdenkliche Anerkennung auf dem Arbeitsmarkt zu suchen – und zwar wesentlich unbeschwerter als bisher. Gerade hierin liegt ja eine wesentliche Pointe: Ich arbeite viel stärker als bisher für eine entsprechende Anerkennung.

Dass der Mensch von Natur aus faul sei, ist ein mehr als zweitausend Jahre altes Vorurteil. Zum Allgemeinklischee des Abendlands wurde es im Spätmittelalter und noch einmal verstärkt zu Anfang der ersten industriellen Revolution. Bezeichnenderweise fiel es zusammen mit der Einrichtung von Zwangsarbeit in Armenhäusern, die sich dadurch besser legitimierten, brachten sie doch die Naturfaulen ihrer wahren christlichen Bestimmung näher. Aber dass der Satz von der allgemeinen menschlichen Faulheit stimmt, lässt sich kaum irgendwie empirisch belegen. Der Fehler liegt schon darin, sich einzubilden, genau zu wissen, was der Mensch sei. Ratsamer ist es, mit dem Begriff »Mensch« ziemlich vorsichtig zu sein. Denn der Mensch ist, mit Friedrich Nietzsche gesagt, das »nicht festgestellte Tier«. Ein Mensch zu sein, verpflichtet weder zu einer bestimmten Mentalität noch zu einer festgelegten Verhaltensweise. Menschen in der Antike hielten die Sklaverei fast sämtlich für selbstverständlich, Westeuropäer im 21. Jahrhundert tun dies nicht. Für die antiken Griechen war, wie gezeigt, ein arbeitsfreies Leben ein Ideal, im Protestantismus war es genau umgekehrt. Weit mehr als tausend Jahre sahen die Menschen ihr Leben in Gottes Hand liegen, heute glaubt dies in Westeuropa nur noch eine Minderheit. Der Lebensrhythmus, die Lebensideale und Lebensziele unter Pygmaen und unter Pyramiden waren und sind nicht genau die gleichen wie die der meisten Deutschen. Wie soll man da festlegen, was »der Mensch« ist oder was aus ihm wird, wenn sich die klassische Erwerbsarbeitsgesellschaft in eine Sinngesellschaft transformiert?

Die Frage, wie faul oder fleißig die Menschen in den westlichen Industrienationen unter den Bedingungen eines BGE sein werden, ist keine anthropologische. Sie beantwortet sich nicht mit einem Verweis auf die Natur des Menschen. Sie entscheidet sich in erster Linie gesellschaftlich und kulturell. Die Leitkultur ist unter Massai-Kriegern eine andere als unter Japanern und Dänen, wobei das Sein das Bewusstsein bestimmt. Lohnarbeit ist nur dort normal, wo sie ökonomisch notwendig ist – und sonst nirgendwo. Dass hingegen der Mensch nichts mehr mit sich anzufangen weiß und seinen Lebenssinn verliert, wenn er nicht für Geld arbeitet, kann nur glauben, wer in einer Gesellschaft lebt, deren Mittelpunkt die Lohn- und Erwerbsarbeit ist. Und selbst hier ist dieser Glaube ziemlich abenteuerlich. Er unterstellt, dass Millionen Rentner sich ebenso nutzlos fühlen wie Millionen Kinder und Ehepartner, die keiner Erwerbsarbeit nachgehen. Tatsächlich muss, wie gezeigt, als Erwerbsarbeitsfähiger keiner entsprechenden Arbeit nachzugehen, nicht zum totalen Verlust allen Lebenssinns führen. Schwerwiegender ist der Verlust an gesellschaftlicher Teilhabe. Wer in einer Erwerbsarbeitsgesellschaft nicht arbeitet, obwohl er könnte, gehört schnell nicht mehr richtig dazu. Und genau deshalb fühlt man sich oft schlecht und nutzlos, wenn man seine Erwerbsarbeit verliert und keine neue findet.

Die Ursachen dieser Krise liegen also nicht in der Menschennatur. Denn der Anspruch, dass Menschen durch Erwerbsarbeit etwas aus sich oder ihrem Leben machen sollen, ist ein sehr moderner Anspruch. Nicht nur der Antike war er fremd, selbst das 19. Jahrhundert kannte ihn so nicht. Bauern und Fabrikarbeiter fragten sich damals gewiss nicht, was sie aus sich machen könnten. Kaum jemand hatte dazu die Freiheit der Wahl. Tatsächlich ist der Anspruch, sich in seinen Tätigkeiten zu verwirklichen, der Pfad, der in der Spätphase der klassischen Erwerbsarbeitsgesellschaft entstand und in die Sinngesellschaft führt. Und gerade die Ungereimtheiten unseres heutigen Übergangs, der Selbstverwirklichung zwar für viele möglich macht, sie aber noch immer ins Schema der klassischen Erwerbsarbeitsgesellschaft pressen will, charakterisiert die Situation, in der wir heute leben. Und deshalb müssen sich noch immer viele dafür entschuldigen, wenn sie ohne Erwerbsarbeit sind, obwohl sie es sein könnten. Sie erleben ohne Erwerbsarbeit eine Minderung ihres Selbstwertgefühls oder fühlen sich nutzlos.

Wenn Liberale und Sozialdemokraten sich hinter der Vorstellung verschanzen, der Mensch brauche zu seinem Glück zwingend eine Erwerbsarbeit, dann anthropologisieren sie einen vergänglichen gesellschaftlichen Zustand. Nichts zeigt dies besser als der Satz des Politikwissenschaftlers und Armutsforschers Christoph Butterwegge: »Denn in einer Arbeitsgesellschaft hängen Lebenszufriedenheit, sozialer Status und Selbstwertgefühl an der Berufstätigkeit.«[2] Auf den ersten Blick ist die Aussage völlig richtig. Lebenszufriedenheit, sozialer Status und Selbstwertgefühl sind heute untrennbar mit der Arbeit verbunden. Aber auf den zweiten Blick wird klar, wo der Fehler liegt. Denn Lebenszufriedenheit, sozialer Status und Selbstwertgefühl müssen nicht *durch die Arbeit erzeugt* werden. Viele Menschen sind gerade deshalb unzufrieden, weil sie ihre Arbeit nicht gerne tun. Und wer im Callcenter arbeitet, muss deshalb nicht sein Selbstwertgefühl erhöhen. Dagegen ist der soziale Status von Prinzessinnen, die nicht arbeiten, gleichwohl sehr hoch. Zwischen Lohnarbeit und Anerkennung liegt in der deutschen Realität des Jahres 2021 ein großes »und«. Erwerbsarbeit *kann* Anerkennung, Befriedigung und das Gefühl, gebraucht zu werden, bedeuten. Oft genug tut sie das nicht.

Besonders deutlich wird dies, wenn Hartz-IV-Empfängern unter Androhung von Sanktionen vom Jobcenter Arbeiten zugewiesen werden. Wäre Arbeit grundsätzlich sinnstiftend, müsste die Begeisterung aller Arbeitslosen hoch sein, eine zugeteilte Arbeit anzunehmen. Bekanntlich ist gerade das Gegenteil der Fall – und zwar nicht zwingend deshalb, weil die meisten Hartz-IV-Empfänger von Natur aus faul sind, sondern weil sie annehmen, dass die aufgenötigte Tätigkeit ihnen gerade keine Anerkennung bringt. Was man unter Zwang tut, adelt einen weder vor sich selbst noch in den Augen der anderen. Nicht zufällig stand die unfreiwillige Tätigkeit von Sklaven und Zwangsarbeitern nirgendwo je in hohem Ansehen.

Ein BGE, das Menschen von den Relikten einer autoritären Erwerbsarbeitsgesellschaft befreit, führt den Menschen also nicht in die völlige Sinnlosigkeit, sondern in eine selbstbestimmtere Welt. Und die Arbeitsmotivation dürfte dabei tendenziell eher steigen als sinken, zumal in dem von mir vorgeschlagenen Modell sich Arbeit für Menschen, die bisher außerhalb des Arbeitsmarkts stehen, viel mehr lohnt. Und auch weil Teilzeitmodelle unter BGE-Bedingungen, wie geschildert, deutlich attraktiver werden, als sie es heute sind. Die erstaunlich weit verbreitete Vorstellung, mit einem Grundeinkommen ginge keiner mehr arbeiten, gehört ins Reich der Fabeln und Legenden. Schon Allen Davenport belächelte die Vorstellung, dass »viele unter der arbeitenden Bevölkerung – im Wissen, unabhängig von Fleiß und Faulheit ausgestattet zu sein – aufhören würden zu arbeiten«.[3] Denjenigen, die dies befürchteten, legte er nahe, sich »die East India Company, die Banking Company oder jede andere Kapitalgesellschaft« anzusehen und zu schauen, »ob sie in derselben Müßiggang, Tatenlosigkeit oder Chaos erkennen können«.[4] Wenn selbst die reichsten Menschen noch weiterarbeiteten und erpicht darauf wären, ihren Gewinn zu steigern, warum dann nicht die viel ärmeren?

Auch Joseph Charlier erkannte im ersten Drittel des 19. Jahrhunderts: Ob Menschen faul oder fleißig sind, hängt nicht von der Menschennatur ab, sondern von der Frage, was und warum sie arbeiten. Wer eine Tätigkeit findet, die ihn erfüllt, wird gerne arbeiten. Wer nur um des Überlebens willen arbeitet, plagt sich. Ist das materielle Bedürfnis durch ein Grundeinkommen gesichert, so bleibt vor allem Ersteres über: Ein »Mensch, dessen Grundbedürfnisse zunächst gesichert sind, dessen materielles Dasein unterstützt wird«, ist »grundsätzlich beständiger, lebendiger und fleißiger«.[5]

Wer ein BGE gutheißt, muss damit keine definitive Entscheidung über die faule oder fleißige Menschennatur fällen. Menschen sind Kinder ihrer Umstände, und jeder ist von Natur und durch Erziehung etwas anders als der andere. Was bleibt, sind empirische Befunde. Das »Netzwerk Grundeinkommen« erklärt auf seiner Homepage, dass Menschen die Frage, ob sie »mit einem Grundeinkommen weiterarbeiten würden«, zu »90 % mit einem klaren Ja« beantworten.[6] Auch ich selbst habe bei ungezählten Vorträgen das Publikum gefragt, wer denn sofort aufhören würde zu arbeiten, wenn er ein BGE erhielte – und nur in den seltensten Fällen meldete sich jemand, der das von sich annahm.

Wie kann es sein, dass viele Menschen so viele andere Menschen für faul halten, sich selbst aber nicht? Die Antwort auf diese Frage ist bekannt. Mehr als ein halbes Jahrhundert sozialpsychologischer Forschung über unsere Selbst- und Fremdwahrnehmung verraten, dass Menschen sich zumeist für moralischer, integerer, kontrollierter, reflektierter und aufrichtiger halten als andere.[7] Die eigene innere Bilanz aufzuhübschen und diejenige anderer abzuwerten, ist sehr weit verbreitet. Und der Mechanismus funktioniert gut, weil »die Leute denken, dass ihre Selbstwahrnehmung gegenüber der Selbstwahrnehmung anderer Leute überlegen ist«.[8] So fällt es uns leicht zu glauben, dass die anderen fauler sind als wir selbst – aber es ist eine klassische Selbsttäuschung.

Die Rede von einer mutmaßlichen Faulheitsexplosion oder »spätrömischen Dekadenz«[9] im Fall eines BGE hat also nur eine höchst subjektive Evidenz. Empirische Belege oder sozialpsychologische Evidenzen gibt es dafür nicht. Selbstverständlich werden sich auch in einer Grundeinkommensgesellschaft manche Menschen nicht um eine Erwerbsarbeit bemühen. Das gilt ebenso für reiche Erben wie für Transferempfänger mit äußerst geringem Tagesantrieb. Einen solchen Prozentsatz von Menschen kennt jede Überflussgesellschaft. Die Hoffnung geht nicht darauf, dass sie in Zukunft nicht mehr existieren. Aber sie glaubt daran, dass ein Steuersystem, das es jedem ermöglicht, bis zu 20 000 Euro zum BGE steuerfrei hinzuzuverdienen, einen deutlich stärkeren Arbeitsanreiz setzt als das bisherige Hartz-IV-System. Und sie nimmt dem gesellschaftlichen Konflikt zwischen den Erwerbstätigen und den arbeitsfähigen Nichterwerbstätigen, die heute von ihnen finanziert werden, die Schärfe. Wer sein BGE mehr und mehr auf der Basis von Mikrosteuern und/oder einer Wertschöpfungsabgabe erhält, lebt nicht mehr in gleichem Maße von der Erwerbsarbeit der anderen, wie das heute der Fall ist. Der »Schmarotzer« in der »sozialen Hängematte« – wie Menschen ohne Angst vor Klischees es gerne formulieren – faulenzt viel weniger auf Kosten der anderen. Und er erhält vom Staat nichts, was der Erwerbstätige nicht auch bekommt!

Es gehört zu den unmittelbaren Folgen einer Grundeinkommensgesellschaft, dass viele schlecht bezahlte unangenehme und gesellschaftlich wenig anerkannte Tätigkeiten nun nicht mehr zu den gleichen Konditionen gemacht würden. Wer setzt sich als Toilettenfrau mit dem Teller hin, wenn er monatlich ein BGE von 1500 Euro bekommt? Wer kellnert noch für wenig Geld oder arbeitet in der Spülküche? Wer liefert schwere Möbel aus oder schuftet für ein Umzugsunternehmen? Wer verdingt sich weiterhin schlecht bezahlt als Essen- oder Paketausfahrer? Menschen würden dies mit einem BGE zu den gleichen Bedingungen oft nicht mehr tun. Aber ist dies ein Beleg für ihre Faulheit? Mitnichten! Denn welcher Architekt, welche Managerin, welcher Politiker, welche Ärztin oder Lehrerin, die sich selbst für tüchtig halten, würde solche Tätigkeiten bei schlechter Bezahlung dauerhaft tun wollen? (Dass man sich während seines Studiums für solche Arbeiten möglicherweise »nicht zu schade« war, ist übrigens kein Argument. Denn man wusste, dass man nicht dauerhaft Kellner oder Kellnerin sein würde, sondern der Job nur das Mittel zu dem Zweck, niemals dauerhaft Kellner sein zu müssen. Denn dafür wäre man sich dann doch »zu schade« gewesen.)

Der Niedriglohnsektor bliebe also nicht, was er heute ist. Zum einen müsste sich die Bezahlung deutlich erhöhen, und zum anderen müssten sich die Arbeitsbedingungen verbessern. Das BGE schaffte damit im Handstreich, was den Gewerkschaften trotz zähen Kampfes bis heute nicht gelungen ist – ein weiteres Motiv dafür, sich ernsthaft Gedanken darüber zu machen, warum sie noch mehrheitlich gegen ein Bedingungsloses Grundeinkommen sind. Zieht man von den genannten unbeliebten Tätigkeiten diejenigen ab, die sich zukünftig immer besser und günstiger automatisieren lassen, so bleiben sicher noch viele übrig. Kein Rentner muss mehr Taxi fahren, weil die Rente nicht reicht. Wenn er es gleichwohl tut, dann deshalb, weil er es *will*. Die Krankenpflegerin und der Altenpfleger werden endlich adäquat bezahlt. Etwa 60 Prozent aller Erwerbstätigkeiten in der Touristikbranche gelten heute als unterbezahlt. Auch manche Dienstleistungen werden teurer wie der Friseur und die Gastronomie, sie müssen ihr Servicepersonal nun besser bezahlen. *So what?* Eine Bevölkerung, die durch das Grundeinkommen deutlich mehr Geld in der Tasche hat, wird es verschmerzen, und ausreichend Geld fließt in den Kreislauf der Realwirtschaft zurück.

Noch ein zweiter Aspekt hat weitreichende Folgen. Wer zuvor Vollzeit in schlecht bezahlten und wenig ersprießlichen Jobs gearbeitet hat, wird dies mit einem BGE vielleicht nur noch halbtags oder Teilzeit tun wollen – mit gewaltigen Vorteilen für viele Branchen. Ein Großbäcker, der sich bei einer Podiumsdiskussion darüber beklagt hatte, dass er kein Personal mehr fände, das nachts seine Brote backt, horchte auf, als ich das BGE ins Spiel brachte. Denn wenn auch kaum jemand hauptberuflich jede Nacht Brot backen will, bei einer steuerfreien Teilzeitbeschäftigung plus BGE stellt sich die Situation ganz anders dar. Jetzt bleibt dem Arbeitenden genug Zeit, anderes zu tun, und in der Kombination von Grundeinkommen und Lohn wird der Zuverdienst richtig attraktiv. Zu bedenken, so der Großbäcker, sei nur, dass solche Teilzeitbeschäftigungen vertraglich eindeutig und zuverlässig geregelt seien, damit beide Seiten sich fest aufeinander verlassen können.

Das BGE ist ein vorzügliches Mittel nicht nur gegen den Fachkräftemangel in vielen Branchen. Es ist auch bestens dafür geeignet, den ausgehöhlten und mitunter zynisch gewordenen Begriff der Leistungsgesellschaft wiederzubeleben. Allein dies müsste – zumindest der Idee nach – Parteien und ihre Wähler jeder Couleur aufhorchen lassen. Die oft angeführten »systemrelevanten Berufe« – de facto die wahren Leistungsträger, ohne die in unserer Gesellschaft nichts funktioniert – würden nun zum ersten Mal in der jüngeren Geschichte angemessen bezahlt. Leistung lohnt sich endlich wieder – und das nicht nur für die sogenannten Leistungsträger, Menschen, deren Leistungen auf den Schultern vieler ermöglicht werden, deren Leistung nicht gewürdigt wird, obwohl sie die Leistungsträger tragen. Oft zählen sie noch nicht einmal zur »schwer arbeitenden Mitte«, um die die »Parteien der Mitte« bei der Wahl buhlen. Um irgendwie »Mitte« zu sein, ist ihr bisheriges Einkommen nämlich viel zu niedrig. Wer in leitender Position auf dem Sozialamt arbeitet, gehört zur »schwer arbeitenden Mitte« dazu; wer sich als Verkäuferin und Putzkraft mit zwei oder drei Jobs über Wasser hält, um sich und seine Kinder zu versorgen, nicht.

Das BGE repariert diesen massiven Betriebsfehler in der Arbeitsgesellschaft wie kaum eine andere Maßnahme. Und genau dies könnte der Grund dafür sein, dass viele heutige Leistungsträger sich damit nicht anfreunden können. An einer realistischeren Betrachtung von Leistung ist nicht jedem gelegen. Das BGE mag ein Geld ohne Leistungspflicht sein, aber es vitalisiert gleichwohl die Leistungsgesellschaft von Grund auf neu. Lohn- und Preisgefüge verändern und verschieben sich, und viele Leistungen werden endlich adäquat honoriert. Dazu schwindet die Existenzangst von Millionen Menschen allein in Deutschland. In diesem Sinne nennt der *Zeit*-Redakteur Bernd Ulrich das BGE treffend einen »Gesellschaftsvertrag wider die Angst bei der Arbeit«.[10] Nachdem wir unsere Schulen größtenteils vom Druck und der Angst früherer Jahrzehnte und Jahrhunderte befreit haben, träfe das Gleiche endlich für das Arbeiten zu. Um diesen Jahrhundertsprung nicht für einen Fortschritt zu halten, sondern um dagegen zu wettern, braucht es schon bessere Einwände als dubiose Ansichten oder Vorurteile über das Menschsein und die erzieherische Notwendigkeit der Arbeit im Allgemeinen. Und tatsächlich werden solche Bedenken in großer Zahl formuliert, besonders leidenschaftlich von der in Gewerkschaften und Parteien organisierten Linken.

Geld für Millionäre?

Soziale Einwände gegen das BGE

Das Grundeinkommen belastet niemanden, der arbeiten geht, zusätzlich, sondern es entlastet ihn existenziell und belohnt die Niedrigverdiener. Gleichwohl fahren vor allem Gewerkschaftler gerne heftige Geschütze gegen die Befreiung der Arbeitenden auf: weil sie sie für eine Illusion halten.

Ein Schlüsselwort der Erwerbsarbeitsgesellschaft, wie wir sie kannten, ist die »Bedürfnisgerechtigkeit«. Wer bedürftig ist, wird stärker gefördert als der, der es nicht ist. Wer wollte das schlecht finden? Das BGE ersetzt die Bedürfnisgerechtigkeit durch eine »Bedürfnissicherheit«. Es möchte nicht erst nach dem Maßstab der Erwerbsarbeitsgesellschaft kompliziert darüber richten, wer wie und wo unter welchen Bedingungen bedürftig ist oder einfach nur faul, psychisch unfähig, verunfallt usw., sondern alle kriegen gleich viel – und zwar in etwa so viel wie die Allerbedürftigsten zuvor. Damit geht es keinem schlechter als vorher, aber vielen besser. Darin einen Rückschritt zu sehen, ist eigentlich ziemlich abenteuerlich. Was könnte mit dieser Kritik gemeint sein?

Beginnen wir mit einem automatisierten Reflex, ungefähr auf dem Niveau wie der Satz von der Faulheit der anderen: Dann kriegen ja auch Milliardäre ein Grundeinkommen! Wie ungerecht! In der Tat bekämen auch die rund 140 Milliardäre in Deutschland ein BGE in der gleichen Höhe wie ein Landwirt oder der Besitzer einer Würstchenbude. Allerdings träfe eine Wertschöpfungssteuer all jene Milliardäre, die ihr Einkommen florierenden Unternehmen verdanken, deutlich höher als 1500 Euro im Monat! Zudem neigen Milliardäre (auch die, die nur Erben und/oder Finanzjongleure sind) dazu, nicht wie einfache Landwirte oder Würstchenverkäufer zu leben, sondern sehr viel mehr Geld auszugeben. Die jedes Mal fällige Mikrosteuer träfe sie ungleich öfter und weitaus umfangreicher. Und der Fall, dass ein Milliardär durch sein BGE mehr Geld zur Verfügung hat als vorher, trifft quasi gar nicht ein, sondern vielfach genau das Gegenteil. Und schon ist die große und gemeine Ungerechtigkeit spurlos verschwunden …

Das Gleiche gilt auch eine Stufe tiefer bei den Millionären und Besserverdienenden. Auch sie zahlen sehr wahrscheinlich mehr Mikrosteuern als Geringverdiener. Zudem dürfte es für viele gut verdienende Menschen eine Frage des Selbstwertgefühls und der Ehre sein, das vom Staat geschenkte Geld nicht zu behalten, sondern es in eines der sofort zahlreich aus dem Boden schießenden BGE-Projekte zu überführen: zur Sanierung der Schulen oder dem Bau einer Zooanlage unter der Fittiche der Lions und Rotary Clubs, für Entwicklungshilfeprojekte, für kirchliche Initiativen usw. Nichts davon ist verpflichtend, und nicht alle werden es tun. Aber es werden hinreichend viele sein, die sich im Freundes- und Bekanntenkreis gerne darüber austauschen, wer wo welche gute Sache mit seinem BGE unterstützt.

Die empört gestellte Frage: »Warum soll die Gesellschaft einem Millionär oder auch nur einem gut verdienenden Beschäftigten ein bedingungsloses Grundeinkommen zahlen?«[1] verpufft schneller, als sie gestellt wird: Weil das BGE die Existenzsicherung zu einem Grundrecht für alle macht und nicht an den Arbeitsmarkt bindet. Und weil Besserverdienende aus den genannten Gründen ohnehin kaum einen großen finanziellen Vorteil davon haben. Trotzdem scheint vielen Gewerkschaftlern, Sozialdemokraten und manchen Linken der Papiertiger von den alimentierten Reichen so wichtig zu sein, dass sie es einfach nicht schaffen, ihn in den Fundus zu räumen.

Ein zweites, nicht minder skurriles Argument ist die These des Arbeitsökonomen Heinz-Josef Bontrup: »BGE-Empfänger/innen, die arbeiten könnten, es jedoch nicht tun, würden nicht nur andere für sich arbeiten lassen, nein: sie würden sie gleichzeitig auch noch ausbeuten.«[2] Der BGE-Empfänger als böser Ausbeuter – und das, obgleich jeder ein Bedingungsloses Grundeinkommen erhält und damit jeder zum Ausbeuter wird, ob er möchte oder nicht. Wie die Freunde des fatalistischen Menschenbilds, so scheint auch Bontrup davon auszugehen, dass im Fall eines BGE die Gesellschaft in zwei Lager zerfällt: die einen, die nie arbeiten (Ausbeuter), und die, die immer arbeiten (Ausgebeutete). Dass eine Grundeinkommensgesellschaft flexible Beschäftigungen, Teilzeitmodelle und Ähnliches fördert, kommt in Bontrups Gedankenwelt nicht vor. Und auch nicht, dass immer mehr hoch automatisierte Maschinen statt Menschen zum künftigen Wohlstand beitragen. Die armen ausgebeuteten Roboter – wie schön, dass immerhin einer Mitleid mit ihnen hat.

Es wäre allerdings zu einfach, die sozialen Einwände gegen das BGE nur anhand all jener unterkomplexen Argumentationen zu behandeln, die die Sinngesellschaft unbeirrt und trotzig ins Gedankenschema des 19. Jahrhunderts pressen. Der viel gewichtigere Einwand ist ein ganz anderer: Zerstört das BGE den mühsam erkämpften bedürfnisgerechten Sozialstaat, ohne ihm etwas Gleichwertiges oder Besseres entgegenzusetzen? Das Bedingungslose Grundeinkommen erscheint dann als neoliberaler Angriff, eine Art Trojanisches Pferd. In diesem Sinne schreibt der Ökonom Marcel Fratzscher, Präsident des der Sozialdemokratie nahen Deutschen Instituts für Wirtschaftsforschung: »Die stärker werdende Forderung nach einem BGE ist letztlich die logische Konsequenz des Scheiterns der Politik, die soziale Ungleichheit zu begrenzen und gesellschaftlichen Zusammenhalt und Solidarität zu gewährleisten. Schlimmer noch, diese Forderung signalisiert das immer tiefer sitzende Misstrauen, dass die Politik in der Lage sein wird, die Ungleichheit zu begrenzen und einen gesellschaftlichen Zusammenhalt in der Zukunft zu garantieren.«[3]

Was hier betrauert und angeprangert wird, ist nicht weniger als die sich längst vollziehende Transformation der klassischen Erwerbsarbeitsgesellschaft in die Sinngesellschaft. Denn »Zusammenhalt und Solidarität« und der »gesellschaftliche Zusammenhalt in der Zukunft« werden für Fratzscher nur durch die Lohn- und Erwerbsarbeit und die darauf basierenden sozialen Sicherungssysteme gewährleistet. Jegliche Alternative dazu kann die Bevölkerung nur entsolidarisieren. Die Erwerbsarbeitsgesellschaft in ihrem Lauf, so möchte man frei nach Erich Honecker dichten, halten weder Ochs noch Esel auf. Alternativen sind grundsätzlich undenkbar, vergiftete Geschenke oder Blendwerk. Besonders abenteuerlich erscheint diese Argumentation, wenn das BGE als Ablenkung dazu verstanden wird, die »soziale Ungleichheit zu begrenzen«; jene soziale Ungleichheit, die zur Zeit der sozialdemokratisch geführten Regierung mit ihren Hartz-Gesetzen besonders stark anstieg. Tatsächlich nimmt die Ungleichheit unter den gegenwärtigen Bedingungen immer mehr zu, ohne dass Fratzscher eine ernsthafte Lösung dazu einfällt, um daran etwas zu ändern. Dagegen liegt mit einem durch

Mikrosteuern und einer Wertschöpfungsabgabe finanzierten BGE jetzt endlich ein Gegenentwurf vor, der den Sozialstaat umfassend umbaut und keinem am unteren Rand der Gesellschaft schadet, sondern jedem nützt. Warum diesen großen Schritt in die Zukunft bekämpfen?

Man kommt hier nicht umhin, sich mit der Psychologie derer zu beschäftigen, die das BGE von halb links und von links attackieren. Mindestens drei Faktoren kommen hier zusammen: erstens die nachvollziehbaren Sorgen um die Errungenschaften eines 150 Jahre alten Arbeitskampfs. Nennen wir es die *Verlustangst*. Zweitens die strukturkonservativen Denkmuster von Menschen, die sich seit Jahrzehnten mit den Nöten und Notwendigkeiten der Arbeitnehmerpolitik in der klassischen Erwerbsarbeitsgesellschaft herumschlagen und sich keine Alternative dazu vorstellen können. Nennen wir es die *Pfadabhängigkeit*. Und drittens die Befürchtung, eine Grundeinkommensgesellschaft mache nicht nur den gesamten gewerkschaftlichen Apparat überflüssig, sondern auch jedweden Arbeitskampf und jede Arbeitnehmervertretung. Der gesellschaftliche Auftrag der Sozialdemokratie und der traditionellen Linken wäre damit erloschen. Nennen wir es den *Bedeutungsschwund*.

Was die Verlustangst anbelangt, so verdient sie, sehr ernst genommen zu werden. Viele Gewerkschaftler, Sozialdemokraten und Linke bekämpfen völlig zu Recht Modelle eines »kleinen« BGE, die den bedürfnisgerechten Sozialstaat abschaffen und ein Grundeinkommen auszahlen wollen, das im Schnitt geringer ist als heutige Transferleistungen für Hartz-IV-Empfänger. Dass dies ein Rückschritt wäre und kein Fortschritt, bedarf kaum der Diskussion. Den Sozialstaat *um jeden Preis* schlanker machen zu wollen, ist kein moralisches Ziel. Vielleicht wäre es sinnvoll, die ständigen Verwechslungen des radikalliberalen »kleinen« BGE mit dem humanistischen »großen« BGE dadurch zu beenden, dass man die Begriffe sorgfältiger scheidet. Die Radikalliberalen wollen kein Bedingungsloses Grundeinkommen, sondern eine (ziemlich geringe) *Mindestsicherung* in der Tradition Milton Friedmans.

Nun wäre es ja schön, die Reihen auf diese Weise schließen zu können. Ein BGE, das niemanden schlechter stellt, als der bisherige Sozialstaat dies tut, müsste eigentlich jeden Gewerkschaftler überzeugen. Doch genau hier kommt die Pfadabhängigkeit ins Spiel. Bislang nämlich können sich nur die wenigsten Gewerkschaftler vorstellen, das BGE nicht nach den Steuer-Traditionen und Abgabe-Gewohnheiten der klassischen Erwerbsarbeitsgesellschaft zu finanzieren. So ist immer wieder die Rede davon, dass die Arbeitenden »unter dem Strich draufzahlen«, um ein »gigantisches Umverteilungskarussell« zu finanzieren, »das überwiegend an Menschen gezahlt würde, die es gar nicht brauchen«.[4] Alternative Entwürfe für ein verändertes Steuersystem werden gerne als irreal und illusionär abgetan. Und die erfreulichen Auswirkungen für Beschäftigte in harten und wenig beliebten Arbeitsfeldern werden weder gesehen noch verstanden. Ein bezeichnendes Beispiel dafür liefert Ralf Krämer, Gewerkschaftssekretär im Bereich Wirtschaftspolitik beim Bundesvorstand von ver.di. Die Erwartung daran, dass die Löhne in schlecht bezahlten Jobs steigen, gehe »daran vorbei, wie Arbeitsmärkte und Lohnbildung im Kapitalismus funktionieren. Die Löhne der verschiedenen Beschäftigtengruppen sind auf Grundlage des gesellschaftlichen Produktivitätsniveaus in historischen Auseinandersetzungen durchgesetzt und in Tarifverträgen fixiert worden. Ansonsten kommt es auf das Verhältnis von Angebot und Nachfrage auf den jeweiligen Arbeitsmärkten an.«[5] Hier geht nun alles durcheinander. Erstens spiegeln die Löhne nirgendwo auf der Welt eins zu eins das Produktivitätsniveau wider. Zweitens ist der Lohn bei einem erheblichen Teil prekärer Arbeitsverhältnisse gerade nicht »durch Tarifverträge fixiert worden«, da oft keine Tarifbindung besteht. Und drittens ist überhaupt nicht ersichtlich, inwiefern der Mechanismus von Angebot und Nachfrage *nicht* dazu führen soll, dass Beschäftige im Niedriglohnsektor künftig besser bezahlt werden.

Es gibt sicher etwas, worüber sich Gewerkschaftler zu Recht Gedanken machen sollten: Was vom gegenwärtigen Sozialstaat wird in einer Grundeinkommensgesellschaft noch gebraucht und was kann weg? Hier lohnt sich eine ausführliche Revision. Soll die gesetzliche Krankenversicherung erhalten bleiben? Dafür spricht vieles. Sollte sie bleiben, wie sie ist, oder verändert werden? Was wird aus der gesetzlichen Unfallversicherung? Darüber kann man diskutieren. Braucht es noch eine gesetzliche Arbeitslosenversicherung? Sicher nicht so eine wie heute. Benötigt man weiterhin den nach langem Kampf 2015 eingeführten Mindestlohn in Deutschland? Für BGE-Empfänger eigentlich nicht, wohl aber für Menschen, die in Deutschland arbeiten, ohne die Staatsbürgerschaft zu besitzen. Wie findet man hier eine sinnvolle Regelung? Besteht die Gefahr des Lohndumpings? Nein, weil Angebot und Nachfrage Dumping-Löhne uninteressant machen. Müssen weiter Sozialwohnungen gebaut werden? Aber ja! Müssen Menschen ohne Erwerbsarbeit von GEZ-Gebühren befreit werden, einen Sozialpass, Bildungsgutscheine und Zuzahlungsbefreiungen bekommen? Nein, wozu? Braucht es noch Gewerkschaften? Ja, um all dies auszuhandeln, zu begleiten und zu überwachen.

Werden die Gewerkschaften die Kurve bekommen? Immerhin sind es Organisationen, die seit der Entstehung des

Sozialstaats für dessen Ausbau gekämpft haben und darauf geeicht sind, all diese Errungenschaften gegen zahlreiche Widerstände zu verteidigen. Können sie sich einen anderen, freieren Sozialstaat überhaupt vorstellen? Die Sozialpsychologie lehrt, dass Menschen eine Neigung (einen *Bias*) dazu haben, bei Veränderungen stets auf das Negative zu schauen. Die Verlustangst ist bei den meisten weit stärker als die Freude oder das Vorstellungsvermögen hinsichtlich des Zugewinns. Andererseits arrangieren sich Menschen gemeinhin sehr schnell mit Veränderungen, die sie einst heftig bekämpft haben, und wollen dann auch gar nicht mehr in den vorherigen Zustand zurück. Mit einem Wort: Wir übertreiben unsere Befürchtungen und unterschätzen unsere Anpassungsfähigkeit. Nach genau diesem Muster wurde noch jede größere politische Veränderung bekämpft.

In diesem Sinne erwarten viele Gewerkschaftler und Linke von einem BGE grundsätzlich eine Verschlechterung. Die Erfahrungen mit der Schröder-Regierung haben sie gelehrt, keine fortschrittlich-humanen, sondern schlichtweg unternehmensfreundliche Veränderungen zu erwarten, die die soziale Ungleichheit verstärken. So vermuten sie, dass das BGE lediglich die Aufgabe hat, die Abgehängten und für überflüssig Erklärten des zweiten Maschinenzeitalters ruhigzustellen. Und dass es überdies die Solidargemeinschaft in der Gesellschaft aushöhlt. So reißen die Vorwürfe nicht ab, das BGE sei eine Art Opium fürs Volk, eine »Stilllegungsprämie« für die in Zukunft nicht mehr Gebrauchten. Zahlt man ihnen erst ein Grundeinkommen, dann brauche man sich in Zukunft auch nicht mehr darum bemühen, sie weiterzubilden und in den Arbeitsmarkt zu integrieren.

Ist etwas daran wahr? Völlig berechtigt ist die Sorge, das zweite Maschinenzeitalter teile die Gesellschaft in die privilegierten Arbeitenden und in eine große Zahl von Abgespeisten. Aus dem Proletariat des 19. Jahrhunderts könnte im 21. Jahrhundert ein, wie ich es nennen möchte, »Alimentariat« werden. Und dass diese Gefahr tatsächlich besteht, wurde hinlänglich beschrieben. Unverständlich ist nur der Gedanke, dass das BGE hierbei zu einem Teil des Problems werden soll und nicht zu einem Teil der Lösung. Denn das Alimentariat entsteht vor allem dann, wenn sich das soziale Sicherungssystem *nicht* verändert. Dann wird mit hoher Wahrscheinlichkeit die eine Hälfte der Gesellschaft weiterhin Vollzeit und mehr arbeiten, und für die andere Hälfte ist keine Arbeit da, die sie verrichten könnte oder wollte. Das BGE hingegen bricht diese Zwei-Welten-Ordnung auf und flexibilisiert sie durch diverse Formen von Beschäftigungsverhältnissen. Und genau dadurch wird es zu einem wirksamen Mittel gegen die invertierte Feudalgesellschaft aus einer gut abgeschotteten Arbeitswelt und einem stillgelegten Überschuss an nicht benötigten Arbeitskräften.

Bleibt noch das zweite Argument. Was wird aus der Solidargemeinschaft, wenn das Band der Arbeit sie nicht mehr zusammenhält? Der Sozialstaat alter Prägung sei eine Leistungsgemeinschaft von Beitragszahlern, die bekommen, was sie verdienen – und sich dabei wechselseitig unterstützen und aushelfen. Ein steuerfinanziertes Grundeinkommen dagegen sei »unverdient«, der Leistungsgedanke spielt hierbei keine Rolle. Wie aus der Analyse der Leistungsgesellschaft hervorgeht, stimmt dieser Gedanke allerdings nur als Idee. Gerade die Gewerkschaften und die Linke werden gemeinhin nicht müde, die Ungerechtigkeit einer vermeintlichen Leistungsgesellschaft zu geißeln, in der Topmanagerinnen unverschämt viel mehr verdienen als Altenpfleger. Und soll es wirklich gerechter sein, dass Arbeitslose und Rentner in Deutschland von weit weniger als 1500 Euro im Monat leben sollen? Welcher Leistungsgedanke spiegelt sich hierin wider? Wenn dies Ausdruck einer Solidargemeinschaft sein soll, dann ist diese höchst unsolidarisch.

Dass die soziale Sicherung an die Erwerbsarbeit gekoppelt ist, erweist sich eben gerade nicht als Segen, sondern wird vielen heute zum Verhängnis. Gleichwohl regt sich in manchem Widerstand. Warum soll jemand, der ein Leben lang für Geldlohn gearbeitet hat, am Ende nicht mehr Rente bekommen als jemand, der es nie getan hat? Ein solcher Unmut ist verständlich. Wie bei jedem gesellschaftlichen Umbruch werden sich viele als Opfer sehen, selbst wenn sie es nur psychologisch sind und nicht materiell. Es ist nicht nichts, wenn das bedingungslose Arbeitsethos mancher Menschen (»Ich würde immer arbeiten und *nie* vom Staat leben«) durch ein Bedingungsloses Grundeinkommen ersetzt wird. Das Selbstverständnis der klassischen Arbeits- und Leistungsgesellschaft, von Generation zu Generation vererbt, ist plötzlich teilweise (natürlich nicht völlig) außer Kraft gesetzt. Nicht nur die Leitfiktion der Leistungsgesellschaft, sondern auch die geldwerte Lebensleistung vieler Menschen erscheint plötzlich in einem anderen Licht. Kein Wunder, dass mancher, der ein Leben lang einer Erwerbsarbeit nachgegangen ist, befürchtet, dass in Zukunft immer weniger Menschen die Motivation haben, überhaupt noch zu arbeiten, selbst wenn dies äußerst unwahrscheinlich ist.

Über Ungerechtigkeit kann man sich immer beschweren. Es gibt keine universelle, einklagbare Gerechtigkeit, ja, nicht einmal eine allgemein akzeptierte Definition dessen, was gerecht ist. War es gerecht, dass die Generation unserer Großväter und Urgroßväter in zwei idiotischen Weltkriegen verheizt wurde? War es gerecht, dass sie viel länger und härter

arbeiten mussten als wir? War es gerecht, dass man ungezählten Müttern ihre Kinder nahm und sie in der Gesellschaft
nahezu rechtlos ließ? Alles das war ohne Zweifel ungerecht.
Doch wer möchte daraus den Schluss ziehen, dass heutige
Generationen es nicht besser haben sollen? Dass sie nicht in
Kriegen sterben müssen und sich halb totarbeiten? Soll man
als neunzigjährige Frau gegen die Emanzipation sein, weil
man, anders als die heutige Jugend, damals nicht davon profitieren konnte? Oder sollte man sich nicht viel mehr darüber freuen, dass es so vielen Menschen besser geht als früher?
In diesem Sinne ist der Hinweis auf die eigene Plackerei ein
ziemlich schlechtes Argument, künftigen Generationen kein
BGE zu gönnen.

Die Angst vor der Zweiklassengesellschaft und der Verweis
auf die Solidargemeinschaft sind also kaum hinreichende Argumente, um gegen ein BGE zu sein, zumal noch gar nicht abzusehen ist, welche neuen Formen der Solidarität hier innerhalb und außerhalb der Arbeitswelt entstehen können. Und
doch bleibt unter den sozialen Einwänden ein letzter übrig,
der seltener von Linken als von Liberalen und Konservativen
vorgebracht wird. Setzt das BGE nicht einen noch viel stärkeren Anreiz für »Wirtschaftsflüchtlinge« und Migration?

Dieses Problem ist in der Tat sehr ernst. Für Menschen,
die südlich der Sahara vor dem Hungertod fliehen, macht
die Frage, ob BGE oder Hartz-IV, keinen Unterschied, beides erscheint paradiesisch. Problematisch ist aber die inner-
europäische Migration. Selbst wenn mehrere EU-Staaten
ein BGE einführen sollten, das Grundeinkommen in Bulgarien wird nicht entfernt die Höhe haben können und müssen wie das in Deutschland. Wie geht man mit den dann
zu erwartenden vielen Zugewanderten um? Die Menschen-
ströme folgen von jeher den Kapitalströmen. Tatsächlich

müsste hier geltendes EU-Recht revidiert werden. Dem Zuzug wären dann höhere Hürden in den Weg gestellt. Ebenso müsste es ungleich schwerer werden als heute, die deutsche Staatsbürgerschaft und damit das deutsche BGE zu erhalten. Mag manchem idealistischen Linken hier auch der Kamm schwellen – ohne entsprechende Veränderungen führt das Bedingungslose Grundeinkommen zum gigantischen Massenzuzug. Wem dieser Gedanke aufstößt, dem steht es frei, in anderen EU-Staaten für ein BGE zu kämpfen, damit die Portugiesen und Bulgaren zu ihrem kommen. Ein gesamteuropäisches BGE, wie die »European Citizens' Initiative for Unconditional Basic Income« es fordert, wird es auch in vielen Jahrzehnten nicht geben und nicht geben können.[6] Dazu ist und bleibt die Wirtschaftskraft der Länder zu unterschiedlich, und sie lässt sich auch durch ein BGE nicht ausgleichen. Ein Betrag von 1000 Euro für jeden wäre für Rumänien ein trügerisches Himmelsgeschenk mit sofortiger Inflationsgefahr, in Deutschland hingegen viel zu wenig. So menschenfreundlich ein gesamteuropäisches BGE klingt – ein Ast, der mit so viel Idealismus beladen ist, ist nicht stark, sondern bricht ab. Und damit tut niemand der Sache des Grundeinkommens einen Gefallen.

Wer soll das bezahlen?

Ökonomische Einwände gegen das BGE

Damit wird es Zeit, auf die ökonomischen Einwände gegen ein BGE einzugehen. Es sind im Wesentlichen drei: der Verweis auf die Unbezahlbarkeit, die mutmaßliche Inflationsgefahr und die mit einem Grundeinkommen einhergehende Teuerung.

Bezeichnenderweise werden diese Argumente vor allem von jenen vorgebracht, die das BGE ohnehin ablehnen und folglich nicht an dessen Realisierbarkeit interessiert sind. Oder wie die Ökonomen und Philosophen Birger P. Priddat und Philip Kovce schreiben: Es ist auffällig, dass jene, die das BGE »politisch als wünschenswert erachten, es meistens für ökonomisch machbar halten, während jene, denen es politisch unerwünscht ist, es meistens auch ökonomisch als unrealistisch gilt«.[1] Mit einem Verweis auf die ökonomische Unmöglichkeit lässt sich das Thema mit einem einzigen Schlag abschmettern. Umso wichtiger ist es, die Fragen ernst zu nehmen. Ist das BGE wirklich finanzierbar?

Dass man es nicht über die Besteuerung von Erwerbsarbeit finanzieren kann oder sollte, wurde hinreichend diskutiert. Aber wie realistisch ist eine Wertschöpfungsabgabe, und welche Beträge brächte eine Mikrosteuer nicht idealtypisch gerechnet, sondern tatsächlich ein? Die Beratungsfirma Copenhagen Economics, die 2014 für das Bundesfinanzministerium den Erlös einer Finanztransaktionssteuer von 0,1 Prozent und 0,01 Prozent auf Derviate berechnete, kam zwar auf einen Idealerlös von 88 Milliarden Euro, der heute noch viel höher läge. Aber die Dänen vermuteten damals auch, dass der Gewinn am Ende nur auf 17,6 Milliarden Euro hinauslaufe. Viele Spekulationsgeschäfte mit der FTT würden sich nicht mehr lohnen – oder sie wanderten ins nichteuropäische Ausland. Zwar schließt der Begriff der Mikrosteuer weit mehr ein als nur eine FTT – jedes alltägliche Geldgeschäft würde minimal besteuert, und davon würde nichts unterbleiben oder ins Ausland flüchten –, aber dass der Erlös aus Börsengeschäften radikal zusammenschrumpft, wäre eine empfindliche Schwächung der Einnahmen. Und ein Betrag von 0,4 Prozent Mikrosteuern würde die Summe der Finanztransaktionen an den Börsen sicher deutlich schmelzen lassen, allem voran im Hochfrequenzhandel. Die Spielregeln für das blitzartige Verschieben von Transaktionen nach Singapur und Co. müssten also zuvor gründlich überarbeitet und die Kapitalflucht eingedämmt werden.

Ob und inwieweit das möglich ist, bemisst sich nicht an der Gegenwart, sondern am Veränderungswillen in der Zukunft. Wenn es in der Vergangenheit möglich war, fast überall in der Welt ein Steuersystem auf Erwerbsarbeit zu gründen und diese Steuer nach und nach enorm zu erhöhen, warum sollte das in Zukunft nicht bei Finanztransaktionen aller Art der Fall sein, zumal in Zukunft sicher immer mehr bargeldlos bezahlt wird? Man denke nur daran, dass erst gegen Ende des 18. Jahrhunderts zum ersten Mal Einkommensteuer gezahlt wurde, und zwar ausschließlich in England. Der Betrag war lächerlich gering, und die Ökonomen hielten dies für völlig unumgänglich und unveränderbar. Der große Ricardo sah sich 1811 bemüßigt, ein Plädoyer in der *Edinburgh Review* zu halten, dass man bloß nicht die Steuern erhöhen dürfe, um die Leistungsfähigkeit der englischen Wirtschaft ja nicht zu gefährden. Heute sind die Steuern mehr als dreißigmal so hoch wie damals und die Produktivität und der Wohlstand auch. Noch Ende des 19. Jahrhunderts zahlte man im Deutschen Reich maximal vier Prozent Steuern auf sein Einkommen. Die Gewerbe- und die Vermögenssteuer wurden – wie immer – gegen heftigen Widerstand eingeführt, ebenso 1906 die Erbschaftssteuer.

Der technische und ökonomische Fortschritt machte all das möglich und damit zugleich den Sozialstaat. Und stets galt jede neue Steuer und jede Erhöhung zunächst als undenkbar, ungerecht, wirtschaftsgefährdend oder als Fantasterei. Am Ende gab es nie Sachzwänge, die Steuern definitiv verhinderten, sondern nur Lobbyarbeit oder einen mangelnden politischen Willen. Wenn künftig zahlreiche Industrienationen allesamt die gleichen hinlänglich beschriebenen Probleme bekommen, sich in eine Sinngesellschaft zu transformieren, so ist durchaus denkbar, dass Regelungen gegen Kapitalflucht möglich werden, die derzeit noch völlig undenkbar scheinen. Wie bei der Wertschöpfungsabgabe, so wären zunächst einmal europäische Übereinkünfte wünschenswert, die angesichts der Größe der Herausforderung nicht von innereuropäischen Steueroasen blockiert werden dürfen. Hier liegt eine enorm lohnenswerte und verdienstvolle Aufgabe für die besten der Ökonomen auf der Suche nach einem echten *purpose*: Kapitalflucht einzudämmen, ist allemal ehrenhafter, als sie zu ermöglichen. Spätestens nach der nächsten Finanzmarktkrise dürfte der Weg dafür frei sein. Und das Argument, den Finanzspekulanten blieben jederzeit hinreichend Möglichkeiten, die Mikrosteuer zu umgehen, bewahrt nicht vor der Aufgabe, es ihnen so schwer wie möglich zu machen. Die Polizei verzichtet bekanntlich auch nicht auf die Bekämpfung von Verbrechen, obwohl sie gleichwohl weiterhin vorkommen.

Eine schwer einschätzbare Alternative zur Mikrosteuer ist das Gedankenspiel, Digitales Zentralbankgeld (*Central Bank Digital Currency*, CBDC) zu nehmen, um damit das BGE zu bezahlen. CBDC-Geld wird derzeit an allen Fronten diskutiert, und der Bundesverband deutscher Banken hält es sogar für unvermeidlich. Die Erwartungshaltung ist allerdings höchst unterschiedlich. Während die einen davon träumen, dass es langfristig viele Geschäftsbanken unnötig macht, wollen die Geschäftsbanken damit nur die Risiken des globalen Finanzverkehrs abschwächen. Prinzipiell allerdings wäre es ebenso möglich, dass jeder Bürger und jedes Unternehmen ihr Konto zukünftig direkt bei der Deutschen Bundesbank haben, die irgendwann auch das BGE überweist. Anders als bei der Finanztransaktionssteuer würde hier nicht virtuelles Geld in Realgeld verwandelt, sondern das Geld würde gleichsam »erfunden«. Doch auch diese Erfindung von Geld kommt nicht ohne eine Abschöpfung an anderer Stelle aus. Kürzt man die Geschäftsbanken zukünftig aus dem Spiel raus, profitieren die, auf deren Kosten die Banken zuvor existierten. Das Zahlen von Zinsen entfällt. Doch wie kommt man an dieses nun Eingesparte heran? Soll die Bundesbank das BGE dadurch finanzieren, dass sie nun ihrerseits Zinsen erhebt? Doch was macht sie dann attraktiver als Geschäftsbanken?

Ohne eine entsprechende Abschöpfung droht unweigerlich eine Inflation. Sie ist das zweite ökonomische Argument gegen das BGE. Inflation entsteht nicht unweigerlich durch das Vermehren von Geld. Ansonsten lebten wir in aller Welt in einer Hyperinflation. Inflation entsteht, wenn die Geldmenge im Vergleich zur Wertschöpfung und Produktionsleistung unproportional anwächst. Nun ist auch das in aller Welt der Fall, denn die Summe des an den Finanzmärkten gehandelten Geldes ist ein Vielfaches dessen, was in der Realwirtschaft zirkuliert. Zwar herrschte im Euroraum bis vor Kurzem eine geringe Inflation, dafür aber eine *asset inflation* (Vermögenspreisinflation) mit spürbaren Folgen. Wo immer das große Geld angelegt wird, steigen die Preise. Man denke nur an den Wohnungsmarkt, den Kunstmarkt oder den fast kontinuierlich steigenden Goldpreis. Dagegen wirkt sich das virtuelle Geld der Börsen kaum auf den Brotpreis aus und ebenso nicht auf den von Autos oder auf den des öffentlichen Nahverkehrs. Was aber passiert, wenn ein BGE gigantische Summen von den Finanzmärkten abzieht und in Form stark erhöhter Kaufkraft in die Realwirtschaft einspeist? Steigen dann nicht auch unweigerlich die Güterpreise?

Die Antwort ist nicht ganz leicht. Im Wesentlichen hängt sie davon ab, wie stark die Realwirtschaft ist. Dass Produktionskraft und Kaufkraft nicht einträchtig nebeneinander hergehen, ist seit den Siebzigerjahren in vielen westlichen Volkswirtschaften zu beobachten. In Deutschland ist die Produktion weit höher als die Kaufkraft. Eine starke Ökonomie wie die deutsche war in den letzten Jahrzehnten massiver von Deflation bedroht als von Inflation. Mit anderen Worten: Die produzierte Menge an Gütern ist höher als die Kaufkraft, und das Angebot übersteigt die Nachfrage. Die Folge dieser Entwicklung ist bekannt. Je geringer die Kaufkraft im eigenen Land im Vergleich zur Produktion ist, umso wichtiger wird der Export. Eine andere Möglichkeit, um das Feuer künstlich weiter zu entfachen, ist die Verschuldung sowohl des Staates als auch von Privatpersonen – besonders eklatant zum Beispiel in den USA. Was aber geschieht, wenn die Kaufkraft durch künftige Entlassungen rapide sinkt?

Muss sie dann nicht ohnehin durch ein BGE angehoben werden? Man könnte das Grundeinkommen, wenn man will, sogar als logische Folge einer Ökonomie betrachten, in welcher der Konsument immer stärker zum Prosumenten, zum produzierenden Konsumenten wird, der als »arbeitender Kunde« zahlreiche Dienstleistungen selbst erledigt, die vorher Erwerbsarbeiter taten. Sieht man es so, dann ist das BGE eine Art Entlohnungspauschale für die ausgelagerte und dem Kunden überlassene Arbeit der Unternehmen.

All dies legt nahe, dass ein BGE in Deutschland wahrscheinlich keine Inflation auslösen, sondern stattdessen den Binnenmarkt stark beleben würde. Realistischer als die Gefahr der Inflation ist daher die Teuerung. Beides ist bekanntlich nicht das Gleiche, sonst hätten die Preise auf dem Häusermarkt in Deutschland nicht explodieren können, während die Inflationsrate sehr gering blieb. Starke Preisanstiege wie etwa jene für Mieten wären eine äußerst schlechte Folge für eine Grundeinkommensgesellschaft, bei der die Teuerung den finanziellen Vorteil dann wieder auffrisst. Das hier berührte Problem besteht allerdings längst auch ohne ein BGE. Die *asset inflation* trifft fast alle Mieter auf empfindliche Weise. Die Zentren der Großstädte werden für Normalverdiener unbewohnbar, wie dies in England, Frankreich und Italien schon längst der Fall ist. Keine Polizistin und kein Pfleger können sich die Mieten in der Innenstadt von Hamburg, München, Stuttgart oder Düsseldorf leisten. Und im Falle eines BGE dürften die Mieten noch viel stärker steigen, von der Wohnung für Geringverdiener an der Peripherie bis zu den Luxusimmobilien im Zentrum oder in den Villenvororten.

Dass hier vonseiten des Staates, der Länder und Kommunen dringend gehandelt werden muss, ist ohnehin klar. Der begrüßenswerte Bau von Sozialwohnungen wird dies vermutlich nicht alleine richten. Er ist lediglich der risikoloseste Weg, mit dem sich Politiker kaum Feinde machen. Doch Teuerung durch *asset inflation* ist keine Naturgewalt, die sich nicht durch politische Maßnahmen in Schach halten ließe. Solche wird es in Zukunft sicherlich geben müssen, und bestimmt nicht nur deshalb, weil die Sinngesellschaft ihr Sozialsystem auf ein BGE umstellt.

Evidenz im Experiment?

Warum Modellversuche nicht viel nützen

Wäre es bei all den Unsicherheiten nicht eine gute Idee, das BGE in Deutschland einmal in einem großflächigen Modellversuch zu testen? Immerhin leben wir in einem Zeitalter der Simulationen, der Empirie, der Versuche, Experimente und Modelle. Würde dies nicht helfen, all die bestehenden offenen Fragen zu lösen und Konfliktlinien wie den Streit ums Menschenbild, um die sozialen und die wirtschaftlichen Folgen zu beseitigen? *Hard facts* statt Spekulation?

Die Antwort ist: Nein! Man stelle sich zur Klärung nur einmal vor, man hätte die sozialen Innovationen der Vergangenheit zunächst im Modellversuch getestet. Nehmen wir zum Beispiel das Frauenwahlrecht. Es wurde in Deutschland nie ausprobiert, sondern 1919 eingeführt, nachdem Finnland und Österreich vorangegangen waren, die es auch nie getestet hatten. Hätte man das tun sollen? Hätte man es, sagen wir in den 1850er-Jahren, in Regensburg ausprobieren sollen? In Bayern hatte seit 1848 jeder männliche Bürger über fünfundzwanzig das Wahlrecht. Warum nicht mal testen, wie es so um den politischen Willen der Frauen steht? Was wäre wohl in den 1850er-Jahren in Regensburg geschehen, wenn auch die Frauen zur Wahl aufgerufen gewesen wären? Im katholischen Bayern mit seinem traditionellen Rollenverständnis ist das Ergebnis leicht vorstellbar. Frauen erledigten in der

Regel den Abwasch und brachten die Kinder ins Bett, wenn die Männer »politisierten«. Kaum vorstellbar, dass die Mehrheit der Frauen in Regensburg zur Wahl gegangen wäre, da es weder schicklich war, noch hätte man gewusst, wen man wählen soll.

Was hätte man daraus gefolgert? Dass Frauen gar nicht wählen wollen! Doch statt einer zeitlosen Wahrheit hätte man nicht mehr gehabt als eine flüchtige kulturelle Momentaufnahme. Testen kann man immer nur überschaubare Einheiten, bei denen die zeitliche Befristung im Experiment sinnvoll ist. Je größer die soziale Veränderung und je dauerhafter sie gedacht ist, umso schlechter lässt sie sich testen. Eine reformpädagogische Modellschule lässt sich ausprobieren, bei der Abschaffung der Sklaverei in den Südstaaten war das nicht möglich. Hätte man dies auf drei oder vier Baumwollfarmen versucht und stattdessen Lohnarbeiter die Arbeit verrichten lassen – was hätte man damit bewiesen? Dass es auf einer bestimmten Farm in Georgia unter ganz bestimmten Umständen entweder wirtschaftlich funktioniert hätte oder nicht. Doch hätte man daraus irgendeinen Schluss für die Sklavenhaltungsökonomie der Südstaaten ziehen können? Mit Sicherheit nicht. Und hätte man irgendwelche Schlüsse über die Humanität beziehungsweise Inhumanität der Sklaverei gewonnen? Nicht entfernt!

Es ist nicht leicht für eine Gesellschaft, die heute an Zahlen glaubt wie die Menschen früher an Gott, einzusehen, dass empirische Versuche ihre Grenzen haben. Ob ein Bedingungsloses Grundeinkommen in Deutschland eine Erfolgsgeschichte wird oder nicht, hängt davon ab, ob es sowohl in Mecklenburg-Vorpommern als auch in Bayern erfolgreich ist. Man müsste sich auch darauf verständigen, was »erfolgreich« ist und woran man es bemisst: an der Arbeitsmotivation, dem Zufriedenheitsindex, der Kaufkraft, der Altersabsicherung, der Inflations- und Teuerungsfrage, dem Verhältnis von Grundeinkommensempfängern zu denjenigen Menschen in Deutschland, die kein BGE erhalten, der Finanzierbarkeit auf diesem oder jenem Wege, den Auswirkungen auf die Arbeitswelt, an der Frage, was aus unangenehmer Arbeit wird, der Frage, wie viel Solidarität neben der Erwerbsarbeit entsteht, der Frage nach der Selbstorganisation von Menschen ohne dauerhafte Erwerbsarbeit und nicht zuletzt der Frage, ob der Kulturwandel zur Sinngesellschaft gelingt.

Dieses Paket – und um das Ganze geht es ja – lässt sich nicht testen. Oder wie Georg Vobruba sagt: »Man kann mit unterschiedlichen Versionen eines Grundeinkommens ausgestattete Testgruppen untereinander vergleichen, nicht aber von den Testgruppen auf die Gesamtgesellschaft schließen. Es hilft nichts. Wenn man wissen will, ob und wie ein Grundeinkommen die Gesellschaft verändert, muss man es einführen.«[1] In einem Modellexperiment hingegen können nur einzelne Aspekte betrachtet werden – und zwar auf unrealistische Weise isoliert und unter unrealistischen Bedingungen. Denn Teilnehmer an zeitlich befristeten Experimenten verhalten sich anders als Menschen, deren Leben dauerhaft umgestellt wird. Im ersten Fall fehlen die Dimension der langfristigen Ziele und die Notwendigkeit, sich auf die neue Situation einlassen zu müssen. Das neue Thema steht also vor einem simulierten und nicht dauerhaften Horizont: Wir stellen uns mal für eine Weile vor, dass es so wäre. Mit dem realen Leben haben solche Modellversuche wenig zu tun. Für eine Fernsehshow unter medialer Dauerbegleitung zu flirten oder abzunehmen, ist nicht entfernt das Gleiche, als in der Realität einen Partner fürs Leben zu finden oder anhaltend sein Gewicht zu reduzieren. Ohne den Rahmen des Modells binden sich Menschen mit einer viel ernsteren Verbindlichkeit an das, was sie tun. Und auch die Anerkennungskultur ist nicht identisch. Eine modellhafte Ausnahmesituation, in der man im Gegensatz zu fast allen anderen eine Zeit lang ein BGE bezieht, ist etwas komplett Verschiedenes, als unablässig in einer Grundeinkommensgesellschaft zu leben.

Kein Wunder, dass die global überaus zahlreichen Modellversuche zum BGE sich sehr viel kleinere Ziele setzen und gesetzt haben. Tatsächlich drehen sie sich zumeist nur um einen einzigen Fragenkomplex – nämlich jenen, dessen Zuschnitt ich im Kapitel über die anthropologischen Einwände ausführlich problematisiert habe: Werden Menschen durch ein BGE nun fauler oder fleißiger? Werden sie selbstbestimmter oder unmündiger? Gestalten sie ihr Leben freier oder zeigen sie sich in einer Grundeinkommensgesellschaft völlig mit sich und der Welt überfordert? Wie Philip Kovce klug herausstellt, ist dieser Fragenkomplex bereits an sich ein Anschlag auf unser liberales Selbstverständnis. Denn in »liberalen Demokratien kann mit Grundeinkommensexperimenten eigentlich nichts anderes getestet werden als das, was die politische Vergemeinschaftung bereits voraussetzt: dass nämlich Bürger willens und fähig sind, individuelle Lebensentscheidungen selbstbestimmt zu treffen und sich über gemeinschaftliche Fragen sinnvoll abzustimmen. Wer diese längst bestehende ›unternehmerische Verantwortung der Gesellschaft in eigener Sache‹ nun erst einmal testen will, der prüft weniger ein BGE, vielmehr zweifelt er an den Grundfesten der freiheitlich-demokratischen Grundordnung, die er experimenteller Leistungsnachweise für bedürftig hält. Er fordert gleichsam eine Probezeit für die liberale Demokratie, unter deren Bedingungen wir längst leben – was auf nichts Geringeres als auf eine Selbstentmündigung hinausläuft.«[2]

Mit einem Wort: Wer daran zweifelt, dass eine Grundeinkommensgesellschaft aus mündigen Bürgern besteht, der bindet die Mündigkeit nicht an Freiheit und Selbstverantwortung, sondern er tackert sie an der klassischen Erwerbsarbeitsgesellschaft fest: Ohne die äußere Struktur der Arbeitsverpflichtung keine innere Struktur. Und ohne innere Struktur keine Mündigkeit. Das ist nicht nur ein fatalistisches Menschenbild. Es ist ein fundamentaler Widerspruch zum Menschenbild der Aufklärung und eines zeitgemäßen Liberalismus. Wollen wir diese fundamental philosophische Frage in Deutschland wirklich testen? Etwa so, dass 120 Menschen in Deutschland drei Jahre lang ein BGE von 1200 Euro gezahlt wird, um sie mit 1400 ebenso zufällig ausgewählten Personen zu vergleichen, die kein BGE erhalten?[3] Unterstützt wird dieses real existierende Projekt der Initiative »Mein Grundeinkommen« vom Deutschen Institut für Wirtschaftsforschung, dessen Präsident Marcel Fratzscher das BGE noch 2017 als Anschlag auf die gesellschaftliche Solidarität gedeutet hatte. Die Lage scheint sich seitdem geändert zu haben. Experimente dieser Art sind en vogue, seit im Februar 2019 im kalifornischen Stockton die »Stockton Economic Empowerment Demonstration« (SEED) begann. Eineinhalb Jahre lang wurden 125 per Los ausgesuchte Bürger mit 500 US-Dollar Grundeinkommen im Monat ausgestattet. Das Forscherteam aus drei verschiedenen Universitäten wollte herausfinden, inwieweit sich ein BGE auf die finanzielle Lage, das gesundheitliche Wohlbefinden und die Tatkraft der Begünstigten auswirkt. Das Ergebnis der Studie liegt noch nicht vor.[4]

Auch der DIW-Soziologe und Arbeitsmarktforscher Jürgen Schupp erwartet vom deutschen Experiment weitreichende Aufschlüsse. Aber welche könnten dies bestenfalls sein? Und welcher Gegner des BGE ließe sich davon überzeugen, dass die

Menschen nicht in erheblichem Umfang träger würden, nur weil das in diesem einen Experiment nicht der Fall ist? Das Beste, was man über »Mein Grundeinkommen« sagen kann, ist, dass es das Thema BGE in die Massenmedien bringt und damit breiter bekannt macht. Und dass es vor allem jungen Menschen die Chance gibt, sich in das Thema hineinzudenken und zu überlegen, inwiefern und in welche Richtung ein Bedingungsloses Grundeinkommen ihr Leben verändern würde.

Zu welch abenteuerlichen Verwirrungen Experimente zum BGE führen können, zeigt auf anschauliche Weise das in Finnland. Was war geschehen? 2015 hatte die neu gewählte konservative Regierung beschlossen, ein BGE zu testen – und zwar ein »kleines« in der Tradition Milton Friedmans. Die finnische Sozialversicherungsanstalt Kela arbeitete dafür einen Plan aus. Statt der üblichen Arbeitslosenbeihilfe von 696 Euro plus Wohngeld, sollten 2000 Arbeitslose zwei Jahre lang ein BGE von 560 Euro plus Wohngeld erhalten. Dafür entfielen im Gegenzug alle Verpflichtungen, eine Arbeit annehmen zu müssen. Das Geld aber, was man sich dazuverdiente, sollte steuerfrei und ohne Abzüge sein. Während die einen also weniger Geld vom Staat erhielten, dafür aber in Ruhe gelassen und mit steuerfreiem Zuverdienst geködert wurden, erhöhte ein neues Gesetz parallel dazu den Druck auf die »regulären« Arbeitslosen, vorgeschlagene Arbeiten nicht ablehnen zu dürfen, ansonsten drohten Kürzungen. Das Experiment währte die dafür vorgesehenen zwei Jahre von Januar 2017 bis Januar 2019 und wurde nicht verlängert. Und man darf wohl sagen: Gott sei Dank! Denn was für ein merkwürdiger Modellversuch war das gewesen?

Wer heute in Deutschland ein BGE fordert, der fordert es als Grundrecht für alle und nicht als Motivationsschub für Arbeitslose. Zweitens war der Betrag, den die Probanden in

Finnland bekamen, geringer als ihr reguläres Arbeitslosengeld und die Verlockung des Zuverdiensts höher. So verwundert es nicht, dass sie im Vergleich zu ihrer Kontrollgruppe aus Arbeitslosengeldempfängern im Durchschnitt etwas motivierter waren, eine Tätigkeit anzunehmen. Die Motivation dürfte der Not und der Verlockung geschuldet sein. Das Ergebnis ermöglicht nicht die geringste Aussage darüber, ob sich hier ein grundsätzlich menschliches Bedürfnis nach Arbeit zeigte, das sich ohne Druck und Stress Bahn gebrochen haben könnte. Dass viele Teilnehmer angaben, sich körperlich und seelisch wohler befunden zu haben als unter dem Druck, arbeiten zu müssen, ist schön und gut vorstellbar. Es war aber das Letzte, was man mit dem Experiment testen wollte. Der Modellversuch besagte also am Ende fast nichts. In ihrer Hilflosigkeit zog Kela aus alldem nur einen einzigen unverfänglichen Schluss: Man will das System des Arbeitslosengelds zukünftig stärker entbürokratisieren und all die Menschen mit Sonderleistungen belohnen, die sich anstrengen, Arbeit zu finden.

In Deutschland löste das finnische Experiment die abenteuerlichsten Schlussfolgerungen aus. BGE-Befürworter jubelten, dass einige Finnen mit sogenanntem Grundeinkommen trotzdem Arbeit gesucht und gefunden hatten. Die BGE-Gegner dagegen erdichteten einen dunklen Mythos: Das Experiment in Finnland sei »gescheitert« und man habe es »abbrechen müssen« – der unumstößliche Beweis, dass so etwas nicht funktioniert. Dabei lässt sich weder von einem Erfolg noch von einem Scheitern sprechen, sondern nur von einem völlig unausgegorenen Konzept. Und abgebrochen wie einen heiß laufenden Atommeiler hatte man das Experiment auch nicht, sondern schlichtweg eingesehen, dass auf diese Weise nichts Sinnvolles dabei herauskommen kann.

Die Frage nach den komplexen Auswirkungen eines BGE ist durch Experimente nicht zu beantworten. Sollten die Industriestaaten ein Grundeinkommen einführen, um damit der Sinngesellschaft Rechnung zu tragen, so lernt man aus dem finnischen Experiment eigentlich nur, wie man es nicht machen kann. Auch sonst fehlt es in der Welt an Vorlagen. Weitgehend nichtssagend sind etwa die Fonds in Alaska, im Iran, auf Macau oder zukünftig in der Mongolei. Die Dividende, die jeder Bürger Alaskas aus den Öleinnahmen des »Alaska Permanent Funds« erhält, beläuft sich auf 1100 US-Dollar pro Person im Jahr und ist ein nettes Zubrot, aber kein BGE. Ähnlich geht es den Iranern, die mit etwa 40 US-Dollar im Monat an den Öleinnahmen ihres Landes beteiligt werden. Zwischen 700 und 1200 US-Dollar im Jahr erhalten die Bürger Macaus als Beteiligung an den Staatseinnahmen. Und auch in der Mongolei sollen die Bürger nun am Erlös der Bodenschätze wie Kupfer und Gold beteiligt werden. Leben können sie davon allerdings genauso wenig wie die Menschen in Alaska, auf Macau oder im Iran. Und die sozialen und ökonomischen Auswirkungen halten sich in überschaubaren Grenzen.

Das Gleiche gilt für die Erfahrungen mit geringen bedingungslosen Zahlungen, die der Armutsbekämpfung dienen und sonst zu nichts. Flächendeckende Programme in Brasilien und regionale Projekte in Indien, Kenia, Namibia oder Uganda liefern den Industrieländern kaum Aufschlüsse über die Einführung eines BGE. Was in Kenia zu einer erheblichen Verbesserung der Lebensqualität führt, muss nicht in Recklinghausen oder Kaiserslautern so sein. Weder Modellversuche im deutschsprachigen Raum noch höchst unterschiedliche Erfahrungen in der ganzen Welt nützen dazu, sich die Zukunft einer Sinngesellschaft mit einem Bedingungslosen

Grundeinkommen und einem veränderten Arbeitsbegriff und Arbeitsanspruch vorzustellen. Was für ein BGE spricht, wurde in diesem Buch anhand all der Fakten, Prognosen, Transformationen und gesellschaftlichen Veränderungen analysiert – Experimente zum Grundeinkommen hingegen können dem davon erwarteten prognostischen Anspruch niemals genügen.

Von Utopia nach Realia

Wie wird das Grundeinkommen
umgesetzt?

Wer über einen realistischen Transformationsprozess der Sozialsysteme nachdenkt, muss sich sehr genau vergewissern, an welchem Punkt wir heute stehen. Dieses Buch hat vorgeführt, wie epochal der Umbruch ist, der sich gegenwärtig vollzieht. Das große Schauspiel in den Kulissen unserer Zeit führt uns vor, wie immer mehr Kapital in Hightechunternehmen konzentriert und die Wirtschaft »disruptiv« umgepflügt wird. Parallel dazu wachsen die Ansprüche der Menschen in den Industrieländern, ein selbstbestimmtes Leben führen zu wollen. Dieses Drama handelt nicht nur von einer, vom Chor wehmütig beklagten künftigen großen Arbeitslosigkeit. Es verspricht ein Stück, in dem nach allen Wirren der Revolution auch die Chance auf mehr Freiheit, einen qualifizierten Wohlstand, auf mehr Zeit jenseits der Arbeit und mehr Erfüllung und Selbstverwirklichung auf der Bühne erscheinen.

Als Requisiten dafür reichen keine technischen Geräte, künstlich intelligent, aber sozial unkreativ und inkompetent. Stattdessen braucht es Ideen, Perspektiven und Konzepte. Unsere Politiker, ebenso wie die meisten unserer Ökonomen sind dabei bedauerlicherweise bislang nur Nebendarsteller. Dass ihnen das zweite Maschinenzeitalter mit seinem disruptiven und kreativen Potenzial nicht zum Wahlkampfthema wird, verblüfft nur auf den ersten Blick. Revolutionen nötigen dazu, alternative Vorstellungswelten zu entwerfen und zunächst innerlich zuzulassen. Sie fordern dazu heraus, fundamentale Alternativen durchzuspielen – eine Aufgabe, der kein Politiker nach der Gründung der Bundesrepublik je wieder ins Auge schaute. Wie winzig erscheinen im Rückblick die von Empörung und heftigstem Widerstand begleiteten Herausforderungen Willy Brandts, »mehr Demokratie zu wagen« und die Aussöhnung mit den Staaten des Ostblocks anzustreben. Wie viel Zeit hatte Helmut Kohl in vier Legislaturperioden, die europäische Einigung voranzutreiben. Und wie überschaubar war die Agenda Gerhard Schröders, den deutschen Sozialstaat durch die Hartz-Reformen umzubauen. Die Aufgabe, vor der deutsche Politiker, nicht anders als ihre Kollegen in den anderen hoch industrialisierten Gesellschaften, heute stehen, ist dagegen wahrhaft gewaltig. Kein Wunder, dass sie aus Hilflosigkeit und nachvollziehbarer Risikoscheu – wenn überhaupt – weitgehend im Stillen und abseits des Tagesgeschäfts diskutiert wird.

Noch geben sich unsere Politiker bevorzugt als Pragmatiker oder Realisten – oft ein Synonym für mangelnden Mut und Ideenlosigkeit. Für einen Realisten hält sich der, der den Status quo der Gegenwart verteidigt und große Veränderungen für unmöglich hält. Ein Spinner oder Träumer ist, wer das Hergebrachte und Bekannte infrage stellt. Doch aus dem längeren Blickwinkel der Geschichte erweisen sich oft gerade die vermeintlichen Realisten als Spinner, die die Zeichen der Zeit nicht erkannten. Und mancher Träumer entpuppt sich als viel größerer Realist! Wer im Jahr 1850 für Deutschland vorausgesagt hätte, in welchen Lebensumständen heute ein Arbeiter lebt, hätte nicht nur die »Realisten« düpiert, sondern er hätte die kühnsten Träumer in den Schatten gestellt.

Politiker wissen allerdings sehr genau um den großen gesellschaftlichen Pessimismus, der noch immer jede Umbruchzeit begleitet hat – allem voran die Vorstellung, große Veränderungen machten alles schlechter. So richtig es ist, dass Umbruchzeiten Verlierer produzieren und berechtigte Sorgen hervorbringen: Was die Entwicklung der Industriegesellschaften, ja, der Menschheit insgesamt anbelangt, so zeigt sich: Pessimisten haben oft im Kleinen recht, aber die Optimisten siegen meistens im Großen. Der beispiellose Menschheitsfortschritt in Westeuropa von der Aufklärung bis heute übertraf die Prophezeiungen der optimistischsten Philosophen. Und ohne die industriellen Revolutionen, die auf diesem Weg lagen, wären wichtige soziale Errungenschaften – der breite Zugang zu Bildung und der wachsende Wohlstand für viele – nicht möglich geworden. Das Gleiche gilt für die Rolle von Frauen in der heutigen Gesellschaft, für die Ehe von Homosexuellen und vieles andere mehr. Und auch global gilt, trotz aller Schattenseiten wie die ungerechte Verteilung von Gütern, die Ausbeutung von Ländern der sogenannten Dritten Welt: Noch nie hat es relativ zur Weltbevölkerung so wenig Hunger und Kriege in der Welt gegeben.[1] Grund dafür ist nicht der technische Fortschritt, sondern der soziale Fortschritt, der in all den gesellschaftlichen Debatten und Auseinandersetzungen erkämpft wurde und auf den technischen gefolgt ist.

In diesem Sinne verlangt die digitale Revolution unserer Arbeits- und Lebenswelt nach einer evolutionären Antwort. Wie lässt sich die Gesellschaft dadurch höher entwickeln? Wie lassen sich Nachhaltigkeit und Digitalisierung, die Jahrhundertaufgaben, miteinander verzahnen? Und wie ermöglichen wir unter völlig veränderten ökonomischen Vorzeichen immer mehr Menschen die Chance auf ein erfülltes Leben?

Und all das eingedenk vieler, die die Antworten darauf blockieren, weil sie sich die Alternativen zur Gegenwart schlichtweg nicht vorstellen können? Denn während technisch stets an alles Erdenkliche geglaubt wird – an Flugtaxis als Lösung für Verkehrsprobleme oder bemannte Mond- und Marsmissionen als Lösung für gar nichts –, scheinen gesellschaftspolitische Ideen grundsätzlich alle immer unmöglich zu sein. Und das, obwohl die Geschichte lehrt, dass sich Gesellschaften fortwährend verändern. Realistisch betrachtet, ist eigentlich nur der Stillstand unvorstellbar, die Fantasie, das zweite Maschinenzeitalter ließe gesellschaftlich alles beim Alten. Und doch scheinen viele Ökonomen im deutschsprachigen Raum erstaunlich seelenruhig davon auszugehen, Arbeit, Beschäftigung und Gesellschaftsstruktur blieben in den nächsten Jahrzehnten weiterhin mit der heutigen Zeit vergleichbar. Utopien und Visionen sind nicht ihr Metier, sie überlassen sie gerne den Science-Fiction-Autoren, sei es denen in Hollywood oder jenen im Silicon Valley.

Ich habe versucht zu zeigen, dass die digitale Revolution und das Zeitalter der künstlichen Intelligenz ein so epochaler Umbruch sind, dass ihre Folgen nicht von einer einzelnen Disziplin wie der Ökonomie zureichend verstanden und überschaut werden können. Der Technologiesprung beschleunigt und verringert ja nicht nur Wachstumsprozesse, er stellt auch die Fragen nach der Qualität von Wohlstand, nach Freiheit, nach Moral, nach der Rolle des Staates, die sich weder technisch noch ökonomisch zureichend beantworten lassen. Dazu kommt die nachvollziehbare Angst vor sozialen Unruhen. Keine technische Revolution der Arbeitswelt ging je still und leise vonstatten, keine rief nicht zunächst heftigen Widerstand hervor. Die Ludditen, die Maschinenstürmer des frühen 19. Jahrhunderts, sind ebenso in

Erinnerung wie die Weberaufstände, insbesondere der schlesische von 1844. Kommen die Gewinne einer industriellen Revolution nur wenigen zugute, ist der soziale Konflikt vorprogrammiert. Tatsächlich führen technische Neuerungen in der Produktion und Kommunikation nicht unweigerlich oder gar zwangsläufig zu höheren Löhnen oder einer Mehrung des Volkswohlstands. Maschinenstürmerei war und ist keine Passion von Hinterwäldlern, die die Zeichen der Zeit nicht erkennen, kein dümmlicher Aufstand gegen den Fortschritt. Vielmehr waren und sind sie ein Aufruhr gegen die brutalen sozialen Folgen neuer Kapitalkonzentration zulasten vieler Menschen.

Unruhen dieser Art sind auch im 21. Jahrhundert nicht Geschichte. Sollten sich die Industrieländer tatsächlich über kurz oder lang in Arbeitsaristokratien verwandeln, bei denen ein erheblicher Teil der Bevölkerung abgehängt und mit einer immer ausgefuchsteren Unterhaltung ins digitale Nirwana geschickt wird, drohen ernsthafte Krisen. Solche Gesellschaften wären dann nicht stabil, sondern äußerst brüchig, so wie viele Entwicklungs- und Schwellenländer höchst anfällig für radikale politische Umschwünge sind. Dieses Buch hat den Weg dahin skizziert – als Irrweg, der dann begangen wird, wenn nichts geschieht, um die Richtung zu ändern.

Die Gefahr ist groß: Rechtspopulismus, Staatsverdrossenheit, Hass und Trotz sind schon heute in den USA und in vielen Ländern Westeuropas unübersehbare Zeichen ökonomischer Erschütterungen. Die Kapitol-Stürmer von Washington sind die Ludditen der Gegenwart. Was sich als Kampf um die Identität missversteht, ist oft genug das Festhalten an alten wirtschaftlichen Strukturen und entsprechenden kulturellen Eigenheiten gegen den Sturm des Fortschritts. Wer von der neuen Ökonomie nicht profitiert und sich zurückgelassen fühlt, versteht schnell die Welt nicht mehr, flüchtet in einfache, allzu einfache Erklärungsmuster und zieht eilig seine vorgefertigten Register an vermeintlichen Drahtziehern und Schuldigen – bevorzugt jene, denen es viel besser geht, den Eliten mit ihren intellektuellen Klugscheißern und gekauften Politikern, und jene, denen es noch schlechter geht als einem selbst, besonders gerne Migranten aus anderen Kulturkreisen.

Wer dem entgegenarbeiten will, kommt um große und einschneidende Veränderungen nicht herum. Die Ansprüche der Sinngesellschaft und die Realität der überdauerten Erwerbsarbeitsgesellschaft, wie wir sie kannten, dürfen einander nicht immer stärker widersprechen. Eben deshalb bleibt keine Zeit mehr zu verlieren für die große Transformation. Wenn die Risse endgültig nicht mehr zu kitten sind, ist es dafür zu spät. Die Umgestaltung muss im Großen wie im Detail diskutiert werden. Sie darf nicht eine Beschäftigung für akademische Eliten bleiben oder nur Gesprächsstoff für clevere junge Menschen, die sich heute die Köpfe darüber heiß reden. Sie muss hinein in die gesellschaftliche Mitte und die politischen Debatten. Parteien müssen sich nach ihren Versionen einer Grundsicherung für eine Sinngesellschaft befragen lassen. Politiker jeglicher Couleur Rede und Antwort stehen, mit welchen zeitgemäßen Ideen sie der ökonomischen Spaltung der Gesellschaft im Zeichen des technischen Fortschritts entgegentreten wollen.

Bislang sind es nur Worte, die erprobt und ausgetauscht werden. Nach dem Willen der neuen Regierungskoalition in Deutschland soll das Arbeitslosengeld II (Hartz IV) das Etikett »Bürgergeld« erhalten, mit dem es inhaltlich nach wie vor nichts zu tun hat. Will man den Hartz-Reformen etwas Gutes abgewinnen, so wird man später vielleicht einmal sagen können, dass ihre Vereinheitlichung der Sozialleistungen sogar der erste Schritt war hin zu einer Grundeinkommensgesellschaft, nur eben noch altmodisch und völlig verquer gedacht. Das Gleiche gilt im Prinzip für die gewaltigen Steuerzuschüsse für die gesetzliche Rentenversicherung, die unmissverständlich klarmachen, dass das Umlagesystem, wie wir es kannten, nicht mehr funktioniert. Rente muss nicht nur in der Zukunft anders finanziert werden als durch den Generationenvertrag – sie wird es de facto ja jetzt schon. Und der Schritt zum Grundeinkommen ist nur das konsequente Weiterdenken einer sich längst abzeichnenden Entwicklung.

Ein kurzer Blick nach Italien zeigt an, wohin diese Reise geht. Seit dem Frühjahr 2019 gibt es dort ein »Bürgergeld« von 780 Euro für Singles beziehungsweise von 1280 Euro für Paare. Beantragen kann es, wer nachweist, bedürftig zu sein. Es dient noch nicht dazu, sich an eine veränderte ökonomische und gesellschaftliche Struktur anzupassen. Ganz klassisch dient es der Armutsbekämpfung und der Belebung der Binnenkonjunktur – und doch dürfte es realistisch sein, in solchen ersten Schritten nicht weniger zu sehen als den vorsichtigen Einstieg in eine Grundeinkommensgesellschaft, die Leben und Arbeiten immer weniger zusammenschweißt. Ein Einstieg übrigens, der, wie jede soziale Innovation, gegen die versammelte Armada der alten Zeit durchgesetzt wurde: in diesem Fall gegen die Gewerkschaften (!), die Kirche (!) und Teile der Arbeitgebervertreter.

Das größte Problem solcher Bürgergeld-Maßnahmen ist nach wie vor deren Finanzierung. Solange keine alternativen Geldquellen angezapft werden, belasten sie die Arbeitnehmer zusätzlich oder erhöhen, wie in Italien, die Schulden. Den zweiten Schritt vor dem ersten zu tun, mag zwar von Symbolkraft sein, verspricht aber keinen dauerhaften

Erfolg. Insofern ist es so wichtig, für ein zumindest europäisches Mikrosteuersystem zu kämpfen, das Finanztransaktionen in Nicht-EU-Staaten (zum Beispiel nach Großbritannien) höher belastet als Geldflüsse innerhalb der EU. Denn so schwierig der Kampf für eine europäische Finanztransaktionssteuer ist, noch unvorstellbarer ist es, wie die sozialen Sicherungssysteme in Europa angesichts des gewaltigen Umbruchs der Erwerbsarbeitsgesellschaften künftig ohne sie finanziert werden sollen. Das Gleiche gilt für die Verrechnung der Abgaben auf Erwerbsarbeit innerhalb einer Wertschöpfungsabgabe. Auch hier lauert ein gesamteuropäisches Projekt von höchster Bedeutung, das bislang nicht einmal im Ansatz verfolgt wird.

Wie kommt man dahin? Als Erstes dadurch, dass die Diskussion um die künftige Grundsicherung nicht, wie von den meisten Ökonomen und Politikern bislang, im Verhinderungsmodus geführt wird. Gesunde Skepsis ist eine heilsame Eigenschaft, aber angesichts der künftigen Herausforderung braucht es mehr als kluge und weniger kluge Einwände. Wer etwas erreichen will, sucht sich Ziele, und nur wer etwas verhindern will, sammelt Gründe. Insofern wird es höchste Zeit, in den Ermöglichungsmodus zu wechseln. Die Frage nach dem BGE ist schon lange kein akademisches Gedankenspiel mehr. Sie ist, mehr als zweihundert Jahre, nachdem sie das erste Mal gestellt wurde, die mutmaßliche Schicksalsfrage der Sozialsysteme in den Industrieländern im 21. Jahrhundert. Geboren in einer Ökonomie der Knappheit, findet das Grundeinkommen seinen angemessenen Platz in einer Ökonomie des Überflusses, die diesen Überfluss besser verteilen muss als bisher, will sie nicht an einem Grundwiderspruch scheitern. Und nur wer diese Dimension nachverfolgen kann, versteht, um was es bei der Frage nach einem Bedingungslosen Grundeinkommen heute geht. Es geht um die Frage, ob wir unsere immer hochtechnisiertere Gesellschaft durchlässig halten. Tun wir wirklich alles, was wir tun können, um Menschen dazu zu befähigen, ein erfülltes Leben zu leben? Und welche geistigen Voraussetzungen, welche Bildung brauchen sie dafür?

WIE WIRD DIE SINNGESELLSCHAFT GEBILDET?

Warum unser Schulsystem nicht
zur Sinngesellschaft passt
und wie es geändert werden muss.

Selbstbefähigung
Bildung im 21. Jahrhundert

Es war ein schöner später Oktobertag des Jahres 2021, und auf das Gebäude des *ddb forums* an der Friedrichstraße in Berlin fiel warmes Sonnenlicht. Heiß her ging es auch drinnen zu. Nach meinem Vortrag über den Wandel der Arbeitsgesellschaft folgte die Podiumsdiskussion mit dem IG-Metall-Vorsitzenden Jörg Hofmann und mit Stefan Wolf, dem Präsidenten vom Arbeitgeberverband Gesamtmetall. Besonders spannend wurde es, als das Thema auf die Bildung kam. Wenn all das zutreffen würde, was ich über die Zukunft der Arbeit gesagt habe, all die Verschiebungen in den Berufsfeldern, weg von geistigen Routinearbeiten und hin zum Handwerk, zu den höchst anspruchsvollen Dienstleistungen, der avancierten IT und zu den Empathie-Berufen – dann, so folgerte Hofmann, müsste es die dringliche Aufgabe unseres Bildungssystems sein, die Schüler und Studenten zukünftig auf genau diese Berufe vorzubereiten. Ziel sei es demnach, die entsprechenden Branchen und Berufsfelder passgenau zu bedienen, damit es eben nicht zu jenem Mismatch komme, das ich skizziert hatte. Stefan Wolf vergaß nicht hinzuzufügen, dass auch die berufliche Weiterbildung und noch mehr die Umschulung auf das Höchste gefordert seien. Wenn zukünftig mehr Handwerker und Altenpflegekräfte gebraucht würden, dann müssten die Versicherungsangestellten, die Beschäftigten in den Verwaltungen und die Bankmitarbeiter, die zukünftig ihre Stelle verlören, eben genau zu dem umgeschult werden, was die Gesellschaft dringend braucht und der Arbeitsmarkt anbietet.

Nichts von alledem ist unplausibel. Und doch, so argumentierte ich, greife beides vermutlich zu kurz. Zum einen sei es nicht die gesellschaftliche Aufgabe der Schulen und Universitäten, der Wirtschaft maßgeschneiderte Arbeitskräfte zuzuführen. Das Bildungsziel ist vielmehr ein erfülltes Leben, zu dem meistens auch eine berufliche Tätigkeit gehört. Zudem ist der Bedarf an künftigen Arbeitskräften schwerer vorherzusehen, als man glaubt. Der Fachkräftemangel von heute muss nicht jener in sieben Jahren sein. Bereits in meinem Buch über die Zukunft der Schulen[1] habe ich erzählt, wie 1984 – im Jahr meines Abiturs – Ingenieure in unser Solinger Gymnasium kamen. Sie warben dafür, dass möglichst alle Schüler mit einer Begabung für Mathematik und Physik Ingenieure oder Atomphysiker werden sollten, weil genau dort beklagenswerter Fachkräftemangel herrsche. Fünf Jahre später war die Hälfte der frisch diplomierten Ingenieure aus meiner Jahrgangsstufe arbeitslos. Es gab eine Ingenieursschwemme. Noch im Jahr 1997 waren 16 Prozent aller Ingenieure in Deutschland ohne Job. Ähnliche Zyklen erlebten die in den Achtzigerjahren heiß umworbenen Informatiker. Von dem, was einem Schüler blühte, der sich 1984 dazu entschloss, Atomphysiker zu werden, gar nicht zu reden. Der Bau des letzten Atomkraftwerks in Deutschland, für den die vielen Experten gebraucht werden sollten, begann im November 1982. Und das letzte Kraftwerk ging 1989 ans Netz. Wirtschafts- und Arbeitsmarktprognosen sind äußerst zweifelhafte Ratgeber für die Bildungspolitik. Und die Maßstäbe, Grundwerte und Zuschnitte danach auszurichten, ein ziemlich heikles Unterfangen.

Was die Hoffnung auf Millionen Umschulungen anbelangt, die Wolf ins Spiel gebracht hatte, sieht es möglicherweise nicht viel besser aus. Umschulungen sind ein klassisches Instrument der Erwerbsarbeitsgesellschaft. Wenn das Leben ohnehin kein Wunschkonzert ist, dann kann man auch der Logik folgen: »Wenn du nicht mehr dies machst, dann machst du halt das.« Hauptsache, man hat irgendwie Arbeit. In der Vergangenheit war dies oft ein gangbarer Weg. Aber wird er es noch in einer Sinngesellschaft sein, in der die deutlich höheren Ansprüche an das Leben das Berufsleben miteinschließen? Und das künftig nicht nur bei gut ausgebildeten Akademikern, sondern bei sehr vielen Menschen?

Die Frage, welchen Beruf unsere Kinder in zehn oder zwanzig Jahren einmal ausüben werden, ist heute schwerer zu beantworten als je zuvor in der Geschichte der Menschheit. Berühmt wurde die Aussage der US-amerikanischen Bildungsforscherin Cathy Davidson, die 2011 prognostizierte, 65 Prozent unserer Kinder arbeiteten künftig in Berufen, die es bislang noch gar nicht gibt. Davidson dachte daran, dass Menschen, die in den Sechziger- und Siebzigerjahren in die Schule gegangen sind, sich nicht entfernt hatten vorstellen können, dass man heute in der Gentechnik forscht, Schönheitschirurg oder Reproduktionsmediziner wird. Und auch nicht, dass jemand Smartphones designt und mit Apps ausstattet, Werbung in sozialen Netzwerken implementiert, sich als Online-Journalist betätigt oder Schuhe im Internet versteigert. Und sie erwartete, die Entwicklung würde weiterhin enorm explodieren.

Die Prognose war, wie wir heute wissen, übertrieben, jedenfalls in dem von Davidson prognostizierten Ausmaß. Und was sie gar nicht auf der Rechnung hatte, waren gesellschaftliche Veränderungen. Wer die Arbeitswelt der Zukunft verstehen will, darf nicht nur fragen, welchen Beruf Menschen in zehn oder zwanzig Jahren ausüben werden und was sie dafür können müssen. Er muss auch fragen, welchen Stellenwert dieser Beruf in ihrem Leben haben wird. Wie viel Lebenszeit man mit Arbeit verbringen wird und wie viel mit Freizeit? Und wie werden sich unsere Kinder in einer Welt zurechtfinden, die um vieles anders sein wird als die unsere?

Die meisten Zukunftsszenarien, die Bildungsforscher und Bildungspolitiker für unsere Kinder entwickeln, handeln von einer stromlinienförmigen Anpassung an den technischen Fortschritt – so als wäre es gesetzt, dass genau hier das größte Arbeitsmarktpotenzial der Zukunft liegt. Wie ausführlich erörtert, ist die IT-Welt allerdings nur eine von mehreren Wachstumsbranchen, weit in den Schatten gestellt von einer Vielzahl an Empathie-Berufen. Naheliegende, aber kurzsichtige Bildungsinitiativen stürzen sich darauf, das Niveau in den MINT-Fächern (Mathematik, Informatik, Naturwissenschaft und Technik) für alle Gymnasiasten zu erhöhen. Weil Deutschland in Zukunft mehr Ingenieure und IT-Spezialisten brauche, sollen *alle* Abiturienten sich künftig länger damit beschäftigen – und leider oft genug damit herumplagen.

Die zwei Denkfehler treten in der Realität schnell zutage. Zum ersten beherrschen auch Schüler und Schülerinnen ohne mathematische Begabung und Hochleistungsförderung die Spiel- und Werkzeuge der IT-Industrie in ihren vielen Funktionen im Alltag meist virtuos. Tiefere Kenntnisse aus der Welt des Programmierens sind dafür nicht notwendig. Und zum anderen tut man Schülern in der Sekundarstufe nicht den geringsten Gefallen damit, sie alle mit den gleichen Ansprüchen in Mathematik und Informatik zu konfrontieren. Während die einen darunter ächzen und nicht vorankommen, werden die anderen dabei ausgebremst. Begabungs- und Neigungsfächer wie Mathematik und Informatik sollten deshalb über das mathematische Grundniveau hinaus nicht in zufällig zusammengewürfelten Klassenverbänden unterrichtet werden. Stattdessen gilt es, die Begabten von den weniger Begabten zu trennen und das Unterrichtsniveau danach auszurichten. Nur so werden die Begabten gefordert und die weniger Begabten gefördert. Ein Informatik-Sozialismus, der alle Schüler zwingt, das Gleiche zu lernen, zeitigt genau die gegenteiligen Folgen: Die Talente werden zu wenig vorangebracht und die Uninteressierten zu Menschen erzogen, die sich ein Lebtag vor Mathematik und Informatik scheuen.

Die von Politikern aller Couleur, von Wissenschaftlern und Wirtschaftsverbänden geforderte Bildungstransformation, die Forderung, »mehr für die Bildung zu tun« oder »mehr Geld in die Bildung zu stecken«, ist eine sehr umfassende Aufgabe. Sie besteht beileibe nicht darin, einfach nur den Stellenwert der MINT-Fächer für alle Schüler zu erhöhen. Und sie vollzieht sich auch nicht allein dadurch, dass man Schulen flächendeckend stärker mit digitaler Hard- und Software sowie schnelleren Netzen aufrüstet. Eine Bildungstransformation oder -revolution erfordert viel mehr: ganz grundsätzlich darüber nachzudenken, was Bildung in den Industrieländern des 21. Jahrhunderts bedeuten soll und worin ihre Aufgabe besteht. Denn diese Aufgabe unterscheidet sich fundamental von dem, wozu unser heute bestehendes Schulsystem einmal gedacht war.

Als sich Preußen im frühen 19. Jahrhundert im Zuge der Stein-Hardenbergschen Reformen neu aufstellte, entstand das erste flächendeckende Netz an Elementarschulen. Doch schnell wurde klar, dass der preußische Staat nicht, wie von Wilhelm von Humboldt erträumt, seine Bevölkerung durch Schulen allgemein bilden wollte. Er wollte sie bedürfnisgerecht ausbilden. Alle Kinder Preußens und auch in vielen anderen Ländern Europas sollten auf die neue bürgerliche Lohnarbeits- und (noch zu sehr kleinen Teilen) Leistungsgesellschaft vorbereitet werden. Dazu entwickelten sich »Volksschulen« für universell einsetzbare Arbeitskräfte. Je arbeitsteiliger die Gesellschaft wurde, desto mehr Beschäftigung entstand, für die man Rechnen, Lesen und Schreiben können musste. Schulen waren, anders als Humboldt es gewollt hatte, zu dem Zweck da, den Arbeitsbedarf so gut wie möglich zu befriedigen. Zu Zeiten der zweiten industriellen Revolution etwa definierten die USA das Ziel ihrer *Public Schools* darin, fähige Arbeiter für die Fließbänder von General Motors hervorzubringen. Gerade die US-amerikanische Automobilindustrie hatte die Arbeitsteilung stärker perfektioniert als jede andere Branche und wurde damit zum Leitbild nicht nur für Profitmaximierung, sondern auch für das Ausbildungssystem von Kindern und Jugendlichen.

Parallel dazu wuchs der Bedarf an Arbeitskräften mit höherer Befähigung, an leitenden Angestellten, Juristen, Ingenieuren, Ärzten, Architekten, Professoren und so weiter. Das Gymnasium erhielt einen neuen Zuschnitt. Schüler aus besseren Häusern sollten dazu gebracht werden, ein entsprechendes Fachstudium aufnehmen zu können. Zu diesem Zweck entstand eine Palette von einschlägigen »Fächern«. Nicht ein wie auch immer vorgestellter Gesamtdurchblick war das Ziel, sondern möglichst viel schulisches Fachwissen für eine spätere Tätigkeit als Fachmann oder Fachfrau für Mathematik, Physik, Chemie, Wetter, Biologie, Geschichte oder Schulunterricht. Wichtige Bereiche wie Medizin, Jura oder Wirtschaft blieben dabei zumeist außen vor, aus Gründen, über die man lange spekulieren kann. Benotet wurden zudem das Betragen, der Fleiß und die Zuverlässigkeit des Schulbesuchs – allesamt

Schlüsselkriterien für eine spätere Anstellung. Denn so wichtig es war, dass der künftige Angestellte oder Beamte über hinreichend Fachwissen verfügte, so wichtig war es zugleich, dass er in der Norm funktionierte, seinen Eigensinn zurückhielt und sich gut anpasste.

Dem entsprachen eins zu eins die Lehrgebäude. Schulen wurden nach dem Vorbild von Kasernen angelegt, fantasieverlassene Flure und symmetrische Korridore. Die Kinder wurden alle im gleichen Alter »gezogen« und nach Jahrgängen eingeteilt, und jeder bekam die identische Grundausbildung. Erst danach wurde diversifiziert, die »Gefreiten« machten nur die Volksschule, die »Unteroffiziere« die Realschule mit Schreibstubenprogramm und die künftigen »Offiziere« gingen aufs Gymnasium. Der »Stoff« war, aufgeteilt nach Schulformen, der gleiche für alle. Es gab Leistungsanforderungen für alle Volksschüler, es gab welche für alle Realschüler und welche für alle Gymnasiasten. Ein einheitliches Ziffernsystem rasterte das Leistungsniveau. Stundenpläne strukturierten den Schüleralltag wie später bei der Arbeit. Vergleichen und Vergleichbarkeit wurden wichtige Ziele, der Klassendurchschnitt ein Maßstab und das Leistungsniveau eine messbare Größe. Individuelle Motive für Leistungen oder Leistungsschwankungen hatten systemisch keinerlei Bedeutung. Was zählte, war das Resultat, die Ziffernzensur und der Notendurchschnitt. Wie und warum sie zustande kamen, war nicht wichtig, weil nicht messbar.

Was hier im Imperfekt beschrieben wird, ist, was die Systemarchitektur anbelangt, bis heute unverändert. Gewiss fragen sich Lehrer heute stärker als in früheren Zeiten, warum welcher Schüler welche Leistung erbringt und warum nicht. Der Blick ist wärmer geworden, das Interesse am Individuum größer. Aber das System aus dem 19. Jahrhundert existiert gleichwohl immer noch, befreit von der preußischen Disziplin und der Prügelstrafe und ergänzt durch Kurse, AGs, Förderunterricht und schöne Worte. Kreativität und Originalität sind erwünscht, Initiative und Gemeinschaftssinn werden gelobt. Aber entscheidend für die Bewertung einer Leistung sind sie bis heute nur dann, wenn sie einem zuvor festgelegten Leistungsziel Rechnung tragen, nicht wenn sie davon abweichen. Mit einem Wort: Leistung ist immer nur dann Leistung, wenn sie im Rahmen bleibt; die »Vorbereitung auf ein kritikloses Büroleben«, wie der Soziologe Hartmut Rosa meint, »in dem der Chef in der Tür steht und sagt: ›Frau Müller, stellen Sie mir bis Freitag bitte alles über die indischen Märkte zusammen!‹«.[2]

Dass solche Sekretärinnen in Zukunft deutlich weniger gebraucht werden als bisher, dürfte nach der Lektüre dieses Buchs klar sein. Wenn sich die klassische Erwerbsarbeitsgesellschaft im 21. Jahrhundert in eine Wissens- und Sinngesellschaft transformiert, dann müssen unsere Kinder und Studenten auch genau darauf vorbereitet werden. Der Gedanke ist heutigen Erziehungswissenschaftlern und Bildungsforschern nicht fremd. In der Tat wird er sehr häufig formuliert und vorgebracht. Aber was nützt es? Die Diskussion um Bildung wird sowohl im Alltag als auch in der Politik noch immer von einer uralten Debatte in Lager und Klischees unterteilt, die abständiger nicht sein könnten. Da sind seit den Sechzigerjahren die Konservativen. Sie verteidigen mit nachlassender Kraft umso trotziger, dass Schule ein Ort der Leistung sei. Ihre Funktion sei, die Spreu vom Weizen zu trennen und den Begabten das zu ermöglichen, was den Unbegabten versagt sein muss: einen Beruf ihrer völlig freien Wahl. Ihnen gegenüber stehen die ehemals sogenannten Progressiven. Sie widersprechen dem konservativen Leistungsgedanken als ein Konzept, das letztlich nichts anderes tue, als Elternhäuser zu sortieren. Akademikerkinder machen Abitur und studieren, Kinder aus finanziell schwachen Schichten sollen bleiben, wo sie sind (die wenigen Hochbegabten unter ihnen ausgenommen). Dem ersten Konzept entsprechen Begriffe wie »Elite« und »Auslese«. Das zweite Konzept beharrt auf Chancengerechtigkeit. Dem ersten Konzept entspricht das Gymnasium alten Stils, die anderen Schulformen sind nur von untergeordneter Bedeutung. Dem zweiten Konzept entspricht die Gesamtschule. Das erste Konzept weiß, dass Lernen ein Kampf ist, das zweite dagegen möchte es so »spielerisch« wie möglich.

Frontstellungen und Debatten wie diese hatten ihren Sinn in den Sechziger- und Siebzigerjahren. »Leistungsschule« und spöttisch so genannte »Spielschule« wurden zu Weltanschauungen der Konservativen und der Linken. Die entscheidende Frage schien zu sein: Lieber ungerecht oder lieber leistungsschwach? Und an Angriffsflächen für beide Überzeugungen bestand kein Mangel. Auf der einen Seite: Wird das Sozialauslesekonzept den Anforderungen der Zeit noch gerecht? Können wir es uns leisten, so viele zurückzulassen? Auf der anderen Seite: Sind unsere kuschelpädagogisch erzogenen Kinder wettbewerbsfähig auf dem globalen Arbeitsmarkt? Und was ist vorbildlich an einer nordrhein-westfälischen Gesamtschule?

Frontlinien, wie diese sind Geschichten aus der Zeit von Asterix. Wer heute über Schulen und Universitäten nachdenkt, der tut dies gemeinhin nicht mehr, um den Kapitalismus zu verteidigen oder um mehr Sozialismus zu etablieren. Und der hoch sanierungsbedürftige Altbestand an Weltanschauungen fällt schnell in sich zusammen, wenn man weiß, welchen Boom die als nicht wettbewerbsfähig verspottete Montessori-Pädagogik momentan im Silicon Valley hat. Die

Herausforderungen des 21. Jahrhunderts sind andere als jene vor fünfzig Jahren. Und weltanschauliche Bekenntnisse zum Kapitalismus oder Sozialismus sind weder zeitgemäß noch vonnöten.

Der wohl wichtigste Unterschied liegt in dem, was man heute über Wissen denkt und wie es erlangt wird. Bereits 1942 nannte der liberale US-Soziologe Robert K. Merton das künftige IT-Zeitalter das Zeitalter des »Wissenskommunismus«. Wissen würde in menschheitsgeschichtlich unvorstellbarem Ausmaß für jeden verfügbar. Schulen und Universitäten sind damit keine Orte eines Wissens mehr, das man nur dort und nirgendwo sonst erlangt. Doch die allgegenwärtige Verfügbarkeit von Wissen macht noch keine Bildung. Eine Information im Internet zu finden und zu lesen, nimmt noch niemandem die Arbeit ab, das Gelesene zu beurteilen. Und zwar nicht nur inhaltlich, sondern auch formal, zum Beispiel im Hinblick auf die Vertrauenswürdigkeit der Quelle. Je weniger Detailinformationen wir heute auf der inneren Festplatte des Gedächtnisses speichern müssen, umso mehr Intelligenz müssen wir darauf verwenden, zwischen den Zeilen eines Textes lesen zu können, einen Kontext zu bewerten oder Meinungen von Sachinformationen zu unterscheiden. Wo das Internet als allseits verfügbare Datenbank bereitsteht, offenbart sich das *Verfügungswissen* der Welt beim Mausklick. Einen Sinn, eine Klangfarbe, eine Bedeutung und eine Tiefe aber erhält es erst durch unser *Orientierungswissen* – die wahre Bildung des 21. Jahrhunderts.

Wer sich heute und zukünftig in der mit Wissen durchfluteten Sinngesellschaft orientieren will, muss weit mehr besitzen als eine berufliche Qualifikation. Denn es gibt, wie Wilhelm von Humboldt bereits vor mehr als zweihundert Jahren schrieb, »schlechterdings gewisse Kenntnisse, die allgemein

sein müssen, und noch mehr eine gewisse Bildung der Ge-
sinnungen und des Charakters, die keinem fehlen darf. Jeder ist offenbar nur dann guter Handwerker, Kaufmann, Sol-
dat und Geschäftsmann, wenn er an sich und ohne Hinsicht
auf seinen besonderen Beruf ein guter, anständiger, seinem
Stande nach aufgeklärter Mensch und Bürger ist. Gibt ihm
der Schulunterricht, was hierfür erforderlich ist, so erwirbt er
die besondere Fähigkeit seines Berufs nachher so leicht und
behält immer die Freiheit, wie im Leben so oft geschieht, von
einem zum anderen überzugehen.«[3]

Die zeitlose Modernität in den Worten des preußischen
Visionärs verblüfft. Ein guter Facharbeiter wird man nach
Humboldt dann, wenn man eben nicht nur als Facharbeiter ausgebildet wird. »Jeglicher Berufsausbildung« soll deshalb »eine allgemeine Menschenbildung vorangehen«.[4] Und
Humboldt erkennt zwei Jahrhunderte vor der Sinngesellschaft, dass Arbeit kein Selbstzweck sein muss wie die protestantische Tradition meint, sondern arbeiten zu wollen und
zu müssen sei nur *ein* wichtiger Teil dessen, was es heißt,
Mensch zu sein. Es gibt auch andere gleichberechtigte Teile
wie etwa Geselligkeit, Muße und Genuss. Und warum den
Beruf im Leben nicht wechseln? All das müsse berücksichtigt werden und möglich sein. Deshalb dürften sich die Schulen und Universitäten bei ihrem Bildungsstoff nicht vorrangig
nach den wirtschaftlichen Bedürfnissen des Staates richten.
Das wichtigste gesellschaftliche Ziel sei nämlich etwas ganz
anderes: die »Partizipation und Teilnahme an einer allgemeinen bürgerlichen Öffentlichkeit«.[5]

Diese »Partizipation und Teilnahme« ist heute wesentlich anspruchsvoller als zu Humboldts Zeit. Die Geschichte
der Industriegesellschaften in den letzten zweihundert Jahren ist die einer ständig anwachsenden Kompliziertheit und

Komplexität, die mit der Sinngesellschaft weiter explodiert. Der früher so oft vorgezeichnete Lebenslauf ist heute weniger sichtbar denn je. Die Pfade sind einem unübersichtlichen Dickicht an Möglichkeiten gewichen. Wo früher einem ein Leben als Bauer, Handwerker oder Staatsbeamter in die Wiege gelegt wurde, legt die Multioptionsgesellschaft überhaupt nichts mehr fest. Das zweite Maschinenzeitalter räumt die Bahnen, auf denen der Lebenslauf zielstrebig rollt wie eine Kugel beim Kegeln, in Windeseile ab. An ihre Stelle treten Parcours, die man sich nicht nur suchen, sondern oft genug erst selbst aufbauen muss. Auch das Bedürfnis nach Innovation ist in unserer Gesellschaft höher als zu jedem anderen Zeitpunkt in der Geschichte. Und erfolgreich ist oft nur, wer nicht nur Bekanntes wiedergeben kann, sondern Dinge ändert oder (für sich) neu erfindet.

Wer sich in der Sinngesellschaft den eigenen Weg bahnen muss, muss in der Lage sein, komplizierte Prozesse zu verstehen und zu managen, wobei der komplizierteste dieser Prozesse zumeist nicht der Beruf ist, sondern das Leben selbst. Ob ich ein Start-up gründe oder eine NGO, ob ich mir eine Auszeit nehme, um eine Zeit lang nicht im Hamsterrad zu drehen, ob ich beschließe, mehr Zeit mit meinen Kindern zu verbringen, ob ich ein halbes Jahr auf einem anderen Kontinent ein soziales Projekt verfolge, ob ich beschließe, mich nach vielen Jahren als Angestellter selbstständig zu machen, ob ich mir Zeit nehme, mich stärker um meine betagten Eltern zu kümmern, oder ob ich mehreres davon gleichzeitig mache – um all das zu bewerkstelligen und in meinem Lebensalltag unterzubringen, muss ich flexible und kreative Lösungsmöglichkeiten entwickeln. Und nicht zuletzt auch Strategien, um mich zu schützen. Ich muss Entscheidungen treffen, die meine Großeltern nie treffen konnten, weil sie in der klassischen Erwerbsarbeitsgesellschaft dazu nicht die Wahl hatten.

Was früher ein Lebenslauf war, ist heute eine Bastelbiografie. Und während früher vor allem große politische Ereignisse das Leben hin- und herwarfen – Kriege, Wirtschaftskrisen, Systemwechsel, Vertreibung, Flucht oder Hyperinflation –, sind es heute in den Industrieländern viel stärker persönliche Ereignisse. Das Leben gliedert sich in Lern- und Lebensabschnitte auf Zeit. Gleichzeitig schwinden die festen Vorgaben der Milieus, in die wir hineingewachsen sind, bis hin zu der ehemals so festen Konstante der Arbeitswelt. Ein Leben ohne Geländer aber benötigt Charaktere, die es gewohnt sind, freihändig zu gehen. Bildung bedeutet dann vor allem Orientierung, ein System von inneren Koordinaten, das mir hilft, durch den Parcours des Lebens zu gelangen, wenn die äußeren Koordinaten den Weg nicht mehr vorzeichnen. In der Sprache der Soziologen und Bildungsforscher Gudrun Quenzel und Klaus Hurrelmann formuliert: Bildung ist heute »eine Möglichkeit, dem erhöhten Bedarf an Problemlösungskompetenzen zu begegnen. Mehr noch gerät Bildungserwerb immer mehr zur Voraussetzung, ohne deren Erfüllung die Wahl- und Entfaltungsmöglichkeiten nicht wirklich erweitert werden, und der Anspruch, das eigene Leben nach individuellen Zielvorgaben gestalten zu wollen, das Gefühl des Scheiterns bei Jugendlichen noch verstärkt.«[6]

Bildung, so könnte man es anders formulieren, ist *lebendiges Wissen*. Unser Erfahrungswissen, unser Urteilsvermögen und auch die Fähigkeit, sich selbst organisieren zu können, müssen im Umgang mit anderen erprobt und eingeübt werden. Dazu bedarf es eines Bildungsklimas, das das Einüben solcher Fähigkeiten überhaupt erst ermöglicht und Kreativität und Originalität belohnt. Gute Ideen entstehen nicht im luftleeren Raum, sondern in Treibhäusern wie dem Elternhaus, im Freundeskreis und bestenfalls im Kindergarten oder in der Schule. Und sie müssen nicht nur entstehen, sondern ebenso gedeihen und von anderen als solche erkannt werden. Weil niemand ganz genau wissen kann, was die Zukunft bringt, wird es in unseren Schulen allgemein weniger darauf ankommen, was wir unseren Kindern in jedem Detail beibringen und dass es überall genau das Gleiche im genau gleichen Alter ist. Wichtiger ist, sie erfolgreich dazu zu ermächtigen, sich möglichst viel selbstständig beizubringen. Humboldts Traum, dass Kinder in Schulen lernen sollten, Lernen zu lernen, ist heute relevanter als je zuvor. Je weniger wir darüber wissen, was unsere Kinder einmal genau brauchen werden, um ihr Leben erfolgreich zu bewältigen und mit Sinn und Bedeutung zu füllen, umso mehr müssen wir ihnen helfen, selbstständig Lernen zu lernen und sich eigene Ziele zu setzen.

Die Neugier bewahren

Zeitgemäße Ziele der Pädagogik

»Wenn ich an die Zukunft dachte, träumte ich davon, eines Tages eine Schule zu gründen, in der junge Menschen lernen könnten, ohne sich zu langweilen; in der sie angeregt werden, Probleme aufzuwerfen und zu diskutieren; eine Schule, in der sie nicht gezwungen wären, unverlangte Antworten auf ungestellte Fragen zu hören; in der man nicht studierte, um Prüfungen zu bestehen, sondern um etwas zu lernen.«[1] Was könnte eine gute Schule besser beschreiben als der Traum des damals zwanzigjährigen Karl Popper aus dem Jahr 1922, an den sich der Philosoph im Alter so gerne erinnert. Und viele Schüler, Lehrer, Bildungspolitiker und Bildungsforscher werden dem sicher zustimmen. So viele Kritiker des Bildungssystems in Deutschland fordern nichts anderes als das. Aber auch jene, die unser bestehendes Schulsystem für das bestmögliche halten, werden nicken und darauf hinweisen, dass genau dies doch das erklärte Ziel unserer Schulen und unserer Schulbildung sei. Gibt es nicht ungezählte offizielle Sätze, die unseren Schulen vorgeben, die Schüler zur Mündigkeit, Neugier und Selbstständigkeit zu erziehen?

Das Ziel ist also nicht strittig. Aber es lässt sich trefflich darüber streiten, ob es in den allermeisten deutschen Schulen bestmöglich erreicht wird. Finden sich diese Bildungsziele in der Systemarchitektur unserer Schulen wieder? Ein in viele

Fächer zerlegtes und völlig getrennt unterrichtetes Wissen verstärkt sicher nicht die Orientierung und setzt der Neugier künstliche Grenzen. Fünf oder sechs Fächer am Tag dienen nicht der Steigerung der Neugier. Ein Ziffernsystem, um Leistungen zu bewerten, fängt kaum ein, wie lebendig das Wissen in jemandem ist. Exakt vorgegebener Lernstoff stärkt nicht unbedingt die Selbstorganisation. Lehrer, die eine Klasse im Nebenfach unter Umständen nur ein einziges Jahr unterrichten, bauen selten lebendige Beziehungen zu allen Schülern auf, um die Neugier entfachen zu können. Das gleiche Lerntempo und der gleiche Leistungsanspruch an jeden Schüler im gleichen Alter wird weder den Begabten noch den weniger Begabten gerecht usw.

Die Ansprüche, optimale Vergleichbarkeit zu gewährleisten und gleichzeitig die individuelle Neugier zu pflegen und zu fördern, stehen in einem unauflösbaren Widerspruch. Beides zugleich leisten zu wollen, überfordert gemeinhin auch die besten Schulen und die besten Lehrer. Bildung ist halt nicht genuin kompetitiv. Man bildet sich nicht gegen andere, sondern für sich selbst, selbst wenn spielerischer Wettbewerb dieses Ziel unterstützen kann. Das humboldtsche Ideal der Bildung für möglichst alle lässt sich nicht in turnusmäßige Klausuren, Noten und Hauarbeiten gießen und stanzen, wenn Bildung nicht »Stoff« sein soll, sondern Selbstbildung. Denn nicht die persönliche Neugier, kein eigener Wissensfortschritt und kein individuelles Bildungsniveau geben in der Schule den Takt vor, sondern ein Lehrplan und ein Klassenziel.

Bildung, wie deutsche Schulen sie über zweihundert Jahre lang verstanden, war nicht, wie Humboldt es wollte, Persönlichkeitsentfaltung, sondern die Anpassung an die klassische Erwerbsarbeitsgesellschaft. Und noch immer wachsen

Bildungsforscher nach, die in Bildung vor allem eines sehen: ein zweckdienliches Düngemittel des Bruttoinlandsprodukts. Ihre Begriffe sind jene der Ökonomen. Sie sprechen von »Bildungskapital« und »Humankapital«, sie blicken auf die »Bildungsressource« und den »Bildungsmarkt«. Bildung gilt »als zentraler Bestimmungsfaktor des langfristigen volkswirtschaftlichen Wachstums«.[2] Soll heißen: Je gebildeter eine Gesellschaft ist, umso wirtschaftlich produktiver ist sie. Und wenn Bildung wichtig sein soll, dann genau deshalb und aus keinem anderen Grund.

Man will sich kaum ausmalen, wie spätere Epochen einmal den Kopf darüber schütteln werden, dass wir es uns zu Beginn des 21. Jahrhunderts angewöhnt haben, den Jargon der Ökonomie für die einzige Sprache zur Beschreibung individueller Bedürfnisse und sozialer Austauschbeziehungen zu halten. Dass Bildung in erster Linie dazu dient, sich in der Welt und mit sich selbst zurechtzufinden, kommt in diesem Horizont jedenfalls nicht vor. Die Sprache der Ökonomie für eine zureichende Beschreibung dessen zu halten, was Bildung ist und was sie leisten soll, ist ein Relikt der klassischen Erwerbsarbeitsgesellschaft, das an der Sinngesellschaft abgleitet und sie nicht zureichend zu fassen vermag.

Eine interessante Zwitterstellung in diesem Übergang spielt das Wort »Kompetenzen«. Bereits 1974 vom Deutschen Bildungsrat eingeführt, machte es in den Neunzigerjahren Furore. Statt Wissen sollte das Bildungssystem nun vor allem Kompetenzen vermitteln, wobei die Liste dieser stets länger wurde. Der Gedanke, dass Wissen nur so viel nützt, als es zu geistigen oder körperlichen Handlungen befähigt, war wegweisend. Man soll nicht nur irgendwie wissen, wie etwas geht, sondern auch etwas *können*. Zugleich aber blieb die Kompetenzen-Pädagogik viel zu tief dem Denken der alten Erwerbsarbeitsgesellschaft verhaftet. Denn indem man nun Hunderte von Kompetenzen voneinander separierte, zerschnitt man – gleichsam arbeitsteilig – Bildung in ungezählte kleine Stücke, die sich sorgsam separieren ließen und seitdem einzeln trainiert werden sollen. Ein solches Konzept entspricht in etwa der Idee, jeden Muskel des menschlichen Körpers einzeln zu trainieren, um die Gesamtfitness zu erhöhen. Doch so wie an Bewegungsabläufen des Körpers stets mehrere Muskeln gleichzeitig beteiligt sind, so auch am geistigen Bildungsprozess. Selbstorganisation und Selbstbefähigung bestehen nicht aus dem Ansammeln einzeln erworbener oder trainierter Kompetenzen. Zurechtfinden ist immer mehr als die Summe seiner Teile. Erst das selbstständige und individuelle Vernetzen solcher Kompetenzen bringt jenes persönliche Muster hervor, das man Bildung nennt; ein Muster, das man auch niemandem dadurch beibringen kann, dass man ihm ein Training in vernetztem Denken verpasst. Bildung entsteht nur dann, wenn ich etwas mit viel persönlicher Freude und Neugier gelernt habe; wenn ich es schon beim Lernen auf anderes »Fachfremdes« beziehen konnte und wenn ich dabei genug Muße hatte, meine Fantasie mit allem Eigensinn und aller mutmaßlicher Verrücktheit darauf zu verwenden. Vernetzen ist keine Hirntechnik – Vernetzen ist Zusammenspinnen!

Der Wandel vom Wissen zur Kompetenz konnte deshalb bislang kaum einlösen, was man sich davon versprach: eine zeitgemäße Bildung für eine Gesellschaft, die nicht mehr nach dem festgefahrenen Schema der alten Erwerbsarbeitsgesellschaft funktioniert. Das Bildungssystem an die Sinngesellschaft anzupassen, verlangt deutlich mehr, vor allem den Rückzug der vordergründigen und allzu gängelnden Pädagogik. Jede Charakterbildung benötigt Freiheiten und Freiräume, Rückzugsorte und Fluchtwelten, Intuition und Emotion, Umwege und Launen. Genau diese Art der Reifung ist es ja, die Menschen in sehr vielen Lebensbereichen jeder digitalen Technik überlegen macht. Sie stellt sicher, dass auch in Jahrzehnten Menschen noch immer bessere Entscheidungen in komplexen Sachverhalten treffen als KI-Programme.

Dass Selbstbefähigung und Selbstorganisation die Schlüsselkriterien der Sinngesellschaft sind, bedarf keiner langen Diskussion. Je freihändiger ich mein Leben gestalten kann und muss, umso besser muss ich mich selbst kennen und mit mir umgehen können. Und dies gilt auf die genau gleiche Weise für das Leben wie für die berufliche Tätigkeit. Ob selbstständig oder angestellt, ob im Büro oder im Homeoffice: Eigeninitiative, Teamgeist, Problemorientierung und selbstständiges Denken – all dies sind die unausgesetzt wiederholten Fähigkeiten für viele zukünftige Tätigkeiten. Je besser Menschen Zusammenhänge verstehen, umso mehr Wissen können sie produzieren und neue Aufgaben suchen und meistern.

Das Gleiche gilt allerdings auch für Menschen, die zeitweilig oder länger nicht in einem Erwerbsarbeitsverhältnis stehen und in dieser Zeit ausschließlich von ihrem BGE leben. Kommt es nicht gerade dann darauf an, sich selbst zu motivieren? Kreativität und Originalität, Neugier, Eigeninitiative und Gemeinschaftssinn – sind dies nicht unumgängliche Fähigkeiten, wenn kein Büroalltag auf einen wartet und auch keine andere Arbeit? Nützen einem ein stabiles Selbstbewusstsein, die Vorfreude auf eigene Ziele und eine positive Grundhaltung zu Menschen nicht immer im Leben, ganz gleich, was man tut? Was im Beruf hilft, hilft auch bei eventuellen Jobwechseln, aber ebenfalls bei all jenen Aktivitäten im Leben, die nicht auf Geldverdienen ausgelegt sind.

Man sollte nicht unterschätzen, dass das BGE eine große Herausforderung für junge Menschen darstellt. Befreit vom unmittelbaren Zwang, die Existenz zu sichern, muss der Umgang mit einer solchen Freiheit gut vorbereitet sein. Denn für ein gelingendes Leben sind ein beträchtliches Quantum an Neugier und ein gewisses Potenzial an Aktivitäten nahezu unerlässlich. Fällt der äußere Druck zumindest zum Teil weg, kommt es auf die innere Motivation an. Intrinsische Motivation – ein Tun aus innerem Antrieb – gilt seit jeher der extrinsischen Motivation – einem Tun für eine äußere Belohnung – als überlegen. Nur wer intrinsisch motiviert ist, vermag aus seinem Tun dauerhaftes Glück zu ziehen. Das Bildungssystem darf die intrinsische Motivation, die bei Kindern gemeinhin sehr stark ist, nicht durch die Schule zerstören. Die extrinsische Konditionierung – für eine Note zu lernen, wie später für Geld zu arbeiten – geschieht allerdings allzu oft auf Kosten der intrinsischen. Entsprechende Experimente mit Kleinkindern sprechen hier eine sehr deutliche Sprache.[3]

Die beste Grundlage jeder intrinsischen Motivation ist ein großer Reichtum an innerer Welt. Je mehr jemanden interessiert und beschäftigt, umso neugieriger ist er im Regelfall. Insofern hängen intrinsische Motivation und Bildung sehr eng zusammen – und das nicht nur bei beruflicher Tätigkeit, sondern auch in aller anderen Lebenszeit. Das gilt nicht zuletzt in gesellschaftlicher und politischer Hinsicht. Damit eine Demokratie funktionieren kann, braucht sie viele Bürger, die die demokratischen Prozesse verstehen und sich an ihnen beteiligen. In Gesellschaften, die nicht vorrangig durch Religion zusammengehalten werden, ist Bildung eine der wichtigsten Zutaten für den sozialen Kitt. Man wird nicht sagen können, dass in der Geschichte der Menschheit vergleichsweise gebildete Gesellschaften generell friedlicher gewesen sind als ungebildete. Ein kleiner Blick auf die beiden großen deutschen Raubkriege des 20. Jahrhunderts belehrt unmissverständlich darüber, dass dem nicht so ist. Aber man kann zumindest feststellen, dass *innerhalb* einer komplexen Gesellschaft der soziale Zusammenhalt durch eine hohe Anzahl gebildeter Menschen oft größer ist, als wenn diese fehlen; eine Regel, die jedoch auch durch Aus nahmen bestätigt wird.

In jedem Fall benötigt eine Sinn- und Wissensgesellschaft eine sehr gute Befähigung dazu, Relevantes von Unrelevantem und Fakten von Vermutungen und Spinnereien zu trennen. Sie braucht Menschen, die wissen, dass sie kein absolutes Wissen besitzen und dass Rechthaben kein unbedingter Wert ist. Gleichberechtigt und vorurteilsfrei zu kommunizieren, setzt ein gutes Training voraus und ein Maß an sozialer Einfühlung. Widerspruch ertragen zu lernen, ohne beleidigt zu sein, Irrtümer einzugestehen, Niederlagen bewältigen, Unsicherheiten zuzugeben, etwas auf eigene Faust zu wagen, andere zu motivieren und ihnen beizustehen etc. sind keine Qualitäten, die im konventionellen Schulunterricht besonders ausgiebig trainiert werden. Ein System, bei dem einige gut sein und viele »irgendwie durchkommen« wollen, wie in unseren heutigen Schulen, ist nicht das beste Training in Motivation und Teamgeist.

Ein zentraler Bestandteil der Bildung ist damit die Umsichtigkeit. Wie bereits Hegel wusste, ist Bildung nicht einfach ein Vorrat, keine Ansammlung zeitloser Wahrheiten und Weisheiten, sondern gelebte Praxis. Vielmehr geht es um eine Grundausstattung, die einem hilft, das Leben zu bewältigen und selbst gesetzte Ziele zu erreichen. Und dazu gehört auch der Umgang mit dem Scheitern. Man denke an die gerade in Wirtschaftskreisen wiederholt vorgetragene Forderung,

Scheitern zuzulassen und nicht rigoros abzustrafen. Tatsächlich jedoch lässt unser Bildungssystem ein Scheitern nur sehr begrenzt zu. Wer innerhalb einer Stufe zweimal das Klassenziel verfehlt, muss das Gymnasium oder die Realschule verlassen. Lernen durch Scheitern ist somit keine Option des Bildungssystems, und wiederholtes Scheitern bedeutet den Abstieg oder Ausschluss.

Der Grund dafür ist leicht benannt. Es ist die aus dem 19. Jahrhundert überdauerte enorme Bedeutung, die wir noch heute Abschlüssen, Zertifikaten und Noten beimessen. Doch wenn es richtig ist, dass wir Kreativität schon jetzt und erst recht in Zukunft höher schätzen werden als dokumentierten Fleiß, verlieren Schul- und Studienabschlüsse ihren Herrschaftsanspruch. Menschen nach Abschlüssen zu beurteilen, war ein unverzichtbarer Teil der klassischen Erwerbsarbeitsgesellschaft. Vor der Mitte des 19. Jahrhunderts waren sie nicht sonderlich wichtig. Naheliegend, dass sie es in einer fortschreitenden Sinngesellschaft auch nicht mehr so sehr sein werden wie heute. Kreativität dokumentiert sich nicht in einem breiten Portfolio an Bestnoten, Abschlüssen und Zertifikaten. Und wer ein solches hat, beweist damit nicht, dass er kreativ ist. Abschlüsse und Zertifikate gaukelten über lange Zeit ein Hoheitswissen und eine Exklusivität vor, die nur so lange einen Wert darstellen, als das, was einen als »Wissenden« auswies, tatsächlich nicht für jedermann einsehbar war. Angesichts der Transparenz des heutigen Hochschulbetriebs und der weltweiten Vernetzung des Wissens stehen sie allerdings oft genug wie ziemlich altertümliche Möbel in einem modernen Designhotel herum.

Selbstverständlich wird es auch in Zukunft sinnvoll sein, Qualifikationen in Form von Schul- und Hochschulzeugnissen zu erwerben. Aber dieses formal dokumentierte Wissen ist künftig nur noch ein Teil dessen, worauf es ankommt, und nicht das alles umfassende Ziel. Sie haben ihren Wert vor allem für jene, die diesen Schul- oder Hochschulabschluss erworben haben, mit den schönen Folgen für das Selbstwertgefühl. Unternehmen und Organisationen aber werden sich nach all den Erfahrungen der letzten Jahrzehnte bei ihrem Nachwuchs weniger auf formale Abschlusskriterien verlassen. Diese entwerten sich nicht nur durch ihre Inflationierung und durch den Preis, den der strebsame Schüler und Student in Form mangelnder Lebenserfahrung für sie bezahlt. Sie verlieren auch dadurch ihren Wert, dass man sich auf sie nicht mehr verlassen kann. Was ein Volkswirtschaftler, ein Genetiker, ein Neurowissenschaftler oder Informatiker vor zwanzig Jahren gelernt hat, ist in vielem heute gnadenlos veraltet. Die abnehmende Halbwertszeit von Wissen in der Wissensgesellschaft schrumpft die Spanne zusammen, innerhalb derer Wissen verlässlich ist.

Wer jetzt einen Abschluss macht, braucht eine hohe Bereitschaft, auch danach weiter lernen zu wollen, möglicherweise länger als ein halbes Leben lang. Und genau deshalb wird es mehr und mehr zur Aufgabe von Schulen, Kinder und Jugendliche weniger auf Abschlüsse und bestimmte Studiengänge vorzubereiten als auf ein lebenslanges Lernen. Und die wichtigste Voraussetzung dafür ist zunächst, dass ich *gerne* lerne. Nur wer positive Erfahrungen mit dem Lernen macht, wird bereit sein, auch nach der Schule und der Ausbildung wissbegierig zu lernen. Ansonsten fehlt es an Motivation, und nicht zureichend motiviert zu sein, führt zu enormen Problemen. Denn dass man, wie früher oft üblich, sein kontinuierliches Lernen nach dem Schul- oder Universitätsabschluss drosselt und irgendwann gegen null geht, wird in immer weniger Berufen möglich sein. Die Sinn- und Wissensgesellschaft stellt hier weit höhere Ansprüche als die klassische Erwerbsarbeitsgesellschaft mit ihren ungezählten, langfristig wenig veränderten Routinen.

Die Lebenskunst der Zukunft ist die Selbstmotivation. Kinder, Jugendliche, aber eben auch Erwachsene müssen sich zum Selbstlernen motivieren können, ohne dass ständig, wie in der Schule, ein Lehrer unterstützend bereitsteht. Dafür allerdings darf einem die Lust am Lernen nicht in der Schule ausgetrieben werden. Kinder wie Erwachsene lernen dann am besten, wenn sie wissen, *warum* und *wozu* sie etwas lernen: weil es Freude macht zum Beispiel, weil es einen erfüllt oder weil es nützlich, praktisch oder clever ist, etwas zu wissen – Bedingungen, die bei Erwachsenen meist noch zwingender erfüllt sein müssen als bei Kindern.

Der Zwang und die Chance zu lebenslangem Lernen sind nicht einfach nur eine Erweiterung der Bildungsaufgaben. Sie greifen tief in das Bildungsverständnis der Gesellschaft ein. Die Welt, in der Menschen in Institutionen (Schulen, Universitäten, Akademien etc.) lernten, verwandelt sich in eine Welt, in der von jedem erwartet werden kann, dass er mithilfe von Computer und Internet selbst lernen kann. In der Wissensgesellschaft sind die etablierten Bildungsinstitutionen weder ausreichend noch alternativlos. Man denke nur an den Boom von Online-Akademien, die Millionen Menschen in aller Welt kostenlose Vorlesungen über ungezählte Wissensgebiete anbieten. Besonders Naturwissenschaften liegen global hoch im Kurs. Was man schon immer in der Schule nicht verstanden hat oder viel genauer und weitreichender wissen will, wird einem hier von pädagogisch ausgezeichneten Experten und Nobelpreisträgern so erklärt, dass man es wirklich versteht. Und auch auf YouTube finden sich seit einem Jahrzehnt breit genutzte Vorlesungen, die pädagogisch oft besser sind als vieles, was manche Schulen und Universitäten ihren Schülerinnen und Studenten vorsetzen.[4]

An Weiterbildungsmöglichkeiten in der Wissensgesellschaft besteht kein Mangel. Die entscheidende Frage ist nur, wer sie nutzen wird. Bislang bilden sich bevorzugt jene Menschen weiter, die bereits überdurchschnittlich gebildet sind. Die »Verschiebung zum informellen Wissenserwerb« öffnet damit vor allem »die Schere zwischen denjenigen, die sich permanent selbstständig weiterbilden, und denjenigen, die dies nur selten tun, weiter«.[5] Denn je mehr Menschen sich lebenslang weiterbilden, umso auffälliger und chancenloser stehen diejenigen da, die es nicht tun. Prinzipiell bieten sich auch den Kindern aus bildungsfernen Schichten durch die Lernmöglichkeiten des digitalen Zeitalters neue Chancen. Tatsächlich aber steht dem eine ernüchternde Realität gegenüber, in der die soziale Kluft sich nicht schließt, sondern vergrößert.

Wie die Sinngesellschaft nach und nach in jede Arbeitswelt einzieht und die Ansprüche aller Arbeitenden erhöht, so darf auch der Bildungsanspruch der Gesellschaft nicht dort stehen bleiben, wo er heute ist. Routinetätigkeiten ausführen zu können, reicht nicht mehr – und zwar nicht nur, wie bislang, für ein oberes Drittel, sondern künftig für alle. Die Aufgabe, die den Schulen und der Gesellschaft daraus erwächst, ist enorm. Das Ansinnen, dass kein Kind zurückbleiben darf, ist heute wichtiger denn je. Ansonsten droht auch in einer Grundeinkommensgesellschaft jene Spaltung in eine Arbeitsaristokratie und ein Alimentariat, auf welche die sich transformierende Arbeitsgesellschaft unweigerlich zusteuert, wenn wir diesem Prozess nicht handfest in die Speichen greifen. Der Wandel der Erwerbsarbeitsgesellschaft in die Sinngesellschaft verlangt also einen großen Kulturwandel von der

Fremdbestimmtheit zur Selbstbestimmtheit. Denn wie auch immer sich die Menschen in der Sinngesellschaft verhalten werden, am Ende werden es die gelebte Kultur und die Alltagspraxis sein, die darüber entscheiden, wie sie sich zurechtfinden und beschäftigen, und nicht etwa eine Werkseinstellung des Menschen, mithin eine Anthropologie.

Zwölf Prinzipien

Die Schulen der Zukunft

Ohne ein Bildungssystem, das junge Menschen dazu befähigt, gute Pläne für den Tag zu entwickeln, wird die Sinngesellschaft nicht dauerhaft zum Segen der meisten sein können. Dabei lässt sich vieles aufgreifen, was seit den Tagen der Reformpädagogik zu Anfang des 20. Jahrhunderts gedacht, aber nie flächendeckend realisiert wurde. Denn das Kind als »Baumeister seiner selbst«, wie die italienische Ärztin und Pädagogin Maria Montessori es formulierte, war in der klassischen Erwerbsarbeitsgesellschaft nicht erwünscht. Kein Wunder, dass viele gute und richtige Einsichten in die Entwicklungspsychologie und in das Lernen von Kindern nicht breit umgesetzt wurden. Stattdessen erweiterte sich das Spektrum an Bildung im 20. Jahrhundert um ausgewählte Reformschulen, Montessori- und Waldorfschulen, die zahlenmäßig nicht ins Gewicht fielen. So stellten sie eher ein Spartenprogramm dar, als dass sie eine Reform des Schulwesens hätten vorantreiben können.

Dem herkömmlichen Schulsystem nutzte es nur bedingt, dass einige Ideen und Einflüsse alternativer Pädagogik ihren beschwerlichen Weg in die Lehrgebäude fanden. Ein Computerraum in der Schule ermöglicht noch kein individualisiertes Lernen, ein Fach »Lernen lernen« verändert nicht das Lernen, ein paar zusätzliche Projekte ergeben keinen projektbezogenen Unterricht; ein Selbsteinschätzungsbogen bei gleichzeitig unverändertem Benotungssystem erzeugt keine intrinsische Motivation; ein bisschen Gruppenarbeit im Jahrgangsklassenzimmer führt nicht dazu, dass ein Kind teamfähig wird; ein paar neue Sport-AGs lassen das Lernen in der Schule nicht »körperlicher« werden usw.

Tatsächlich brauchen die allermeisten Schulen in Deutschland eine *individuelle* Transformation. Denn die Systemarchitektur des 19. Jahrhunderts nach und nach zu überwinden, ist ein ehrgeiziges Ziel, das sich in jeder Schule etwas anders darstellt und auch unterschiedliche Voraussetzungen vorfindet. Ich habe dafür im Jahr 2013 zehn Prinzipien für bessere Schulen zusammengestellt, die bis heute nichts an Dringlichkeit verloren haben, sondern eher noch dringlicher geworden sind.[1] Diese Prinzipien werden hier noch einmal wiedergegeben und um zwei weitere ergänzt.

Seit Maria Montessori ist es eine kluge Einsicht, Kinder nicht mehr »belehren zu wollen«, sondern ihnen zu helfen, sich etwas beizubringen. Dafür gilt als erstes Prinzip, die *intrinsische Motivation* des Kindes nicht zu zerstören, sondern sie *zu pflegen*. Eine gute Pflege ballert Kinder nicht mit Angeboten zu, wie manche Eltern dies heute tun, sondern lebt unter anderem vom rechtzeitigen Rückzug der Lernbegleiter. Kinder müssen sich auch langweilen dürfen, allerdings nicht gerade deshalb, weil man sie mit schlechtem Unterricht traktiert. Dabei unterstützend tätig zu werden, das Potenzial eines Kindes zu entfalten, heißt weder, es überfordernd allein zu lassen, noch es an jeder erdenklichen Stelle zu sichten, es hervorzuzerren und zu vernutzen. Die intrinsische Motivation ist eine sensible Pflanze. Sie stirbt, wenn man sie nicht mit Anregungen gießt, aber man kann sie auch leicht überdüngen und ertränken.

Das zweite Prinzip besteht darin, ein Kind *individuell lernen* zu lassen. Was die Reformpädagogik unter individuellem Lernen verstand und was Bildungs-Entrepreneure wie der US-amerikanische Pädagoge Salman Khan zu fantastischer Lernsoftware entwickelt haben, ist nichts anderes als die moderne Form einer alten Forderung: sich nach den Bedürfnissen, den Begabungen und dem Lerntempo eines jungen Menschen zu richten und ihn dazu zu befähigen, dieses Tempo selbst zu steuern.[2] Ob man dazu wie früher in einer Bibliothek stöbert und von Buch zu Buch wandert oder heute in den digitalen Labyrinthen des Internets forscht, ist in der Sache letztlich das Gleiche. Nur dass es im Netz weniger sinnlich, dafür aber erheblich einfacher und schneller geworden ist. Wer auf diese Weise seine Neugier befriedigt und spielerisch lernt, erlebt die Freude der Selbstständigkeit und entwickelt fortschreitend Selbstvertrauen. Und was unter diesen psychologischen Umständen gelernt wird, hat weit bessere Chancen, für das Leben erhalten zu bleiben, als vieles Lernen im standardisierten Klassenzimmerunterricht. Wenn der Lehrer dazu als Coach Hilfestellungen leistet und allzu viele verlockende Ablenkungen unterbindet, ist einem optimalen aufbauenden Lernen in einigen Wissensgebieten keine Grenze gesetzt. Desgleichen gilt für die wechselseitige Hilfe und das Anspornen durch jahrgangsübergreifende Mitschüler und Mitschülerinnen.

Ein drittes Prinzip ermuntert dazu, die Welt des Wissens nicht einfach als »Stoff« oder »Fach« zu sehen und damit innerhalb eines beengten Rahmens zu lernen. Den »Stoff«, so meint der Bildungsexperte Reinhard Kahl, »solle man besser den Dealern überlassen«. Statt um den Stoff geht es um das Verstehen von Sinn und Sinnlichkeit der Dinge und der Zusammenhänge dieser Welt. Vieles lernt sich einfacher und lieber und wird auch besser erinnert, wenn das Lernziel nachvollziehbar oder gar spannend ist. Die Erkenntnisse aus dem individualisierten Lernen können hier einfließen und weitere wechselseitige Neugier entfachen. So lassen sich viele Bereiche der Geografie, der Geschichte, der Physik, der Chemie der Biologie, der Ökonomie und der Politik am besten in *Projekten* verstehen, die schließlich zu eigenen Projekten führen können.

Ein viertes Prinzip ist die *Bindung*. Es ist eine gut belegte Einsicht der Lernpsychologie, dass Kinder und Jugendliche umso freudiger und leichter lernen, je stärker sie sich in einer Gemeinschaft aufgehoben fühlen. Die Frage ist nur, ob dies tatsächlich Jahrgangsklassen sein müssen. Was für die ersten sechs Schuljahre sinnvoll ist, sollte nicht für die gesamte Schulzeit gelten müssen. Spätestens mit dem siebten Schuljahr finden sich Freundschaften auch schnell jahrgangsübergreifend. Freunde schützen und helfen dabei, sozial schwierige Situationen abzufedern und besser zu meistern. Wichtiger als das genau gleiche Alter sind dabei ähnliche Interessen, die sich zu Lernteams organisieren lassen und Freundschaften begünstigen. Man sollte hier keiner allzu romantischen Idee von Klassengemeinschaften nachhängen – selbst wenn es gute Klassengemeinschaften gibt, so gleichen sie zumeist doch eher Notgemeinschaften als Wahlverwandtschaften. Und nahezu jede dieser Jahrgangsklassen kennt ihre Außenseiter und Zu-kurz-Gekommenen. Freundschaften klassenübergreifend zu schließen und auszuleben, geht entschieden leichter, wenn man die feste Klassenstruktur früher aufbricht.

Aber muss man dann nicht befürchten, dass dies die Schülerschaft »atomisiert«? Ein fünftes Prinzip besteht deshalb darin, an unseren Schulen eine *Beziehungs- und Verantwortungskultur* zu schaffen – und zwar nicht nur rhetorisch, sondern organisatorisch. In einer konventionellen Schule gibt es einen Schulleiter und darunter ein Kollegium von vielleicht hundert Lehrern. Eine intensive Arbeitsbeziehung zwischen Schulleitung und Lehrern ist dadurch ausgesprochen schwierig, oft kennt man sich dafür zu flüchtig. Das Gleiche gilt für das Verhältnis von Lehrern und Schülern. Der Chemielehrer, der eine Klasse für ein Jahr unterrichtet und im nächsten eine andere übernimmt, hat kaum die Möglichkeit, mehr über seine Schüler zu erfahren, geschweige denn, sich persönlich für sie verantwortlich zu fühlen. Deshalb ist es notwendig, den Schulkörper zu untergliedern in einzelne Lernhäuser. Von der ersten bis zur zehnten Klasse gehören die Schüler des Zuges A einem Lernhaus an, die Schüler des Zuges B in ein anderes – und so weiter. Jedes Lernhaus wird von einem Lernhausleiter betreut und verantwortet, nicht anders als im englischen College-System und vielen Schülern bestens vertraut aus *Harry Potter*. Der Schulleiter bekommt damit Ansprechpartner auf einer Zwischenebene, die ihr Haus bestens kennen, Schüler wie Lehrer. Statt mit einem anonymen Lehrerkollegium haben wir es nun mit mehreren kleineren Kollegien zu tun, die als Teams in den Lernhäusern verortet sind. Die Schüler behalten diese Lehrer von der ersten bis zur zehnten Klasse, sodass sich echte Beziehungen und wirkliches Verantwortungsgefühl entwickeln können. Kompetition, die durch den Wegfall des Ziffernsystems nicht mehr innerhalb einer Jahrgangsklasse stattfindet, gibt es jetzt als spielerischen Wettbewerb zwischen den Lernhäusern. Vorleseturniere, Kopfrechenwettbewerbe, Theaterfestivals und Sportturniere stärken den Teamgeist, das Solidargefühl und den Ehrgeiz.

Ein sechstes Prinzip besagt, *Werte und Wertschätzung* nach Kräften zu fördern. Damit Schüler sich mit ihrer Schule beziehungsweise mit ihrem Lernhaus identifizieren, muss es

Zeichen, Symbole und Strukturen geben, die diese Schule und das jeweilige Lernhaus zu etwas Besonderem machen, zu etwas Unverwechselbarem. Wer sich seiner Schule gern zugehörig fühlt, vielleicht sogar stolz auf sie ist, wird sich normalerweise auch anders gegenüber Lehrern und Mitschülern verhalten. Die Schule kann dazu beitragen, indem sie Rituale pflegt, die den Schulalltag strukturieren und bestimmte Ereignisse hervorheben. Solche Rituale sind umso notwendiger, je weniger die Elternhäuser der Kinder noch Rituale haben (wie feste Mahlzeiten, religiöse Feste, regelmäßiges Beisammensein etc.). Hier kann die Schule helfen, den Sinn für Strukturen und Bedeutsamkeiten zu pflegen. Sie tun nicht nur dem Zusammenleben gut, sondern gehören auch zu jedem erfüllten Leben dazu.

Aus einem augenscheinlichen Nichts Bedeutungen zu erzeugen, gehört zu den großartigsten Fähigkeiten des Menschen. Sie machen das Dasein spannend, ohne dass man dafür auf ständige Außenreize angewiesen ist. Eine solche Bedeutung entsteht auch dadurch, dass man Teams bildet, in denen man stolz aufeinander ist und sich wechselseitig inspiriert und motiviert. Die angelsächsischen Schulen und Universitäten kennen das Geheimnis solcher Teams schon seit sehr langer Zeit, einschließlich der dazugehörigen Initiations- und Abschiedsrituale, Bräuche und Traditionen. Ein bisschen Hogwarts tut, wie gesagt, jeder Schule gut. Und nicht zuletzt sollte man (trotz der bekannten Einwände) sehr ernsthaft darüber nachdenken, Schuluniformen einzuführen. Die Vorteile überwiegen ganz entschieden gegenüber den Nachteilen. Wer seine Schule als einen Ort sieht, der die inneren Werte seiner Schüler fördern will, sollte überlegen, wie groß der Stellenwert materieller Äußerlichkeit in einer Schulgemeinschaft sein soll. Eine Schuluniform verringert nicht nur die sichtbaren sozialen Unterschiede, sie befreit ebenso von dem alltäglichen Terror des Markenfetischismus auf unseren Schulhöfen (eine Erlösung für viele Eltern). In diesem Sinne unterstützen Schuluniformen eine soziale Anerkennungskultur, die sich nicht primär auf Äußerlichkeiten richtet.

Ein siebtes Prinzip besteht auf eine *lernfreundliche Schularchitektur*. Die meisten konventionellen Schulgebäude erinnern noch immer an Krankenhäuser, Finanzämter oder Kasernen. Als man damit begann, solche Schulen zu bauen, wusste man, wie gesagt, nahezu nichts über das Lernen und fast ebenso wenig über die Psychologie von Kindern. Eine moderne Schule dagegen orientiert ihre Architektur an den Bedürfnissen lernender Menschen. Eine Schule, die in Lernhäuser gegliedert ist, ist optimalerweise dezentral und organisiert rund um einen Campus als Mittelpunkt. Sie schafft Nischen und Rückzugsorte, aber auch Begegnungsräume. Eine moderne Schule darf keine optische Verwaltungseinheit sein, sondern sollte die Wissensgesellschaft abbilden. Dem entspräche am ehesten ein Netzwerk an architektonischen Beziehungen.

Ein achtes Prinzip betrifft die *Auswahl der geeigneten Lehrer*. Der Lehrberuf ist ein Begabungsberuf. Ob ich Schülern etwas beibringen kann, das sie dauerhaft als Wissen behalten, hängt sehr stark vom Wie der Vermittlung ab. Ein guter Lehrer ist immer auch ein guter Erzähler, jemand, der fesseln und Begeisterung wecken kann und dem man gerne zuhört. Jeder erinnert sich aus seiner Schulzeit an solche Lehrer, aber leider ebenso an viele, bei denen das nicht der Fall war. Wer diese elementare Fähigkeit nicht besitzt, sollte in Zukunft besser nicht Lehrer werden. Deshalb ist es sinnvoll, Lehrer vor Beginn ihres Referendariats genau darauf zu überprüfen, also sie mit einer Beispielunterrichtsstunde vor Schülern zu casten. Ein solches Casting ist nicht nur im Interesse künftiger Schüler, sondern bewahrt auch so manchen angehenden Lehrer davor, einen Beruf zu ergreifen, für den er nicht zureichend geeignet ist.

Weil dadurch vielleicht nur noch die Hälfte derjenigen, die heute Lehrer werden wollen, dieses Berufsziel auch weiterverfolgt, ist ein neuntes Prinzip erforderlich: *die Schule für befähigte Menschen zu öffnen*, die kein Referendariat absolviert haben, mithin also keine staatlich geprüften Pädagogen sind, aber gleichwohl faszinierende Lehrer. Dies können Schriftsteller sein, die Jugendlichen beibringen, wie man Gedichte schreibt, der pensionierte Forscher vom Max-Planck-Institut, der den Begabten die Quantenmechanik näherbringt, oder der Kfz-Mechatroniker, der mit den Interessierten am Automotor schraubt. An Einsatzmöglichkeiten besteht kein Mangel. Solche Wölfe, die viel Schnee außerhalb der Schule gesehen haben, können mit ihrem Wissen aus der Praxis punkten, einer Praxis, die hauptberuflichen Lehrern so nicht zur Verfügung steht. Und einmal bewährt, können sie eine sehr willkommene Bereicherung dabei sein, die Schüler für etwas zu faszinieren.

Als zehntes Prinzip sollte man sich alle Mühe geben, die *Konzentrationsfähigkeit* der Kinder und Jugendlichen *zu trainieren und zu pflegen*. Je mehr ihre Welt zerschossen ist von Tönen, schnellen Bildern und Ablenkungen aller Art, umso wichtiger wird es, die Kunst zu beherrschen, sie vor solchem Aufmerksamkeitsraub zu schützen. Noch nie in der Geschichte der Menschheit wurden heranwachsende Gehirne von so viel Reizen bestürmt und überflutet wie heute. Dass viele Kinder damit derart überfordert sind, dass sie die Fähigkeit verlieren, sich dem zu entziehen, darf nicht verwundern. Sie verlernen, nein zu sagen und länger bei einer Sache zu bleiben. Und je mehr Elternhäuser hier versagen oder aufgeben, umso wichtiger wird die Aufgabe der Schule, für Konzentration und Stille zu sorgen. Sinnvoll wäre deshalb ein durchgängiges Training, das vom ersten Schuljahr an und durch die ganze weiterführende Schule unseren Kindern hilft, sich zu sammeln, zur Ruhe zu kommen, das eigene Tun zu reflektieren und sich selbst besser zu verstehen. Ob man das Training nun »Glück« nennt, »Lebenskunst«, »Selbstbesinnung« oder »Philosophie«, ist dabei egal.

Ein elftes Grundprinzip bezieht sich auf die *persönlichen Bewertungen von Schülerleistungen*. Wie hinlänglich bekannt, wird das Ziffernsystem der Persönlichkeit unserer Kinder nicht gerecht; es stammt aus einer psychologisch und pädagogisch uninformierteren Epoche und ist heute nicht mehr als eine Behelfskonstruktion. Es spricht vieles dafür, es durch zeitgemäßere Bewertungen zu ersetzen – und zwar nicht als Ergänzung, sondern tatsächlich als Nachfolge. An die Stelle von Ziffernzensuren tritt ein sorgsames, auf die Individualität des Kindes bezogenes Monitoring. Dieses Monitoring schließt weder spielerischen Wettbewerb aus noch kodifizierte Anerkennungssysteme. Doch alles, was an Punkten, Symbolen oder Meriten verteilt wird, hat seine Bedeutung nur *intern*. Es klassifiziert das Leistungsvermögen eines Schülers nicht wie eine Ziffernzensur für Außenstehende.

Das zwölfte Prinzip lautet, möglichst *jedem Kind eine faire Chance zu geben*, ganz gleich, aus welchem Elternhaus es stammt. Denn wer Bildungsgerechtigkeit nicht nur beschwört, sondern ernst nimmt, kommt nicht umhin, sehr viel Mühe darauf zu verwenden, Startnachteile auszugleichen, nicht zuletzt durch gezielten Sprachunterricht und psychologische Unterstützung. Das aber geht nur, wenn alles in der Schule relevante Lernen auch tatsächlich in der

Schule geschieht und nicht etwa bei Hausaufgaben oder im außerschulischen Nachhilfeunterricht. Tatsächlich sind beides (unbeabsichtigte) Mittel der sozialen Selektion, die echte Bildungsgerechtigkeit verhindern. Ein Kind, das nachmittags aus der Schule kommt, sollte tatsächlich »frei« haben. Und das Gleiche gilt für die Lehrer. Dass manche Schulen darüber hinaus zu allumfassenden Bildungsstätten heranreifen, zu Orten, an denen auch nachmittags und abends Sportangebote, Tanz- und Theaterkurse stattfinden und Werkstätten sowie Räume für Feste bereitstehen, wie an manchen guten Schulen in der Welt, wäre ein schöner ergänzender Traum. Er holte die Schule dahin zurück, wo sie nie war, aber endlich hingehört: ins Leben!

ANHANG

Anmerkungen

Einleitung

1 Der Titel des Buchs war nicht ganz neu, sondern »gecovert«, wie man heute sagt. Eingefallen war er dem Schweizer Verleger, der 1896 das Buch *La Conquête du Pain* des russischen Großfürsten und Anarchisten Pjotr Kropotkin als *Der Wohlstand für Alle* herausgab; erst spätere Übersetzungen hießen originalgetreu *Die Eroberung des Brotes.*

2 Den Begriff »zweites Maschinenzeitalter« übernehme ich von Erik Brynjolfsson und Andrew McAfee: *The Second Machine Age. Wie die nächste digitale Revolution unser aller Leben verändern wird*, Plassen 2014.

3 Zu den Physiokraten in Frankreich siehe Georg Hambloch: *Die Physiokratische Lehre von Reinertrag und Einheitssteuer* (1876), Classic Reprint, Forgotten Books 2019; Benedikt Elias Güntzberg: *Die Gesellschafts- und Staatslehre der Physiokraten* (1907), Elibron Classics 2002; August Oncken: *Ludwig XVI. und das physiokratische System*, Hansebooks 2019.

4 Wilhelm Röpke: *Jenseits von Angebot und Nachfrage*, Rentsch 1958.

5 Ernst Ulrich von Weizsäcker: *Erdpolitik. Ökologische Realpolitik an der Schwelle zum Jahrhundert der Umwelt*, Wissenschaftliche Buchgesellschaft 1990, 2. Aufl., S. 252.

6 https://www.zeit.de/2021/35/usa-arbeitsmarkt-kuendigung-niedriglohnsektor-corona-hilfen?; https://www.sueddeutsche.de/wirtschaft/usa-arbeitsmarkt-corona-kuendigungen-1.5439690.

DIE REVOLUTION DER ARBEITSWELT
Der große Umbruch
Was kommt auf uns zu?

1 https://www.horx.com/48-die-welt-nach-corona/.
2 https://www.deutschland.de/de/topic/leben/welt-nach-corona-zukunftsforscher-ueber-neue-werte-und-zuversicht.
3 Henning Kagermann, Wolf-Dieter Lukas und Wolfgang Wahlster: *Industrie 4.0: Mit dem Internet der Dinge auf dem Weg zur 4. industriellen Revolution*; https://www.ingenieur.de/technik/fachbereiche/produktion/industrie-40-mit-internet-dinge-weg-4-industriellen-revolution/.

Die große Beunruhigung
Ökonomen recherchieren die Zukunft

1 Carl Benedikt Frey und Michael A. Osborne (2013). Siehe auch: *The Future of Employment: How Susceptible Are Jobs to Computerizatio*n; https://www.oxfordmartin.ox.ac.uk/downloads/academic/The_Future_of_Employment.pdf. »Meine Recherchen mit Michael Osborne ergaben, dass 47 Prozent der US-amerikanischen und 54 Prozent der europäischen Arbeitsplätze aufgrund von Fortschritten bei der KI automatisiert werden könnten.« Carl Benedikt Frey: »In der Technologiefalle«, in: *Süddeutsche Zeitung*, 21. August 2019.
2 https://www.economist.com/finance-and-economics/2016/01/28/machine-earning.
3 2017 Economic Report of the President, *The White House*.
4 http://www3.weforum.org/docs/WEF_FOW_Reskilling_Revolution.pdf.
5 *Will a robot takeover my job?; www.bankofengland.co.uk*.
6 Jeremy Bowles (2014).
7 ING-DiBa-Studie: https://www.ing.de/binaries/content/assets/pdf/ueber-uns/presse/publikationen/ing-diba-economic-analysis-die-roboter-kommen.pdf; A.T.-Kearney-Studie: https://silo.tips/queue/die-at-kearney-szenarien-deutschland-2064-die-welt-unserer-kinder?

8 McKinsey Global Institute (2017).

9 https://www.mckinsey.de/news/presse/mckinsey-global-institute-future-of-work-after-covid-19#.

10 Vgl. https://www.spiegel.de/wirtschaft/unternehmen/deutschland-bis-zu-zwoelf-millionen-jobs-koennten-bis-2030-durch-automatisierung-entfallen-a-1181271.html.

11 https://en.wikipedia.org/wiki/Daron_Acemoglu.

12 Daron Acemoglu und Pascual Restrepo (2017).

13 Katharina Dengler, Britta Matthes und Gabriele Wydra-Somaggio (2018).

Die große Entwarnung
Ökonomen futurisieren die Vergangenheit

1 https://www.iab.de/de/informationsservice/presse/presseinfor mationen/kb1514.aspx.

2 https://www.bundesregierung.de/breg-de/service/bulletin/regie rungserklaerung-von-bundeskanzlerin-dr-angela-merkel-862358.

3 Vgl. Daniela Rohrbach-Schmidt und Michael Tiemann (2013); Konstantinos Pouliakas (2018); Ljubica Nedelkoska und Glenda Quintini (2018).

4 Vgl. Melanie Arntz, Terry Gregory und Ulrich Zierahn (2016); dies. (2017); dies. (2018); Terry Gregory, Anna Salomons und Ulrich Zierahn (2018); Kurt Vogler-Ludwig u. a. (2016); Marc Ingo Wolter u. a. (2016/2019).

5 https://www.kunststoff-magazin.de/automatisierung/roboter dichte-in-deutschland-auf-rekordhoch.htm.

6 Wassily W. Leontief: »Machines vs. Workers«, in: *The New York Times*, 8. Februar 1983, (Übersetzung R.D.P.); https://www.nytimes.com/1983/02/08/arts/machines-vs-workers.html.

7 Jens Südekum: Roboter auf dem Vormarsch. Künstliche Intelligenz und Automatisierung machen menschliche Tätigkeit an vielen Stellen überflüssig. Kann Deutschland den Strukturwandel bewältigen?; https://www.ipg-journal.de.

8 Melanie Arntz, Terry Gregory und Ulrich Zierahn (2018), S. 102.

9 Georg Graetz und Guy Michaels (2018), Zitat:
https://www.produktion.de/wirtschaft/warum-roboter-neue-jobs-schaffen-314.html.

10 https://reports.weforum.org/future-of-jobs-2018/.

11 Erik Brynjolfsson und Andrew McAfee (2014), S. 247 ff.

12 Zur Kompensation durch Produktivitätszuwachs siehe Daron
Acemoglu (1998); David H. Autor, Frank Levy und Richard J.
Murnane (2003); Daron Acemoglu und Pascual Restrepo (2018).

13 So Melanie Arntz, Terry Gregory und Ulrich Zierahn;
https://www.wirtschaftsdienst.eu/inhalt/jahr/2020/heft/13/
beitrag/digitalisierung-und-die-zukunft-der-arbeit.html.

14 Claudia Goldin und Lawrence F. Katz (2008).

15 Vgl. Anm. 13.

16 Vgl. Anm. 7.

17 Joseph R. Blasi, Richard B. Freeman und Douglas L. Kruse
(2013). Vgl. auch: https://wol.iza.org/articles/who-owns-the-robots-rules-the-world.

18 https://www.sueddeutsche.de/wirtschaft/automatisierung-jobs-roboter-1.4278998.

Zur Kritik der empirischen Vernunft
Lässt sich der Umbruch berechnen?

1 Martin Seel: *Theorien*, S. Fischer 2009, S. 63.

2 Erik Brynjolfsson und Andrew McAfee (2014), S. 249.

3 Ebd.

4 »The second economy will certainly be the engine of growth
and the provider of prosperity for the rest of this century and
beyond, but it may not provide jobs, so there may be
prosperity without full access for many.« (Übersetzung R.D.P.).
Brian Arthur: The Second Economy, auf:
https://www.mckinsey.com/business-functions/strategy-and-corporate-finance/our-insights/the-second-economy.

5 https://www.project-syndicate.org/commentary/ai-automation-labor-productivity-by-daron-acemoglu-and-pascual-restrepo-2019-03/german.

6 Ebd.

7 https://www.ing.de/ueber-uns/presse/carsten-brzeskis-blog/die-roboter-lassen-gruessen/.
8 Ebd.
9 Siehe Anm. 5.
10 https://de.statista.com/statistik/daten/studie/161496/umfrage/produktivitaetsaenderungen-pro-kopf-in-deutschland/.
11 Vgl. Anm. 5.
12 Robert Solow: A Contribution to the Theory of Economic Growth, in: *The Quarterly Journal of Economics*, Bd. 70, Februar 1956, S. 65–94.
13 Robert Solow: »We'd Better Watch Out«, in: *New York Times Book Review*, 12. Juli 1987.
14 Die Feststellung stammt von Ansgar Gründler (1997). Befeuert wurde die Diskussion auch von Nicholas Carr (2004).
15 Vgl. Robert Gordon (2017).

Naturgesetz und Menschenwelt
Kompensation oder Freisetzung?

1 Jean-Baptiste Say (2001), S. 57.
2 Zit. nach Karl Pribram: *Geschichte des ökonomischen Denkens*, Bd. 1, Suhrkamp 1998, S. 290 (Fußnote).
3 https://de.statista.com/themen/1097/autoimport-und-export-in-china/.
4 Claudia Goldin und F. Lawrence Katz (2008).
5 Vgl. David H. Autor und David Dorn (2013).
6 Vgl. Maarten Goos, Alan Manning und Anna Salomons (2009).

Vier Sieger und ein Todesfall
Der Arbeitsmarkt der Zukunft

1 Matt Ridley: *Die Biologie der Tugend. Warum es sich lohnt, gut zu sein*, Ullstein 1997, S. 149 ff.
2 Vgl. dazu mein Buch *Künstliche Intelligenz und der Sinn des Lebens*, Goldmann 2019.
3 Vgl. »Immer mehr Kümmerer«, in: *Handelsblatt*, 6. November 2018.

4 George Paget Thomson (1955): »*There are plenty of jobs –
tending the aged is one – where kindness and patience are worth
more than brains. A rich state could well subsidize such work.*«
(Übersetzung R.D.P.).

5 https://www.heise.de/news/Zukunft-der-Arbeit-Vieles-deutet-auf-
eine-konfliktreiche-Zeit-hin-4923470.html.

6 André Gorz (2009), S. 25 ff.

7 Vgl. Oliver Nachtwey (2016); Andreas Reckwitz (2019).

In der ökonomischen Sackgasse
Der Zwang zum Umdenken

1 Zit. nach James Suzman (2021), S. 359.

2 https://www.prognos.com/de/projekt/arbeitslandschaft-2040.

3 Carl Benedikt Frey: »In der Technologiefalle«, in: Süddeutsche
Zeitung, 21. August 2019.

4 Stanisław Lem: *Die Technologiefalle. Essays*, Suhrkamp 2002.

5 Vgl. Anm. 3.

6 Ebd.

WAS IST ARBEIT?
Arbeit
Ein Bündel von Widersprüchen

1 https://brockhaus.de/ecs/enzy/article/arbeit.

2 Vgl. Karin Westerwelle: *Baudelaire und Paris. Flüchtige Gegenwart und Phantasmagorie*, Fink 2020, hier Kap. 5: Der Maler
des modernen Lebens und die Ästhetik der Moderne.

3 Vgl. dazu Christoph Menke: *Die Souveränität der Kunst. Ästhe-
tische Erfahrung nach Adorno und Derrida*, Suhrkamp 1991.

Labour und Work
Die Geburt der Arbeitsgesellschaft

1 Vgl. dazu Christopher Hann, in: Jürgen Kocka und Claus Offe
(2000), S. 23 ff.

2 Marshall Sahlin (1974).

3 https://wirtschaftslexikon.gabler.de/definition/arbeit-31465.

4 Vgl. Richard E. Leakey und Roger Lewin (1993).

5 Aristoteles: *Politik*, 1328b.

6 Aristoteles: *Politik*, 1253b.

7 Vgl. dazu Wilfried Nippel (2010).

8 Cicero: *De officiis*, I, 150.

9 Vgl. Matthäus-Evangelium: Mt 20,1 ff.; Mt 9,37; Mt 10,10.

10 Zur Umwertung des Arbeitsbegriffs durch das Christentum siehe vor allem Otto Gerhard Oexle (2000).

11 2. Thessalonicher 3,10.

12 Regula Benedicti 4,78.

13 Vgl. Otto Gerhard Oexle (2000), S. 72.

14 Zum Verhältnis von Armut und Arbeit im Mittelalter siehe Michel Mollat (1984); Bronisław Geremek (1988), Otto Gerhard Oexle (2000).

15 Markus 10,25; Lukas 18,25; Matthäus 19,24.

16 John Locke: *Zwei Abhandlungen über die Regierung*, Suhrkamp 1972, § 36, S. 222.

17 Edward Misselden: *The Circle of Commerce* (Neudruck), Da Capo 1969, S. 17.

18 John Locke: *Zwei Abhandlungen über die Regierung*, II. § 45, S. 228.

19 Ebd., § 37, S. 223.

20 Karl Marx: *Grundrisse der Kritik der politischen Ökonomie*, in: Marx-Engels-Werke (MEW), Bd. 42, Dietz 1983, S. 631.

21 John Locke: *Gedanken über die Erziehung*, Meiner 2020; ders.: *Some Thoughts Concerning Education* (1693) und *A Report of the Board of Trade to the Lords Justices, Respecting the Relief and Employment of the Poor. Drawn up in the Year 1697*, in: Jörg Thomas Peters (1997).

»Arbeit« statt »Mensch«
Der ökonomische Arbeitsbegriff

1 Bernard Mandeville: *Die Bienenfabel oder Private Laster, öffentliche Vorteile*, Suhrkamp 1980, S. 319.

2 Ebd., S. 344 f.

3 https://wirtschaftslexikon.gabler.de/definition/arbeit-31465.

4 Max Weber: Die protestantische Ethik und der Geist des Kapitalismus, in: ders.: *Die Protestantische Ethik I. Eine Aufsatzsamm-
lung*, Gütersloher Verlagshaus 1979, S. 59.

5 Vgl. dazu Stephen Jay Gould: *Der Daumen des Panda. Betrach-
tungen zur Naturgeschichte*, Birkhäuser 1987, S. 61–71.

6 Anthony Downs: *An Economic Theory of Democracy*, Harper-
Collins 1957.

7 Siehe dazu die zahlreichen Untersuchungen von Ernst Fehr: ders.
und Urs Fischbacher: The Nature of Human Altruism, in:
Nature, Bd. 425, 2003, S. 785–791, doi:10.1038/nature02043;
ders. und Simon Gächter: Cooperation and Punishment in Public
Goods Experiments, in: *The American Economic Review*, Bd.
90, Nr. 4, 2000, S. 980–994, doi:10.1257/aer.90.4.980; dies.:
Fairness and Retaliation: The Economics of Reciprocity, in:
The Quarterly Journal of Economic Perspectives, Bd. 14, Nr. 3,
2000, S. 159–181, doi:10.1257/jep.14.3.159; ders. und Klaus
M. Schmidt: A Theory of Fairness, Competition, and Coopera-
tion, in: *The Quarterly Journal of Economics*, Bd. 114, Nr. 3,
1999, S. 817–868, doi:10.1162/003355399556151, ders. und
Herbert Gintis, Samuel Bowles und Robert T. Boyd (Hrsg.):
*Moral Sentiments and Material Interests: The Foundations of
Cooperation in Economic Life*, MIT Press 2005.

8 Thomas Robert Malthus: *An Essay on the Principle of Population* (1998), auf Deutsch: *Das Bevölkerungsgesetz*, dtv 1977,
S. 157.

9 Siehe dazu Stephen Marglin: Origines et fonctions de la parcelli-
sation des tâches: A quoi servent les patrons?, in: André Gorz
(Hrsg.): *Critique de la division du travail*, Éditions du Seuil 1973.

10 https://www.waldorf-ideen-pool.de/Schule/faecher/geschichte/
Neueste-Geschichte/nachkriegszeit/kommunismus---kapita
lismus/karl-marx-aus-manifest-der-kommunistischen-partei.

11 Vgl. John Stuart Mill: *Principles of Political Economy* (1848),
auf Deutsch: *Grundsätze der politischen Oekonomie*, Reisland
1869, I. Teil, Capitel III: Von der unproductiven Arbeit, S. 47 ff.

12 http://www.zeno.org/Philosophie/M/Nietzsche,+Friedrich/Die
fröhliche+Wissenschaft/Viertes+Buch.+Sanctus+Januarius/329.

13 http://www.zeno.org/Soziologie/M/Weber,+Max/Schriften+
zur+Religionssoziologie/Die+protestantische+Ethik+und+der+
Geist+des+Kapitalismus/II.+Die+Berufsethik+des+asketischen+
Protestantismus/2.+Askese+und+kapitalistischer+Geist.

14 Ebd.

15 Ebd.

16 Giuseppe Tomasi di Lampedusa: *Der Leopard*, Deutsche Buch-
gemeinschaft 1961, S. 203.

Arbeitsfrust und Arbeitsidentität
Der paradoxe Arbeitsbegriff der Sozialdemokratie

1 Zum Begriff von Arbeit als »Pathosformel unserer Existenz«
siehe Heinz Bude: »Es trifft mehr und andere Leute«.
Arbeit als Pathosformel. Ein Gespräch mit dem Soziologen
Heinz Bude über einige Perspektiven der Arbeitsgesellschaft, in:
taz, 8. Juli 1997.

2 Zit. nach Ernst Schraepler: *August Bebel. Sozialdemokrat im
Kaiserreich*, Musterschmidt 1966, S. 73.

3 André Gorz (2009), S. 85.

4 Ebd., S. 89.

5 Ebd., S. 85.

Die Befreiung der Arbeitswelt
Der libertäre Arbeitsbegriff

1 William Godwin (1793), S. 203 (Übersetzung R.D.P.).

2 Karl Marx: *Die deutsche Ideologie*, in: MEW, Bd. 3, Dietz 1969,
S. 67.

3 Ebd., S. 33.

4 Karl Marx: *Das Kapital*, Bd. 1, Kapitel V, Der sogenannte Ar-
beitsfond, MEW, Bd. 23, S. 637, Anm. 63.

5 Karl Marx: *Ökonomisch-philosophische Manuskripte* (1844),
in: Marx-Engels-Gesamtausgabe (MEGA), Bd. 2, S. 369.

6 Karl Marx (2014), S. 51.

7 Ebd., S. 55.

8 Ebd.

9 Ebd.

10 Ebd., S. 56.

11 Ebd.

12 Ebd., S. 62.

13 Ebd., S. 67.

14 Ebd.

15 Ebd., S. 72.

16 Karl Marx: *Das Kapital*, Bd. 3, Kapitel VII. Die Revenuen und ihre Quellen, in: MEW, Bd. 25, Dietz 1969, S. 827 f.

17 Ebd.

18 Lafargue (2015), S. 42.

19 Wilde (2016), S. 18.

20 Ebd., S. 18.

21 Ebd., S. 9.

22 Ebd., S. 4 f.

23 https://www.nachrichtenspiegel.de/2010/07/04/lob-des-muessiggangs/.

ARBEIT UND GESELLSCHAFT HEUTE
Dabei sein ist alles
Wofür wir heute arbeiten

1 John Maynard Keynes: Wirtschaftliche Möglichkeiten für unsere Enkelkinder, in: Philip Kovce und Birger P. Priddat (2019), S. 246–257.

2 Ebd., S. 254.

3 Ebd., S. 256.

4 Zitiert nach: https://www.wilsonquarterly.com/quarterly/summer-2014-where-have-all-the-jobs-gone/theres-much-learn-from-past-anxiety-over-automation/, (Übersetzung R.D.P.).

5 Herman Kahn mit Anthony J. Wiener: *The Year 2000: A Framework for Speculation on the Next Thirty-Three Years*, Macmillan 1967.

6 Cordula Eubel und Alfons Frese: »IG-Metall-Forderung. ›Was bringt eine 28-Stunden-Woche?‹,« in: *Der Tagesspiegel*, 12. Oktober 2017.

7 Hansjörg Siegenthaler: Arbeitsmarkt zwischen Kontingenz und

Kontinuität, in: Jürgen Kocka und Claus Offe (Hrsg.): *Geschichte und Zukunft der Arbeit*, Campus 2000, S. 110–120, hier S. 104.

8 https://de.statista.com/statistik/daten/studie/250066/umfrage/bip-pro-kopf-in-ausgewaehlten-laendern-weltweit.

9 David Graeber (2019).

10 https://www.sueddeutsche.de/kultur/bullshit-jobs-verschwoerungstheorie-trifft-intellektuellen-populismus-1.4114876-0#seite-2.

11 https://index-gute-arbeit.dgb.de/++co++b8f3f396-0c7f-11eb-91bf-001a4a160127

12 https://www.gallup.com/de/engagement-index-deutschland.aspx.

Labour isn't working
Woran die alte Arbeitsgesellschaft zerbricht

1 https://wirtschaftslexikon.gabler.de/definition/arbeit-31465.

2 Zit. nach Daniel Akst (2014): »*The economy of abundance can sustain all citizens in comfort and economic security whether or not they engage in what is commonly reckoned as work.*« (Übersetzung R.D.P.).

3 https://wirtschaftslexikon.gabler.de/definition/arbeit-31465.

4 Ebd.

5 https://de.statista.com/statistik/daten/studie/37739/umfrage/anzahl-sozialversicherungspflichtig-beschaeftigter-nach-bundeslaendern/.

6 https://www.destatis.de/DE/Presse/Pressemitteilungen/2020/10/PD20_416_623.html.

7 https://de.statista.com/statistik/daten/studie/72785/umfrage/anzahl-der-zeitarbeitnehmer-im-jahresdurchschnitt-seit-2002/.

8 Vgl. Andreas Reckwitz (2019).

9 André Gorz (2009), S. 34.

10 http://jgsaufgab.de/intranet2/geschichte/geschichte/wr/Weimarer_Republik_Projekt/reden/alfred_hugenberg.htm, (Hervorhebung R.D.P.).

11 https://www.spiegel.de/politik/deutschland/armut-und-reichtum-im-klassen-wahlkampf-a-438f99fa-6604-444f-be14-8084caec9fdb.

12 https://www.diw.de/de/diw_01.c.793891.de/vermoegenskonzen
tration_in_deutschland_hoeher_als_bisher_bekannt.html.
13 Mathias Greffrath: »Die Wiederentdeckung der Arbeit und des
öffentlichen Glücks. Ein Text aus dem Jahre 2068«, in: *Die Zeit*,
25. Juni 1998.
14 Vgl. Andreas Reckwitz (2019).

Das feste Geländer
Was uns die Arbeit bedeutet

1 Vgl. Ernst Ulrich von Weizsäcker: Erdpolitik. Ökologische
Realpolitik an der Schwelle zum Jahrhundert der Umwelt,
Wissenschaftliche Buchgesellschaft 1990, 2. Aufl., S. 252.
2 Olaf Scholz im *Stern*, Nr. 31/2008, 24. Juli 2008, S. 68.
3 Vgl. Heinz Bude, in: *taz*, 8. Juli 1997.
4 Ebd.
5 Ebd.
6 https://iveybusinessjournal.com/publication/in-conversation-
rosabeth-moss-kanter/.
7 Richard Sennett (2005).
8 Zygmunt Bauman (2005).
9 Karl Otto Hondrich: Vom Wert der Arbeit – und der Arbeitslosigkeit, in: *Zeitschrift für Erziehungswissenschaft*, Heft
4/1998.
10 Lisa Herzog (2019), S. 9.
11 Ebd., S. 10.

Retten oder ersetzen?
Die Humanisierung der Arbeit

1 Global Perspective Barometer 2015: Voices of the Leaders of
Tomorrow.
2 Kompass neue Arbeitswelt – die große Xing-Arbeitnehmer-
studie.
3 Marcus Theurer: »Arbeiten auf Abruf: Großbritanniens moderne
Tagelöhner«, in: *faz.net*, 7. Mai 2014.
4 Lisa Herzog (2019), S. 14.

5 Ebd., S. 15.

6 Vgl. ebd.

7 Ebd., S. 18.

8 Ebd., S. 22.

9 Ebd., S. 22 f.

10 Ebd., S. 89 f.

11 Ebd., S. 90.

12 Ebd., S. 139.

13 Zit. nach André Gorz (2009), S. 277.

14 Ebd., S. 278 f.

15 Ebd., S. 279.

16 Orio Giarini und Patrick M. Liedtke (1998).

17 Kommission für Zukunftsfragen der Freistaaten Bayern und Sachsen: Erwerbstätigkeit und Arbeitslosigkeit in Deutschland: Entwicklung, Ursachen, Maßnahmen. Teil III: Maßnahmen zur Verbesserung der Beschäftigungslage, S. 148 f., einsehbar im Internet Archive.

18 Ebd., S. 166.

19 Ebd., S. 163.

20 Ulrich Beck (2007), S. 7.

21 Jeremy Rifkin (1997).

22 https://de.statista.com/statistik/daten/studie/2190/umfrage/ anzahl-der-erwerbstaetigen-im-produzierenden-gewerbe/.

23 Jeremy Rifkin (2014).

24 Frithjof Bergmann (2020).

25 Ebd., S. 11.

26 Ebd.

Das Richtige tun
Die Sinngesellschaft

1 Alain Touraine (1969); Daniel Bell (1973).

2 Hannah Arendt (1981), S. 11 f.

3 Herbert Marcuse (1967).

4 Ivan Illich: Schattenarbeit oder vernakuläre Tätigkeiten. Zur Kolonisierung des informellen Sektors, in: Freimut Duve (Hrsg.): *Technologie und Politik*, 15/1980, S. 48–63.

5 Armin Nassehi: »Und was machen wir dann den ganzen Tag?«, in *Frankfurter Allgemeine Zeitung*, 30. Juni 2018.

6 David Riesman (1966).

7 Zit. nach Daniel Akst (2014): »*Leisure, thought by many to be the epitome of paradise, may well become the most perplexing problem of the future.*« (Übersetzung R.D.P.).

8 https://www.bertelsmann-stiftung.de/fileadmin/files/BSt/ Publikationen/GrauePublikationen/BST_Delphi_Studie_2016. pdf, S. 19.

9 https://giuseppecapograssi.files.wordpress.com/2013/08/minima_ moral.pdf.

10 Ebd.

11 https://minimalen.net/17-statistiken-wie-viele-dinge-wir-besitzen/.

12 Zit. nach: https://blog.freiheitstattvollbeschaeftigung. de/2021/02/01/arbeitslosigkeit-ist-kein-zeichen-von-armut- sondern-ein-ausdruck-der-produktivitaet-und-des-vermoegens- unseres-landes/.

Existenzsicherung in der postindustriellen Gesellschaft
Das Ende des Umlagesystems

1 Wilfrid Schreiber (1955).

2 Ebd., S. 32.

3 Ebd., S. 37.

4 Ebd.

5 Ebd., S. 14 und S. 29.

6 https://www.destatis.de.

7 Dies ist zumindest die Interpretation des Verschwindens der Wikinger-Kolonien auf Grönland, in: Jared Diamond: *Kollaps. Warum Gesellschaften überleben oder untergehen*, S. Fischer 2011, 5. Aufl.

8 https://www.bmwi.de/Redaktion/DE/Publikationen/Ministerium/ Veroeffentlichung-Wissenschaftlicher-Beirat/wissenschaftlicher- beirat-vorschlaege-reform-der-gesetzlichen-rentenversicherung. pdf.

9 https://www.sueddeutsche.de/wirtschaft/institut-der-deutschen- wirtschaft-studie-prognostiziert-rente-mit-73-1.3009646.

10 Vgl. Anm. 8.

11 Ebd.

12 Ebd.

13 https://www.oecd-ilibrary.org/social-issues-migration-health/
renten-auf-einen-blick-2017_pension_glance-2017-de.

14 Harald Welzer: *Nachruf auf mich selbst. Die Kultur des Aufhörens*, S. Fischer 2021.

DAS BEDINGUNGSLOSE GRUNDEINKOMMEN
Hunger im Paradies
Das Paradox des Fortschritts

1 Wassily W. Leontief: The Distribution of Work and Income, in:
Scientific American, Bd. 247, Nr. 3, 1982, S. 192.

2 Jakob Lorber: *Das große Evangelium Johannes*, Lorber Verlag
1983, Bd. 5, Kapitel 108, Abs 1.

3 https://www.bundestag.de/parlament/aufgaben/rechtsgrundlagen/
grundgesetz/gg_01-245122.

4 Erich Fromm: Psychologische Aspekte zur Frage eines garantierten Einkommens für alle, in: Philip Kovce und Birger P. Priddat
(2019), S. 273–283, hier S. 275.

5 Hermann Binkert: Ergebnisse einer zweiten repräsentativen Umfrage: Das Bedingungslose Grundeinkommen ist eine Idee, die
Informierte überzeugt, auf: scholar.google.de.

6 Vgl. Andreas Reckwitz (2019).

7 Philippe Van Parijs: Warum Surfer durchgefüttert werden sollten,
in: Philip Kovce und Birger P. Priddat (2019), S. 356–372.

Volk ohne Land
Der Ursprung des Grundeinkommens

1 »Die Arbeit ist in der UdSSR Pflicht und Ehrensache jedes
arbeitsfähigen Staatsbürgers nach dem Grundsatz: ›Wer nicht
arbeitet, soll auch nicht essen.‹« Art. 12 der Verfassung der
UdSSR vom 5. Dezember 1936.

2 Thomas Spence (1904), S. 23.

3 Ebd., S. 24.

4 Ebd., S. 28.

5 Thomas Paine: Agrarische Gerechtigkeit, in: Philip Kovce und Birger P. Priddat (2019), S. 78–98, hier S. 85.

6 Thomas Spence: Die Rechte der Kinder, in: Philip Kovce und Birger P. Priddat (2019), S. 99 f.

7 Ebd., S. 107.

8 Thomas Spence: A Receipt to Make a Millenium or Happy World: Being Extracts from the Constitution of Spensonia (1805), siehe: marxists.org.

9 Vgl. Axel Rüdiger: Die Utopie des unbedingten Grundeinkommens als Gebot der praktischen Vernunft. Die philosophische Begründung des kommunistischen Radikalismus bei Johann Adolf Dori um 1800, in: Alexander Amberger und Thomas Möbius (Hrsg.): *Auf Utopias Spuren. Utopie und Utopieforschung*, Festschrift für Richard Saage zum 75. Geburtstag, Springer VS 2016, S. 145–160.

10 Charles Fourier: (grundeinkommen.de) 1836, S. 490 ff.

11 Charles Fourier: Brief an den Justizminister, in: Philip Kovce und Birger P. Priddat (2019), S. 112–124.

12 Ebd., S. 117, (Hervorhebung R.D.P.).

13 Victor Considerant (1906), S. 96.

14 Joseph Charlier: Lösung des Sozialproblems oder Humanitäre Verfassung, auf Naturrecht gegründet und mit einer Präambel versehen, in: Philip Kovce und Birger P. Priddat (2019), S. 133–156, hier S. 134.

15 Ebd., S. 136.

16 Ebd., S. 142.

17 Ebd., S. 147.

18 Ebd., S. 144.

Grundeinkommen reloaded
Sozialutopismus im Angesicht des industriellen Fortschritts

1 William Morris: *Bellamy's Looking Backward*. The William Morris Internet Archive Works (1889): »*I believe that this will always be so, and the multiplication of machinery will just multiply machinery; I believe that the ideal of the future does*

not point to the lessening of men's energy by the reduction of labour to a minimum, but rather the reduction of pain in labour to a minimum, so small that it will cease to be pain.« (Übersetzung R.D.P.).

2 Vgl. Peter Faulkner: William Morris and Oscar Wilde, auf: https:// morrissociety.org/wp-content/uploads/SU02.14.4.Faulkner.pdf.

3 Josef Popper-Lynkeus (1912).

4 Vgl. dazu Rudolf Steiners Vortrag: Die Geschichte der sozialen Bewegung (30. Juli 1919), in: *Neugestaltung des sozialen Organismus*, Verlag der Rudolf-Steiner-Nachlassverwaltung 1963.

5 Bertrand Russell: Wege zur Freiheit. Sozialismus, Anarchismus und Syndikalismus, in: Philip Kovce und Birger P. Priddat (2019), S. 231–245, hier S. 233.

6 Ebd., S. 245.

7 Ebd., S. 240.

8 Vgl. dazu Walter van Trier: *Everyone a King. An Investigation into the Meaning and Significance of the Debate on Basic Income with Special Reference to Time Episodes from the British Inter-War Experience*, Katholische Universität Leiden 1995.

Instrument oder Grundrecht?
Das liberale Grundeinkommen

1 Augustin Cournot: *Recherches sur les principes mathématiques de la théorie des richesses* (1838), auf Deutsch: *Untersuchungen über die mathematischen Grundlagen der Theorie des Reichtums*, Gustav Fischer 1924.

2 Zeitgleich vertreten wurde es 1944 auch von dem Marktsozialisten Abba Lerner.

3 Milton Friedman: Kapitalismus und Freiheit, in: Philip Kovce und Birger P. Priddat (2019), S. 266–272, hier S. 267.

4 Ebd., S. 268.

5 *»My goal is to create a situation of full unemployment – a world in which people do not have to hold a job. And I believe that this kind of world can actually be achieved.«* Robert Theobald (1966), S. 19; »The priorities of this county are completely

out of whack. *The generally accepted goals of our society appear to be technological wizardry, economic efficiency and the developed individual in the good society – but in that order.«* Robert Theobald (1968), S. 1.

6 Vgl. Brian Steensland (2008).

7 Milton Friedman und Rose Friedman (1980).

8 Wolfram Engels, Joachim Mitschke und Bernd Starkloff: *Staatsbürgersteuer. Vorschlag zur Reform der direkten Steuern und persönlichen Subventionen durch ein integriertes Personalsteuer- und Subventionssystem*, Karl-Bräuer-Institut des Bundes der Steuerzahler e. V., Bd. 26, 1974; Lionel Stoléru: *Vaincre la pauvreté dans les pays riches*, Flammarion 1974.

9 Ralf Dahrendorf: Ein garantiertes Mindesteinkommen als konstitutionelles Anrecht, in: Philip Kovce und Birger P. Priddat (2019), S. 331–337, hier S. 333.

10 Ebd., S. 334, (kursiv R.D.P.).

11 Ebd., S. 335.

12 Ebd., S. 336.

13 Kollektiv Charles Fourier: Das allgemeine Grundeinkommen, in: Philip Kovce und Birger P. Priddat (2019), S. 322–330, hier S. 322.

Freiheit, Nachhaltigkeit, Systemwechsel
Das links-humanistische Grundeinkommen

1 Ralf Dahrendorf: Wenn der Arbeitsgesellschaft die Arbeit ausgeht, in: Deutsche Gesellschaft für Soziologie und Joachim Matthes (Hrsg.): *Krise der Arbeitsgesellschaft? Verhandlungen des 21. Deutschen Soziologentages in Bamberg 1982*, Campus 1983, S. 25–37.

2 Vgl. dazu: Georg Vobruba (2019); Yannick Vanderborght und Philippe Van Parijs (2005).

3 Ein BGE wurde in Deutschland zuvor allerdings schon von Erich Fromm und auch von Joseph Beuys vorgeschlagen.

4 André Gorz (2009).

5 André Gorz: Wer nicht arbeitet, soll trotzdem essen, in: Claus Leggewie und Wolfgang Stenke (2017), S. 106.

6 André Gorz (2009), S. 313.

7 Michael Opielka: Das garantierte Einkommen – ein sozialstaat-
liches Paradoxon?, in: Philip Kovce und Birger P. Priddat (2019),
S. 300–321, hier S. 318.

Grundeinkommen heute
Koordinaten für ein realistisches BGE

1 Vgl. etwa das »Solidarische Bürgergeld«, das der ehemalige
Ministerpräsident von Thüringen, Dieter Althaus, ins Gespräch brachte.
2 http://www.faz.net/aktuell/wirtschaft/arbeitsmarkt-und-hartz-iv/
dm-gruender-goetz-werner-1000-euro-fuer-jeden-machen-die-
menschen-frei-1623224-p2.html.
3 Einen garantierten Mindestbetrag von 9000 Euro im Jahr
(das entspricht 750 Euro im Monat) beziehungsweise 7428 Euro
für Kinder schlägt Thomas Straubhaar vor: Was ist ein Grundeinkommen und wie funktioniert es?, in: Christoph Butterwegge
und Kuno Rinke: *Grundeinkommen kontrovers* (2018). Ausnahmen sieht er bei »Härtefällen« mit hohen Gesundheitskosten.
Ungelöst sei dabei die Frage, wer die Kranken- und Unfallversicherung übernimmt und ob der Betrag entsprechend erhöht
werden müsse. Die 925 Euro stammen aus Thomas Straubhaar
(2017), S. 143.
4 https://de.statista.com/statistik/daten/studie/574084/umfrage/
standardrente-der-gesetzlichen-rentenversicherung-in-
deutschland/.
5 *Rentenversicherung in Zahlen 2021. Durchschnittlicher Renten-
zahlbetrag für »Renten wegen Alters«, zu finden auf den Seiten
34 bis 36:* https://www.deutsche-rentenversicherung.de/
SharedDocs/Downloads/DE/Statistiken-und-Berichte/statistik
publikationen/rv_in_zahlen_2021.html.
6 https://www.spd.de/aktuelles/grundrente/.
7 Ebd.
8 Vgl. Thomas Straubhaar (2017); Thomas Straubhaar (2021).
9 Robert A. Heinlein: *Beyond This Horizon*, Boston Book Company 1942; auf Deutsch: *Utopia 2300*, Heyne 1971.
10 https://www.sueddeutsche.de/wirtschaft/digitalisierung-bill-gates-

fordert-robotersteuer-1.3386861; htps://www.faz.net/aktuell/
wirtschaft/netzwirtschaft/automatisierung-bill-gates-fordert-
roboter-steuer-14885514.html.

11 https://www.provinz.bz.it/verwaltung/finanzen/irap.asp.

12 Vgl. Reiner Hoffmann, Deutscher Gewerkschaftsbund (DGB), in:
Welt am Sonntag: http://www.welt.de/wirtschaft/
article157097841/Auch-eine-Steuer-wird-Roboter-nicht-
aufhalten.htm. Siehe auch: https://www.dgb.de/themen/
++co++ad83a9c2-4f21-11e6-9dee-525400e5a74a.

13 Georg Ortner: Wertschöpfungsabgabe: Eine Alternative zur
Finanzierung der sozialen Sicherungssysteme, Arbeiterkammer-
Blog Österreich, 6. Februar 2015. Vgl. Alois Guger, Käthe
Knittler, Marterbauer, Margit Schratzenstaller und Ewald
Walterskirchen: *Alternative Finanzierungsformen der sozialen
Sicherheit*, Österreichisches Institut für Wirtschaftsforschung
2008.

14 https://www.zeit.de/digital/internet/2012-06/roboter-pauschale-
arbeit/.

15 Joseph R. Blasi, Richard B. Freeman und Douglas L. Kruse:
The Citizen's Share: Reducing Inequality in the 21st Century,
Yale University Press 2014.

16 https://mikrosteuer.ch.

17 https://www.sueddeutsche.de/wirtschaft/finanztransaktionssteuer-
steuer-soll-milliarden-bringen.

18 Paul Krugman: »Taxing the Speculators«, in: *The New York
Times*, 26. November 2009: Barry Eichengreen: *Financial Crises
and What to Do About Them*, Oxford University Press 2002;
Paul Bernd Spahn: The Tobin Tax an Exchange Rate Stability,
in: *Finance and Development*, Juni 1996; ders.: Zur Durchführ-
barkeit einer Devisentransaktionssteuer. Gutachten im Auftrag
des Bundesministeriums für Wirtschaftliche Zusammenarbeit
und Entwicklung, Bonn 2002.

19 Barry Eichengreen, James Tobin und Charles Wyplosz:
Two Cases for Sand in the Wheels of International Finance, in:
The Economic Journal, Nr. 105 (1997).

20 Björn Finke: »Scholz' Börsensteuer brächte nur fünf Milliarden
Euro ein«, in: *Süddeutsche Zeitung*, 16. Dezember 2020;

https://www.sueddeutsche.de/wirtschaft/boersensteuer-deutschland-hoehe-1.5149876.

21 https://www.bmas.de/DE/Service/Presse/Meldungen/2021/bundes
kabinett-verabschiedet-sozialbericht-2021.html.

Die faulen anderen.
Anthropologische Einwände gegen das BGE

1 Rainer Hank: Pro & Contra Grundeinkommen, auf: https://
www.philomag.de/artikel/grundeinkommen-einfuehren.
2 https://www.vorwaerts.de/artikel/bedingungslose-grundeinkom-
men-zerstoert-wohlfahrtsstaat.
3 Allen Davenport: Agrarische Gleichheit, in: Philip Kovce und
Birger P. Priddat (2019), S. 131.
4 Ebd., S. 132.
5 Joseph Charlier: Lösung des Sozialproblems oder Humanitäre
Verfassung, auf Naturrecht gegründet und mit einer Präambel
versehen, in: Philip Kovce und Birger P. Priddat (2019), S. 133–
156, hier S. 144.
6 https://www.grundeinkommen.de/.
7 Vgl. Katherine E. Hansen und Emily Pronin: Illusions of Self-
Knowledge, in: Simine Vazire und Timothy D. Wilson (Hrsg.):
Handbook of Self-Knowledge, Guilford Press 2012, S. 345–362.
8 Ebd., S. 354, (Übersetzung R.D.P.).
9 So Denis Scheck in seiner Rezension meines Buchs *Jäger, Hirten,
Kritiker. Eine Utopie für die digitale Gesellschaft*, Goldmann
2018, in der Sendung *Druckfrisch*.
10 http://www.zeit.de/2016/24/bedingungsloses-grundeinkommen-
schweiz-abstimmung-pro-contra.

Geld für Millionäre?
Soziale Einwände gegen das BGE

1 Vgl. stellvertretend Heinz J. Bontrup: Das bedingungslose
Grundeinkommen – eine ökonomisch skurrile Forderung, in:
Christoph Butterwegge und Kuno Rinke: *Grundeinkommen
kontrovers* (2018), S. 114–130, hier S. 114.

2 Ebd., S. 117.
3 Marcel Fratzscher: Irrweg des bedingungslosen Grundeinkommens, in: *Wirtschaftsdienst* 7/2017, S. 521–523, hier S. 521.
4 Ralf Krämer: Eine illusionäre Forderung und keine soziale Alternative. Gewerkschaftliche Argumente gegen das Grundeinkommen, in: Christoph Butterwegge und Kuno Rinke: *Grundeinkommen kontrovers* (2018), S. 131–149, hier S. 135 und S. 141.
5 Ebd., S. 141.
6 https://eci.ec.europa.eu/014/public/#/screen/home.

Wer soll das bezahlen?
Ökonomische Einwände gegen das BGE

1 Philip Kovce und Birger P. Priddat (2019), S. 18.

Evidenz im Experiment?
Warum Modellversuche nicht viel nützen

1 Georg Vobruba: Wege aus der Utopiefalle des Grundeinkommens, in: Christoph Butterwegge und Kuno Rinke: *Grundeinkommen kontrovers* (2018), S. 224–236, hier S. 231.
2 Philip Kovce und Birger P. Priddat (2019), S. 22 f.
3 So die Idee von Michael Bohmeyer, der das Geld über Crowdfunding zusammenträgt und seit 2021 verlost; https://www.stern.de/wirtschaft/news/berliner-verlost-grundeinkommen-was-wuerden-sie-mit-12-000-euro-anstellen--3954054.html.
4 https://static1.squarespace.com/static/6039d612b17d055cac140 70f/t/605029f652a6b53e3dd39044/1615866358804/SEED+ Pre-analysis+Plan.pdf.

Von Utopia nach Realia
Wie wird das Grundeinkommen umgesetzt?

1 Vgl. dazu Steven Pinker: *Aufklärung jetzt. Für Vernunft, Wissenschaft, Humanismus und Fortschritt. Eine Verteidigung*, S. Fischer 2018.

WIE WIRD DIE SINNGESELLSCHAFT GEBILDET?
Selbstbefähigung
Bildung im 21. Jahrhundert

1 Richard David Precht: *Anna, die Schule und der liebe Gott. Der Verrat des Bildungssystems an unseren Kindern*, Goldmann 2013.
2 Siehe dazu https://de.khanacademy.org/.
3 Wilhelm von Humboldt: *Denkschrift über die äußere und innere Organisation der höheren wissenschaftlichen Anstalten in Berlin. Rechenschaftsbericht an den König* 1808–1809, in: ders: Werke, Bd. 4, Wissenschaftliche Buchgesellschaft/Cotta 1860, S. 218.
4 Ebd.
5 Dietrich Benner: *Wilhelm von Humboldts Bildungstheorie. Eine problemgeschichtliche Studie zum Begründungszusammenhang neuzeitlicher Bildungsreform*, Belz Juventa 2003, S. 177.
6 Gudrun Quenzel und Klaus Hurrelmann (Hrsg.): *Bildungsverlierer. Neue Ungleichheiten*, VS Verlag 2011, S. 17.

Die Neugier bewahren
Zeitgemäße Ziele der Pädagogik

1 Karl Popper: *Ausgangspunkte. Meine intellektuelle Entwicklung*, Mohr Siebeck 2012, S. 51.
2 Gudrun Quenzel und Klaus Hurrelmann (2011), S. 22.
3 Vgl. dazu die Experimente von Felix Warneken und Michael Tomasello: Altruistic Helping in Human Infants and Young Chimpanzees, in: *Science* 311 (3), 2006, S. 1301–1303; Felix Warneken, Frances Chen und Michael Tomasello: Cooperative Activities in Young Children and Chimpanzees, in: *Child Development* 77 (3) 2006, S. 640–663.
4 Vgl. dazu: Manfred Dworschak: »Der virtuelle Hörsaal«, in: *Der Spiegel*, 3/2013.
5 Gudrun Quenzel und Klaus Hurrelmann (2011), S. 18.

Zwölf Prinzipien
Die Schulen der Zukunft

1 Die hier aufgelisteten zehn Punkte sind eine leicht über-
arbeitete Version der zehn Aspekte in: Richard David Precht:
Anna, die Schule und der liebe Gott, Goldmann 2013.
2 Ausgewählte Literatur, siehe Seite 521.

Ausgewählte Literatur

DIE REVOLUTION DER ARBEITSWELT

Die Urheber des Begriffs »zweites Maschinenzeitalter« sind Erik Brynjolfsson und Andrew McAfee: *The Second Machine Age. Wie die nächste digitale Revolution unser aller Leben verändern wird*, Plassen 2014. Das heiß diskutierte Buch zum »Great Reset« ist Klaus Schwab und Thierry Malleret: *COVID-19. Der große Umbruch*, Forum Publishing 2020.

Von höherer Arbeitslosigkeit und dem Zwang zum Jobwechsel durch technischen Fortschritt sprechen lange vor der »Oxford-Studie« Robert E. Lucas und Edward C. Prescott: Equilibrium Search and Unemployment, in: *Journal of Economic Theory*, 7, S. 188–209 (1974); Stephen J. Davis und John Haltiwanger: Gross Job Creation, Gross Job Destruction, and Employment Reallocation, in: *Quarterly Journal of Economics*, Bd. 107 (3), 1992: https://www.jstor.org/stable/2118365; Christopher A. Pissarides: *Equilibrium Unemployment Theory*, Basil Blackwell 1990, MIT Press Cambridge 2000. Die »Oxford-Studie« findet sich unter Carl Benedikt Frey und Michael Osborne: The Future of Employment: How Susceptible Are Jobs to Computerization: https://www.oxfordmartin.ox.ac.uk/downloads/academic/The_Future_of_Employment.pdf. Siehe auch dies.: The Future of Employment. How Susceptible are Jobs to Computerization?, in: *Technological Forecasting and Social Change*, 114, 2017, S. 254–280: https://www.sciencedirect.com/science/article/abs/pii/S0040162516302244. Die Studie der London School of Economics and Political Science, die bei 54 Prozent aller Jobs in Europa eine hohe Automatisierungswahrscheinlichkeit sieht, findet sich bei Jeremy Bowles: *The Computerisation of European Jobs*: https://www.bruegel.org/2014/07/the-computerisation-of-european-jobs. Eine Kombination aus dem Ansatz von Frey und Osborne für die Verlustanalyse mit einer makroökonomischen Simulation für zusätzlich geschaffene Arbeitsplätze liefert das McKinsey Global Institute: *Jobs Lost, Jobs Gained: Workforce Transformations in a Time of Automation*, 2017. Zum Jobverlust durch Roboterisierung in den USA siehe Daron Acemoglu und Pascual Restrepo: *Robots and Jobs: Evidence from US Labor Markets*, National Bureau of Economic Research, Cambridge 2017. Vgl. dies.: Automation and Work, National Bureau of Economic Research, Cambridge 2018, dies.: Low-Skill and High-Skill Automation, in: *Journal of Human Capital*, 12, Heft 2, 2018, S. 204–232. Zur Automatisierungswahrscheinlichkeit in der Fertigung in Deutschland siehe Katharina Dengler, Britta Matthes und Gabriele Wydra-Somaggio: IAB-Kurzbericht Nr. 22/2018: https://www.econstor.eu/handle/10419/185857.

Den Unterschied zwischen automatisierbaren Berufsfeldern und realen Beschäftigungsverhältnissen betonen Daniela Rohrbach-Schmidt und Michael Tiemann: Changes in Workplace Tasks in Germany – Evaluating Skill and Task Measures, in: *Journal for Labor Market Research*, 46, 2013, S. 215–237; Konstantinos Pouliakas: Automation Risk in the EU Labour Market. A Skill-Needs Approach: https://marketpost.gr/media/2020/05/automation_risk_in_the_eu_labour_market.pdf. Ljubica Nedelkoska und Glenda Quintini: Automation, Skills Use and Training: https://ideas.repec.org/p/oec/elsaab/202-en.

html. Optimistische Berechnungen hinsichtlich zukünftiger Beschäftigungsverhältnisse finden sich bei Melanie Arntz, Terry Gregory und Ulrich Zierahn: The Risk of Automation for Jobs in OECD Countries. A Comparative Analysis: https://www.zew.de/publikationen/the-risk-of-automation-for-jobs-in-oecd-countries-a-comparative-analysis; dies.: Revisiting the Risk of Automation: https://www.researchgate.net/publication/318108672_Revisiting_the_Risk_of_Automation; dies.: Digitalisierung und die Zukunft der Arbeit. Makroökonomische Auswirkungen auf Beschäftigung, Arbeitslosigkeit und Löhne von morgen, Zentrum für Deutsche Wirtschaftsforschung (ZEW) 2018: https://ftp.zew.de/pub/zew-docs/gutachten/DigitalisierungundZukunftderArbeit2018.pdf. Terry Gergory, Anna Salomons und Ulrich Zierahn: Racing With or Against the Machine? Evidence from Europe. Centre for European Economic Research, Diskussionspapier Nr. 16–053, 2016: https://ftp.zew.de/pub/zew-docs/dp/dp16053.pdf. Kurt Vogler-Ludwig, Nicola Düll, Ben Kriechel und Tim Vetter: Arbeitsmarkt 2030 – Wirtschaft und Arbeitsmarkt im digitalen Zeitalter. Prognose 2016, Projektanalyse der zukünftigen Arbeitskräftenachfrage und des -angebots in Deutschland auf Basis eines Rechenmodells im Auftrag des Bundesministeriums für Arbeit und Soziales 2016. Marc Ingo Wolter, Anke Mönnig, Christian Schneemann u. a.: Wirtschaft 4.0 und die Folgen für Arbeitsmarkt und Ökonomie. Szenario-Berechnungen im Rahmen der BIBB-IAB-Qualifikations- und Berufsfeldprojektionen, Bundesinstitut für Berufsbildung (BIBB), Diskussionspapier 2016/2019: https://www.bibb.de.

Dass Roboter in der Vergangenheit selten negative Folgen für die Beschäftigungslage mit sich brachten, dokumentieren Georg Graetz und Guy Michaels: Robots at Work, in: *The Review of Economics and Statistics*, 100 (5), 2018, S. 753–768. Ebenso Wolfgang Dauth, Sebastian Findeisen, Jens Südekum und Nicole Wößner: German Robots: The Impact of Industrial Robots on Workers, Interactive Advertising Bureau (IAB), Diskussionspapier 3072017; https://doku.iab.de/discussionpapers/2017/dp3017.pdf; dies.: The Adjustment of Labor Markets to Robots, in: *Journal of the European Economic Association 2021*: https://academic.oup.com/jeea/advance-article/doi/10.1093/jeea/jvab012/6179884. *Jens Südekum: Digitalisierung und die Zukunft der Arbeit. Was ist am Arbeitsmarkt passiert und wie soll die Wirtschaftspolitik reagieren?, in: IZA (Forschungsinstitut zur Zukunft der Arbeit) Standpunkte Nr. 90, 2018:* https://www.iza.org/publications/s/90/digitalisierung-und-die-zukunft-der-arbeit-was-ist-am-arbeitsmarkt-passiert-und-wie-soll-die-wirtschaftspolitik-reagieren.

Zur Kompensation des Jobverlusts durch erhöhte Produktivität (»Kompensation«) siehe Daron Acemoglu: Why Do New Technologies Complement Skills?, in: *The Quarterly Journal of Economics*, Bd. 113 (4), 1998, S. 1055–1089; David H. Autor, Frank Levy und Richard J. Murnane: The Skill Content of Recent Technological Change: An Empirical Exploration, in: *The Quarterly Journal of Economics*, 118, 2003; David H. Autor: Why Are There Still So Many Jobs? The History and Future of Workplace Automation, in: *Journal of Economic Perspectives*, Bd. 29 (3), 2015, S. 3–30.

Zum Wettlauf von Mensch und Maschine siehe Claudia Goldin und Lawrence F. Katz: Education and Income in the Early Twentieth Century. Evidence from the Prairies, in: *The Journal of Economic History*, Bd. 60, Nr. 3, September 2000, S. 782–818; dies.: *The Race Between Education and Technology*, Belknap Press of Harvard University Press 2008; Daron Acemoglu und Pascual Restrepo: The Race Between Machine and Man: Implications of Technology for Growth, Factor Shares and Employment, National Bureau of Economic Research, Cambridge 2017.

Zum Konzept, die Belegschaft an der Wertschöpfung der Roboter zu beteiligen, siehe Joseph R. Blasi, Richard B. Freeman und Douglas L. Kruse: *The Citizen's Share: Putting Ownership Back into Democracy*, Yale University Press 2013. Zum Produktivitätsparadoxon siehe Ansgar Gründler: *Computer und Produktivität. Das Produktivitätsparadoxon der Informationstechnologie*, Springer 1997; Nicholas Carr: *Does IT Matter? Information Technology and the Corrosion Advantage*, Harvard Business Review Press 2004; Robert Gordon: *The Rise and Fall of American Growth*, Princeton University Press 2017. Zum sayschen Gesetz siehe Jean-Baptiste Say: *A Treatise on Political Economy*, Batoche Books Kitchener 2001, S. 57. Die Kompensationstheorie wird dargelegt in David Ricardo: *Über die Grundsätze der Politischen Ökonomie und der Besteuerung*, Metropolis 2006. Zu den Einwänden gegen die Kompensationstheorie siehe Jean-Charles-Leonhard Simonde de Sismondi: *Nouveaux principes d'économie politique, ou De la richesse dans ses rapports avec la population*, Faksimile, Verlag Wirtschaft und Finanzen 1995. Die Spreizung der Lohnschere im digitalen Zeitalter erklären James J. Heckman und Alan B. Krueger: *Inequality in America: What Role for Human Capital Policies*, MIT Press 2004; *Maarten Goos, Alan Manning und Anna Salomons:* Job Polarization in Europe, in: *American Economic Review*, Bd. 99, Nr. 2, 2009, S. 58–63; David H. Autor und David Dorn: The Growth of Low-Skill Service Jobs and the Polarization of the US Labor Market, in: *American Economic Review*, Bd. 103, Nr. 5, 2012, S. 1553–1597: http://dx.doi.org/10.1257/aer.103.5.1553. Daran, dass mehr technologische Bildung, Ausbildung und Weiterbildung künftige Massenarbeitslosigkeit in den USA verhindern können, glauben unverdrossen David H. Autor, David A. Mindell und Elizabeth Reynolds: *The Work of the Future: Building Better Jobs in Age of Smart Machines*, MIT Press 2022. Eine

Welt aus Altenpflegern und Altenpflegerinnen sah voraus George Paget Thomson: *The Foreseeable Future*, Cambridge University Press 1955. Die Gefahr eines kollektiven Abstiegs ganzer Bevölkerungsschichten beschwören Oliver Nachtwey: *Die Abstiegsgesellschaft. Über das Aufbegehren in der regressiven Moderne*, Suhrkamp 2016; Andreas Reckwitz: *Das Ende der Illusionen. Politik, Ökonomie und Kultur in der Spätmoderne*, Suhrkamp 2019. Die Notwendigkeit, die Wirtschaft im Zeitalter der Digitalisierung grundlegend umzubauen, untermauern Timothy Bresnahan, Erik Brynjolfsson und Lorin M. Hitt: Information Technology, Workplace Organization, and the Demand for Skilled Labor: Firm-Level Evidence, in: The Quarterly Journal of Economics, Bd. 117 (1), 2002, S. 339–376. Zur Befürchtung, die Bürger würden sich gegen den technischen Fortschritt stellen, siehe Carl Benedikt Frey: *Technology Trap: Capital, Labor, and Power in the Age of Automation*, Princeton University Press 2019.

DER BEGRIFF DER ARBEIT

Einen sehr guten Überblick über den Wandel des Arbeitsbegriffs geben Klaus Tenfelde (Hrsg.): *Arbeit und Arbeitserfahrung in der Geschichte*, Vandenhoeck & Ruprecht 1986; Jürgen Kocka und Claus Offe (Hrsg.): *Geschichte und Zukunft der Arbeit*, Campus 2000.

Den Ursprung der menschlichen Intelligenz aus den Erfordernissen der Sozialbeziehungen beschreiben Richard E. Leakey und Roger Lewin: *Der Ursprung des Menschen*, Fischer 1993. Den veränderten Blick auf die »Arbeitslosigkeit« der Vorzeit leitete ein Marshall D. Sahlins: *Stone Age Economics*, Tavistock 1974. Vgl. auch ders. und Elman R. Service: *Evolution and Culture*, University of Michigan Press 1988. Zur Arbeit in frühen Kulturen siehe auch James Woodburn: Egalitarian Societies, in: *Man*, 17, 1982, S. 431–451; Christopher Hann: Echte Bauern, Stachanowiten und die Lilien auf dem Felde, in Jürgen Kocka und Claus Offe (2000), S. 23–53; Gerd Spittler: *Anthropologie der Arbeit. Ein ethnographischer Vergleich*, Springer VS 2016; James Suzman: *Sie nannten es Arbeit. Eine andere Geschichte der Menschheit*, C. H. Beck 2021.

Zur Arbeit in der Antike siehe Moses Finley: *The Ancient Economy*, University of California Press 1973; ders.: *Die Sklaverei in der Antike*. C. H. Beck 1981; Christian Meier: Arbeit, Politik, Identität. Neue Fragen im alten Athen?, in: *Chronik der Ludwig-Maximilians-Universität München 1983/1984*, S. 69–95; Michel Austin und Pierre Vidal-Naquet: *Gesellschaft und Wirtschaft im alten Griechenland*, C. H. Beck 1984; Sitta von Reden: Arbeit und Zivilisation. Kriterien der Selbstdefinition im antiken Athen, in: *Münstersche Beiträge zur antiken Handelsgeschichte*, 11, Heft 1, 1992, S. 1–31; Raymond Descat: L'Économie antique et la cité grecque. Un modèle en question, in: *Annales*, Bd. 50, 1995, S. 961–989; Wilfried Nippel: *Erwerbsarbeit in der Antike*, in: Jürgen Kocka und Claus Offe (2000), S. 54–66; Hans Kloft: *Studien zur Wirtschafts-, Sozial- und Rezeptionsgeschichte der Antike*, De Gruyter 2020.

Zur Arbeit im frühen Christentum und im Mittelalter siehe Martin Hengel: *Eigentum und Reichtum in der frühen Kirche. Aspekte einer frühchristlichen Sozialgeschichte*, Calwer 1973; Christoph Sachße und Florian Tennstedt: *Geschichte der Armenfürsorge in Deutschland*, Kohlhammer 1980; Michel Mollat: *Die Armen im Mittelalter*, C. H. Beck 1984; Otto Gerhard Oexle: Armut, Armutsbegriff und Armenfürsorge im Mittelalter, in: Christoph Sachße und Florian Tennstedt (Hrsg.): *Soziale Sicherheit und soziale Disziplinierung*, Suhrkamp 1986, S. 73–101; ders.: Deutungsschemata der sozialen Wirklichkeit im frühen und hohen Mittelalter. Ein Beitrag zur Geschichte des Wissens, in: František Graus (Hrsg.): *Mentalitäten im Mittelalter. Methodische und inhaltliche Probleme*, Jan Thorbecke 1987, S. 65–117; ders.: Arbeit, Armut, »Stand« im Mittelalter, in: Jürgen Kocka und Claus Offe (2000), S. 67–79 Bronislaw Geremek: *Geschichte der Armut. Elend und Barmherzigkeit in Europa*, Artemis 1988.

Zur Arbeit in der frühen Neuzeit siehe Konrad Wiedemann: *Arbeit und Bürgertum. Die Entwicklung des Arbeitsbegriffs in der Literatur Deutschlands an der Wende zur Neuzeit*, Winter 1979; Hans Mommsen und Winfried Schulze (Hrsg.): *Vom Elend der Handarbeit. Probleme historischer Unterschichtenforschung*, Klett-Cotta 1981; Helmut König, Bodo von Greiff und Helmut Schauer (Hrsg.): *Sozialphilosophie der industriellen Arbeit*, Westdeutscher Verlag 1990; Wolfgang Zorn: Arbeit in Europa vom Mittelalter bis ins Industriezeitalter, in: Venanz Schubert (Hrsg.): *Der Mensch und seine Arbeit*, EOS-Verlag 1986; Reinhold Reith: *Die Praxis der Arbeit. Probleme und Perspektiven der handwerksgeschichtlichen Forschung*, Campus 1998; Richard van Dülmen: »Arbeit« in der frühneuzeitlichen Gesellschaft. Vorläufige Bemerkungen, in: Jürgen Kocka und Claus Offe (2000), S. 80–87; Andrea Komlosy: *Arbeit. Eine globalhistorische Perspektive. 13. bis 21. Jahrhundert*. Promedia 2014. Zum Arbeitsbegriff bei John Locke siehe Manfred Brocker: *Arbeit und Eigentum. Der Paradigmenwechsel in der neuzeitlichen Eigentumstheorie*, Wissenschaftliche Buchgesellschaft 1992; Jörg Thomas Peters: *Der Arbeitsbegriff bei John Locke*, Münsteraner Philosophische Schriften, Bd. 3, 1997.

Zum ökonomischen Arbeitsbegriff siehe Erich Gutenberg: *Einführung in die Betriebswirtschaftslehre*, Gabler 1958; ders.: *Grundlagen der Betriebswirtschaftslehre*, Bd. 1, *Die Produktion*, 1971, 18. Aufl.; *Gabler Wirtschaftslexikon*, Bd. 1, Springer Gabler 2019, 19. Aufl.; Wolfgang Lück (Hrsg.): *Lexikon der Betriebswirtschaft*, De Gruyter, 2015, 6. Aufl.; Sönke Peters, Rolf Brühl und Johannes N. Stelling: *Betriebswirtschaftslehre. Einführung*, De Gruyter 2005, 12. Aufl.; Dietmar Vahs und Jan Schäfer-Kunz: *Einführung in die Betriebswirtschaftslehre*, 2021, 8. Aufl. Zur Kritik an der sozialdemokratischen Kompensation siehe André Gorz: *Abschied vom Proletariat – jenseits des Sozialismus*, Europäische Verlagsanstalt 1980, ders.: *Wege ins Paradies. Thesen zur Krise, Automation und Zukunft der Arbeit*, Rotbuch 1983; ders.: *Kritik der ökonomischen Vernunft. Sinnfragen am Ende der Arbeitsgesellschaft*, Rotbuch 1989 (Neuauflage Rotpunktverlag 2010); ders.: *Arbeit zwischen Misere und Utopie*, Suhrkamp 1999. Zu Gorz siehe ferner Claus Leggewie und Wolfgang Stenke (Hrsg.): *André Gorz und die zweite Linke. Die Aktualität eines fast vergessenen Denkers*, Wagenbach 2017.

Zum libertären Arbeitsbegriff siehe William Godwin: *Enquiry Concerning Political Justice and its Influence on General Virtue and Happiness*, G. G. J. and Robinson 1793; Karl Marx und Friedrich Engels: *Die deutsche Ideologie*, Henricus 2018; Karl Marx' »Maschinenfragment« ist neu herausgegeben von Christian Lotz (Hrsg.): *Karl Marx. Das Maschinenfragment*, Laika 2014; Paul Lafargue: *Das Recht auf Faulheit. Widerlegung des »Rechts auf Arbeit«*, Holzinger 2015. Oscar Wilde: *Der Sozialismus und die Seele des Menschen*, Holzinger 2015; Friedrich Engels: *Anteil der Arbeit an der Menschwerdung des Affen*, xhglc.org.mx 2018.

ARBEIT UND GESELLSCHAFT HEUTE

Zur Überflussgesellschaft siehe John Kenneth Galbraith: *The Affluent Society*, Houghton Mifflin 1958. Auf Deutsch: *Gesellschaft im Überfluss*, Droemer Knaur 1963. Zu John Maynard Keynes' Prophezeiung siehe ders.: Economic Possibilities for our Grandchildren, in: *The Nation and Athenaeum*, Oktober 1930: http://www.econ.yale.edu/smith/econ116a/keynes1. pdf; auf Deutsch: Die wirtschaftlichen Möglichkeiten unserer Enkelkinder, in: Philip Kovce und Birger P. Priddat (2019), S. 246–257. Zur Diskussion um Arbeit und Freizeit in Folge der technologischen Entwicklung der Sechzigerjahre siehe maßgeblich A. J. Veal: *Whatever Happened to the Leisure Society?*, University of Technology Sydney 2009: https://opus.lib.uts.edu.au/bitstream/2100/919/1/lstwp9.pdf. Gleichsam eine Kurzfassung dazu liefert Daniel Akst: What Can We Learn from Past Anxiety over Automation?: https://www.wilsonquarterly.com/quarterly/summer-2014-where-have-all-the-jobs-gone/theres-much-learn-from-past-anxiety-over-automation. Zu Robert Heilbroner siehe ders.: *The Limits of American Capitalism*, Harper & Row 1966; ders.: *An Inquiry into the Human Prospect*, Norton 1974. Zu Herman Kahn siehe ders. und Anthony J. Wiener: *The Year 2000: A Framework for Speculation on the Next Thirty-Three Years.* Macmillan 1967. Auf Deutsch: dies.: *Ihr werdet es erleben. Voraussagen der Wissenschaft bis zum Jahre 2000*, Molden 1968; Rowohlt 1971. Von »Bullshit Jobs« spricht David Graeber: *Bullshit Jobs. Vom wahren Sinn der Arbeit*, Klett-Cotta 2019. Zu Karl Polanyi siehe ders.: *Ökonomie und Gesellschaft*, Suhrkamp 1979; ders.: *The Great Transformation. Politische und ökonomische Ursprünge von Gesellschaften und Wirtschaftssystemen*, Suhrkamp 1973. Zur *Triple Revolution* siehe Robert Perrucci und Marc Pilisuk (Hrsg.): *The Triple Revolution: Social Problems in Depth*, Little Brown & Co. 1968.

Zu Richard Sennetts Kapitalismuskritik siehe ders.: *Der flexible Mensch. Die Kultur des neuen Kapitalismus*, Berlin Verlag 1998; ders.: *Die Kultur des neuen Kapitalismus*, Berlin Verlag 2005; Zygmunt Baumans Sorge um die verlorenen Arbeiter findet sich in ders.: *Verworfenes Leben. Die Ausgegrenzten der Moderne*, Hamburger Edition 2005.

Zur Geschichte der Humanisierung der Arbeit siehe: Hans Matthöfer: *Humanisierung der Arbeit und Produktivität in der Industriegesellschaft*, Europäische Verlagsgesellschaft 1977; Peter Salfer und Karl Furmaniak: Das Programm »Forschung zur Humanisierung des Arbeitslebens«. Stand und Möglichkeiten der Evaluierung eines staatlichen Forschungsprogramms, in: *Mitteilungen aus der Arbeitsmarkt- und Berufsforschung*, Heft 3, 1981, S. 237–245; Gerd Peter und Bruno Zwingmann (Hrsg.): *Humanisierung der Arbeit. Probleme der Durchsetzung*, Bund-Verlag 1982; Willi Pöhler und Gerd Peter: *Erfahrungen mit dem Humanisierungsprogramm. Von den Möglichkeiten und Grenzen einer sozial orientierten Technologiepolitik*, Bund-Verlag 1982; Nina Kleinöder, Stefan Müller und Karsten Uhl (Hrsg.): *»Humanisierung der Arbeit«. Aufbrüche und Konflikte in der rationalisierten Arbeitswelt des 20. Jahrhunderts*, transcript 2019. Die Arbeit »retten« möchte Lisa Herzog: *Die Rettung der Arbeit. Ein politischer Aufruf*, Hanser Berlin 2019, 4. Aufl.

Zur Fragwürdigkeit des Ziels Vollbeschäftigung siehe Claus Offe: Vollbeschäftigung? Zur Kritik einer falsch gestellten Frage, in: Karlheinz Bentele, Bernd Reissert und Ronald Schettkat (Hrsg.): *Die Reformfähigkeit von Industriegesellschaften*, Festschrift für Fritz W. Scharpf, Campus 1995, S. 240–249. Das Manifest mit dem Vorwort von Jacques Delors erschien als *Échange et projets. La révolution des temps choisi*, Éditions Albin Michel 1980. Den neuen Bericht an den Club of Rome veröffentlichten Orio Giarini und Patrick M. Liedtke: *Wie wir arbeiten werden. Der neue Bericht an den Club of Rome*, Hoffmann und Campe 1998. Zu den Vorstellungen Ulrich Becks siehe ders.: *Schöne neue Arbeitswelt. Vision Weltbürgergesellschaft*, Suhrkamp 2007. Die angeführten Werke Jeremy Rifkins sind: ders.:

Das Ende der Arbeit und ihre Zukunft, S. Fischer 1997; ders.: *Die Null-Grenzkosten-Gesellschaft. Das Internet der Dinge, kollaboratives Gemeingut und der Rückzug des Kapitalismus*, Campus 2014. Frithjof Bergmanns Werk zur New Work erschien als ders.: *Neue Arbeit, Neue Kultur* (2004), Arbor 2020, 7. Aufl.

Zum Begriff der »kulturellen Evolution« siehe Lewis Henry Morgan: *Die Urgesellschaft*, Promedia 1987. Zu Gerhard Lenskis Kommunikationstheorie siehe ders.: *Macht und Privileg. Eine Theorie der sozialen Schichtung*, Suhrkamp 1977; ders.: *Human Societies: An Introduction to* Macrosociology (1974), McGraw-Hill 1995. Zum Begriff und Verständnis der »postindustriellen Gesellschaft« siehe Alain Touraine: *La société post-industrielle*, Editions Denoel et Gonthier 1969; Daniel Bell: *The Coming of Post-Industrial Society*, Basic Books 1973. Zu Hannah Arends These vom Niedergang der Arbeitsgesellschaft siehe dies.: *Vita activa oder Vom tätigen Leben*, Piper 1981. Herbert Marcuses Zukunftsvision ist nachzulesen in ders.: *Das Ende der Utopie*, Peter von Maikowski 1967. Zur Kritik der Überflussgesellschaft siehe David Riesman: *Abundance for What?* Doubleday 1964; auf Deutsch: *Wohlstand wofür?*, Suhrkamp 1966 (Neuauflage: *Wohlstand für wen?*, Suhrkamp 1973). Der »Schreiber-Plan« erschien als Wilfrid Schreiber: *Existenzsicherheit in der industriellen Gesellschaft*, Bachem 1955.

DAS BEDINGUNGSLOSE GRUNDEINKOMMEN

Einen hervorragenden und umfassenden Überblick über die Geschichte des BGE geben Philip Kovce und Birger P. Priddat (Hrsg.): *Bedingungsloses Grundeinkommen. Grundlagentexte*, Suhrkamp 2019; Thomas Spences *Das Gemeineigentum an Boden* erschien auf Deutsch in Georg Adler und Carl Grünberg

(Hrsg.): *Hauptwerke des Sozialismus und der Sozialpolitik*, Heft 1, Hirschfeld 1904. Zum englischen Frühsozialismus und zu Thomas Spence siehe William Stafford: *Socialism, Radicalism, and Nostalgia*, Cambridge University Press 1987; John R. Dinwiddy: *Radicalism and Reform in Britain, 1780–1850*, Continuum International Publishing Group 1992; *Malcolm Chase: The People's Farm: English Radical Agrarianism 1775–1840*, Breviary Stuff Publications 2010, 2. Aufl. Zu Thomas Spence siehe ferner P. *Mary Ashraf: The Life and Times of Thomas Spence, Frank Graham* 1983; Alastair Bonnett und Keith Armstrong (Hrsg.): *Thomas Spence: The Poor Man's Revolutionary*, Breviary Stuff Publications 2014. Zu Johann Adolf Dori siehe Axel Rüdiger: Die Utopie des unbedingten Grundeinkommens als Gebot der praktischen Vernunft. Die philosophische Begründung des kommunistischen Radikalismus bei Johann Adolf Dori um 1800, in: Alexander Amberger und Thomas Möbius (Hrsg.): *Auf Utopias Spuren. Utopie und Utopieforschung*, Festschrift für Richard Saage zum 75. Geburtstag, Springer VS 2016, S. 145–160. Zu Allen Davenport siehe Malcolm Chase: *The Life and Literary Pursuits of Allen Davenport*, Scolar Press 1994; Iain McCalman: *Radical Underworld: Prophets, Revolutionaries and Pornographers in London 1795–1840*, Clarendon Paperbacks 1993; David Worrall: *Radical Culture: Discourse, Resistance and Surveillance*, Wayne State University 1992. Charles Fouriers Gesamtwerk liegt vor als ders.: *Œuvres complétes*, 12 Bde. (1966–1968), online unter: https://gallica.bnf.fr. Auf Deutsch liegen vor: Walter Apelt (Hrsg.): *Charles Fourier. Die harmonische Erziehung*, Volk und Wissen 1958; Theodor W. Adorno und Elisabeth Lenk (Hrsg.): *Charles Fourier. Theorie der vier Bewegungen und der allgemeinen Bestimmungen*, Suhrkamp 1966; Lola Zahn (Hrsg.): *Charles Fourier. Ökonomisch-philosophische Schriften. Eine Textauswahl*, Akademie-

Verlag 1980; Hans-Christoph Schmidt am Busch (Hrsg.): *Charles Fourier. Über das weltweite soziale Chaos. Ausgewählte Schriften zur Philosophie und Gesellschaftstheorie*, Akademie-Verlag 2012. Zu Fouriers Leben und Werk siehe Guenter Behrens: *Die soziale Utopie des Charles Fourier*, Dissertation Köln 1977 (Google Books); Jonathan F. Beecher: *Charles Fourier: The Visionary and His World*, University of California Press 1987; Walter Euchner (Hrsg.): *Klassiker des Sozialismus. Von Gracchus Babeuf bis Georgi Walentinowitsch Plechanow*, Bd. 1, C. H. Beck 1991; Marvin Chlada und Andreas Gwisdalla: *Charles Fourier. Eine Einführung in sein Denken*, Alibri 2014. Victor Considerants Hauptwerk mit seinen Überlegungen zu einem Grundeinkommen ist: *Destinée sociale*, Bd. 1–3, Bureau de la Phalange 1834–1843, siehe hier insbesondere Bd. 2. Auf Deutsch erschien *ders.: Studien über einige Fundamentalprobleme der sozialen Zukunft (deutsche Übersetzung von Études sur quelques problèmes fondamentaux de la destinée sociale, 1844), in: Georg Adler (Hrsg.): Hauptwerke des Sozialismus und der Sozialpolitik, Heft 6, Hirschfeld 1906, S. 75–108, auch auf* archive. org. Zu Considerant siehe weiterhin Michel Vernus: *Victor Considerant. 1808–1893. Le cœur et la raison*, Canevas 1993; Jonathan Beecher: *Victor Considerant and the Rise and Fall of French Romantic Socialism*, University of California Press 2001. *Zu Joseph Charlier siehe John Cuncliffe und Guido Erreygers:* The Enigmatic Legacy of Charles Fourier: Joseph Charlier and Basic Income, *in: History of Political Economy,* Duke University Press, *33/3, S. 459–484, 2001:* doi:10.1215/00182702-33-3-459. *Edward Bellamys Looking Backward ist auf Deutsch erhältlich als Wolfgang Both (Hrsg.): Rückblick aus dem Jahre 2000,* Golkonda 2013. Zu Bellamy siehe Sylvia E. Bowman: *Edward Bellamy Abroad: An American Prophet's Influence,* Twayne Publishers 1962; Everett W. MacNair: *Edward Bellamy and the Nationalist Movement, 1889 to 1894: A Research Study of Edward Bellamy's Work as a Social Reformer*, Fitzgerald Co. 1957; Arthur Lipow: *Authoritarian Socialism in America: Edward Bellamy and the Nationalist Movement*, University of California Press 1982; John Thomas: *Alternative America: Henry George, Edward Bellamy, Henry Demarest Lloyd and the Adversary Tradition*, Harvard University Press 1983; Daphne Patai (Hrsg.): *Looking Backward, 1988–1888: Essays on Edward Bellamy*, University of Massachusetts Press 1988; Richard Toby Widdicombe: *Edward Bellamy: An Annotated Bibliography of Secondary Criticism*, Garland Publishing 1988. William Morris' utopischer Roman liegt auf Deutsch vor als ders.: *Kunde von Nirgendwo*, Edition Nautilus 2016. Über Morris siehe John William Mackail: *The Life of William Morris*, Bd. 1–2, Longmans, Green & Company 1899, auf archive.org; Fiona MacCarthy: *William Morris: A Life for Our Time* (1989), Faber & Faber 2010, 2. Aufl.; Arthur Clutton-Brock: *William Morris*, Parkstone Press 2007. Josef Popper-Lynkeus' Hauptwerk *Die allgemeine Nährpflicht als Lösung der sozialen Frage, eingehend bearbeitet und statistisch durchgerechnet. Mit einem Nachweis der theoretischen und praktischen Wertlosigkeit der Wirtschaftslehre*, Carl Reissner 1912, ist verfügbar auf Volltext online. Zu seinem Nährpflicht-Programm siehe Robert Plank und Frederick P. Hellin: *Der Plan des Josef Popper-Lynkeus*, Lang 1978; Friedrich F. Brezina: *Gesicherte Existenz für Alle. Josef Popper-Lynkeus 1838–1921*, Monte Verita 2013. Die erwähnten Werke Bertrand Russels zu seinen gesellschaftlichen Idealen sind ders.: Political Ideals, The Century Co. 1917. Auf Deutsch: *Politische Ideale. Wie die Welt gemacht werden kann*, Darmstädter Blätter 1989; ders.: *Roads to Freedom: Socialism, Anarchism, and Syndicalism*, George Allen & Unwin 1918. Auf Deutsch: *Wege zur Freiheit. Sozialismus, Anarchismus, Syndikalismus.* Suhrkamp

1971; ders.: *In Praise of Idleness*, George Allen & Unwin 1935. Auf Deutsch: *Lob des Müßiggangs*, dtv Verlagsgesellschaft 2019. *Major Clifford Hugh Douglas' Werk zum »Sozialkredit« ist als Reprint erhältlich als ders.*: *Social Credit* (1924/1933), Institute of Economic Democracy 1979. Zu Major Douglas siehe ferner: Bob Hesketh: *Major Douglas and Alberta Social Credit*, University of Toronto Press 1997; John W. Hughes: *Major Douglas: The Policy of a Philosophy*, Wedderspoon Associates 2002. Milton Friedman entwickelt seine Gedanken zum garantierten Mindesteinkommen in ders.: *Kapitalismus und Freiheit*, Seewald 1971. Und er verteidigt sie in ders. mit Rose Friedman: *Chancen, die ich meine. Ein persönliches* Bekenntnis, Ullstein 1980. Zur Geschichte des Versuchs, ein Grundeinkommen in den USA einzuführen, siehe Brian Steensland: *The Failed Welfare Revolution: America's Struggle over Guaranteed Income Policy*, Princeton University Press 2008. Robert Theobalds Visionen einer alternativen Gesellschaft zur Erwerbsarbeitsgesellschaft finden sich in ders.: *The Challenge of Abundance*, Clarkson Potter 1961; ders.: *The Guaranteed Income: Next Step in Economic Evolution*, Doubleday 1966; ders.: *An Alternative Future for America II*, The Swallow Press 1968. Der dänische Bestseller, der das Grundeinkommen populär machte, ist Niels I. Meyer, Helveg Petersen und Villy Sørensen: *Aufruhr der Mitte. Modell einer künftigen Gesellschaftsordnung*, Hoffmann und Campe 1985. Philippe Van Parijs' wichtigste Beiträge sind ders. (Hrsg.): *Arguing for Basic Income: Ethical Foundations for a Radical Reform*, Verso 1992; ders.: *Real Freedom for All: What (if Anything) Can Justify Capitalism?*, Clarendon Press 1995. André Gorz' Kehrtwende zum BGE vollzieht sich in ders.: Wer nicht arbeitet, soll trotzdem essen, in: *Lettre International*, Frühling 1986, abgedruckt in: Claus Leggewie und Wolfgang Stenke: *André Gorz und die zweite Linke. Die Aktualität eines fast verges-*

senen Denkers, S. 101–121; André Gorz: *Arbeit zwischen Misere und Utopie*, Suhrkamp 2000.

Zur Debatte um ein BGE im deutschsprachigen Raum der Achtzigerjahre siehe: Claus Offe u. a. (Hrsg.): *Arbeitsgesellschaft. Strukturprobleme und Zukunftsperspektiven*, Campus 1984; Michael Opielka (Hrsg.): *Die ökosoziale Frage. Entwürfe zum Sozialstaat*, S. Fischer 1985; Thomas Schmid (Hrsg.): *Befreiung von falscher Arbeit. Thesen zum garantierten Mindesteinkommen*, Wagenbach 1986; Georg Vobruba und Michael Opielka (Hrsg.): *Das garantierte Grundeinkommen. Entwicklung und Perspektiven einer Forderung*, S. Fischer 1986; Georg Vobruba: *Arbeiten und Essen. Politik an den Grenzen des Arbeitsmarkts*, Passagen 1989; Georg Vobruba: *Entkoppelung von Arbeit und Einkommen. Das Grundeinkommen in der Arbeitsgesellschaft*, Springer VS 2019.

Zum »kleinen« BGE heute siehe Thomas Straubhaar: *Radikal gerecht. Wie das Bedingungslose Grundeinkommen den Sozialstaat revolutioniert*, Edition Körber 2017; ders.: *Grundeinkommen jetzt! Nur so ist die Marktwirtschaft zu retten*, NZZ Libro 2021. Das »kleine« BGE vertritt auch Stefan Bergmann: *In zehn Stufen zum BGE. Über die Finanzierbarkeit und Realisierbarkeit eines bedingungslosen Grundeinkommens in Deutschland*, Books on Demand 2018, 2. Aufl.

Aus der unüberschaubaren Fülle der Veröffentlichungen zum »großen« BGE seien genannt: Manfred Füllsack: *Leben ohne zu arbeiten? Zur Sozialtheorie des Grundeinkommens*, AVINUS 2002; Yannick Vanderborght und Philippe Van Parijs: *Ein Grundeinkommen für alle? Geschichte und Zukunft eines radikalen Vorschlags*, Campus 2005; Götz W. Werner: *Einkommen für alle. Der dm-Chef über die Machbarkeit des bedingungslosen Grundeinkommens*, Kiepenheuer & Witsch 2007; ders. mit Enrik Lauer: *Einkommen für alle. Bedingungsloses Grundeinkom-*

men – die Zeit ist reif, Kiepenheuer & Witsch 2018, 2. Aufl.; Michael Opielka, Matthias Müller, Tim Bendixen und Jesco Kreft: *Grundeinkommen und Werteorientierungen. Eine empirische Analyse,* VS Verlag 2009; Ronald Blaschke: *Grundeinkommen. Geschichte – Modelle – Debatten,* Dietz 2010; ders., Adeline Otto und Norbert Schepers (Hrsg.): *Grundeinkommen. Von der Idee zu einer europäischen politischen Bewegung,* VSA 2012; Karl Widerquist, José A. Noguera und Yannick Vanderborght: *Basic Income: An Anthology of Contemporary Research,* Wiley-Blackwell 2013; Daniel Häni und Philip Kovce: *Was fehlt, wenn alles da ist? Warum das bedingungslose Grundeinkommen die richtigen Fragen stellt,* Orell Füssli 2015; Amy Downes und Stewart Lansley (Hrsg.): *It's Basic Income: The Global Debate,* Policy Press 2018; Eric Schröder: *Zur Konsensfähigkeit der Grundeinkommensidee,* Tectum 2018. Zur Initiative »Mein Grundeinkommen« siehe Michael Bohmeyer und Claudia Cornelsen: *Was würdest du tun? Wie uns das Bedingungslose Grundeinkommen verändert,* Econ 2019, 2. Aufl.

Verdienstvolle Debattenbücher zum BGE sind Rigmar Osterkamp (Hrsg.): Auf dem Prüfstand: Ein bedingungsloses Grundeinkommen für Deutschland?, in: *Zeitschrift für Politik,* Sonderband 7, Nomos 2015; Philip Kovce (Hrsg.): *Soziale Zukunft. Das Bedingungslose Grundeinkommen. Die Debatte,* Verlag Freies Geistesleben 2017; Friedrich Affeldt (Hrsg.): *Die Debatte um das bedingungslose Grundeinkommen. Pro und Contra. Artikel, Aufsätzen und Essays zum bedingungslosen Grundeinkommen:* https://christengemeinschaft.de/sites/default/files/Affeldt-Friedrich/pdf/2018-11/debatte-zum-bedingungslosen-grundeinkommen.pdf; Christoph Butterwegge und Kuno Rinke: *Grundeinkommen kontrovers. Plädoyer für und gegen ein neues Sozialmodell,* Beltz Juventa, 2018.

Gegen ein BGE plädieren Heiner Flassbeck, Friederike Spiecker, Volker Meinhardt und Dieter Vesper: *Irrweg Grundeinkommen. Die große Umverteilung von unten nach oben muss beendet werden*, Westend 2012; Dominik Enste: *Geld für alle. Das bedingungslose Grundeinkommen. Eine kritische Bilanz*, Orell Füssli 2019.

WIE WIRD DIE SINNGESELLSCHAFT GEBILDET?

Für eine neue Schule siehe Richard David Precht: *Anna, die Schule und der liebe Gott. Der Verrat des Bildungssystems an unseren Kindern*, Goldmann 2013. Zum Bildungsbegriff von Wilhelm von Humboldt: Wilhelm von Humboldt: *Denkschrift über die äußere und innere Organisation der höheren wissenschaftlichen Anstalten in Berlin. Rechenschaftsbericht an den König 1808–1809*, in: ders: Werke, Bd. 4, Wissenschaftliche Buchgesellschaft/Cotta 1860. Siehe auch: Dietrich Benner: *Wilhelm von Humboldts Bildungstheorie. Eine problemgeschichtliche Studie zum Begründungszusammenhang neuzeitlicher Bildungsreform*, Belz Juventa 2003. Gudrun Quenzel und Klaus Hurrelmann (Hrsg.): *Bildungsverlierer. Neue Ungleichheiten*, VS Verlag 2011. Karl Popper: *Ausgangspunkte. Meine intellektuelle Entwicklung*, Mohr Siebeck 2012.

Richard David Precht
Anna, die Schule
und der liebe Gott

352 Seiten
ISBN 978-3-442-15691-7
auch als Hörbuch und
als E-Book erhältlich

Unsere Kinder, die heute eingeschult werden, gehen im Jahr 2070 in Rente. Doch unsere Schulen überhäufen sie mit Wissen, das aus der Vergangenheit stammt. Statt ihnen dabei zu helfen Neugier, Kreativität, Originalität, Orientierung und Teamgeist für eine immer komplexere Welt zu erwerben, dressieren wir sie zu langweiligen Anpassern. Wir brauchen keine weitere Bildungsreform, wir brauchen eine Bildungsrevolution!

www.goldmann-verlag.de
www.facebook.com/goldmannverlag

(G) **GOLDMANN**
Lesen erleben

Unsere
Leseempfehlung

576 Seiten
Auch als Hörbuch und
E-Book erhältlich

672 Seiten
Auch als Hörbuch und
E-Book erhältlich

608 Seiten
Auch als Hörbuch und
E-Book erhältlich

Richard David Precht erklärt in seiner auf vier Bände ange-
legten Geschichte der Philosophie die großen Fragen, die sich
die Menschen durch die Jahrhunderte gestellt haben.
Im ersten Teil beschreibt er die Entwicklung des abendländischen Denkens von der Antike bis zum Mittelalter. Im
zweiten Teil entführt der Autor den Leser tief in die Gedankenwelt der Renaissance und der Aufklärung. Spannend und
anschaulich vermittelt er die zentralen Konzepte und Ideen
der abendländischen Philosophie und bettet sie ein in die
wirtschaftlichen, sozialen und politischen Hintergründen
ihrer Zeit. Tauchen Sie ein in die schier unerschöpfliche Fülle
des Denkens!